Essential German Verbs

T0299672

Teach Yourself®

Essential German Verbs

Silvia Robertson
Revised by Ian Roberts

Series editor
Paul Coggle

For UK order enquiries: please contact Bookpoint Ltd,
130 Milton Park, Abingdon, Oxon OX14 4SB.
Telephone: +44 (0) 1235 827720. *Fax:* +44 (0) 1235 400454.
Lines are open 09.00–17.00, Monday to Saturday, with a 24-hour
message answering service. Details about our titles and
how to order are available at www.teachyourself.com

For USA order enquiries: please contact McGraw-Hill Customer
Services, PO Box 545, Blacklick, OH 43004-0545, USA.
Telephone: 1-800-722-4726. *Fax:* 1-614-755-5645.

For Canada order enquiries: please contact McGraw-Hill
Ryerson Ltd, 300 Water St, Whitby, Ontario L1N 9B6, Canada.
Telephone: 905 430 5000. Fax: 905 430 5020.

Long renowned as the authoritative source for self-guided
learning – with more than 50 million copies sold worldwide –
the *Teach Yourself* series includes over 500 titles in the fields of
languages, crafts, hobbies, business, computing and education.

British Library Cataloguing in Publication Data: a catalogue record
for this title is available from the British Library.

Library of Congress Catalog Card Number: on file.

Previously published in UK 1994 as Teach Yourself German Verbs
by Hodder Education, part of Hachette UK, 338 Euston Road,
London NW1 3BH.

First published in US 1994 by The McGraw-Hill Companies, Inc.

This edition published 2010.

The *Teach Yourself* name is a registered trade mark of
Hodder Headline.

Copyright © 1994, 2003, 2010 Hodder Education.

Typeset by MPS Limited, a Macmillan Company.

Printed in Great Britain for Hodder Education, an
Hachette UK Company, 338 Euston Road, London NW1 3BH
by CPI Group (UK) Ltd, Croydon CR0 4YY

The publisher has used its best endeavours to ensure that the URLs
for external websites referred to in this book are correct and active
at the time of going to press. However, the publisher and the
author have no responsibility for the websites and can make no
guarantee that a site will remain live or that the content will remain
relevant, decent or appropriate.

Hachette UK's policy is to use papers that are natural, renewable
and recyclable products and made from wood grown in sustainable
forests. The logging and manufacturing processes are expected to
conform to the environmental regulations of the country of origin.

Impression number   10

Year   2021

Contents

Personal introduction by Ian Roberts

Welcome to **Essential German Verbs!**

If you have picked up this book, or just bought it, it is a safe assumption that you already know some German and want to take your knowledge further. You are probably a bit fed up with trotting out the same old phrases over and over again and now you want to stretch yourself a bit and push yourself on to new levels of confidence and competence. You've got **sein** and **haben** pretty much cracked, you can use **wohnen** and **sagen** with a degree of confidence, but now you want to be able to do more, to say more. You've come to the right place!

This revised edition has useful new features, including insight boxes which provide helpful tips on specific verbs and, on our website at www.teachyourself.com, you will find an audio feature and a questionnaire for self-examination.

Verbs are crucial building blocks in learning to speak a foreign language, and an ability to work with a wide range of verbs, quickly and accurately, really sets you apart as someone who is getting to grips with that language. As this book will explain, verbs are vital to the construction of sentences, and understanding the complexities of German verbs will give your confidence a tremendous boost. With a good grasp of the verbs outlined here you will not only be able to describe your actions in German, but convey moods and conditions; you'll be able to tell a native speaker not just what you did, but when you did it, whether you enjoyed the activity or not, and much, much more. **Viel Spaß dabei!**

Only got a minute?

Sprechen Sie Deutsch?

Contrary to popular belief, German doesn't have to
be a difficult language to master. Certainly it can be
challenging, but English native speakers will find rather
more that is familiar and comforting in German than
might be expected. The reason is that both languages
in their current form developed from the same 'parent'
centuries ago.

So it shouldn't require a huge leap of imagination
to work out that **das ist mein Bruder** means *that is my
brother*, or that **ich kann schwimmen** means *I can swim*!

Moreover, German grammar (whilst admittedly
complex in places) is perhaps unsurprisingly governed
by a reasonably strict set of rules, with relatively few
exceptions and idiosyncrasies compared with other
languages. Pronunciation, too, is easy to get right once
you understand the basic patterns.

And once you have mastered German you will have access to a long and rich cultural heritage; some of the world's greatest thinkers, authors and musicians were German-speaking, and today each of the German-speaking countries – Switzerland, Austria and naturally Germany itself – are vibrant exciting cultures in their own right.

5 Only got five minutes?

Many English speakers are surprised to discover that they already speak German of sorts! More accurately, they speak a language which belongs to the family of Germanic languages sharing a common root. English developed as a distinctive language in the Romano-British period as Angle, Saxon and other Germanic settlers began to spread their influence across the island from the fifth century onwards.

Not even the Norman invasion of 1066, which brought the French language to Britain, could eradicate the Germanic roots of English. So although the Anglo-Norman nobles were content to eat pork and mutton (derived from the newly-arrived French terms of *porc* and *mouton*), the majority of Englishmen and women continued to tend, and eat, swine and sheep, thus preserving their links to the Germanic **Schwein** and **Schaf**. Likewise, many of the names we still use for the days of the week echo the Germanic gods: Thursday is named after Thor, the god of thunder, and the German equivalent is still **Donnerstag** or 'thunder day'. Similarly, Friday (German: **Freitag**) is named after the Germanic god Freya.

These links are further reflected in the wider vocabulary of both languages which still reveal many comforting similarities, even if we have to allow for some shifts in spelling and pronunciation over the course of the centuries. Nouns such as **Haus** (*house*), **Familie** (*family*) and even **Tür** (*door*) suggest that in the household at least, we haven't forgotten our linguistic roots. Even in the wider world, **Feld** (*field*), **Fisch** (*fish*) or **See** (*sea, lake*) clearly suggest the essentially agricultural nature of the early Germanic settlers. In the medieval period, on the other hand, the inhabitants of the new walled towns (who were known as burghers) rested safe at night under the protection of the lord's castle – the German for which is still Burg (think of British place-names like Edinburgh even today).

As time went by some of the links began to disappear, naturally, but we are often surprised to unearth connections between modern English and modern German which trace the connection back to our common linguistic heritage. Although the German verb **schreiben** seems, at first glance, to have nothing to do with its English meaning 'to write', a picture of a medieval scribe will clearly show him poised with his quill in hand, ready to record some important piece of information on his parchment, and the modern English words 'inscribe' and 'script' provide the missing link, as it were.

Of course we have travelled an awfully long way in the centuries since those Germanic settlers first landed on British shores, and relations between Britain and Germany have been shaped and characterized by alliance and enmity in equal measure. Some words and terms in modern English have been loaned directly from German: our children might attend a **Kindergarten** before school; depending on your **Weltanschauung** (or view of the world) you might find yourself suffering from **Angst**; a certain song or work of art might capture the **Zeitgeist** of our modern era; and nobody, I suspect, needs the concept of **Blitzkrieg** explained to them.

But it is in terms of the subject of this book, namely German verbs, that some of the most telling connections between our two languages are revealed. At the very heart of language, and language learning, efforts to gain mastery of German verbs can throw up some fascinating parallels which function as useful aides-memoire as we progress. A basic, but crucially important verb like *to have* reveals plenty of commonalities which at least give us a head-start when learning German.

ich habe	*I have*
ich hatte	*I had*
du hast	*thou hast**
er/sie hat	*he/she has*

* Admittedly the 'thou' form barely exists in English nowadays, but it's still useful for remembering the German form!

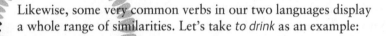

Likewise, some very common verbs in our two languages display a whole range of similarities. Let's take *to drink* as an example:

ich trinke	*I drink*	**wir trinken**	*we drink*
er trinkt	*he drinks*		

So far, so good, but what about the fact that to drink behaves rather strangely in the past tenses, for instance?

Present: *I drink*   **Simple past:** *I drank*   **Perfect:** *I have drunk*

Well, let's look at the German equivalents:

Present: *ich trinke*   **Simple past:** *ich trank*   **Perfect:** *ich habe getrunken*

Pretty straightforward, I hope you'll agree. The past participle **getrunken** clearly shows that there are other things going on in German, but these illustrations hopefully demonstrate just how closely related the two languages are. Certainly some real challenges lie ahead, and German has pitfalls aplenty to test the unwary, but the links between English and German are common enough to offer some comfort as you tackle the challenges.

Mastery of the German language can be immensely rewarding. Whether you intend to delve into the classic literature of Goethe, or more recent works by Nobel-winning authors like Günter Grass or Hertha Müller; whether you are planning to visit one of Germany's great cities such as Berlin or Munich (or for that matter Vienna or Bern); or whether you are visiting a German-speaking country to engage in business, either way a mastery of the language of the **Land der Dichter und Denker** – or *land of poets and thinkers* as Germany was once known – will bring immense rewards and an enormous amount of satisfaction... and mastery of German verbs will be a significant step along the way. **Drei, zwei, eins... los geht's!**

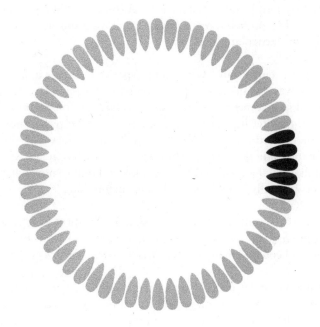

10 Only got ten minutes?

When confronted with learning German, the American author, humorist and travel writer Mark Twain (1835–1910) famously quipped 'A person who has not studied German can form no idea of what a perplexing language it is'. At one point in his essay, entitled *The Awful German Language*, Twain singles out German verbs for particular attention:

'A typical sentence in a German newspaper is a noble and impressive curiosity; it occupies a quarter of a column ... and at the end of it comes the VERB, and you find out for the first time what the writer has been talking about. After the verb – simply as a form of decoration as far as I can make out – the writer shovels in "haben sind gewesen gehabt haben geworden sein" or words of that ilk, and the whole edifice is complete. I don't know what they mean – actually, I don't think they mean anything.'

It should be pointed out, however, that Twain spent long periods of time in Germany, loved the language as much as he was frustrated by it, and counted many Germans as his particular friends!

It is good that Twain should have persevered with his studies since German is – and some may find this a little surprising – the second most widely-spoken language in Europe, with more native speakers than Spanish or French. German native speakers most obviously live in Germany itself, plus Austria, Switzerland and Liechtenstein. There are also sizeable groupings of German speakers in Northern Italy, the Czech Republic, Poland and Denmark. Natives of Alsace in France, and parts of Belgium, may well be virtually bilingual in French and German.

More surprising is the fact that all these communities were established centuries before Adolf Hitler's notorious and devastating attempts to create a thousand-year **Reich** for the German peoples. In the early medieval period of European history the German Emperor **Karl der Große** (Charles the Great, or Charlemagne) presided over an empire which stretched from the Atlantic in the West, to Rome in the South, the North Sea and Baltic Sea in the North, and into modern-day Poland in the East. Karl was an enlightened, though firm, ruler, who founded universities, libraries and cathedrals throughout his territories and left behind a legacy which influences Western European thought even today, even if, paradoxically, his empire was not technically German at all, but the so-called Holy Roman Empire, only later to be known as the Holy Roman Empire of the German Nation.

Centuries of internal squabbling and invasion by foreign powers blighted the development of Germany as a political entity. Germans settled into borders similar to those we know today, but only united as a single nation-state under the Prussian chancellor Otto von Bismarck's careful, and aggressive, leadership in 1871. For the best part of a century after this event, Germany attempted to create stability for itself by seeking to destabilize or even invade its powerful neighbours, thus earning itself a reputation as a ruthlessly efficient, warmongering nation, responsible for inflicting two devastating wars on Europe and the world in 1914 and 1939.

Whether that reputation is fully deserved or not, post-war Germany was a very different beast, overshadowed as it was by the Cold War waged between the global superpowers of the United States of America and the Soviet Union throughout the second half of the 20th century. From 1949 onwards, Germany was literally split apart as it became the battleground over which this ideological conflict was fought, and the two German states – the **Bundesrepublik Deutschland** (Federal Republic, or West Germany) and the **Deutsche Demokratische Republik** (Democratic Republic, or East Germany) – were founded along capitalist and socialist principles respectively. Even the Federal Republic's **Wirtschaftswunder** or 'economic miracle' of the 1950s could not, at first at least, resolve the impasse at the heart of Europe. Instead it took a people's revolution when, in the autumn of 1989, East German citizens marched through the streets chanting **Wir sind das Volk** (*We are the people*). Suddenly the Iron

Curtain which had divided the two halves of Europe was most famously dismantled with the fall of the Berlin Wall in the night of 9 November 1989.

Since unifying a year later, modern Germany has poured vast amounts of resources into rebuilding the state, and has emerged as one of the most powerful and influential nations in the European Union, with economic influence throughout the continent. Choosing to bind itself firmly into the common policies of the EU, not least in defence matters, Germany once again stands at the forefront of European affairs, a trusted and reliable partner and a significant leader in many areas of industrial and economic policy.

Thus Germany has enjoyed a chequered history as a nation: in many ways it has been the language of the German-speaking peoples which has provided the more permanent bond over the centuries. The early Germanic tribes, such as the Saxons, the Vandals and the Goths, were frequently squabbling with each other, but had a reasonably common tongue – known sometimes as **tiutsch** – which provided a constant link as the tribes developed. When the Romans began to expand into the areas of German influence, and conquer the tribes to assimilate them into their own Empire, they dubbed the region Germania, meaning (loosely) 'common language'. Then, as now, therefore, the people and the land came to be associated most strongly with their language. As each of the tribes began to flourish in the early medieval period, so their particular style of German became established as a regional dialect, some deviating more radically than others. Thus we find the Saxon, Bavarian, Tyrolean or North German Platt dialects developing, all linked to a greater or lesser extent to the overarching language of **Altdeutsch**. Almost as the continental drift of the tectonic plates slowly created new land masses on the surface of the globe, so the gradual development of these dialects in some cases created new languages altogether, in the Low Countries and of course in England where the dialects of the Angle and Saxon settlers mutated into what we now call English.

In early medieval Germany, the establishment of courtly principles amongst the noble classes led to new art forms, and new forms of behaviour. By the time of the Middle Ages in the 11th and 12th centuries, wandering troubadours travelled from one noble court to the next, earning a living by extolling the virtues of the local lord in song and poetry. These **Minnesänger** as they were called, spread the language of knightly virtue far and wide, and the so-called **Mittelhochdeutsch** (*middle high German*) which they spoke was recorded in written form for the first time in any great detail. Thus the songs of Edmund von Alzey, Hartmann von der Aue or Walther von der Vogelweide offer us a unique glimpse into the German which was spoken – at least by the ruling classes – in this period. The famous **Falkenlied** (*Falcon song*) written by the unnamed Kürenberger poet at the end of the 12th century (Kürenberg is simply his home town) reveals much about the concerns of these people, being on the surface a poem about falconry, but also about noble love and courtly standards of behaviour:

Ich zôch mir einen valken   mêre danne ein jâr.
dô ich in gezamete,   als ich in wolte hân,
und ich im sîn gevidere   mit golde wol bewant,
er huop sich ûf vil hôhe   und floug in anderiu lant.

(I raised a falcon / for more than a year. // just as I had tamed him / as I wanted to have him, // and I had his feathers / with golden wool bewound, // he lifted up to great heights / and flew to another land.)

In this first stanza, the falcon is a lover whom the singer is pursuing: just as it seems that a declaration of love will be accepted, the singer is devastated to see the object of these affections declare for another. The poem ends with the heartfelt plea 'May God bring together those who wish to be loved'.

Another great work from this period of **Mittelhochdeutsch** was the **Nibelungenlied,** an epic poem of some 2000 verses which describes the adventures of the semi-mythical Nibelungian and Burgundian dynasties. Although the author is not known, the opening lines which form the first stanza cannot fail but to stir the heart even today:

Uns ist in alten mæren   **wunders vil geseit**
von helden lobebæren,   **von grôzer arebeit,**
von freuden, hôchgezîten,   **von weinen und von klagen,**
von küener recken strîten   **muget ir nû wunder hœren sagen.**

(To us is in old tales / wondrous much told // of heroes' laurels, / of great deeds, // of joys, much praised, / of weeping and of lament, // of fearless knightly strife / may you now these wonders hear told.)

Like the early accounts of Arthurian legend in Britain (which was touched upon in this period in Wolfram von Eschenbach's epic **Parzival**), the **Nibelungenlied** reveals amazing details about how the noble families of this early period of German history wished to be viewed by others. It also establishes how this branch of German, known as **Mittelhochdeutsch,** successfully acted as a first uniting form of literary German. What it didn't achieve (and probably hadn't set out to achieve) was to create a single, unified form of German in day-to-day usage. It was to be another four centuries before the next important step along this route.

On 17 April 1521 the Wittenberg theologian Martin Luther stood before an Imperial Diet, or Council, in the Rheinland city of Worms. Despite the pronouncements of the Emperor, Karl V, Luther refused to recant his teachings which stated that all sinners could gain salvation through repentance and the eternal grace of God – which was dubbed 'Justification by Grace'. Infuriated by this heretical belief the Emperor, who still presided over a vast empire which included Rome and therefore was closely linked to the Vatican, banished Luther to house arrest. Luther was finally imprisoned in the Wartburg castle near Eisenach in Thüringen (Thuringia) as much for his own good as anything, since many of the Emperor's followers were pr d epared to murder Luther to silence him once and for all.

It was during his imprisonment in the Wartburg castle that Luther completed his life's work: the first ever translation of the Holy

Bible into vernacular German. For the first time, ordinary citizens could read the scriptures in their own tongue, and it promised to revolutionize the Christian faith in Germany. It also helped to disseminate the new, protesting – or Protestant – church in Germany, which sought to follow Luther's teaching and divorce itself from the influence of Rome and Catholicism, laying the foundations for the Peasants' War in Germany in 1524, and ultimately the Thirty Years' War (1618–34) which eventually dragged all the major European nations into a conflict which was initially at least drawn up on religious lines, and which devastated Germany and its population in the bargain.

But Luther's Bible had another, equally revolutionary effect on the German language itself. Luther's German was, strictly speaking, a dialect, reflecting his local Saxon-Meissen accent, and not a form of German common to all. But his being the first Bible to be written in German, this brand of German began to be accepted by its readers as some kind of harmonizing standard. If this Bible could reach enough homes it would have the effect of transforming the German language for ever. The problem was that traditionally Bibles had been transcribed by hand, copied laboriously by an educated monk or scribe, resulting in beautifully illustrated Bibles which were affordable to only monasteries and rich laymen. But the development of cheap and quick printing type by Johannes Gutenberg in Mainz in the mid-15th century meant that within a few decades of its first appearance most households possessed a copy of Luther's Bible, and his brand of German was well on its way to becoming established as the forerunner to today's **Hochdeutsch.**

Nowadays, some four and a half centuries after Luther's Bible first appeared, modern German still shows many interesting variations – the German dialects spoken vary hugely from region to region, and of course it changes again in Switzerland and Austria. Thus the native of Munich is proud of his ability to converse in **Bayrisch,** someone from Hamburg may speak **Plattdeutsch,** and even relatively small areas such as the Rheingau on the north bank of the Rhein between Rüdesheim and Wiesbaden are fiercely protective of their local dialect. Each of these is, to a greater or lesser extent, a variation of German, but some are virtually incomprehensible even to a native from elsewhere in the country, and may even contain radically different elements of vocabulary and grammar (unlike British-English dialects which tend only to vary in certain areas of vocabulary). Then there are the various Austrian dialects such as **Tiroler Dialekt** from the Tyrol, and **Schwizerdütsch** or *Swiss German*. The dialects, then, are as distinctive to each region of Germany and the other German-speaking countries as, say, their wines, beers or sausages. It all seems like a bit of a linguistic nightmare.

But **Hochdeutsch** is our salvation. Supposedly originating in the Hannover region, where German is reputed to be purest, this is the German as taught in all schools throughout the German-speaking lands of Europe, and these days it is rare indeed to find someone who only converses in their dialect. It is **Hochdeutsch** which is learned by foreigners who want to live, travel or work in Germany, and the standard dictionaries such as the Langenscheidt, and grammars by Duden, all work from this standard form. If you are reading this book because you want to improve the standard of your German it seems likely that you are beginning to gain a real appreciation for the nuances of modern **Hochdeutsch**, but next time you are in Germany you might like to 'tune in' to the local dialect. Some of it will invariably have worked its way into the **Hochdeutsch** spoken in that region, as you might expect, so a Bavarian may well greet you with a cheery **Servus!** rather than the standard **Guten Tag!** for instance, and take his or her leave by saying **pfia di Gott!** Other regions have similar variations which considerably enrich your experience of living and working in that area. Even the verb forms which are covered in this book can be subject to some interesting variations and exceptions, which may well catch out the new arrival. It goes well beyond the scope of *Essential German Verbs* to list these variations, so you should concentrate on the standard **Hochdeutsch** forms in each case, at least until you are familiar with them.

At one point in *The Awful German Language* Mark Twain declares in mock despair 'It is better to have no friends at all in Germany, than to have all this trouble with [the language].' Of course he is wrong to make this claim: if you learn all the verbs listed in this book you will find that making friends with Germans, Swiss or Austrians will be both straightforward and rewarding. Mastery of the German language brings great rewards, granting you access to the rich linguistic and literary heritage of the **Land der Dichter und Denker,** giving you insights into the way the German-speaking peoples think and behave today, and allowing you to share in one of the economically strongest and technologically most advanced nations in the world. **Lerne Deutsch – es lohnt sich!***

(*Learn German – it's worth it!)

Introduction

THE AIM OF THIS BOOK

The aim of this book is to offer you the opportunity to improve your command of German by focusing on one aspect of language learning that invariably causes difficulties – verbs and the way they behave. Whether you are a complete beginner or a relatively advanced learner, you can consult this book when you need to know the form of a certain verb, or you can increase your command of German by browsing through. Whatever your approach, you should find *Essential German verbs* a valuable support to your language learning.

HOW TO USE THIS BOOK

Read the section on verbs and how they work. This starts on page 1.

Look up the verb you want to use in the verb list at the back of the book. You will need what is known as the *infinitive*, the equivalent to the *to ...* form in English (e.g. **kommen** *to come*).

The verbs have been allocated a number between 1 and 201. If the number is in **bold print,** the verb is one of the 201 presented in the verb tables; if it is not among the 201, the reference number (in ordinary print) will direct you to a verb that behaves in the same way as the verb you want to use.

Turn to the verb(s) referred to for details of your verb. If you are not sure which verb form to use in a given context, turn to the relevant section of 'How verbs work'.

The examples listed with the 201 verbs show basic uses of the verb, some well-known phrases and idiomatic expressions and, lastly, words sharing the same origin.

How verbs work

1 WHAT IS A VERB?

It is difficult to define precisely what a verb *is*. Definitions usually include the concepts of actions, states and sensations. For instance, *to play* expresses an action, *to exist* expresses a state and *to see* expresses a sensation. A verb may also be defined by its role in the sentence or clause. It is in general the key to the meaning of the sentence and the element that can least afford to be omitted. Examine the sentence:

My neighbour works excessively hard every day of the week.

The elements *excessively hard* and/or *every day of the week* can be omitted with no problem whatsoever. In an informal conversation even *My neighbour* could, with a nod in the direction of the neighbour in question, be omitted. It would, however, not be possible to omit the verb *work*. The same is true of the verb in German sentences – you could not take **arbeitet** out of the following sentence.

Mein Nachbar arbeitet jeden Tag furchtbar schwer.	*My neighbour works terribly hard every day.*

2 I, YOU, HE, SHE, IT …: PERSON

You will recall that the form of the verb given in dictionaries, the *to …* form in English, or the **-en** form in German, is called the infinitive. However, the verb is normally used in connection with a given person or persons, known as personal pronouns (e.g. *I work, she works*). Traditionally, these persons are numbered as follows:

First person singular	**ich**	*I*
Second person singular	**du, sie**	*you*
Third person singular	**er, sie, es**	*he, she, it*
First person plural	**wir**	*we*

| Second person plural | **ihr, sie** | *you* |
| Third person plural | **sie** | *they* |

German has two pronouns for both *you* singular and *you* plural. **Sie** is the polite form for *you*, whether you are addressing one person or more than one. The familiar **du** is reserved for members of the family, friends, people in your own peer group (such as fellow students), children, animals and God. But you only use **du** to individual persons. As soon as more than one person is being addressed you use **ihr**. Notice that although the plural **Sie** appears as a second person plural pronoun, the verb it is being used with will be in the third person plural form.

You must also remember that **er, sie** and **es** are not used in exactly the same way as *he, she* and *it* in English. **Er** is used when you want to refer to a masculine (**der**) noun as well as for male persons. For example: **Der Tisch – er ist neu.** (*The table – it is new.*) Similarly, **sie** is used for feminine (**die**) nouns and **es** for all neuter (**das**) nouns: **Die Tür – sie ist offen.** (*The door – it is open.*); **Das Haus – es ist klein.** (*The house – it is small.*)

Insight
The infinitive form: to infinity and beyond...

If you're never quite sure what is meant by the *infinitive* of a verb, think of it as the form which has infinite, almost limitless potential. So the infinitive **gehen** (*to go*) is full of potential, waiting to be 'conjugated' or turned into its constituent parts. A finite form, such as **(ich) gehe** (*I go*), or **(wir) gingen** (*we went*) on the other hand, is restricted to just one meaning.

Don't forget that some finite forms (the first person plural **wir** and third person plural **sie** forms in the present indicative) look the same as the infinitive, e.g. **wir gehen** (*we go*).

3 PAST, PRESENT, FUTURE ...: TENSE

a What is tense?

Most languages use changes in the verb form to indicate an aspect of time. These changes in the verb are traditionally referred to as tense, and the tenses may be *present*, *past* or *future*. It is, of course, perfectly possible to convey a sense of time without applying the concept of tense to the verb. Nobody would, for instance, have any trouble understanding:

Yesterday I work all day.

Here the sense of time is indicated by the word *yesterday* rather than by a change to the verb *work*. But on the whole, you should make changes to the verb (and thereby make use of tense) to convey a sense of time:

He works hard as a rule.	= Present tense
I worked for eight hours non-stop.	= Past tense

With most verbs, in most languages, including English, this involves adding different endings to what is called the stem of the verb. In the examples above, the stem is *work*. You add -*s* to make the third person singular present form of the verb; -*ed* is added to make the past tense, whatever the person. In German, the same principle applies. To form the stem, you take the -**en** off the infinitive, and add the appropriate endings. For example, the stem of **fahren** is **fahr-**, the stem of **kommen** is **komm-**.

b Auxiliary verbs

A verb used to support the main verb, for example, *I am working*, *you are working* is called an *auxiliary* verb. *Working* tells us what activity is going on; *am/are* tell us that it is continuous.

The most important auxiliary verbs in English are *to be*, *to have* and *to do*. You use *do*, for example, to ask questions and to negate statements:

Do you work on Saturdays?
Yes, but I do not work on Sundays.

German does not use **tun** (*to do*) as an auxiliary for asking questions or for negating statements, except in certain dialects, but **sein** (*to be*) and **haben** (*to have*) are used to form compound tenses, as you will see below.

c Simple and compound tenses
Tenses formed by adding endings to the verb stem are called *simple* tenses, for example, in the sentence:

I worked in a factory last summer.

The ending *-ed* has been added to the stem *work* to form the simple past tense.

English and German also have *compound* tenses where an auxiliary verb is used as well as the main verb, for example:

I have worked in a factory every summer for five years.

The auxiliary verb *to have* has been introduced to form what is usually known as the *perfect tense*.

d Participles
In compound tenses, the auxiliary verbs *to have* or *to be* are used with a form of the main verb known as a *participle*. The *past participle* is used to form the perfect tense in both German and English:

ich habe **gearbeitet**   *I have worked*
ich habe **gegessen**   *I have eaten*

4

In English, the *present participle* is used to form the continuous tenses:

*I am **working, eating** and **sleeping***

The present participle in German is not used to form continuous tenses but is often used as an adjective.

4 REGULAR AND IRREGULAR VERBS

Unfortunately, all European languages have verbs which do not behave according to a set pattern and which are referred to as *irregular* verbs.

In English, the verb *to work* is regular because it does conform to a certain pattern. The verb *to be*, however, does not.

a Weak verbs

Fortunately, most German verbs are regular. They are often referred to as *weak* (wk.) verbs. The weak verbs always behave in the same way with no changes to their stems and with their past participles formed with **ge-** + stem + **-t** (see Section 5c The perfect).

There are some weak verbs, those with their stems ending in **-d** or **-t,** which require an additional **-e-** between the stem and endings of **-st** or **-t,** simply to make them pronounceable. For example, in the present tense, you have **du arbeitest, er arbeitet, ihr arbeitet,** and the past participle **gearbeitet.**

Some weak verbs do not have the typical **-en** ending of the infinitive but **-rn** instead, which again requires a slight variation for the first and third person plural, where the **-e-** is omitted (e.g. **wir klettern, Sie/sie klettern**).

Rather a large number of verbs ending in **-ieren,** which are in fact derived from foreign verbs, and are almost identical to their English equivalent, differ in their past participle form, which does not have the **ge-** (e.g. **ich habe reserviert**).

b Strong verbs

In both English and German, there are some verbs which do behave according to a set pattern but are not entirely straightforward, since they tend to incorporate vowel changes for the past tense and past participle. Examples of such verbs are:

Infinitive	Present	Past	Perfect
to sing	I sing	I sang	I have sung
to swim	I swim	I swam	I have swum

These verbs are often referred to as *strong* verbs. The majority of strong (str.) verbs in English are also strong verbs in German. For example in German there is:

Infinitive	Present	Past	Perfect
singen	ich singe	ich sang	ich habe gesungen
schwimmen	ich schwimme	ich schwamm	ich bin geschwommen

Since the infinitive gives no indication whether a verb is weak or strong it is a good idea to learn strong verbs not just in their infinitive form but with their third person singular form of the present and the past, as well as their past participle, e.g. **fahren: fährt, fuhr, gefahren; singen: singt, sang, gesungen**. In the verb list these vowel changes are indicated in brackets, e.g. **fahren** (str. ä, u, a); **singen** (str. i, a, u).

Insight
Strong verbs in the present tense: vowel changes in the stem

One of the main characteristics of strong verbs in the present tense is that the stem of these verbs mutates in the second and third person singular forms. The two basic mutations are:

a Stems with **-a-** change to **-ä-**:

fahren *to go, travel*   >   ich fahre, du **fä**hrst, er **fä**hrt
schlafen *to sleep*   >   ich schlafe, du schl**ä**fst, er/sie/es schl**ä**ft

b Stems with **-e-** change to **-i-** or **-ie-**:

helfen *to help*   >   ich helfe, du h**i**lfst, er/sie/es h**i**lft
sehen *to see*   >   ich sehe, du s**ie**hst, er/sie/es s**ie**ht

Don't forget, though, that virtually (the exception is **sein**) all German verbs are entirely regular in the present indicative in all plural forms.

Insight
The ablaut, or 'that drunk drank my drink'

Notice how many German verbs follow almost exactly the same pattern as English as you list their constituent parts, e.g. tr**i**nken, tr**a**nk, getr**u**nken → *drink, drank, drunk*. Although this is not totally reliable, awareness of such patterns is a useful aid to comprehension and speaking.

c Mixed verbs
There is a small group of nine verbs in German which also have vowel changes in the past tense and for the past participle, though

their past participle has the -t ending of weak verbs. They are called *irregular weak* or *mixed* verbs. The nine mixed verbs are:

brennen, brennt, brannte, gebrannt	*to burn*
bringen, bringt, brachte, gebracht	*to bring*
denken, denkt, dachte, gedacht	*to think*
kennen, kennt, kannte, gekannt	*to know*
nennen, nennt, nannte, genannt	*to name*
rennen, rennt, rannte, gerannt	*to run*
senden, sendet, sandte, gesandt	*to send*
wenden, wendet, wandte, gewandt	*to turn*
wissen, weiß, wusste, gewusst	*to know*

5 FORMATION AND USE OF TENSES

a The present
This is formed the same way whether the verb is weak or strong. Simply take off the -**en** part of the infinitive to get the stem and add the endings:

ich hol**e**	wir hol**en**
du hol**st**	ihr hol**t**
er/sie/es hol**t**	Sie/sie hol**en**

The present tense is used:

▶ to express an action that is regularly carried out.

Ich arbeite. *I work.*

Just as in English, this action, though in the present tense, refers to past, present and future time.

▶ to express a continuous action which would require the continuous form in English.

Ich arbeite im Moment. *I am working at the moment.*

There are other little expressions, such as **gerade** (*just*), **im Augenblick** (*at the moment*), **zur Zeit** (*at present*), which combine with this simple form of the present tense to give a continuous meaning.

▶ to express the future. The appropriate future expression is added to the verb.

Ich arbeite morgen.	*I'm going to work tomorrow.*
In einer Woche arbeite ich.	*In one week I'll be working.*

Note that, in the second example, the verb and pronoun have swapped places. This is because the verb always has to be the second concept in the sentence.

▶ to express an action that started in the past but is still going on. This issue is often indicated by expressions of time such as **seit** (*since*) and **schon** (*already*).

Ich arbeite seit gestern.	*I have been working since yesterday.*

b The imperfect or simple past
The formation of the imperfect tense is different for weak and strong verbs. For weak verbs, you add a set of endings to the stem; for strong verbs, you add a different set of endings to the past tense stem. Note the vowel change from the **-i-** of the infinitive to the **-a-** of the past tense (**singen** inf.)

Weak verb	Strong verb
ich hol**te**	ich sang
du hol**test**	du sang**st**
er/sie/es hol**te**	er/sie/es sang
wir hol**ten**	wir sang**en**
ihr hol**tet**	ihr sang**t**
Sie/sie hol**ten**	Sie/sie sang**en**

The imperfect or simple past is not commonly used in colloquial, spoken German. Here are three ways in which it is most commonly used.

▶ in formal written and scientific language, and in written narrative.
▶ in sentences where two actions in the past are united, particularly in clauses beginning with **als** (*when*) and **wie** (*as, when*).

Als ich die Tür öffnete, habe ich ihn gesehen.   *When I opened the door I saw him.*

▶ with verbs of saying, hearing, feeling and many common verbs, such as **sein, haben, bleiben, gehen, kommen, stehen.**

Ich war in Berlin.   *I was in Berlin.*
Er ging zur Schule.   *He went to school.*
Der Bus kam nicht.   *The bus did not come.*

The past tense is also frequently used in the passive voice (see Section 7 The active and passive voice) and with modal verbs (see Section 10 Modal verbs).

Insight
Imperfect variations

Uniquely there are three categories of verbs in German when conjugating the imperfect indicative forms; *weak, strong* and *mixed*.

Weak verbs form this tense using the standard verb stem then adding the imperfect endings, whilst strong verbs require you to know how the vowel mutates in the stem (and some don't add endings):

Weak verbs: **kochen** *to cook* > **ich kochte**, etc.
Strong verbs: **fliegen** *to fly* > **ich flog**, etc.

Mixed verbs, however, see a mutation in the stem, but also add all the imperfect endings:

Mixed verbs: **denken** *to think* > **ich dachte**, etc.

c The perfect

The perfect is a compound tense formed by the relevant form of the present tense of the auxiliary verb with the past participle. The auxiliary verb is usually **haben** (*to have*) but some verbs, especially those expressing a movement or condition, are formed using **sein** (*to be*). All the verbs in the verb list and verb tables that take **sein** rather than **haben** are marked with an *. Those that take both **sein** and **haben** are marked with a †.

Past participles: To form the past participle of weak verbs you add the prefix **ge-** and the ending **-t** to the stem. For example:

Infinitive	Past Participle
holen	geholt
sagen	gesagt

Weak verbs whose stem ends in **-t** or **-d,** for example **antwort-en** and **kost-en,** have an extra **-e-** added before the **-t** ending.

| **antworten** | geantwortet |
| **kosten** | gekostet |

Verbs ending in **-ieren** do not take the prefix **ge-** in the past participle.

| **organisieren** | organisiert |
| **reservieren** | reserviert |

Remember that the past participles of strong verbs end in **-en** and often incorporate a vowel change, e.g. **ich habe gesungen.**

ich **habe geholt**   ich **bin geflogen**
du **hast geholt**   du **bist geflogen**
er/sie/es **hat geholt**   er/sie/es **ist geflogen**

wir **haben geholt**	wir **sind geflogen**
ihr **habt geholt**	ihr **seid geflogen**
Sie/sie **haben geholt**	Sie/sie **sind geflogen**

The perfect tense has three main uses:

▶ to express an action in the past (especially in spoken German) that would have to be translated by the English past.

Mein Sohn ist gestern nach Berlin gefahren, wo er seinen Freund besucht hat.	*My son went to Berlin yesterday where he visited his friend.*

▶ to express an action that has been completed and for which no time frame is specified.

Ich habe den Film gesehen.	*I have seen the film.*

▶ to express a continuous action.

Ich habe gearbeitet.	*I have been working.*

Insight
To be or not to be? The question of auxiliaries

It can be tricky trying to remember whether to use **sein** or **haben** as the auxiliary when conjugating a verb in the perfect tense. The majority of German verbs use **haben**, just like in English, so **ich habe Jura studiert** corresponds to *I have studied law*. To help you remember which verbs use **sein** as the auxiliary, you might like to refer to these general categories:

verbs of motion:	**Ich bin gefahren.**	*I have travelled.*
change of state:	**Sie ist gestorben.**	*She has died.*
sein:	**Wir sind zu Hause gewesen.**	*We have been at home.*
werden:	**Stefan ist Lehrer geworden.**	*Stefan has become a teacher.*

d The pluperfect

The tense is formed by the relevant form of the imperfect tense of the auxiliary verb, with the past participle.

ich **hatte geholt**	ich **war geflogen**
du **hattest geholt**	du **warst geflogen**
er/sie/es **hatte geholt**	er/sie/es **war geflogen**
wir **hatten geholt**	wir **waren geflogen**
ihr **hattet geholt**	ihr **wart geflogen**
Sie/sie **hatten geholt**	Sie/sie **waren geflogen**

It is used as in English to express an action in the past that was completed before another one started.

Ich hatte schon zwölf Stunden gearbeitet, als …	*I had already worked for 12 hours when …*

e The future

This tense is formed in the same way whether the verb is weak or strong. Use the relevant form of the present tense of **werden** (*to become*) with the infinitive of the verb.

ich **werde holen**	wir **werden holen**
du **wirst holen**	ihr **werdet holen**
er/sie/es **wird holen**	Sie/sie **werden holen**

The future tense is used as in English to express an action that is to be or that is planned or intended.

Ich werde morgen arbeiten.	*I'll work/I'll be working/I am going to work tomorrow.*

···

Insight

How easy the future tense is!

Don't forget that **will** in German is a false friend: it only ever means *wants*. Instead, if you intend to speak in the future

(Contd)

tense you should use the appropriate finite form of **werden** as the auxiliary verb, with the infinitive at the end of the clause or sentence.

Heute werde ich 10 Stunden lang schlafen.	*I will sleep for 10 hours tonight.*
Sie wird Thomas morgen früh anrufen.	*She will telephone Thomas tomorrow morning.*
Mit diesem Umweg werdet ihr viel Zeit sparen.	*You will save a lot of time using this detour.*

f The future perfect
This tense is formed with the relevant form of the present tense of **werden**, followed by the past participle and the infinitive of the auxiliary verb.

ich **werde geholt haben**	ich **werde geflogen sein**
du **wirst geholt haben**	du **wirst geflogen sein**
er/sie/es **wird geholt haben**	er/sie/es **wird geflogen sein**
wir **werden geholt haben**	wir **werden geflogen sein**
ihr **werdet geholt haben**	ihr **werdet geflogen sein**
Sie/sie **werden geholt haben**	Sie/sie **werden geflogen sein**

This tense is used as in English to express an action that will have been completed by a certain time in the future.

Ich werde gearbeitet haben.	*I shall have worked/I shall have been working.*

6 *INDICATIVE, SUBJUNCTIVE, IMPERATIVE ...: MOOD*

The term *mood* is used to group verb phrases into four broad categories according to the general kind of meaning they convey.

a The indicative mood
This is used for making statements or asking questions of a factual kind.

We are not going today.
Does he work here?
Crime does not pay.

All the tenses we have seen so far are in the indicative mood.

b The conditional
This is sometimes regarded as a tense and sometimes as a mood in its own right. It is often closely linked with the subjunctive and is used to express conditions or possibilities.

I would accept her offer, if …

In German, the conditional is formed with the relevant form of the imperfect subjunctive (see below) of **werden,** with the infinitive of the verb. It is formed in the same way whether the verb is weak or strong.

ich **würde holen**	wir **würden holen**
du **würdest holen**	ihr **würdet holen**
er/sie/es **würde holen**	Sie/sie **würden holen**

The conditional is used, as in English, to express an action that might be realized under certain conditions:

Ich würde arbeiten, wenn ich müsste.   *I would work if I had to.*

There is also a past conditional tense. This does not appear in the verb tables as it is most commonly formed in exactly the same way as the pluperfect subjunctive, i.e. with the relevant form of the imperfect subjunctive of **haben** or **sein** and the past participle. However, it is also occasionally formed with the relevant form of the imperfect subjunctive of **werden** with the past participle and the infinitive of the auxiliary verb.

ich **hätte geholt**	ich **wäre geflogen**
du **hättest geholt**	du **wärest geflogen**
er/sie/es **hätte geholt**	er/sie/es **wäre geflogen**
wir **hätten geholt**	wir **wären geflogen**
ihr **hättet geholt**	ihr **wäret geflogen**
Sie/sie **hätten geholt**	Sie/sie **wären geflogen**

ich **würde geholt haben**	ich **würde geflogen sein**
du **würdest geholt haben**	du **würdest geflogen sein**
er/sie/es **würde geholt haben**	er/sie/es **würde geflogen sein**
wir **würden geholt haben**	wir **würden geflogen sein**
ihr **würdet geholt haben**	ihr **würdet geflogen sein**
Sie/sie **würden geholt haben**	Sie/sie **würden geflogen sein**

This tense is used as in English to express an action that might have been realized in the past but was not.

Ich würde gearbeitet haben, wenn ich gekonnt hätte. *I would have worked if I had been able to.*

or

Ich hätte gearbeitet, wenn ich gekonnt hätte.

c The subjunctive mood
This is generally used for expressing wishes, conditions and non-factual matters.

It is my wish that John be allowed to come.
If I were you ...

The use of the subjunctive in English is nowadays rather rare, but it is still frequent in German.

The subjunctive has two main uses:

▶ to report a conversation by turning direct speech into indirect speech.

Er sagte: „Sie arbeitet nicht".   *He said: 'She doesn't work'.*

would be reported as:

Er sagte, sie arbeite nicht.   *He said that she did not work.*

The indirect speech is in the same tense as the direct speech, but in the subjunctive form. If the German direct speech is in the perfect, the indirect version is also in the perfect, but in the subjunctive form:

Er sagte: „Sie hat nicht gearbeitet".   *He said: 'She has not worked'.*

Er sagte, sie habe nicht gearbeitet.   *He said she had not worked.*

▶ as in English, to express actions which are unreal, imagined or desired.

Wenn ich du wäre ...   *If I were you ...*
Ich wünschte, er käme.   *I wish he would come.*

The various tenses of the subjunctive mood are illustrated below.

The subjunctive is often avoided by using the conditional forms with **würde**, **wäre** or **hätte**.

An deiner Stelle täte ich das nicht./An deiner Stelle würde ich das nicht tun.   *In your place, I would not do that.*

	Weak verb	*Strong verb*
ich hol**e**	ich hol**te**	ich säng**e**
du hol**est**	du hol**test**	du säng**est**
er/sie/es hol**e**	er/sie/es hol**te**	er/sie/es säng**e**
wir hol**en**	wir hol**ten**	wir säng**en**
ihr hol**et**	ihr hol**tet**	ihr säng**et**
Sie/sie hol**en**	Sie/sie hol**ten**	Sie/sie säng**en**

Perfect

ich **habe geholt**	ich **sei geflogen**
du **habest geholt**	du **seiest geflogen**
er/sie/es **habe geholt**	er/sie/es **sei geflogen**
wir **haben geholt**	wir **seien geflogen**
ihr **habet geholt**	ihr **seiet geflogen**
Sie/sie **haben geholt**	Sie/sie **seien geflogen**

Pluperfect

ich **hätte geholt**	ich **wäre geflogen**
du **hättest geholt**	du **wärest geflogen**
er/sie/es **hätte geholt**	er/sie/es **wäre geflogen**
wir **hätten geholt**	wir **wären geflogen**
ihr **hättet geholt**	ihr **wäret geflogen**
Sie/sie **hätten geholt**	Sie/sie **wären geflogen**

Future

ich **werde holen**
du **werdest holen**
er/sie/es **werde holen**
wir **werden holen**
ihr **werdet holen**
Sie/sie **werden holen**

d The imperative mood
This is used to give directions or commands.

Give me a hand!
Help Sharon with her homework!

In English, there is only one version of the second person (*you*) and so there is only one form of the second person imperative. Because German has polite and informal forms of the second person, the imperative is slightly more complicated.

Before you give a command in German you first have to think whether you are on familiar or polite terms and then whether you are addressing one or more persons. The easiest form is the polite form since it is the same for both singular and plural, and the form of the verb is the same as the infinitive:

Arbeiten Sie!	*Work!*
Gehen Sie!	*Go!*

If you are on familiar terms with whoever you are addressing, the form of the verb depends on whether you are addressing one person or several. For one person, the familiar imperative form is the verb stem, except for verbs which have a -t at the end of the stem, which need an additional -e.

Arbeite!	*Work!*
Geh!	*Go!*

Some strong verbs also exhibit a vowel change:

Nimm!	*Take!*

An extra -e can be added to verbs that do not strictly need it to give the order more weight.

For more than one person, the familiar form of the imperative adds a -t to the verb stem; -et to verbs which have a -t at the end of the stem.

Arbeitet!	*Work!*
Geht!	*Go!*

In the verb tables, all three imperative forms are given: the 'single' familiar form, followed by the 'plural' familiar form, followed by the polite form, e.g. **Fahr ab! Fahrt ab! Fahren Sie ab!**

The verb tables also give the first person form of the imperative.

Gehen wir nach Hause!   *Let's go home!*

7 THE ACTIVE AND PASSIVE VOICE

Most actions can be viewed in one of two ways:

The dog bit the postman.
The postman was bitten by the dog.

In the first example, the dog is clearly the initiator of the action (the *subject* or *agent*) and the postman receives or suffers the action; he is the *object*. This type of sentence is referred to as the *active voice*.

In the second example, the postman occupies first position in the sentence even though he is the sufferer of the action. The agent, the dog, has been relegated to third position (after the verb) and could even be omitted. This type of sentence is referred to as the *passive voice*.

Not every active sentence can be made passive. Needless to say the passive voice can be found in various tenses and even in the imperative.

I am being attacked. (present continuous)
Don't be frightened! (present imperative)

In German, the passive voice is used less than in English. An active form with **man** (*one*) is often preferred where you would use the passive in English:

Man sagt.   *It is said. (Lit. one says)*
Man gab mir ...   *I was given ... (Lit. one gave me)*

However, the passive voice is widely used in written German, or whenever a precise, factual message has to be conveyed.

Another reason for using the passive voice in written language is in order to get the emphasis where you want it in the sentence. In German, the emphasis lies at the beginning and end of the sentence, so if you want to stress *the milk* (rather than anything else) in the sentence *The milk is delivered at 7 o'clock*, you can use the passive:

Die Milch wird um 7 Uhr gebracht.

The passive is formed by using the relevant tense of the verb **werden** together with the past participle of the verb in question. Note that in the perfect tenses the past participle of **werden** is **worden** in the passive voice without the usual **ge-** in front. In some instances **worden** may be omitted:

Der Brief ist geschrieben   *The letter has been written*
  (worden).   *(i.e. it is done).*

A model of a verb in the passive is given below.

---

geholt werden *to be fetched*

INDICATIVE

Present	Imperfect	Perfect
ich werde geholt	ich wurde geholt	ich bin geholt worden
du wirst geholt	du wurdest geholt	du bist geholt worden
er/sie/es wird geholt	er/sie/es wurde geholt	er/sie/es ist geholt worden
wir werden geholt	wir wurden geholt	wir sind geholt worden
ihr werdet geholt	ihr wurdet geholt	ihr seid geholt worden
Sie/sie werden geholt	Sie/sie wurden geholt	Sie/sie sind geholt worden

Pluperfect	Future	Future Perfect
ich war geholt worden	ich werde geholt werden	ich werde geholt worden sein
du warst geholt worden	du wirst geholt werden	du wirst geholt worden sein
er/sie/es war geholt	er/sie/es wird geholt werden	er/sie/es wird geholt worden sein
wir waren geholt worden	wir werden geholt werden	wir werden geholt worden sein
ihr wart geholt worden	ihr werdet geholt werden	ihr werdet geholt worden sein
Sie/sie waren geholt worden	Sie/sie werden geholt werden	Sie/sie werden geholt worden sein

CONDITIONAL   SUBJUNCTIVE

Present	Present	Perfect
ich würde geholt werden	ich werde geholt	ich sei geholt worden
du würdest geholt werden	du werdest geholt	du sei(e)st geholt worden
er/sie/es würde geholt werden	er/sie/es werde geholt	er/sie/es sei geholt worden
wir würden geholt werden	wir werden geholt	wir seien geholt worden
ihr würdet geholt werden	ihr werdet geholt	ihr seiet geholt worden
	Sie/sie werden geholt	Sie/sie seien geholt worden

Past	Future
ich wäre geholt worden	ich werde geholt werden
du wärest geholt worden	du werdest geholt werden
er/sie/es wäre geholt worden	er/sie/es werde geholt werden
wir wären geholt worden	wir werden geholt werden
ihr wäret geholt worden	ihr werdet geholt werden
Sie/sie wären geholt worden	Sie/sie werden geholt werden

8 TRANSITIVE AND INTRANSITIVE VERBS

To a large extent the verb you choose determines what other elements can or must be used with it. With the verb *to occur*, for instance, you have to say what occurred:

The accident occurred.

But you do not have to provide any further information. With a verb like *to give*, on the other hand, you have to state *who* or *what* did the giving and, this time, *who* or *what* was given. It would also be very common to state the recipient of the giving:

Darren gave a CD to Tracey.
or even better:
Darren gave Tracey a CD.

In the above examples *a CD* is said to be the *direct object* of the verb *to give* because it is what is actually given. *To Tracey* or *Tracey* is said to be the *indirect object*, since this element indicates who the CD was given to.

Verbs which do not require a direct object are said to be *intransitive*, e.g.:

to die	*The old man died.*
to wait	*I waited.*

Verbs which do require a direct object are said to be *transitive*, e.g.:

to enjoy	*Jane enjoys a swim.*
to need	*Gary needs some help.*

Many verbs can be used either with or without a direct object, depending on the precise meaning of the verb, and so it is safer to talk of transitive and intransitive uses of verbs:

Intransitive	Transitive
He's sleeping.	He's sleeping a deep sleep.
I'm eating.	I'm eating my dinner.
She's writing.	She's writing an essay.

Like English, the German language has verbs with transitive or intransitive uses or both. A great help is the fact that all the German verbs conjugated with **sein** are intransitive. Verbs in the verb list have tr. beside them if they are used transitively, and/ or intr. if they are used intransitively. Less frequently found usages are indicated by brackets:

e.g. **bauen** *to build, construct* tr. (intr.)

9 REFLEXIVE VERBS

The term *reflexive* is used when the initiator of an action (or *subject*) and the sufferer of the action (or *object*) are one and the same:

She washed herself.

In German, the *reflexive* pronoun is required whenever the subject of the sentence is also either the direct or indirect object. It is placed directly after the verb in simple tenses, after the form of **haben** in compound tenses. Note that all German reflexive verbs are conjugated with **haben**.

Ich fühle mich wohl.	*I feel well.*
Sie fürchtete sich vor mir.	*She was afraid of me.*

In questions, the reflexive pronoun appears directly after the subject:

Fühlst du dich wohl?	*Do you feel well?*

The reflexive pronouns for the indirect object (the dative) differ only for the first and second person singular.

Ich putze mir die Zähne.	*I brush my teeth.*
Du bildest es dir ein.	*You are imagining it.*

Note that, when there are two pronouns, the position of the dative reflexive pronoun is after the direct object pronoun. All the verbs in the verb list that are reflexives, or can be used as reflexives, are marked refl.

10 MODAL VERBS

Verbs which are used to express concepts such as permission, obligation, possibility and so on (*can*, *must*, *may*) are called *modal verbs*. Verbs in this category cannot in general stand on their own and therefore also fall under the general heading of auxiliary verbs.

There are six verbs in German which can be used as modal verbs:

können *can, be able to*	**müssen** *must, have to*
wollen *will, want to*	**mögen** *like*
sollen *shall, be supposed to*	**dürfen** *may, be allowed to*

As modal verbs, they are accompanied by an infinitive placed at the end of the sentence.

Ich kann/konnte dieses Auto fahren.	*I can/could drive this car.*
Ihr möchtet/mochtet essen.	*You would like/liked to eat.*

The perfect tense of modal verbs is formed with **haben**. In combination with another verb, their past participle is identical to their infinitive:

Er hat uns besuchen sollen.	*He was to visit us.*
Wir haben arbeiten müssen.	*We have had to work.*

In a subordinate (secondary) clause, the form of **haben** is positioned in front of the infinitive and the past participle:

Er weiß, dass ich dieses Auto   *He knows that I was able to drive*
  habe fahren können.   *this car.*

Modal verbs cannot form the imperative or the passive voice. If these verbs are used on their own, without the additional infinitive, their past participle is formed: **ge** + stem + **t**

Das habe ich nicht gewollt.   *I didn't want this/This was not my*
                                 intention.

11 SEPARABLE AND INSEPARABLE VERBS

There are many verbs in German which have their particle (*up*, *down*, etc.) fixed to them. This does not occur in English. In English, you would say: *to open up*, *to close down* with the particle following the verb. In German, this would be expressed in one verb: **aufmachen** and **zumachen**, with the particle joined to the front of the verb.

In main clauses separable verbs separate in the two simple tenses and the particle is placed at the very end of the sentence.

Er machte gestern mit seinem   *Yesterday he opened up a*
  Freund ein Geschäft in London auf.   *shop in London with his friend.*

In a subordinate clause, the separable verb joins up again at the end of the sentence:

Ich weiß, dass er gestern mit   *I know that he opened up a shop*
  seinem Freund ein Geschäft in   *in London yesterday with his*
  London aufmachte.   *friend.*

Another characteristic of separable verbs is the position of the **ge-** in the past participle. It is placed between the prefix and the past participle form of the verb:

Er hat ein Geschäft aufgemacht. *He has opened up a shop.*

In the imperative, when giving an order, the prefix is again separated from the verb: **Machen Sie auf!** (*Open [the door] up!*)

Inseparable verbs behave like normal verbs except that they do not have a ge- in the past participle:

Er hat ein Konto eröffnet.   *He has opened an account.*
Er hat die Gäste empfangen.   *He has received the guests.*

Variable prefixes can be either separable or inseparable, often with a difference in meaning:

umfahren (= *to drive over, knock down by driving*)
Er fährt den Baum um. (sep.)   *He is knocking down the tree.*
umfahren (= *to round, drive round*)
Er umfährt die Insel. (insep.)   *He is driving around the island.*

Note that, depending on the main verb, separable, inseparable, and variable verbs can be weak or strong.

In the verb list, there is a | separating the main part of a separable verb from its prefix.

12 THE POSITION OF THE GERMAN VERB IN THE SENTENCE

The verb must always be the second concept in the sentence. To achieve this the subject (**wir** in the examples below) may have to move:

1st element	2nd element	Final element	Meaning
Wir	**kauften**	**gestern ein neues Auto.**	*We bought a new car yesterday.*
Gestern	**kauften**	**wir ein neues Auto.**	*Yesterday we bought a new car.*
Eine neues Auto	**kauften**	**wir gestern.**	*A new car is what we bought yesterday.*

In compound tenses, it is the auxiliary verb that takes second position while the past participle is placed at the end of the sentence:

1st element	2nd element		Final element
Wir	haben	gestern ein neues Auto	gekauft.
Gestern	haben	wir ein neues Auto	gekauft.
Eine neues Auto	haben	wir gestern	gekauft.

In a subordinate clause, the verb is always placed at the end of the clause in simple tenses, while in compound tenses the auxiliary verb takes that position:

Er brauchte Geld, weil er ein neues Auto kaufte.	*He needed money because he was buying a new car.*
Er hat kein Geld, weil er ein neues Auto gekauft hat.	*He has no money because he has bought a new car.*

13 GERMAN VERBS AND THEIR PREPOSITIONS

Many verbs in German are used with a particular preposition, and different prepositions can drastically change the meaning of the verb. Many of the verbs in the verb list are given with the preposition(s) which follow them and the case which that must take. Always try and learn the verb and preposition together.

sich freuen auf	*to look forward to*
sich freuen über	*to be pleased about*

Verb tables

On the following pages you will find the various tenses of 201 German verbs presented in full, with examples of how to use them.

For the subjunctive forms only the first or third person singular and first person plural forms are given. These tenses are given in full in the section on verbs and how they work (see Section 6c The subjunctive mood). You should also check back to this section if you are not sure when to use the different tenses.

If there is a * next to the verb, it takes **sein** in compound tenses; if there is a †, it takes **sein** or **haben** depending on the exact meaning. Verbs with (†) normally take **haben**, but can take **sein**, in Southern Germany, Austria and Switzerland.

Abbreviations used in this book

acc.	accusative	mx.	mixed
dat.	dative	refl.	reflexive
gen.	genitive	sep.	separable
imp.	impersonal	str.	strong
inf.	infinitive	tr.	transitive
insep.	inseparable	wk.	weak
intr.	intransitive		*conjugated with **sein**
lit	literally		†conjugated with **haben** or **sein**

1 *abfahren to leave, depart (intr.)

INDICATIVE

Present	Imperfect	Perfect
ich fahre ab	ich fuhr ab	ich bin abgefahren
du fährst ab	du fuhrst ab	du bist abgefahren
er/sie/es fährt ab	er/sie/es fuhr ab	er/sie/es ist abgefahren
wir fahren ab	wir fuhren ab	wir sind abgefahren
ihr fahrt ab	ihr fuhrt ab	ihr seid abgefahren
Sie/sie fahren ab	Sie/sie fuhren ab	Sie/sie sind abgefahren

Pluperfect	Future	Future Perfect
ich war abgefahren	ich werde abfahren	ich werde abgefahren sein
du warst abgefahren	du wirst abfahren	du wirst abgefahren sein
er/sie/es war abgefahren	er/sie/es wird abfahren	er/sie/es wird abgefahren sein
wir waren abgefahren	wir werden abfahren	wir werden abgefahren sein
ihr wart abgefahren	ihr werdet abfahren	ihr werdet abgefahren sein
Sie/sie waren abgefahren	Sie/sie werden abfahren	Sie/sie werden abgefahren sein

CONDITIONAL / SUBJUNCTIVE

Present	Present	Imperfect
ich würde abfahren	er/sie/es fahre ab	ich führe ab
du würdest abfahren	wir fahren ab	wir führen ab
er/sie/es würde abfahren		
wir würden abfahren	**Perfect**	**Pluperfect**
ihr würdet abfahren	er/sie/es sei abgefahren	ich wäre abgefahren
Sie/sie würden abfahren	wir seien abgefahren	wir wären abgefahren

PARTICIPLES / IMPERATIVE

PARTICIPLES	IMPERATIVE
abfahrend	fahr ab! fahrt ab!
abgefahren	fahren Sie ab! fahren wir ab!

Ich fahre morgen um 7 Uhr ab. *I'm leaving at 7 o'clock tomorrow.*
Von welchem Bahnsteig fährt der Zug ab? *Which platform does the train leave from?*
Der Bus ist vor 5 Minuten abgefahren. *The bus left 5 minutes ago.*
Als der Zug abfuhr, war es 7 Uhr. *When the train left it was 7 o'clock.*
Meine Reifen sind ganz abgefahren. *My tyres are worn smooth.*
Ich bin die ganze Strecke abgefahren. *I have driven along that whole stretch (of road).*
Sie hat ihn kühl abfahren lassen. *She rejected him.*

die Abfahrt *departure*   **die Abfahrtszeit** *time of departure*
der Abfahrtsort *departure point*   **das Abfahrtszeichen** *starting signal*
der Abfahrtslauf *downhill skiing*   **die Skiabfahrt** *skiing descent*
die Autobahnabfahrt *motorway exit*

2 anbieten *to offer, tender* (tr./refl.)

Present	Imperfect	Perfect
ich biete an	ich bot an	ich habe angeboten
du bietest an	du botest an	du hast angeboten
er/sie/es bietet an	er/sie/es bot an	er/sie/es hat angeboten
wir bieten an	wir boten an	wir haben angeboten
ihr bietet an	ihr botet an	ihr habt angeboten
Sie/sie bieten an	Sie/sie boten an	Sie/sie haben angeboten

Pluperfect	Future	Future Perfect
ich hatte angeboten	ich werde anbieten	ich werde angeboten haben
du hattest angeboten	du wirst anbieten	du wirst angeboten haben
er/sie/es hatte angeboten	er/sie/es wird anbieten	er/sie/es wird angeboten haben
wir hatten angeboten	wir werden anbieten	wir werden angeboten haben
ihr hattet angeboten	ihr werdet anbieten	ihr werdet angeboten haben
Sie/sie hatten angeboten	Sie/sie werden anbieten	Sie/sie werden angeboten haben

CONDITIONAL	SUBJUNCTIVE	

Present	Present	Imperfect
ich würde anbieten	er/sie/es biete an	ich böte an
du würdest anbieten	wir bieten an	wir böten an
er/sie/es würde anbieten		
wir würden anbieten	Perfect	Pluperfect
ihr würdet anbieten	er/sie/es habe angeboten	ich hätte angeboten
Sie/sie würden anbieten	wir haben angeboten	wir hätten angeboten

PARTICIPLES	IMPERATIVE
anbietend	biete an! bietet an!
angeboten	bieten Sie an! bieten wir an!

Was kann ich Ihnen anbieten? *What can I offer you?*
Die Firma hat ihm eine gute Stelle angeboten. *The firm offered him a good position.*
Man bot uns keinen Stuhl an. *We were not offered a chair.*
Würden Sie ihm ihre Hilfe anbieten? *Would you offer him your help?*
Diese Lösung bietet sich förmlich an. *This solution is really obvious.*
Diese Ware ist im Angebot. *This item is on special offer.*
Er bot ihnen harte Strafen an. *He threatened them with severe punishment.*
Diese Ware wird nicht mehr angeboten. *This item is no longer available.*

das Angebot *offer*
der Anbieter *supplier*
das Anerbieten *proposition*
sich anbieten etwas zu tun *to volunteer to do something*

das Sonderangebot *special offer*
der Meistbietende *highest bidder*

3 anfangen *to begin, start* (tr./intr.)

INDICATIVE

Present	Imperfect	Perfect
ich fange an	ich fing an	ich habe angefangen
du fängst an	du fingst an	du hast angefangen
er/sie/es fängt an	er/sie/es fing an	er/sie/es hat angefangen
wir fangen an	wir fingen an	wir haben angefangen
ihr fangt an	ihr fingt an	ihr habt angefangen
Sie/sie fangen an	Sie/sie fingen an	Sie/sie haben angefangen

Pluperfect	Future	Future Perfect
ich hatte angefangen	ich werde anfangen	ich werde angefangen haben
du hattest angefangen	du wirst anfangen	du wirst angefangen haben
er/sie/es hatte angefangen	er/sie/es wird anfangen	er/sie/es wird angefangen haben
wir hatten angefangen	wir werden anfangen	wir werden angefangen haben
ihr hattet angefangen	ihr werdet anfangen	ihr werdet angefangen haben
Sie/sie hatten angefangen	Sie/sie werden anfangen	Sie/sie werden angefangen haben

CONDITIONAL — SUBJUNCTIVE

Present	Present	Imperfect
ich würde anfangen	er/sie/es fange an	ich finge an
du würdest anfangen	wir fangen an	wir fingen an
er/sie/es würde anfangen		

	Perfect	Pluperfect
wir würden anfangen	er/sie/es habe angefangen	ich hätte angefangen
ihr würdet anfangen	wir haben angefangen	wir hätten angefangen
Sie/sie würden anfangen		

PARTICIPLES — IMPERATIVE

PARTICIPLES	IMPERATIVE
anfangend	fang an! fangt an!
angefangen	fangen Sie an! fangen wir an!

Wann fangen Sie an zu arbeiten? *When do you start work?*
Die Unterrichtsstunde hat schon angefangen. *The lesson has already started.*
Es fing an zu regnen. *It started to rain.*
Als wir anfingen zu essen, war es schon spät. *When we started to eat, it was already late.*
Was sollen wir heute anfangen? *What shall we do today?*
Mit ihm kann ich nichts anfangen. *He is not at all on my wavelength.*
Er fing als Tellerwäscher an. *He started his career washing dishes.*
Das fängt ja gut an! *What a great start!*

der Anfang *start, beginning*
von Anfang an *from the start*
anfangs *at first*
der Monatsanfang *the beginning of the month*

der Anfänger *learner, beginner*
der Anfangsbuchstabe *the initial letter*
aller Anfang ist schwer *the beginning is always hard*

4 *ankommen to arrive (intr.)

INDICATIVE

Present	Imperfect	Perfect
ich komme an	ich kam an	ich bin angekommen
du kommst an	du kamst an	du bist angekommen
er/sie/es kommt an	er/sie/es kam an	er/sie/es ist angekommen
wir kommen an	wir kamen an	wir sind angekommen
ihr kommt an	ihr kamt an	ihr seid angekommen
Sie/sie kommen an	Sie/sie kamen an	Sie/sie sind angekommen

Pluperfect	Future	Future Perfect
ich war angekommen	ich werde ankommen	ich werde angekommen sein
du warst angekommen	du wirst ankommen	du wirst angekommen sein
er/sie/es war angekommen	er/sie/es wird ankommen	er/sie/es wird angekommen sein
wir waren angekommen	wir werden ankommen	wir werden angekommen sein
ihr wart angekommen	ihr werdet ankommen	ihr werdet angekommen sein
Sie/sie waren angekommen	Sie/sie werden ankommen	Sie/sie werden angekommen sein

CONDITIONAL / SUBJUNCTIVE

Present	Present	Imperfect
ich würde ankommen	er/sie/es komme an	ich käme an
du würdest ankommen	wir kommen an	wir kämen an
er/sie/es würde ankommen		
wir würden ankommen	**Perfect**	**Pluperfect**
ihr würdet ankommen	er/sie/es sei angekommen	ich wäre angekommen
Sie/sie würden ankommen	wir seien angekommen	wir wären angekommen

PARTICIPLES / IMPERATIVE

PARTICIPLES	IMPERATIVE
ankommend	komm an! kommt an!
angekommen	kommen Sie an! kommen wir an!

Wann kommen Sie morgen an? *When will you arrive tomorrow?*
Ist die Post schon angekommen? *Has the post already arrived?*
Er kam mit viel Verspätung an. *He arrived very late. (Lit. with a lot of delay)*
Als wir ankamen, waren wir müde. *We were tired when we arrived.*
Das neue Buch kommt nicht an. *The new book is not a success.*
Darauf kommt es an. *That is what matters.*
Es kam auf jeden von uns an. *It depended on each of us.*
Bei mir kommt man damit nicht an. *That cuts no ice with me.*
Es kommt mir auf eine Kleinigkeit nicht an. *I won't mind paying a little.*

die Ankunft *arrival*
der Ankömmling *newcomer*
die Ankunftszeiten *times of arrival*
das Vorankommen *progress*

5 annehmen *to accept, assume* (tr.)

INDICATIVE

Present	Imperfect	Perfect
ich nehme an	ich nahm an	ich habe angenommen
du nimmst an	du nahmst an	du hast angenommen
er/sie/es nimmt an	er/sie/es nahm an	er/sie/es hat angenommen
wir nehmen an	wir nahmen an	wir haben angenommen
ihr nehmt an	ihr nahmt an	ihr habt angenommen
Sie/sie nehmen an	Sie/sie nahmen an	Sie/sie haben angenommen

Pluperfect	Future	Future Perfect
ich hatte angenommen	ich werde annehmen	ich werde angenommen haben
du hattest angenommen	du wirst annehmen	du wirst angenommen haben
er/sie/es hatte angenommen	er/sie/es wird annehmen	er/sie/es wird angenommen haben
wir hatten angenommen	wir werden annehmen	wir werden angenommen haben
ihr hattet angenommen	ihr werdet annehmen	ihr werdet angenommen haben
Sie/sie hatten angenommen	Sie/sie werden annehmen	Sie/sie werden angenommen haben

CONDITIONAL

SUBJUNCTIVE

Present	Present	Imperfect
ich würde annehmen	er/sie/es nehme an	ich nähme an
du würdest annehmen	wir nehmen an	wir nähmen an
er/sie/es würde annehmen		
wir würden annehmen	**Perfect**	**Pluperfect**
ihr würdet annehmen	er/sie/es habe angenommen	ich hätte angenommen
Sie/sie würden annehmen	wir haben angenommen	wir hätten angenommen

PARTICIPLES

IMPERATIVE

annehmend	nimm an! nehmt an!
angenommen	nehmen Sie an! nehmen wir an!

Nehmen Sie unsere Einladung an? *Will you accept our invitation?*
Mein Freund hat sie schon angenommen. *My friend has accepted it already.*
Er nahm die neue Stellung sofort an. *He accepted the new job at once.*
Wir nahmen an, er würde kommen. *We assumed he would come.*
Das Ehepaar nahm zwei Kinder an. *The couple adopted two children.*
Seine Frechheit hat Formen angenommen. *His boldness has gone beyond the limit.*
Nimm doch Vernunft an! *Be reasonable!*
Angenommen er ist krank… *Supposing he were ill…*

die Annahme *acceptance, assumption*   **die Annahmestelle** *reception*
annehmbar *acceptable*   **annehmlich** *comfortable*
unannehmbar *unacceptable*   **die Annehmlichkeit** *comfort*

6 anrufen *to ring, telephone* (tr./intr.)

INDICATIVE

Present	Imperfect	Perfect
ich rufe an	ich rief an	ich habe angerufen
du rufst an	du riefst an	du hast angerufen
er/sie/es ruft an	er/sie/es rief an	er/sie/es hat angerufen
wir rufen an	wir riefen an	wir haben angerufen
ihr ruft an	ihr rieft an	ihr habt angerufen
Sie/sie rufen an	Sie/sie riefen an	Sie/sie haben angerufen

Pluperfect	Future	Future Perfect
ich hatte angerufen	ich werde anrufen	ich werde angerufen haben
du hattest angerufen	du wirst anrufen	du wirst angerufen haben
er/sie/es hatte angerufen	er/sie/es wird anrufen	er/sie/es wird angerufen haben
wir hatten angerufen	wir werden anrufen	wir werden angerufen haben
ihr hattet angerufen	ihr werdet anrufen	ihr werdet angerufen haben
Sie/sie hatten angerufen	Sie/sie werden anrufen	Sie/sie werden angerufen haben

CONDITIONAL / SUBJUNCTIVE

Present	Present	Imperfect
ich würde anrufen	er/sie/es rufe an	ich riefe an
du würdest anrufen	wir rufen an	wir riefen an
er/sie/es würde anrufen		
wir würden anrufen	**Perfect**	**Pluperfect**
ihr würdet anrufen	er/sie/es habe angerufen	ich hätte angerufen
Sie/sie würden anrufen	wir haben angerufen	wir hätten angerufen

PARTICIPLES / IMPERATIVE

PARTICIPLES	IMPERATIVE
anrufend	ruf an! ruft an!
angerufen	rufen Sie an! rufen wir an!

Bitte rufen Sie mich an. *Please telephone me.*
Ich rufe Sie morgen an. *I'll ring you tomorrow.*
Sie hat mich jeden Tag angerufen. *She has been ringing me every day.*
Als er anrief, war er am Bahnhof. *He was at the station when he rang.*
Auf der Straße rief mich jemand an. *Someone called out to me in the street.*
Die UNO wurde um Hilfe angerufen. *The UN was asked for help.*
Man hat ihn zum Zeugen angerufen. *He was called as a witness.*
Er rief die Leute um Unterstützung an. *He appealed to the people for support.*

der Anruf *call*	**der Anrufer** *caller*
der Telefonanruf *telephone call*	**der Notruf** *emergency call*
das Rufzeichen *ringing tone*	**die Anrufbeantworter** *answerphone*
die Rufnummer *phone number*	**die Anrufung** *appeal*

7 antworten *to answer, reply* (intr.)

INDICATIVE

Present	Imperfect	Perfect
ich antworte	ich antwortete	ich habe geantwortet
du antwortest	du antwortetest	du hast geantwortet
er/sie/es antwortet	er/sie/es antwortete	er/sie/es hat geantwortet
wir antworten	wir antworteten	wir haben geantwortet
ihr antwortet	ihr antwortetet	ihr habt geantwortet
Sie/sie antworten	Sie/sie antworteten	Sie/sie haben geantwortet

Pluperfect	Future	Future Perfect
ich hatte geantwortet	ich werde antworten	ich werde geantwortet haben
du hattest geantwortet	du wirst antworten	du wirst geantwortet haben
er/sie/es hatte geantwortet	er/sie/es wird antworten	er/sie/es wird geantwortet haben
wir hatten geantwortet	wir werden antworten	wir werden geantwortet haben
ihr hattet geantwortet	ihr werdet antworten	ihr werdet geantwortet haben
Sie/sie hatten geantwortet	Sie/sie werden antworten	Sie/sie werden geantwortet haben

CONDITIONAL / SUBJUNCTIVE

Present	Present	Imperfect
ich würde antworten	er/sie/es antworte	ich antwortete
du würdest antworten	wir antworten	wir antworteten
er/sie/es würde antworten		
wir würden antworten	**Perfect**	**Pluperfect**
ihr würdet antworten	er/sie/es habe geantwortet	ich hätte geantwortet
Sie/sie würden antworten	wir haben geantwortet	wir hätten geantwortet

PARTICIPLES / IMPERATIVE

PARTICIPLES	IMPERATIVE
antwortend	antworte! antwortet!
geantwortet	antworten Sie! antworten wir!

Warum antworten Sie nicht? *Why don't you answer?*
Ich habe sofort geantwortet. *I answered at once.*
Er antwortete auf jede Frage. *He answered every question.*
Wir hätten nicht antworten sollen. *We should not have answered.*
Sie antwortete darauf mit einem vielsagenden Blick. *She responded with a meaningful glance.*
Ich blieb ihm keine Antwort schuldig. *I had an answer to everything.*
Keine Antwort ist auch eine Antwort. *Silence speaks for itself.*
Er ist immer mit einer Antwort da. *He is never at a loss for an answer.*
U.A.w.g./Um Antwort wird gebeten. *R.S.V.P./An answer is requested.*

die Antwort *answer, reply*   **das Antwortschreiben** *written reply*
der Antworter *respondent*   **die Beantwortung** *answer(ing)*
verantworten *to be responsible for* **die Verantwortung** *responsibility*

8 anziehen *to put on, dress, attract* (tr./refl.)

INDICATIVE

Present	Imperfect	Perfect
ich ziehe an	ich zog an	ich habe angezogen
du ziehst an	du zogst an	du hast angezogen
er/sie/es zieht an	er/sie/es zog an	er/sie/es hat angezogen
wir ziehen an	wir zogen an	wir haben angezogen
ihr zieht an	ihr zogt an	ihr habt angezogen
Sie/sie ziehen an	Sie/sie zogen an	Sie/sie haben angezogen

Pluperfect	Future	Future Perfect
ich hatte angezogen	ich werde anziehen	ich werde angezogen haben
du hattest angezogen	du wirst anziehen	du wirst angezogen haben
er/sie/es hatte angezogen	er/sie/es wird anziehen	er/sie/es wird angezogen haben
wir hatten angezogen	wir werden anziehen	wir werden angezogen haben
ihr hattet angezogen	ihr werdet anziehen	ihr werdet angezogen haben
Sie/sie hatten angezogen	Sie/sie werden anziehen	Sie/sie werden angezogen haben

CONDITIONAL · SUBJUNCTIVE

Present	Present	Imperfect
ich würde anziehen	er/sie/es ziehe an	ich zöge an
du würdest anziehen	wir ziehen an	wir zögen an
er/sie/es würde anziehen		
wir würden anziehen	Perfect	Pluperfect
ihr würdet anziehen	er/sie/es habe angezogen	ich hätte angezogen
Sie/sie würden anziehen	wir haben angezogen	wir hätten angezogen

PARTICIPLES · IMPERATIVE

PARTICIPLES	IMPERATIVE
anziehend	zieh an! zieht an!
angezogen	ziehen Sie an! ziehen wir an!

Was soll ich anziehen? *What shall I wear?*
Ziehst du deinen Smoking an? *Are you going to wear your dinner jacket?*
Sie hat ihren warmen Mantel angezogen. *She put on her warm coat.*
Ihre Kinder zog sie immer gut an. *She always dressed her children well.*
Bitte ziehen Sie die Schraube an. *Please tighten the screw.*
Auf der Party zog sie alle Männer an. *She attracted all the men at the party.*
Das Salz zieht die Feuchtigkeit an. *Salt absorbs moisture.*

der Anzug *suit*	**die Anziehung** *attraction*
im Anzug sein *to approach*	**anziehend** *attractive*
die Erdanziehung *gravity*	**anziehungslos** *unattractive*
anzüglich *offensive*	

9 arbeiten *to work* (intr./tr./refl.)

Present	Imperfect	Perfect
ich arbeite	ich arbeitete	ich habe gearbeitet
du arbeitest	du arbeitetest	du hast gearbeitet
er/sie/es arbeitet	er/sie/es arbeitete	er/sie/es hat gearbeitet
wir arbeiten	wir arbeiteten	wir haben gearbeitet
ihr arbeitet	ihr arbeitetet	ihr habt gearbeitet
Sie/sie arbeiten	Sie/sie arbeiteten	Sie/sie haben gearbeitet

Pluperfect	Future	Future Perfect
ich hatte gearbeitet	ich werde arbeiten	ich werde gearbeitet haben
du hattest gearbeitet	du wirst arbeiten	du wirst gearbeitet haben
er/sie/es hatte gearbeitet	er/sie/es wird arbeiten	er/sie/es wird gearbeitet haben
wir hatten gearbeitet	wir werden arbeiten	wir werden gearbeitet haben
ihr hattet gearbeitet	ihr werdet arbeiten	ihr werdet gearbeitet haben
Sie/sie hatten gearbeitet	Sie/sie werden arbeiten	Sie/sie werden gearbeitet haben

CONDITIONAL | SUBJUNCTIVE

Present	Present	Imperfect
ich würde arbeiten	er/sie/es arbeite	ich arbeitete
du würdest arbeiten	wir arbeiten	wir arbeiteten
er/sie/es würde arbeiten		
wir würden arbeiten	Perfect	Pluperfect
ihr würdet arbeiten	er/sie/es habe gearbeitet	ich hätte gearbeitet
Sie/sie würden arbeiten	wir haben gearbeitet	wir hätten gearbeitet

PARTICIPLES | IMPERATIVE

arbeitend
gearbeitet

arbeite! arbeitet!
arbeiten Sie! arbeiten wir!

Wie lange arbeiten Sie schon hier? *How long have you been working here?*
Ich arbeite seit drei Jahren hier. *I have been working here for three years.*
Er würde gern in Deutschland arbeiten. *He would like to work in Germany.*
Morgen arbeite ich im Garten. *Tomorrow I'll work in the garden.*
Er arbeitet wie ein Pferd. *He is working like a trojan. (Lit. horse)*
Sie muss noch viel an sich arbeiten. *She must improve her performance.*
Er hat sich schnell nach oben gearbeitet. *He has quickly moved his way up.*
Was arbeiten Sie? *What are you doing?*

die Arbeit *work, employment*	**arbeitsam** *industrious*
der Arbeiter *worker*	**arbeitsfähig** *fit to work*
der Arbeitgeber *employer*	**arbeitslos** *unemployed*
der Arbeitnehmer *employee*	**arbeitsscheu** *workshy*
die Handarbeit *handicraft*	**abgearbeitet** *worn out with work*

10 bauen *to build, construct* (tr./intr.)

INDICATIVE

Present	Imperfect	Perfect
ich baue	ich baute	ich habe gebaut
du baust	du bautest	du hast gebaut
er/sie/es baut	er/sie/es baute	er/sie/es hat gebaut
wir bauen	wir bauten	wir haben gebaut
ihr baut	ihr bautet	ihr habt gebaut
Sie/sie bauen	Sie/sie bauten	Sie/sie haben gebaut

Pluperfect	Future	Future Perfect
ich hatte gebaut	ich werde bauen	ich werde gebaut haben
du hattest gebaut	du wirst bauen	du wirst gebaut haben
er/sie/es hatte gebaut	er/sie/es wird bauen	er/sie/es wird gebaut haben
wir hatten gebaut	wir werden bauen	wir werden gebaut haben
ihr hattet gebaut	ihr werdet bauen	ihr werdet gebaut haben
Sie/sie hatten gebaut	Sie/sie werden bauen	Sie/sie werden gebaut haben

CONDITIONAL / SUBJUNCTIVE

Present	Present	Imperfect
ich würde bauen	er/sie/es baue	ich baute
du würdest bauen	wir bauen	wir bauten
er/sie/es würde bauen		
wir würden bauen	Perfect	Pluperfect
ihr würdet bauen	er/sie/es habe gebaut	ich hätte gebaut
Sie/sie würden bauen	wir haben gebaut	wir hätten gebaut

PARTICIPLES / IMPERATIVE

PARTICIPLES	IMPERATIVE
bauend	baue! baut!
gebaut	bauen Sie! bauen wir!

Wo bauen Sie Ihr Haus? *Where are you building your house?*
Wir wollen dort bauen. *We plan to build there.*
Mein Haus wird gerade gebaut. *My house is being built.*
Die Stadt baute das Rathaus um 1600. *The city built the town hall in about 1600.*
Er hat sein Geschäft auf Sand gebaut. *His business is not very secure. (Lit. built on sand)*
Gestern habe ich einen Unfall gebaut. *Yesterday I had an accident.*
Wir bauen an einem modernen Staat. *We're creating a modern state.*
Auf diesen Mann können wir bauen. *We can rely on this man.*

der Bau *building*	**das Gebäude** *building, house*
der Anbau *extension*	**die Baufirma** *construction firm*
der Bauer *farmer*	**der Baumeister** *architect*
baufällig *dilapidated*	**die Bauart** *style of architecture*

11 bedienen *to serve, wait on* (tr./refl.)

Present	Imperfect	Perfect
ich bediene	ich bediente	ich habe bedient
du bedienst	du bedientest	du hast bedient
er/sie/es bedient	er/sie/es bediente	er/sie/es hat bedient
wir bedienen	wir bedienten	wir haben bedient
ihr bedient	ihr bedientet	ihr habt bedient
Sie/sie bedienen	Sie/sie bedienten	Sie/sie haben bedient

Pluperfect	Future	Future Perfect
ich hatte bedient	ich werde bedienen	ich werde bedient haben
du hattest bedient	du wirst bedienen	du wirst bedient haben
er/sie/es hatte bedient	er/sie/es wird bedienen	er/sie/es wird bedient haben
wir hatten bedient	wir werden bedienen	wir werden bedient haben
ihr hattet bedient	ihr werdet bedienen	ihr werdet bedient haben
Sie/sie hatten bedient	Sie/sie werden bedienen	Sie/sie werden bedient haben

CONDITIONAL   SUBJUNCTIVE

Present	Present	Imperfect
ich würde bedienen	er/sie/es bediene	ich bediente
du würdest bedienen	wir bedienen	wir bedienten
er/sie/es würde bedienen		
wir würden bedienen	Perfect	Pluperfect
ihr würdet bedienen	er/sie/es habe bedient	ich hätte bedient
Sie/sie würden bedienen	wir haben bedient	wir hätten bedient

PARTICIPLES   IMPERATIVE

bedienend   bediene! bedient!
bedient   bedienen wir!

Er bedient seine Kunden gut. *He serves his customers well.*
Bitte bedienen Sie sich. *Please help yourself.*
Werden Sie schon bedient? *Are you being served?*
Könnten Sie uns schnell bedienen? *Could you serve us quickly?*
Sie lässt sich hinten und vorne bedienen. *She never lifts a finger.*
Der Lift wird automatisch bedient. *The lift works automatically.*
Er bediente sich eines Vergleiches. *He used a comparison.*
Von dieser Politik sind wir bedient. *We have had enough of this policy.*
Ich habe beim Kartenspiel nicht bedient. *I did not follow suit (in card games).*

die Bedienung *service*   **der Bedienstete** *employee*
der Bedienungsknopf *control knob*   **das Bedienungsgeld** *service charge*
die Bedienungsmannschaft *crew*   **die Bedienungsanleitung** *instructions for use*

12 befehlen *to order, command* (tr./intr.)

INDICATIVE

Present	Imperfect	Perfect
ich befehle	ich befahl	ich habe befohlen
du befiehlst	du befahlst	du hast befohlen
er/sie/es befiehlt	er/sie/es befahl	er/sie/es hat befohlen
wir befehlen	wir befahlen	wir haben befohlen
ihr befehlt	ihr befahlt	ihr habt befohlen
Sie/sie befehlen	Sie/sie befahlen	Sie/sie haben befohlen

Pluperfect	Future	Future Perfect
ich hatte befohlen	ich werde befehlen	ich werde befohlen haben
du hattest befohlen	du wirst befehlen	du wirst befohlen haben
er/sie/es hatte befohlen	er/sie/es wird befehlen	er/sie/es wird befohlen haben
wir hatten befohlen	wir werden befehlen	wir werden befohlen haben
ihr hattet befohlen	ihr werdet befehlen	ihr werdet befohlen haben
Sie/sie hatten befohlen	Sie/sie werden befehlen	Sie/sie werden befohlen haben

CONDITIONAL / SUBJUNCTIVE

Present	Present	Imperfect
ich würde befehlen	er/sie/es befehle	ich befähle
du würdest befehlen	wir befehlen	wir befählen
er/sie/es würde befehlen		
wir würden befehlen	Perfect	Pluperfect
ihr würdet befehlen	er/sie/es habe befohlen	ich hätte befohlen
Sie/sie würden befehlen	wir haben befohlen	wir hätten befohlen

PARTICIPLES / IMPERATIVE

befehlend	befiehl! befehlt!
befohlen	befehlen Sie! befehlen wir!

Er befiehlt gern. *He likes giving orders.*
Ganz, wie Sie befehlen! *Exactly as you wish!*
Mir wurde dies befohlen. *I was ordered to do this.*
Die Polizei befahl, den Platz zu räumen. *The police gave the order to clear the square.*
Wir haben nichts dergleichen befohlen. *We did not order anything of the sort.*
Er lässt sich nichts befehlen. *He doesn't take orders.*
Dein Wunsch ist mir Befehl. *Your wish is my command.*
Auf wessen Befehl haben Sie gehandelt? *On whose orders did you act?*
Er spricht in befehlendem Ton. *He speaks in an authoritative voice.*

der Befehl *order*
Zu Befehl! *'Yes, Sir!'*
der Oberbefehl *supreme command*
das Befehlswort *word of command*

der Befehlende *person giving orders*
der Befehlshaber *commanding officer*
befehlswidrig *against orders*
die Befehlsform *imperative (mood)*

13 sich befinden *to be, feel* (refl.)

INDICATIVE

Present	Imperfect	Perfect
ich befinde mich	ich befand mich	ich habe mich befunden
du befindest dich	du befandst dich	du hast dich befunden
er/sie/es befindet sich	er/sie/es befand sich	er/sie/es hat sich befunden
wir befinden uns	wir befanden uns	wir haben uns befunden
ihr befindet euch	ihr befandet euch	ihr habt euch befunden
Sie/sie befinden sich	Sie/sie befanden sich	Sie/sie haben sich befunden

Pluperfect	Future	Future Perfect
ich hatte mich befunden	ich werde mich befinden	ich werde mich befunden haben
du hattest dich befunden	du wirst dich befinden	du wirst dich befunden haben
er/sie/es hatte sich befunden	er/sie/es wird sich befinden	er/sie/es wird sich befunden haben
wir hatten uns befunden	wir werden uns befinden	wir werden uns befunden haben
ihr hattet euch befunden	ihr werdet euch befinden	ihr werdet euch befundet haben
Sie/sie hatten sich befunden	Sie/sie werden sich befinden	Sie/sie werden sich befunden haben

CONDITIONAL   SUBJUNCTIVE

Present	Present	Imperfect
ich würde mich befinden	er/sie/es befinde sich	ich befände mich
du würdest dich befinden	wir befinden uns	wir befänden uns
er/sie/es würde sich befinden		
wir würden uns befinden	**Perfect**	**Pluperfect**
ihr würdet euch befinden	er/sie/es habe sich befunden	ich hätte mich befunden
Sie/sie würden sich befinden	wir haben uns befunden	wir hätten uns befunden

PARTICIPLES

mich befindend
befunden

Wo befinden Sie sich gerade? *Where are you at the moment?*
Ich befinde mich in Deutschland. *I am in Germany.*
Er befand sich in einer schwierigen Lage. *He was in a difficult position.*
Wie haben sich die Kranken heute befunden? *How were the patients today?*
Der Ausgang befindet sich dort. *The exit is over there.*
Da befinden wir uns in guter Gesellschaft. *We are in good company there.*
Ich befinde mich zur Zeit in Verlegenheit. *I am temporarily (financially) embarrassed.*
Sie befanden sich im Irrtum. *They were wrong.*
Diese Sache befindet sich nicht so. *This is not the case.*

das Befinden *condition, health*   **der Befund** *result, diagnosis*
der Arztbefund *doctor's diagnosis*
nach ärztlichem Befund *according to medical evidence*

14 *begegnen (+ dat.) *to meet* (intr.)

INDICATIVE

Present	Imperfect	Perfect
ich begegne	ich begegnete	ich bin begegnet
du begegnest	du begegnetest	du bist begegnet
er/sie/es begegnet	er/sie/es begegnete	er/sie/es ist begegnet
wir begegnen	wir begegneten	wir sind begegnet
ihr begegnet	ihr begegnetet	ihr seid begegnet
Sie/sie begegnen	Sie/sie begegneten	Sie/sie sind begegnet

Pluperfect	Future	Future Perfect
ich war begegnet	ich werde begegnen	ich werde begegnet sein
du warst begegnet	du wirst begegnen	du wirst begegnet sein
er/sie/es war begegnet	er/sie/es wird begegnen	er/sie/es wird begegnet sein
wir waren begegnet	wir werden begegnen	wir werden begegnet sein
ihr wart begegnet	ihr werdet begegnen	ihr werdet begegnet sein
Sie/sie waren begegnet	Sie/sie werden begegnen	Sie/sie werden begegnet sein

CONDITIONAL   SUBJUNCTIVE

Present	Present	Imperfect
ich würde begegnen	er/sie/es begegne	ich begegnete
du würdest begegnen	wir begegnen	wir begegneten
er/sie/es würde begegnen		
wir würden begegnen	Perfect	Pluperfect
ihr würdet begegnen	er/sie/es sei begegnet	ich wäre begegnet
Sie/sie würden begegnen	wir seien begegnet	wir wären begegnet

PARTICIPLES   IMPERATIVE

begegnend	begegne! begegnet!
begegnet	begegnen Sie! begegnen wir!

Sind wir uns nicht schon mal begegnet? *Haven't we met before?*
Wo ist sie ihm begegnet? *Where did she meet him?*
Er begegnete mir zufällig. *He happened to meet me.*
Ich wäre ihm sonst niemals begegnet. *I would never have met him otherwise.*
Ihre Blicke begegneten sich. *Their eyes met.*
Er weiß allen Schwierigkeiten zu begegnen. *He can cope with any difficulty.*
Du begegnest allen unseren Wünschen. *You are complying with all our wishes.*
Ist dir das schon mal begegnet? *Has that ever happened to you?*
Man begegnet dort niemandem. *You don't see a soul there.*
Sie begegneten uns ziemlich grob. *They treated us quite harshly.*

die Begegnung *encounter, meeting*   **die Feindbegegnung** *enemy attack*

15 behandeln *to treat, handle* (tr.)

INDICATIVE

Present	Imperfect	Perfect
ich behandele	ich behandelte	ich habe behandelt
du behandelst	du behandeltest	du hast behandelt
er/sie/es behandelt	er/sie/es behandelte	er/sie/es hat behandelt
wir behandeln	wir behandelten	wir haben behandelt
ihr behandelt	ihr behandeltet	ihr habt behandelt
Sie/sie behandeln	Sie/sie behandelten	Sie/sie haben behandelt

Pluperfect	Future	Future Perfect
ich hatte behandelt	ich werde behandeln	ich werde behandelt haben
du hattest behandelt	du wirst behandeln	du wirst behandelt haben
er/sie/es hatte behandelt	er/sie/es wird behandeln	er/sie/es wird behandelt haben
wir hatten behandelt	wir werden behandeln	wir werden behandelt haben
ihr hattet behandelt	ihr werdet behandeln	ihr werdet behandelt haben
Sie/sie hatten behandelt	Sie/sie werden behandeln	Sie/sie werden behandelt haben

CONDITIONAL | SUBJUNCTIVE

Present	Present	Imperfect
ich würde behandeln	er/sie/es behandele	ich behandelte
du würdest behandeln	wir behandeln	wir behandelten
er/sie/es würde behandeln		
wir würden behandeln	Perfect	Pluperfect
ihr würdet behandeln	er/sie/es habe behandelt	ich hätte behandelt
Sie/sie würden behandeln	wir haben behandelt	wir hätten behandelt

PARTICIPLES | IMPERATIVE

behandelnd	behandele! behandelt!
behandelt	behandeln Sie! behandeln wir!

Welcher Arzt behandelt Sie? *Who is the doctor treating you?*
Wie haben Sie die Wunde behandelt? *How have you been treating the wound?*
Er behandelte sie wie ein Kind. *He treated her like a child.*
Ich wurde gut behandelt. *I was treated well.*
Man hätte ihn anders behandeln sollen. *He should have been treated differently.*
Wie behandelt man dieses Material? *How do you work/treat this material?*
Sie behandelten ihn redlich. *They dealt with him honestly.*
Wir haben dies im vorigen Kapitel behandelt. *We have dealt with this in the previous chapter.*
Er behandelt es wie ein rohes Ei. *He is handling it very carefully. (Lit. like a raw egg)*
Sie versteht es, Kinder zu behandeln. *She knows how to manage children.*

die Behandlung *treatment*
stationäre Behandlung *treatment in hospital*

die Behandlungsart *(method of) treatment*
das Behandlungsmittel *medicine*

16 bekommen *to get, receive* (tr.)

INDICATIVE

Present	Imperfect	Perfect
ich bekomme	ich bekam	ich habe bekommen
du bekommst	du bekamst	du hast bekommen
er/sie/es bekommt	er/sie/es bekam	er/sie/es hat bekommen
wir bekommen	wir bekamen	wir haben bekommen
ihr bekommt	ihr bekamt	ihr habt bekommen
Sie/sie bekommen	Sie/sie bekamen	Sie/sie haben bekommen

Pluperfect	Future	Future Perfect
ich hatte bekommen	ich werde bekommen	ich werde bekommen haben
du hattest bekommen	du wirst bekommen	du wirst bekommen haben
er/sie/es hatte bekommen	er/sie/es wird bekommen	er/sie/es wird bekommen haben
wir hatten bekommen	wir werden bekommen	wir werden bekommen haben
ihr hattet bekommen	ihr werdet bekommen	ihr werdet bekommen haben
Sie/sie hatten bekommen	Sie/sie werden bekommen	Sie/sie werden bekommen haben

CONDITIONAL | SUBJUNCTIVE

Present	Present	Imperfect
ich würde bekommen	er/sie/es bekomme	ich bekäme
du würdest bekommen	wir bekommen	wir bekämen
er/sie/es würde bekommen		
wir würden bekommen	Perfect	Pluperfect
ihr würdet bekommen	er/sie/es habe bekommen	ich hätte bekommen
Sie/sie würden bekommen	wir haben bekommen	wir hätten bekommen

PARTICIPLES | IMPERATIVE

bekommend	bekomm! bekommt!
bekommen	bekommen Sie! bekommen wir!

Wo bekommt man die Fahrkarten? *Where can you buy tickets?*
Ihren Brief habe ich noch nicht bekommen. *I have not received your letter yet.*
Er bekam Angst. *He was getting frightened.*
Wir hatten nichts zu essen bekommen. *We had not been given anything to eat.*
Ich bekam ihn nie zu Gesicht. *I never set eyes on him.*
Sie bekam hohes Fieber. *She developed a high temperature.*
Plötzlich bekamen wir Lust zu verreisen. *We suddenly got the urge to travel.*
Er bekam kalte Füße. *He got cold feet.*
Wir haben eins aufs Dach bekommen. *We were told off.*
Du bekommst alles in die falsche Kehle. *You take everything the wrong way.*

17 besitzen *to own, possess* (tr.)

INDICATIVE

Present	Imperfect	Perfect
ich besitze	ich besaß	ich habe besessen
du besitzt	du besaßt	du hast besessen
er/sie/es besitzt	er/sie/es besaß	er/sie/es hat besessen
wir besitzen	wir besaßen	wir haben besessen
ihr besitzt	ihr besaßt	ihr habt besessen
Sie/sie besitzen	Sie/sie besaßen	Sie/sie haben besessen

Pluperfect	Future	Future Perfect
ich hatte besessen	ich werde besitzen	ich werde besessen haben
du hattest besessen	du wirst besitzen	du wirst besessen haben
er/sie/es hatte besessen	er/sie/es wird besitzen	er/sie/es wird besessen haben
wir hatten besessen	wir werden besitzen	wir werden besessen haben
ihr hattet besessen	ihr werdet besitzen	ihr werdet besessen haben
Sie/sie hatten besessen	Sie/sie werden besitzen	Sie/sie werden besessen haben

CONDITIONAL · SUBJUNCTIVE

Present	Present	Imperfect
ich würde besitzen	er/sie/es besitze	ich besäße
du würdest besitzen	wir besitzen	wir besäßen
er/sie/es würde besitzen		
wir würden besitzen	Perfect	Pluperfect
ihr würdet besitzen	er/sie/es habe besessen	ich hätte besessen
Sie/sie würden besitzen	wir haben besessen	wir hätten besessen

PARTICIPLES

besitzend
besessen

Wer besitzt dieses Haus? *Who owns this house?*
Hat er das Boot schon immer besessen? *Has he always owned this boat?*
Hätte ich es besessen, so hätte ich es verkauft. *Had I owned it I would have sold it.*
Als er das Haus besaß, war er ein reicher Mann. *When he owned the house,*
  he was a rich man.
Er ist ein besitzender Mann. *He is a wealthy man.*
Sie besaß mein Vertrauen und meine Zuneigung. *She had my confidence and*
  my affection.
Er besitzt die Frechheit und kommt wieder. *He is bold enough to come back.*
Er besaß keinen Pfennig. *He didn't have a penny to his name.*

der Besitz *property*
der/die Besitzer/-in *owner*
die Besitznahme *appropriation*

das Besitztum *possession*
die Besitzgier *acquisitiveness*

18 bestellen *to order* (tr./intr.)

INDICATIVE

Present	Imperfect	Perfect
ich bestelle	ich bestellte	ich habe bestellt
du bestellst	du bestelltest	du hast bestellt
er/sie/es bestellt	er/sie/es bestellte	er/sie/es hat bestellt
wir bestellen	wir bestellen	wir haben bestellt
ihr bestellt	ihr bestelltet	ihr habt bestellt
Sie/sie bestellen	Sie/sie bestellten	Sie/sie haben bestellt

Pluperfect	Future	Future Perfect
ich hatte bestellt	ich werde bestellen	ich werde bestellt haben
du hattest bestellt	du wirst bestellen	du wirst bestellt haben
er/sie/es hatte bestellt	er/sie/es wird bestellen	er/sie/es wird bestellt haben
wir hatten bestellt	wir werden bestellen	wir werden bestellt haben
ihr hattet bestellt	ihr werdet bestellen	ihr werdet bestellt haben
Sie/sie hatten bestellt	Sie/sie werden bestellen	Sie/sie werden bestellt haben

CONDITIONAL / SUBJUNCTIVE

Present	Present	Imperfect
ich würde bestellen	er/sie/es bestelle	ich bestellte
du würdest bestellen	wir bestellen	wir bestellten
er/sie/es würde bestellen		
wir würden bestellen	Perfect	Pluperfect
ihr würdet bestellen	er/sie/es habe bestellt	ich hätte bestellt
Sie/sie würden bestellen	wir haben bestellt	wir hätten bestellt

PARTICIPLES / IMPERATIVE

PARTICIPLES	IMPERATIVE
bestellend	bestell! bestellt!
bestellt	bestellen Sie! bestellen wir!

Ich möchte bitte bestellen. *I would like to order.*
Haben Sie schon bestellt? *Have you already ordered?*
Telefonisch bestellten wir ein Taxi. *We telephoned for a taxi.*
Wir hätten es früher bestellen sollen. *We should have ordered it earlier.*
Gestern wurde ein Tisch für uns bestellt. *A table was reserved for us yesterday.*
Er bestellte mich in sein Büro. *He asked to see me in his office.*
Sie kam wie bestellt. *She came just at the right time.*
Kann ich etwas bestellen? *Can I take a message?*
Er bestellt mich zu seinem Nachfolger. *He is making me his successor.*
Er hat nichts zu bestellen. *He has no say.*

die Bestellung *order, message*   **die Bestellnummer** *order number*
das Bestellbuch *order book*

19 besuchen *to visit, attend* (tr.)

INDICATIVE

Present	Imperfect	Perfect
ich besuche	ich besuchte	ich habe besucht
du besuchst	du besuchtest	du hast besucht
er/sie/es besucht	er/sie/es besuchte	er/sie/es hat besucht
wir besuchen	wir besuchten	wir haben besucht
ihr besucht	ihr besuchtet	ihr habt besucht
Sie/sie besuchen	Sie/sie besuchten	Sie/sie haben besucht

Pluperfect	Future	Future Perfect
ich hatte besucht	ich werde besuchen	ich werde besucht haben
du hattest besucht	du wirst besuchen	du wirst besucht haben
er/sie/es hatte besucht	er/sie/es wird besuchen	er/sie/es wird besucht haben
wir hatten besucht	wir werden besuchen	wir werden besucht haben
ihr hattet besucht	ihr werdet besuchen	ihr werdet besucht haben
Sie/sie hatten besucht	Sie/sie werden besuchen	Sie/sie werden besucht haben

CONDITIONAL   SUBJUNCTIVE

Present	Present	Imperfect
ich würde besuchen	er/sie/es besuche	ich besuchte
du würdest besuchen	wir besuchen	wir besuchten
er/sie/es würde besuchen		
wir würden besuchen	Perfect	Pluperfect
ihr würdet besuchen	er/sie/es habe besucht	ich hätte besucht
Sie/sie würden besuchen	wir haben besucht	wir hätten besucht

PARTICIPLES   IMPERATIVE

besuchend	besuche! besucht!
besucht	besuchen Sie! besuchen wir!

Besuchen Sie mich doch mal. *Please visit me some time.*
Uns hat er noch nie besucht. *He has never visited us.*
Wenn er mich doch besuchen würde! *If only he visited me!*
Man hätte ihn öfter besuchen sollen. *He should have been visited more often.*
Wir besuchten ihn im Krankenhaus. *We visited him in hospital.*
Sie besuchte eine Schule in Köln. *She attended a school in Cologne.*
Seine Vorlesungen werden gut besucht. *His lectures are well attended.*
Wir besuchen diese Kneipe regelmäßig. *We visit this pub regularly.*
Dies ist ein viel besuchter Ort. *This is a popular place*
Wir bekommen heute Besuch. *We're having visitors today.*
Das Theater war heute schlecht besucht. *The theatre was poorly attended today.*

der Besuch *visit*   **der/die Besucher/-in** *visitor*
die Besuchszeit *visiting hours*

20 betrügen *to cheat, deceive* (tr./intr.)

INDICATIVE

Present	Imperfect	Perfect
ich betrüge	ich betrog	ich habe betrogen
du betrügst	du betrogst	du hast betrogen
er/sie/es betrügt	er/sie/es betrog	er/sie/es hat betrogen
wir betrügen	wir betrogen	wir haben betrogen
ihr betrügt	ihr betrogt	ihr habt betrogen
Sie/sie betrügen	Sie/sie betrogen	Sie/sie haben betrogen

Pluperfect	Future	Future Perfect
ich hatte betrogen	ich werde betrügen	ich werde betrogen haben
du hattest betrogen	du wirst betrügen	du wirst betrogen haben
er/sie/es hatte betrogen	er/sie/es wird betrügen	er/sie/es wird betrogen haben
wir hatten betrogen	wir werden betrügen	wir werden betrogen haben
ihr hattet betrogen	ihr werdet betrügen	ihr werdet betrogen haben
Sie/sie hatten betrogen	Sie/sie werden betrügen	Sie/sie werden betrogen haben

CONDITIONAL · SUBJUNCTIVE

Present	Present	Imperfect
ich würde betrügen	er/sie/es betrüge	ich betröge
du würdest betrügen	wir betrügen	wir betrögen
er/sie/es würde betrügen		
wir würden betrügen	Perfect	Pluperfect
ihr würdet betrügen	er/sie/es habe betrogen	ich hätte betrogen
Sie/sie würden betrügen	wir haben betrogen	wir hätten betrogen

PARTICIPLES · IMPERATIVE

PARTICIPLES	IMPERATIVE
betrügend	betrüg! betrügt!
betrogen	betrügen Sie! betrügen wir!

Er betrügt uns ständig. *He constantly deceives us.*
Sie haben ihn um 10 Euro betrogen. *They have cheated him out of 10 euros.*
Er betrog seinen Geschäftspartner. *He swindled his business partner.*
Ihre Kunden wurden auch betrogen. *Their customers were also being deceived.*
Sie hat ihren Mann betrogen. *She has been unfaithful to her husband.*
Er betrügt sich selbst. *He deceives himself.*
Man betrog ihn um sein Recht. *He was cheated of his right.*
Wer lügt, der betrügt. *Anyone who lies is also capable of deceit.*

der Betrug *fraud, deception*
betrügerisch *deceitful*
auf einen Betrug hereinfallen *to be taken in/conned*

der/die Betrüger/-in *deceiver, swindler*
die Betrügerei *trickery, fraud*
ein frommer Betrug *well-meaning deception*

21 bewegen *to move* (tr./refl.)

INDICATIVE

Present	Imperfect	Perfect
ich bewege	ich bewegte	ich habe bewegt
du bewegst	du bewegtest	du hast bewegt
er/sie/es bewegt	er/sie/es bewegte	er/sie/es hat bewegt
wir bewegen	wir bewegten	wir haben bewegt
ihr bewegt	ihr bewegtet	ihr habt bewegt
Sie/sie bewegen	Sie/sie bewegten	Sie/sie haben bewegt

Pluperfect	Future	Future Perfect
ich hatte bewegt	ich werde bewegen	ich werde bewegt haben
du hattest bewegt	du wirst bewegen	du wirst bewegt haben
er/sie/es hatte bewegt	er/sie/es wird bewegen	er/sie/es wird bewegt haben
wir hatten bewegt	wir werden bewegen	wir werden bewegt haben
ihr hattet bewegt	ihr werdet bewegen	ihr werdet bewegt haben
Sie/sie hatten bewegt	Sie/sie werden bewegen	Sie/sie werden bewegt haben

CONDITIONAL / SUBJUNCTIVE

Present	Present	Imperfect
ich würde bewegen	er/sie/es bewege	ich bewegte
du würdest bewegen	wir bewegen	wir bewegten
er/sie/es würde bewegen		
wir würden bewegen	**Perfect**	**Pluperfect**
ihr würdet bewegen	er/sie/es habe bewegt	ich hätte bewegt
Sie/sie würden bewegen	wir haben bewegt	wir hätten bewegt

PARTICIPLES / IMPERATIVE

bewegend	beweg! bewegt!
bewegt	bewegen Sie! bewegen wir!

Er bewegt sich nicht. *He is not moving.*
Der Wind bewegte die Blätter. *The wind stirred the leaves.*
Ich kann meine Finger nicht bewegen. *I can't move my fingers.*
Seine traurige Geschichte hat uns bewegt. *His sad story moved us.*
Wir bewegten ihn zur Umkehr. *We persuaded him to turn back.*
Er bewegt sich in guten Kreisen. *He moves in well-to-do society.*
Die Preise bewegen sich zwischen 100 und 200 Euro. *Prices are fluctuating between 100 and 200 euros.*
Die bewegte Menge forderte ihr Recht. *The agitated crowd demanded justice.*

die Bewegung *movement, motion*
der Beweggrund *reason, motive*
bewegungslos *motionless*
bewegbar *movable*

beweglich *mobile, flexible*
die Beweglichkeit *mobility, flexibility*
die Bewegungsfreiheit *freedom of movement*

22 bezahlen *to pay, repay* (tr./intr.)

INDICATIVE

Present	Imperfect	Perfect
ich bezahle	ich bezahlte	ich habe bezahlt
du bezahlst	du bezahltest	du hast bezahlt
er/sie/es bezahlt	er/sie/es bezahlte	er/sie/es hat bezahlt
wir bezahlen	wir bezahlten	wir haben bezahlt
ihr bezahlt	ihr bezahltet	ihr habt bezahlt
Sie/sie bezahlen	Sie/sie bezahlten	Sie/sie haben bezahlt

Pluperfect	Future	Future Perfect
ich hatte bezahlt	ich werde bezahlen	ich werde bezahlt haben
du hattest bezahlt	du wirst bezahlen	du wirst bezahlt haben
er/sie/es hatte bezahlt	er/sie/es wird bezahlen	er/sie/es wird bezahlt haben
wir hatten bezahlt	wir werden bezahlen	wir werden bezahlt haben
ihr hattet bezahlt	ihr werdet bezahlen	ihr werdet bezahlt haben
Sie/sie hatten bezahlt	Sie/sie werden bezahlen	Sie/sie werden bezahlt haben

CONDITIONAL   SUBJUNCTIVE

Present	Present	Imperfect
ich würde bezahlen	er/sie/es bezahle	ich bezahlte
du würdest bezahlen	wir bezahlen	wir bezahlten
er/sie/es würde bezahlen		
wir würden bezahlen	Perfect	Pluperfect
ihr würdet bezahlen	er/sie/es habe bezahlt	ich hätte bezahlt
Sie/sie würden bezahlen	wir haben bezahlt	wir hätten bezahlt

PARTICIPLES   IMPERATIVE

bezahlend	bezahle! bezahlt!
bezahlt	bezahlen Sie! bezahlen wir!

Ich möchte bitte bezahlen. *I would like to pay, please.*
Bezahlen Sie Bar oder mit Scheck? *Are you paying cash or by cheque?*
Er hat für mich das Essen bezahlt. *He has paid for my meal.*
Seine Arbeit wird gut bezahlt. *His work is well paid.*
Er bezahlte teuer für seinen Leichtsinn. *He paid dearly for his carelessness.*
Diese Arbeit macht sich bezahlt. *This work is worth the effort.*
Nun müssen wir die Zeche bezahlen. *Now we have to take the consequences.*
Das ist nicht mit Geld zu bezahlen. *This is priceless.*
Wir bezahlten auf Heller und Pfennig. *We paid in full.*

die Bezahlung *payment, settlement*   **bezahlbar** *affordable*
die Zahlungsanweisung *draft, cheque*   **die Zahlungsweise** *method of payment*
zahlungsfähig *solvent*   **die Zahlungsfrist** *date of payment*

23 bitten *to ask for, request* (tr./intr.)

Present	Imperfect	Perfect
ich bitte	ich bat	ich habe gebeten
du bittest	du batest	du hast gebeten
er/sie/es bittet	er/sie/es bat	er/sie/es hat gebeten
wir bitten	wir baten	wir haben gebeten
ihr bittet	ihr batet	ihr habt gebeten
Sie/sie bitten	Sie/sie baten	Sie/sie haben gebeten

Pluperfect	Future	Future Perfect
ich hatte gebeten	ich werde bitten	ich werde gebeten haben
du hattest gebeten	du wirst bitten	du wirst gebeten haben
er/sie/es hatte gebeten	er/sie/es wird bitten	er/sie/es wird gebeten haben
wir hatten gebeten	wir werden bitten	wir werden gebeten haben
ihr hattet gebeten	ihr werdet bitten	ihr werdet gebeten haben
Sie/sie hatten gebeten	Sie/sie werden bitten	Sie/sie werden gebeten haben

CONDITIONAL | SUBJUNCTIVE

Present	Present	Imperfect
ich würde bitten	er/sie/es bitte	ich bäte
du würdest bitten	wir bitten	wir bäten
er/sie/es würde bitten		

	Perfect	Pluperfect
wir würden bitten	er/sie/es habe gebeten	ich hätte gebeten
ihr würdet bitten	wir haben gebeten	wir hätten gebeten
Sie/sie würden bitten		

PARTICIPLES | IMPERATIVE

bittend	bitte! bittet!
gebeten	bitten Sie! bitten wir!

Ich bitte um eine Auskunft. *I would like some information.*
Er hat mich nicht darum gebeten. *He has not asked me for that.*
Wir baten vergeblich um Hilfe. *We asked in vain for help.*
Um Antwort wird gebeten/U.A.w.g. *Please respond/R.S.V.P.*
Er bat um ihre Hand. *He asked her to marry him.*
Wir haben beim Chef für ihn gebeten. *We put a good word in for him with the boss.*
Darf ich Sie zu einem Glas Wein bitten? *May I offer you a glass of wine?*
Er wurde zur Kasse gebeten. *He was asked to pay.*
Ich muss doch sehr bitten! *I am outraged.*

die Bitte *request*
die Bittfahrt *pilgrimage*

der/die Bittende *petitioner*
das Bittschreiben/die Bittschrift *written petition*

24 *bleiben *to remain, stay* (intr.)

INDICATIVE

Present	Imperfect	Perfect
ich bleibe	ich blieb	ich bin geblieben
du bleibst	du bliebst	du bist geblieben
er/sie/es bleibt	er/sie/es blieb	er/sie/es ist geblieben
wir bleiben	wir blieben	wir sind geblieben
ihr bleibt	ihr bliebt	ihr seid geblieben
Sie/sie bleiben	Sie/sie blieben	Sie/sie sind geblieben

Pluperfect	Future	Future Perfect
ich war geblieben	ich werde bleiben	ich werde geblieben sein
du warst geblieben	du wirst bleiben	du wirst geblieben sein
er/sie/es war geblieben	er/sie/es wird bleiben	er/sie/es wird geblieben sein
wir waren geblieben	wir werden bleiben	wir werden geblieben sein
ihr wart geblieben	ihr werdet bleiben	ihr werdet geblieben sein
Sie/sie waren geblieben	Sie/sie werden bleiben	Sie/sie werden geblieben sein

CONDITIONAL · SUBJUNCTIVE

Present	Present	Imperfect
ich würde bleiben	er/sie/es bleibe	ich bliebe
du würdest bleiben	wir bleiben	wir blieben
er/sie/es würde bleiben		

	Perfect	Pluperfect
wir würden bleiben	er/sie/es sei geblieben	ich wäre geblieben
ihr würdet bleiben	wir seien geblieben	wir wären geblieben
Sie/sie würden bleiben		

PARTICIPLES · IMPERATIVE

PARTICIPLES	IMPERATIVE
bleibend	bleib! bleibt!
geblieben	bleiben Sie! bleiben wir!

Heute bleibe ich zu Hause. *Today I'll stay at home.*
Wo ist sie geblieben? *What has become of her?*
Bitte bleiben Sie sitzen. *Please remain seated.*
Sie blieben über Nacht. *They stayed the night.*
Es bleibt dabei. *Agreed.*
Alles blieb beim Alten. *There was no change.*
Er ist nicht bei der Wahrheit geblieben. *He did not stick to the truth.*
Lassen Sie das bleiben! *Leave that alone!*
Dies bleibt ganz unter uns. *This is confidential.*
Da blieb kein Auge trocken. *There was not a dry eye.*
Bleiben Sie am Ball. *Keep at it.*

die Bleibe *accommodation*

25 brauchen *to need, use* (tr.)

INDICATIVE

Present	Imperfect	Perfect
ich brauche	ich brauchte	ich habe gebraucht
du brauchst	du brauchtest	du hast gebraucht
er/sie/es braucht	er/sie/es brauchte	er/sie/es hat gebraucht
wir brauchen	wir brauchten	wir haben gebraucht
ihr braucht	ihr brauchtet	ihr habt gebraucht
Sie/sie brauchen	Sie/sie brauchten	Sie/sie haben gebraucht

Pluperfect	Future	Future Perfect
ich hatte gebraucht	ich werde brauchen	ich werde gebraucht haben
du hattest gebraucht	du wirst brauchen	du wirst gebraucht haben
er/sie/es hatte gebraucht	er/sie/es wird brauchen	er/sie/es wird gebraucht haben
wir hatten gebraucht	wir werden brauchen	wir werden gebraucht haben
ihr hattet gebraucht	ihr werdet brauchen	ihr werdet gebraucht haben
Sie/sie hatten gebraucht	Sie/sie werden brauchen	Sie/sie werden gebraucht haben

CONDITIONAL / SUBJUNCTIVE

Present	Present	Imperfect
ich würde brauchen	er/sie/es brauche	ich brauchte
du würdest brauchen	wir brauchen	wir brauchten
er/sie/es würde brauchen		
wir würden brauchen	Perfect	Pluperfect
ihr würdet brauchen	er/sie/es habe gebraucht	ich hätte gebraucht
Sie/sie würden brauchen	wir haben gebraucht	wir hätten gebraucht

PARTICIPLES / IMPERATIVE

PARTICIPLES	IMPERATIVE
brauchend	brauche! braucht!
gebraucht	brauchen Sie! brauchen wir!

Sie brauchen mich nur zu fragen. *You need only ask me.*
Ich habe Ihren Schirm nicht gebraucht. *I have not used your umbrella.*
Wozu brauchte er das Werkzeug? *What did he need the tool for?*
Ich hätte keine Hilfe gebraucht. *I would not have needed any help.*
Ich könnte es gut brauchen. *I could well do with it.*
Wir brauchten zwei Jahre, das Haus zu bauen. *It took us two years to build the house.*
Mein Auto braucht wenig Benzin. *My car uses little petrol.*
Das brauchte wirklich nicht sein. *That was really not necessary.*

der Brauch *custom, usage*	**brauchbar** *useful, serviceable*
das Brauchtum *folklore*	**die Brauchbarkeit** *usefulness*
gebräuchlich *customary*	**unbrauchbar** *useless*
gebräuchlich sein *to be in use*	**der Gebrauchtwagen** *second-hand car*

26 bringen *to bring, fetch* (tr.)

INDICATIVE

Present	Imperfect	Perfect
ich bringe	ich brachte	ich habe gebracht
du bringst	du brachtest	du hast gebracht
er/sie/es bringt	er/sie/es brachte	er/sie/es hat gebracht
wir bringen	wir brachten	wir haben gebracht
ihr bringt	ihr brachtet	ihr habt gebracht
Sie/sie bringen	Sie/sie brachten	Sie/sie haben gebracht

Pluperfect	Future	Future Perfect
ich hatte gebracht	ich werde bringen	ich werde gebracht haben
du hattest gebracht	du wirst bringen	du wirst gebracht haben
er/sie/es hatte gebracht	er/sie/es wird bringen	er/sie/es wird gebracht haben
wir hatten gebracht	wir werden bringen	wir werden gebracht haben
ihr hattet gebracht	ihr werdet bringen	ihr werdet gebracht haben
Sie/sie hatten gebracht	Sie/sie werden bringen	Sie/sie werden gebracht haben

CONDITIONAL   SUBJUNCTIVE

Present	Present	Imperfect
ich würde bringen	er/sie/es bringe	ich brachte
du würdest bringen	wir bringen	wir brachten
er/sie/es würde bringen		
wir würden bringen	Perfect	Pluperfect
ihr würdet bringen	er/sie/es habe gebracht	ich hätte gebracht
Sie/sie würden bringen	wir haben gebracht	wir hätten gebracht

PARTICIPLES   IMPERATIVE

bringend	bring! bringt!
gebracht	bringen Sie! bringen wir!

Ein Taxi hat mich gestern zum Bahnhof gebracht. *A taxi took me to the station yesterday.*
Er brachte mir den falschen Koffer. *He brought me the wrong suitcase.*
Jeden Morgen wurde die Milch gebracht. *The milk was delivered every morning.*
Ich habe es nicht übers Herz gebracht. *I could not bring myself to do it.*
Er hat es weit gebracht. *He has become successful.*
Die Ware wird schnell an den Mann gebracht. *The goods are sold quickly.*
Seine laute Musik bringt mich auf die Palme. *His loud music drives me mad.*

anbringen *to put up, fix*
herausbringen *to bring out, publish*
das Mitbringsel (-) *(small) present*

verbringen *to spend (time)*
der Zubringer *feeder road; courtesy bus*
jemandem etwas beibringen *to teach somebody something*

27 danken (+ dat.) *to thank* (intr./tr.)

INDICATIVE

Present	Imperfect	Perfect
ich danke	ich dankte	ich habe gedankt
du dankst	du danktest	du hast gedankt
er/sie/es dankt	er/sie/es dankte	er/sie/es hat gedankt
wir danken	wir dankten	wir haben gedankt
ihr dankt	ihr danktet	ihr habt gedankt
Sie/sie danken	Sie/sie dankten	Sie/sie haben gedankt

Pluperfect	Future	Future Perfect
ich hatte gedankt	ich werde danken	ich werde gedankt haben
du hattest gedankt	du wirst danken	du wirst gedankt haben
er/sie/es hatte gedankt	er/sie/es wird danken	er/sie/es wird gedankt haben
wir hatten gedankt	wir werden danken	wir werden gedankt haben
ihr hattet gedankt	ihr werdet danken	ihr werdet gedankt haben
Sie/sie hatten gedankt	Sie/sie werden danken	Sie/sie werden gedankt haben

CONDITIONAL / SUBJUNCTIVE

Present	Present	Imperfect
ich würde danken	er/sie/es danke	ich dankte
du würdest danken	wir danken	wir dankten
er/sie/es würde danken		
wir würden danken	**Perfect**	**Pluperfect**
ihr würdet danken	er/sie/es habe gedankt	ich hätte gedankt
Sie/sie würden danken	wir haben gedankt	wir hätten gedankt

PARTICIPLES / IMPERATIVE

dankend	danke! dankt!
gedankt	danken Sie! danken wir!

Ich danke Ihnen. *Thank you.*
Ihren Brief habe ich dankend erhalten. *I received your letter with thanks.*
Ich half ihm, aber er hat mir nicht gedankt. *I helped him, but he did not thank me.*
Niemand wird dir deine Mühe danken. *Nobody will thank you for your trouble.*
Sie hat ihm seine Hilfe schlecht gedankt. *She was very ungrateful (to him for his help).*
Wie soll ich Ihnen das jemals danken? *How can I ever repay you?*
Nichts zu danken. *Don't mention it.*
Danke für die "Blumen". *Thanks for nothing. (Lit. for the flowers)*

der Dank *thanks, gratitude*
dankbar *grateful*
die Dankbarkeit *gratitude*
die Danksagung *expression of thanks*

dankenswert *commendable*
undankbar *ungrateful*
die Undankbarkeit *ingratitude*

28 dauern *to last, continue* (intr.)

INDICATIVE

Present	Imperfect	Perfect
er/sie/es dauert	er/sie/es dauerte	er/sie/es hat gedauert
sie dauern	sie dauerten	sie haben gedauert

Pluperfect	Future	Future Perfect
er/sie/es hatte gedauert	er/sie/es wird dauern	er/sie/es wird gedauert haben
sie hatten gedauert	sie werden dauern	sie werden gedauert haben

CONDITIONAL / SUBJUNCTIVE

CONDITIONAL	SUBJUNCTIVE	
Present	**Present**	**Imperfect**
	er/sie/es dauere	er/sie/es dauerte
	sie daueren	sie dauerten
er/sie/es würde dauern		
	Perfect	**Pluperfect**
	er/sie/es habe gedauert	er/sie/es hätte gedauert
sie würden dauern	sie haben gedauert	sie hätten gedauert

PARTICIPLES

dauernd
gedauert

Wie lange dauert die Fahrt? *How long does the journey take?*
Mir hat es zu lange gedauert. *It has been too long for me.*
Der Film dauerte drei Stunden. *The film lasted three hours.*
Diese Ehe wird nicht lange dauern. *This marriage is not going to last long.*
So lange die Welt dauert, wird das so bleiben. *As long as the world exists, this will be so.*
Das dauert alles seine Zeit. *All that takes time.*

die Dauer *length, duration*   **dauerhaft** *durable*
der Dauerlauf *long-distance race*   **die Dauerhaftigkeit** *durability*
die Dauerkarte *season-ticket*   **die Dauerfestigkeit** *endurance*
die Dauerwelle *perm*   **dauernd** *constantly*

29 denken *to think, reflect* (intr./tr.)

INDICATIVE

Present	Imperfect	Perfect
ich denke	ich dachte	ich habe gedacht
du denkst	du dachtest	du hast gedacht
er/sie/es denkt	er/sie/es dachte	er/sie/es hat gedacht
wir denken	wir dachten	wir haben gedacht
ihr denkt	ihr dachtet	ihr habt gedacht
Sie/sie denken	Sie/sie dachten	Sie/sie haben gedacht

Pluperfect	Future	Future Perfect
ich hatte gedacht	ich werde denken	ich werde gedacht haben
du hattest gedacht	du wirst denken	du wirst gedacht haben
er/sie/es hatte gedacht	er/sie/es wird denken	er/sie/es wird gedacht haben
wir hatten gedacht	wir werden denken	wir werden gedacht haben
ihr hattet gedacht	ihr werdet denken	ihr werdet gedacht haben
Sie/sie hatten gedacht	Sie/sie werden denken	Sie/sie werden gedacht haben

CONDITIONAL / SUBJUNCTIVE

Present	Present	Imperfect
ich würde denken	er/sie/es denke	ich dächte
du würdest denken	wir denken	wir dächten
er/sie/es würde denken		
wir würden denken	Perfect	Pluperfect
ihr würdet denken	er/sie/es habe gedacht	ich hätte gedacht
Sie/sie würden denken	wir haben gedacht	wir hätten gedacht

PARTICIPLES / IMPERATIVE

denkend	denke! denkt!
gedacht	denken Sie! denken wir!

Denken Sie mal ganz logisch! *Please think logically.*
Gestern habe ich noch an Sie gedacht! *I thought of you yesterday.*
Sie dachte, er würde helfen. *She thought he would help.*
Hätte ich doch daran gedacht. *If only I had thought of it.*
Erst denken, dann handeln. *Look before you leap.*
Gedacht, getan. *No sooner said than done.*
Wo denken Sie hin! *What are you thinking of?*
Ich denke gar nicht daran. *I am not even considering it.*
Wie denken Sie darüber? *What do you think?*

der Gedanke *thought*	**denkbar** *conceivable*
gedankenlos *thoughtless*	**die Denkpause** *pause for thought*
gedankenvoll *deep in thought*	**das Denkmal** *monument*

30 drücken *to press, push* (tr./intr./refl.)

INDICATIVE

Present	Imperfect	Perfect
ich drücke	ich drückte	ich habe gedrückt
du drückst	du drücktest	du hast gedrückt
er/sie/es drückt	er/sie/es drückte	er/sie/es hat gedrückt
wir drücken	wir drückten	wir haben gedrückt
ihr drückt	ihr drücktet	ihr habt gedrückt
Sie/sie drücken	Sie/sie drückten	Sie/sie haben gedrückt

Pluperfect	Future	Future Perfect
ich hatte gedrückt	ich werde drücken	ich werde gedrückt haben
du hattest gedrückt	du wirst drücken	du wirst gedrückt haben
er/sie/es hatte gedrückt	er/sie/es wird drücken	er/sie/es wird gedrückt haben
wir hatten gedrückt	wir werden drücken	wir werden gedrückt haben
ihr hattet gedrückt	ihr werdet drücken	ihr werdet gedrückt haben
Sie/sie hatten gedrückt	Sie/sie werden drücken	Sie/sie werden gedrückt haben

CONDITIONAL | SUBJUNCTIVE

Present	Present	Imperfect
ich würde drücken	er/sie/es drücke	ich drückte
du würdest drücken	wir drücken	wir drückten
er/sie/es würde drücken		
wir würden drücken	Perfect	Pluperfect
ihr würdet drücken	er/sie/es habe gedrückt	ich hätte gedrückt
Sie/sie würden drücken	wir haben gedrückt	wir hätten gedrückt

PARTICIPLES | IMPERATIVE

PARTICIPLES	IMPERATIVE
drückend	drück! drückt!
gedrückt	drücken Sie! drücken wir!

Bitte drücken Sie auf den Knopf. *Please press the button.*
Er hat mir die Hand gedrückt. *He shook my hand.*
Ich drückte den Hut tief ins Gesicht. *I pulled my hat well over my eyes.*
Die Preise wurden gedrückt. *Prices were cut.*
Das schlechte Gewissen drückte ihn. *He was bothered by his conscience.*
Wo drückt dich der Schuh? *What is the trouble? (Lit. Where does the shoe press?)*
Er drückte sich gern vor der Arbeit. *He liked avoiding work.*
Ich habe dir die Daumen gedrückt. *I kept my fingers crossed for you.*

der Druck *pressure, thrust, print*
der Druckknopf *press-stud*
der Druckmesser *pressure gauge*
drückend *oppressive*

die Druckerei *printing press*
der Druckfehler *misprint*
druckfertig *ready for printing*
die Drucksache *printed matter*

31 dürfen *to be permitted, allowed* (intr./tr.)

INDICATIVE

Present	Imperfect	Perfect
ich darf	ich durfte	ich habe gedurft
du darfst	du durftest	du hast gedurft
er/sie/es darf	er/sie/es durfte	er/sie/es hat gedurft
wir dürfen	wir durften	wir haben gedurft
ihr dürft	ihr durftet	ihr habt gedurft
Sie/sie dürfen	Sie/sie durften	Sie/sie haben gedurft

Pluperfect	Future	Future Perfect
ich hatte gedurft	ich werde dürfen	ich werde gedurft haben
du hattest gedurft	du wirst dürfen	du wirst gedurft haben
er/sie/es hatte gedurft	er/sie/es wird dürfen	er/sie/es wird gedurft haben
wir hatten gedurft	wir werden dürfen	wir werden gedurft haben
ihr hattet gedurft	ihr werdet dürfen	ihr werdet gedurft haben
Sie/sie hatten gedurft	Sie/sie werden dürfen	Sie/sie werden gedurft haben

CONDITIONAL / SUBJUNCTIVE

Present	Present	Imperfect
ich würde dürfen	er/sie/es dürfe	ich dürfte
du würdest dürfen	wir dürfen	wir dürften
er/sie/es würde dürfen		
wir würden dürfen	Perfect	Pluperfect
ihr würdet dürfen	er/sie/es habe gedurft	ich hätte gedurft
Sie/sie würden dürfen	wir haben gedurft	wir hätten gedurft

PARTICIPLES

-

gedurft

Darf ich hier rauchen? *May I smoke here?*
Hier dürfen Sie nicht parken. *You are not allowed to park here.*
Wir durften nichts tun. *We were not allowed to do anything.*
Warum haben Sie das nicht gedurft? *Why weren't you allowed to do that?*
Es darf niemand herein. *Nobody is admitted.*
Darüber dürfen Sie sich nicht wundern. *You must not be surprised at that.*
Wenn ich bitten darf. *If you please.*
Das durfte jetzt nicht kommen. *That shouldn't have been said.*
Jetzt dürfte es zu spät sein. *It will probably be too late now.*
Heute Abend dürfte es ein Gewitter geben. *There will probably be a storm tonight.*
Das dürfte nicht schwer zu beweisen sein. *That should not be difficult to prove.*

32 sich eignen *to be suited* (refl.)

INDICATIVE

Present	Imperfect	Perfect
ich eigne mich	ich eignete mich	ich habe mich geeignet
du eignest dich	du eignetest dich	du hast dich geeignet
er/sie/es eignet sich	er/sie/es eignete sich	er/sie/es hat sich geeignet
wir eignen uns	wir eigneten uns	wir haben uns geeignet
ihr eignet euch	ihr eignetet euch	ihr habt euch geeignet
Sie/sie eignen sich	Sie/sie eigneten sich	Sie/sie haben sich geeignet

Pluperfect	Future	Future Perfect
ich hatte mich geeignet	ich werde mich eignen	ich werde mich geeignet haben
du hattest dich geeignet	du wirst dich eignen	du wirst dich geeignet haben
er/sie/es hatte sich geeignet	er/sie/es wir sich eignen	er/sie/es wird sich geeignet haben
wir hatten uns geeignet	wir werden uns eignen	wir werden uns geeignet haben
ihr hattet euch geeignet	ihr werdet euch eignen	ihr werdet euch geeignet haben
Sie/sie hatten sich geeignet	Sie/sie werden sich eignen	Sie/sie werden sich geeignet haben

CONDITIONAL   SUBJUNCTIVE

Present	Present	Imperfect
ich würde mich eignen	er/sie/es eigne sich	ich eignete mich
du würdest dich eignen	wir eignen uns	wir eigneten uns
er/sie/es würde sich eignen		

	Perfect	Pluperfect
wir würden uns eignen		
ihr würdet euch eignen	er/sie/es habe sich geeignet	ich hätte mich geeignet
Sie/sie würden sich eignen	wir haben uns geeignet	wir hätten uns geeignet

PARTICIPLES

mich eignend
geeignet

Er eignet sich vortrefflich für diesen Job. *He is well suited to this job.*
Dieses Buch hat sich nicht geeignet. *This book proved to be unsuitable.*
Der Film eignete sich nicht für Kinder. *The film was unsuitable for children.*
Er wurde als geeignet befunden. *He was considered qualified.*
Wozu eignet sich dieses Ding? *What is this to be used for?*
Diese Kleidung ist nicht geeignet. *These clothes are not appropriate.*

die Eignung *aptitude, suitability*   **die Eignungsprüfung** *aptitude test*
ungeeignet *unsuitable*

33 einigen *to unite* (tr.)

Present	Imperfect	Perfect
ich einige	ich einigte	ich habe geeinigt
du einigst	du einigtest	du hast geeinigt
er/sie/es einigt	er/sie/es einigte	er/sie/es hat geeinigt
wir einigen	wir einigten	wir haben geeinigt
ihr einigt	ihr einigtet	ihr habt geeinigt
Sie/sie einigen	Sie/sie einigten	Sie/sie haben geeinigt

Pluperfect	Future	Future Perfect
ich hatte geeinigt	ich werde einigen	ich werde geeinigt haben
du hattest geeinigt	du wirst einigen	du wirst geeinigt haben
er/sie/es hatte geeinigt	er/sie/es wird einigen	er/sie/es wird geeinigt haben
wir hatten geeinigt	wir werden einigen	wir werden geeinigt haben
ihr hattet geeinigt	ihr werdet einigen	ihr werdet geeinigt haben
Sie/sie hatten geeinigt	Sie/sie werden einigen	Sie/sie werden geeinigt haben

CONDITIONAL	SUBJUNCTIVE	
Present	**Present**	**Imperfect**
ich würde einigen	er/sie/es einige	ich einigte
du würdest einigen	wir einigen	wir einigten
er/sie/es würde einigen		
wir würden einigen	**Perfect**	**Pluperfect**
ihr würdet einigen	er/sie/es habe geeinigt	ich hätte geeinigt
Sie/sie würden einigen	wir haben geeinigt	wir hätten geeinigt

PARTICIPLES	IMPERATIVE
einigend	einige! einigt!
geeinigt	einigen Sie! einigen wir!

Er hat sein Volk geeinigt. *He united his people.*
Können wir uns nicht einigen? *Can't we agree?*
Worauf haben Sie sich geeinigt? *What did you agree on?*
Sie einigten sich über den Preis. *They agreed on a price.*

sich einigen *to agree*
die Einigkeit *unity, harmony*
die Uneinigkeit *disagreement,*
  misunderstanding
uneinig *in disagreement*

die Einigung *unification*
die Wiedervereinigung *reunification*
die Vereinigten Staaten von Amerika
  the United States of America

34 einladen *to invite, summon* (tr.)

INDICATIVE

Present	Imperfect	Perfect
ich lade ein	ich lud ein	ich habe eingeladen
du lädst ein	du ludst ein	du hast eingeladen
er/sie/es lädt ein	er/sie/es lud ein	er/sie/es hat eingeladen
wir laden ein	wir luden ein	wir haben eingeladen
ihr ladet ein	ihr ludet ein	ihr habt eingeladen
Sie/sie laden ein	Sie/sie luden ein	Sie/sie haben eingeladen

Pluperfect	Future	Future Perfect
ich hatte eingeladen	ich werde einladen	ich werde eingeladen haben
du hattest eingeladen	du wirst einladen	du wirst eingeladen haben
er/sie/es hatte eingeladen	er/sie/es wird einladen	er/sie/es wird eingeladen haben
wir hatten eingeladen	wir werden einladen	wir werden eingeladen haben
ihr hattet eingeladen	ihr werdet einladen	ihr werdet eingeladen haben
Sie/sie hatten eingeladen	Sie/sie werden einladen	Sie/sie werden eingeladen haben

CONDITIONAL / SUBJUNCTIVE

Present	Present	Imperfect
ich würde einladen	er/sie/es lade ein	ich lüde ein
du würdest einladen	wir laden ein	wir lüden ein
er/sie/es würde einladen		
wir würden einladen	**Perfect**	**Pluperfect**
ihr würdet einladen	er/sie/es habe eingeladen	ich hätte eingeladen
Sie/sie würden einladen	wir haben eingeladen	wir hätten eingeladen

PARTICIPLES / IMPERATIVE

PARTICIPLES	IMPERATIVE
einladend	lade ein! ladet ein!
eingeladen	laden Sie ein! laden wir ein!

Darf ich Sie zum Essen einladen? *May I invite you for a meal?*
Ihn hat sie nicht eingeladen. *She has not invited him.*
Der Bürgermeister lädt zur Feier ein. *The mayor is inviting (everyone) to a celebration.*
Er lud mich immer zu seinen Partys ein. *He always invited me to his parties.*
Meine Freunde wurden ebenfalls eingeladen. *My friends were invited too.*
Man würde ihn nie wieder einladen. *He would never be invited again.*
Sie lud mich ein, Platz zu nehmen. *She asked me to sit down.*
Bist du auch eingeladen? *Have you been invited too?*
Ich lade euch alle ein. *This is on me. (Lit. I invite you all)*

die Einladung *invitation* **einladend** *inviting, attractive*
die Einladungskarte *invitation card*

35 *einsteigen *to enter, board* (intr.)

INDICATIVE

Present	Imperfect	Perfect
ich steige ein	ich stieg ein	ich bin eingestiegen
du steigst ein	du stiegst ein	du bist eingestiegen
er/sie/es steigt ein	er/sie/es stieg ein	er/sie/es ist eingestiegen
wir steigen ein	wir stiegen ein	wir sind eingestiegen
ihr steigt ein	ihr stiegt ein	ihr seid eingestiegen
Sie/sie steigen ein	Sie/sie stiegen ein	Sie/sie sind eingestiegen

Pluperfect	Future	Future Perfect
ich war eingestiegen	ich werde einsteigen	ich werde eingestiegen sein
du warst eingestiegen	du wirst einsteigen	du wirst eingestiegen sein
er/sie/es war eingestiegen	er/sie/es wird einsteigen	er/sie/es wird eingestiegen sein
wir waren eingestiegen	wir werden einsteigen	wir werden eingestiegen sein
ihr wart eingestiegen	ihr werdet einsteigen	ihr werdet eingestiegen sein
Sie/sie waren eingestiegen	Sie/sie werden einsteigen	Sie/sie werden eingestiegen sein

CONDITIONAL   SUBJUNCTIVE

Present	Present	Imperfect
ich würde einsteigen	er/sie/es steige ein	ich stiege ein
du würdest einsteigen	wir steigen ein	wir stiegen ein
er/sie/es würde einsteigen		
wir würden einsteigen	Perfect	Pluperfect
ihr würdet einsteigen	er/sie/es sei eingestiegen	ich wäre eingestiegen
Sie/sie würden einsteigen	wir seien eingestiegen	wir wären eingestiegen

PARTICIPLES   IMPERATIVE

einsteigend	steig ein! steigt ein!
eingestiegen	steigen Sie ein! steigen wir ein!

Bitte, einsteigen. Der Zug fährt ab. *Please board the train. It is about to leave.*
Er steigt immer als Letzter ein. *He always gets on last.*
Gestern bin ich in den falschen Zug eingestiegen. *Yesterday I got on the wrong train.*
Sowie er einstieg, fuhr der Zug ab. *As soon as he got on, the train left.*
Die Diebe sind durch das Fenster eingestiegen. *The thieves climbed in through the window.*
Warum bist du in die Politik eingestiegen? *Why have you got involved with politics?*
Wir steigen mit einer hohen Summe in das Unternehmen ein. *We are investing a large sum of money in the firm.*

der Einstieg *climb, participation*	**aussteigen** *to get out*
steigen *to climb, to increase*	**aufsteigen** *to rise, climb up*
der Steig *(mountain) path*	**der Aufstieg** *ascent, rise*

36 *eintreten *to enter; to join* (intr.)

INDICATIVE

Present	Imperfect	Perfect
ich trete ein	ich trat ein	ich bin eingetreten
du trittst ein	du tratst ein	du bist eingetreten
er/sie/es tritt ein	er/sie/es trat ein	er/sie/es ist eingetreten
wir treten ein	wir traten ein	wir sind eingetreten
ihr tretet ein	ihr tratet ein	ihr seid eingetreten
Sie/sie treten ein	Sie/sie traten ein	Sie/sie sind eingetreten

Pluperfect	Future	Future Perfect
ich war eingetreten	ich werde eintreten	ich werde eingetreten sein
du warst eingetreten	du wirst eintreten	du wirst eingetreten sein
er/sie/es war eingetreten	er/sie/es wird eintreten	er/sie/es wird eingetreten sein
wir waren eingetreten	wir werden eintreten	wir werden eingetreten sein
ihr wart eingetreten	ihr werdet eintreten	ihr werdet eingetreten sein
Sie/sie waren eingetreten	Sie/sie werden eintreten	Sie/sie werden eingetreten sein

CONDITIONAL | SUBJUNCTIVE

Present	Present	Imperfect
ich würde eintreten	er/sie/es trete ein	ich träte ein
du würdest eintreten	wir treten ein	wir träten ein
er/sie/es würde eintreten		
wir würden eintreten	Perfect	Pluperfect
ihr würdet eintreten	er/sie/es sei eingetreten	ich wäre eingetreten
Sie/sie würden eintreten	wir seien eingetreten	wir wären eingetreten

PARTICIPLES | IMPERATIVE

PARTICIPLES	IMPERATIVE
eintretend	tritt ein! tretet ein!
eingetreten	treten Sie ein! treten wir ein!

Treten Sie doch bitte ein! *Do come in!*
Wir sind unaufgefordert eingetreten. *We went in without being asked.*
Demnächst tritt er in unseren Verein ein. *Soon he will join our club.*
Sie würden nie in die Armee eintreten. *They would never join the army.*
Die Firma trat ins dritte Jahrzehnt ein. *The firm entered its third decade.*
Der Tod ist nach drei Stunden eingetreten. *Death occurred three hours later.*
Sie traten mutig für ihren Glauben ein. *They defended their faith bravely.*
Ich habe mir einen Dorn in den Fuß eingetreten. *I have trodden on a thorn.*

der Eintritt *beginning, incidence, entry, admission*
das Eintrittsgeld *admission fee*
die Eintrittskarte *entry ticket*

37 empfangen *to receive* (tr.)

INDICATIVE

Present	Imperfect	Perfect
ich empfange	ich empfing	ich habe empfangen
du empfängst	du empfingst	du hast empfangen
er/sie/es empfängt	er/sie/es empfing	er/sie/es hat empfangen
wir empfangen	wir empfingen	wir haben empfangen
ihr empfangt	ihr empfingt	ihr habt empfangen
Sie/sie empfangen	Sie/sie empfingen	Sie/sie haben empfangen

Pluperfect	Future	Future Perfect
ich hatte empfangen	ich werde empfangen	ich werde empfangen haben
du hattest empfangen	du wirst empfangen	du wirst empfangen haben
er/sie/es hatte empfangen	er/sie/es wird empfangen	er/sie/es wird empfangen haben
wir hatten empfangen	wir werden empfangen	wir werden empfangen haben
ihr hattet empfangen	ihr werdet empfangen	ihr werdet empfangen haben
Sie/sie hatten empfangen	Sie/sie werden empfangen	Sie/sie werden empfangen haben

CONDITIONAL | SUBJUNCTIVE

Present	Present	Imperfect
ich würde empfangen	er/sie/es empfange	ich empfinge
du würdest empfangen	wir empfangen	wir empfingen
er/sie/es würde empfangen		
wir würden empfangen	**Perfect**	**Pluperfect**
ihr würdet empfangen	er/sie/es habe empfangen	ich hätte empfangen
Sie/sie würden empfangen	wir haben empfangen	wir hätten empfangen

PARTICIPLES | IMPERATIVE

PARTICIPLES	IMPERATIVE
empfangend	empfang! empfangt!
empfangen	empfangen Sie! empfangen wir!

Heute Abend empfängt sie ihre Gäste. *Tonight she will receive her guests.*
Ihren Brief habe ich nicht empfangen. *I have not received your letter.*
Warum empfing er sie nicht in seinem Büro? *Why didn't he receive them in his office?*
Der Anruf wurde nicht empfangen. *The call was not received.*
Wir empfingen viele neue Eindrücke. *We gained many new impressions.*
Das Fernsehprogramm wird nicht gut empfangen. *We are not getting good reception for that TV channel.*
Die Angreifer wurden mit Feuer empfangen. *The attackers were shot at.*

der Empfang reception, receipt
die Empfangsdame receptionist
die Empfangsstörung interference

der Empfänger receiver
empfänglich impressionable, responsive

38 empfehlen *to recommend* (tr./refl.)

INDICATIVE

Present	Imperfect	Perfect
ich empfehle	ich empfahl	ich habe empfohlen
du empfiehlst	du empfahlst	du hast empfohlen
er/sie/es empfiehlt	er/sie/es empfahl	er/sie/es hat empfohlen
wir empfehlen	wir empfahlen	wir haben empfohlen
ihr empfehlt	ihr empfahlt	ihr habt empfohlen
Sie/sie empfehlen	Sie/sie empfahlen	Sie/sie haben empfohlen

Pluperfect	Future	Future Perfect
ich hatte empfohlen	ich werde empfehlen	ich werde empfohlen haben
du hattest empfohlen	du wirst empfehlen	du wirst empfohlen haben
er/sie/es hatte empfohlen	er/sie/es wird empfehlen	er/sie/es wird empfohlen haben
wir hatten empfohlen	wir werden empfehlen	wir werden empfohlen haben
ihr hattet empfohlen	ihr werdet empfehlen	ihr werdet empfohlen haben
Sie/sie hatten empfohlen	Sie/sie werden empfehlen	Sie/sie werden empfohlen haben

CONDITIONAL   SUBJUNCTIVE

Present	Present	Imperfect
ich würde empfehlen	er/sie/es empfehle	ich empfähle
du würdest empfehlen	wir empfehlen	wir empfählen
er/sie/es würde empfehlen		
wir würden empfehlen	Perfect	Pluperfect
ihr würdet empfehlen	er/sie/es habe empfohlen	ich hätte empfohlen
Sie/sie würden empfehlen	wir haben empfohlen	wir hätten empfohlen

PARTICIPLES   IMPERATIVE

empfehlend	empfiehl! empfehlt!
empfohlen	empfehlen Sie! empfehlen wir!

Können Sie mir bitte ein Hotel empfehlen? *Can you recommend a hotel for me please?*
Dieses Lokal empfehle ich Ihnen. *I recommend this restaurant.*
Er hat es mir wärmstens empfohlen. *He has recommended it highly to me.*
Welches Gericht empfahl er Ihnen? *Which dish did he recommend to you?*
Bitte empfehlen Sie mich Ihrer Frau. *Please give my regards to your wife.*
Es empfiehlt sich, einen Schirm mitzunehmen. *It is advisable to take an umbrella.*
Man empfahl uns, Karten zu bestellen. *We were advised to book tickets.*

die Empfehlung *recommendation*   **empfehlenswert** *commendable, advisable*
das Empfehlungsschreiben *reference*   **empfehlungswürdig** *worth recommending*

39 entfernen *to remove* (tr.)

Present	Imperfect	Perfect
ich entferne	ich entfernte	ich habe entfernt
du entfernst	du entferntest	du hast entfernt
er/sie/es entfernt	er/sie/es entfernte	er/sie/es hat entfernt
wir entfernen	wir entfernten	wir haben entfernt
ihr entfernt	ihr entfertet	ihr habt entfernt
Sie/sie entfernen	Sie/sie entfernten	Sie/sie haben entfernt

Pluperfect	Future	Future Perfect
ich hatte entfernt	ich werde entfernen	ich werde entfernt haben
du hattest entfernt	du wirst entfernen	du wirst entfernt haben
er/sie/es hatte entfernt	er/sie/es wird entfernen	er/sie/es wird entfernt haben
wir hatten entfernt	wir werden entfernen	wir werden entfernt haben
ihr hattet entfernt	ihr werdet entfernen	ihr werdet entfernt haben
Sie/sie hatten entfernt	Sie/sie werden entfernen	Sie/sie werden entfernt haben

CONDITIONAL | SUBJUNCTIVE

Present	Present	Imperfect
ich würde entfernen	er/sie/es entferne	ich entfernte
du würdest entfernen	wir entfernen	wir entfernten
er/sie/es würde entfernen		
wir würden entfernen	Perfect	Pluperfect
ihr würdet entfernen	er/sie/es habe entfernt	ich hätte entfernt
Sie/sie würden entfernen	wir haben entfernt	wir hätten entfernt

PARTICIPLES | IMPERATIVE

entfernend   entferne! entfernt!
entfernt   entfernen Sie! entfernen wir!

Würden Sie bitte das Geschirr entfernen? *Would you please remove the dishes?*
Bitte, entfernen Sie sich nicht. *Please don't go away.*
Der Schüler wurde von der Schule entfernt. *The pupil was expelled from the school.*
Er hat sich von der Wahrheit entfernt. *He has not been telling the whole truth.*
Die Schritte entfernten sich. *The steps receded.*
Er ist weit davon entfernt, dir zu glauben. *He is far from believing you.*
Wie weit ist das Hotel vom Zentrum entfernt? *How far is the hotel from the centre?*

sich entfernen *to go away*   **die Entfernung von etwas** *removal of something*
die Entfernung *distance*   **entfernte Verwandte** *distant relatives*

40 entlassen *to dismiss, release* (tr.)

INDICATIVE

Present	Imperfect	Perfect
ich entlasse	ich entließ	ich habe entlassen
du entlässt	du entließest	du hast entlassen
er/sie/es entlässt	er/sie/es entließ	er/sie/es hat entlassen
wir entlassen	wir entließen	wir haben entlassen
ihr entlasst	ihr entließt	ihr habt entlassen
Sie/sie entlassen	Sie/sie entließen	Sie/sie haben entlassen

Pluperfect	Future	Future Perfect
ich hatte entlassen	ich werde entlassen	ich werde entlassen haben
du hattest entlassen	du wirst entlassen	du wirst entlassen haben
er/sie/es hatte entlassen	er/sie/es wird entlassen	er/sie/es wird entlassen haben
wir hatten entlassen	wir werden entlassen	wir werden entlassen haben
ihr hattet entlassen	ihr werdet entlassen	ihr werdet entlassen haben
Sie/sie hatten entlassen	Sie/sie werden entlassen	Sie/sie werden entlassen haben

CONDITIONAL   SUBJUNCTIVE

Present	Present	Imperfect
ich würde entlassen	er/sie/es entlasse	ich entließe
du würdest entlassen	wir entlassen	wir entließen
er/sie/es würde entlassen		
wir würden entlassen	Perfect	Pluperfect
ihr würdet entlassen	er/sie/es habe entlassen	ich hätte entlassen
Sie/sie würden entlassen	wir haben entlassen	wir hätten entlassen

PARTICIPLES   IMPERATIVE

entlassend	entlass! entlasst!
entlassen	entlassen Sie! entlassen wir!

Er entlässt alle seine Arbeiter. *He is dismissing all his workers.*
Mich haben sie auch entlassen. *They have dismissed me, too.*
Warum entließ er sie nicht früher? *Why didn't he dismiss them earlier?*
Gestern bin ich aus der Klinik entlassen worden. *Yesterday I was discharged from hospital.*
Sie wurden mit Pension entlassen. *They were pensioned off.*
Sie entließ mich mit einer Handbewegung. *She dismissed me with a gesture.*
Er entließ mich aus meiner Verpflichtung. *He released me from my obligation.*

die Entlassung *dismissal, discharge*   **der Entlassungsantrag** *application for discharge*
der Entlassungsschein *certificate of discharge*   **die Entlassungsfeier** *school leaving ceremony*

41 **entscheiden** *to decide* (tr./refl.)

INDICATIVE

Present	Imperfect	Perfect
ich entscheide	ich entschied	ich habe entschieden
du entscheidest	du entschiedst	du hast entschieden
er/sie/es entscheidet	er/sie/es entschied	er/sie/es hat entschieden
wir entscheiden	wir entschieden	wir haben entschieden
ihr entscheidet	ihr entschiedt	ihr habt entschieden
Sie/sie entscheiden	Sie/sie entschieden	Sie/sie haben entschieden

Pluperfect	Future	Future Perfect
ich hatte entschieden	ich werde entscheiden	ich werde entschieden haben
du hattest entschieden	du wirst entscheiden	du wirst entschieden haben
er/sie/es hatte entschieden	er/sie/es wird entscheiden	er/sie/es wird entschieden haben
wir hatten entschieden	wir werden entscheiden	wir werden entschieden haben
ihr hattet entschieden	ihr werdet entscheiden	ihr werdet entschieden haben
Sie/sie hatten entschieden	Sie/sie werden entscheiden	Sie/sie werden entschieden haben

CONDITIONAL

SUBJUNCTIVE

Present	Present	Imperfect
ich würde entscheiden	er/sie/es entscheide	ich entschiede
du würdest entscheiden	wir entscheiden	wir entschieden
er/sie/es würde entscheiden		
wir würden entscheiden	**Perfect**	**Pluperfect**
ihr würdet entscheiden	er/sie/es habe entschieden	ich hätte entschieden
Sie/sie würden entscheiden	wir haben entschieden	wir hätten entschieden

PARTICIPLES

IMPERATIVE

entscheidend	entscheide! entscheidet!
entschieden	entscheiden Sie! entscheiden wir!

Entscheide dich! *Make up your mind.*
Ich entschied mich für den billigeren Wagen. *I decided to have the cheaper car.*
Wir haben uns noch nicht entschieden. *We haven't decided yet.*
Das Gericht entschied den Fall. *The court judged the case.*
Dieser Vorfall entschied die Schlacht. *This incident determined (the outcome of) the battle.*
Ist schon entschieden, wer das Auto fährt? *Has it been decided who will drive the car?*
Morgen wird sich alles entscheiden. *Tomorrow everything will be decided.*

die Entscheidung *decision, treatment*
der Entscheidungsgrund *decisive factor*
die Entscheidungsschlacht *decisive battle*

entscheidungslos *indecisive*
entscheidungsvoll *decisive, crucial*
entschieden *resolute, determined*

42 *entstehen *to begin, originate* (intr.)

INDICATIVE

Present	Imperfect	Perfect
er/sie/es entsteht	er/sie/es entstand	er/sie/es ist entstanden
sie entstehen	sie entstanden	sie sind entstanden
Pluperfect	**Future**	**Future Perfect**
er/sie/es war entstanden	er/sie/es wird entstehen	er/sie/es wird entstanden sein
sie waren entstanden	sie werden entstehen	sie werden entstanden sein

CONDITIONAL · SUBJUNCTIVE

Present	Present	Imperfect
	er/sie/es entstehe	er/sie/es entstünde (ä)
er/sie/es würde entstehen	sie entstehen	sie entstünden (ä)
	Perfect	**Pluperfect**
sie würden entstehen	er/sie/es sei entstanden	er/sie/es wäre entstanden
	sie seien entstanden	sie wären entstanden

PARTICIPLES

entstehend
entstanden

Ein Buch entsteht. *A book is being created.*
Wie ist das entstanden? *How has this come about?*
Unter seinen Händen entstand ein Kunstwerk. *He created a work of art with his hands.*
Große Aufregung war entstanden. *There was great excitement.*
Über diese Frage entstand der Streit. *It was this question that started the quarrel.*
Mir entstehen keine Kosten. *I will incur no costs.*
Aus diesem Schaden sind hohe Kosten entstanden. *This damage resulted in high costs.*

die Entstehung *beginning, rise, origin*   **die Entstehungsgeschichte** *history of the origin*

43 entwickeln *to develop* (tr./refl.)

INDICATIVE

Present	Imperfect	Perfect
ich entwickele	ich entwickelte	ich habe entwickelt
du entwickelst	du entwickeltest	du hast entwickelt
er/sie/es entwickelt	er/sie/es entwickelte	er/sie/es hat entwickelt
wir entwickeln	wir entwickelten	wir haben entwickelt
ihr entwickelt	ihr entwickeltet	ihr habt entwickelt
Sie/sie entwickeln	Sie/sie entwickelten	Sie/sie haben entwickelt

Pluperfect	Future	Future Perfect
ich hatte entwickelt	ich werde entwickeln	ich werde entwickelt haben
du hattest entwickelt	du wirst entwickeln	du wirst entwickelt haben
er/sie/es hatte entwickelt	er/sie/es wird entwickeln	er/sie/es wird entwickelt haben
wir hatten entwickelt	wir werden entwickeln	wir werden entwickelt haben
ihr hattet entwickelt	ihr werdet entwickeln	ihr werdet entwickelt haben
Sie/sie hatten entwickelt	Sie/sie werden entwickeln	Sie/sie werden entwickelt haben

CONDITIONAL / SUBJUNCTIVE

Present	Present	Imperfect
ich würde entwickeln	er/sie/es entwickele	ich entwickelte
du würdest entwickeln	wir entwickelen	wir entwickelten
er/sie/es würde entwickeln		
wir würden entwickeln	**Perfect**	**Pluperfect**
ihr würdet entwickeln	er/sie/es habe entwickelt	ich hätte entwickelt
Sie/sie würden entwickeln	wir haben entwickelt	wir hätten entwickelt

PARTICIPLES / IMPERATIVE

PARTICIPLES	IMPERATIVE
entwickelnd	entwickele! entwickelt!
entwickelt	entwickeln Sie! entwickeln wir!

Entwickeln Sie bitte diesen Film. *Please develop this film.*
Ich entwickele ihn morgen. *I'll develop it tomorrow.*
Giftige Gase entwickelten sich. *Poisonous gases were forming.*
Ein neues Verfahren wurde entwickelt. *A new procedure was developed.*
Die Verhandlungen entwickeln sich gut. *The negotiations are making progress.*
Er hat sich zu einem berühmten Dichter entwickelt. *He has become a famous poet.*
Du hast Talent entwickelt. *You have become proficient.*
Sie entwickelten ihre Theorie. *They explained their theory.*

die Entwicklung *development, evolution*   **das Entwicklungsland** *developing country*
die Entwicklungsjahre *adolescence*   **die Entwicklungshilfe** *(development) aid*
unterentwickelt *underdeveloped*

44 erfahren *to learn, hear, experience* (tr.)

INDICATIVE

Present	Imperfect	Perfect
ich erfahre	ich erfuhr	ich habe erfahren
du erfährst	du erfuhrst	du hast erfahren
er/sie/es erfährt	er/sie/es erfuhr	er/sie/es hat erfahren
wir erfahren	wir erfuhren	wir haben erfahren
ihr erfahrt	ihr erfuhrt	ihr habt erfahren
Sie/sie erfahren	Sie/sie erfuhren	Sie/sie haben erfahren

Pluperfect	Future	Future Perfect
ich hatte erfahren	ich werde erfahren	ich werde erfahren haben
du hattest erfahren	du wirst erfahren	du wirst erfahren haben
er/sie/es hatte erfahren	er/sie/es wird erfahren	er/sie/es wird erfahren haben
wir hatten erfahren	wir werden erfahren	wir werden erfahren haben
ihr hattet erfahren	ihr werdet erfahren	ihr werdet erfahren haben
Sie/sie hatten erfahren	Sie/sie werden erfahren	Sie/sie werden erfahren haben

CONDITIONAL / SUBJUNCTIVE

Present	Present	Imperfect
ich würde erfahren	er/sie/es erfahre	ich erführe
du würdest erfahren	wir erfahren	wir erführen
er/sie/es würde erfahren		
wir würden erfahren	Perfect	Pluperfect
ihr würdet erfahren	er/sie/es habe erfahren	ich hätte erfahren
Sie/sie würden erfahren	wir haben erfahren	wir hätten erfahren

PARTICIPLES / IMPERATIVE

PARTICIPLES	IMPERATIVE
erfahrend	erfahr! erfahrt!
erfahren	erfahren Sie! erfahren wir!

Haben Sie schon das Neueste erfahren? *Have you heard the latest news?*
Ich erfuhr es erst gestern. *I did not hear about it till yesterday.*
Erfährt er es von Ihnen? *Will he be told by you?*
Ohne ihn hätten wir nie davon erfahren. *Without him, we would never have heard about it.*
Er hat viel Leid erfahren. *He has experienced a lot of sorrow.*
Das Haus wird eine Renovierung erfahren. *The house is to undergo renovation.*
Ich konnte nichts Genaueres erfahren. *I was not able to obtain more precise details.*
Sie hat am eigenem Leib erfahren, was das bedeutet. *She has first-hand experience of what that means.*

die Erfahrung *experience*
in Erfahrung bringen *to find out, discover*
unerfahren sein *to be inexperienced*

erfahren sein *to be experienced*
erfahrungsgemäß *from experience*
erfahrungmäßig *empirical(ly)*

45 **erhalten** *to get, receive* (tr.)

INDICATIVE

Present	Imperfect	Perfect
ich erhalte	ich erhielt	ich habe erhalten
du erhältst	du erhieltst	du hast erhalten
er/sie/es erhält	er/sie/es erhielt	er/sie/es hat erhalten
wir erhalten	wir erhielten	wir haben erhalten
ihr erhaltet	ihr erhieltet	ihr habt erhalten
Sie/sie erhalten	Sie/sie erhielten	Sie/sie haben erhalten

Pluperfect	Future	Future Perfect
ich hatte erhalten	ich werde erhalten	ich werde erhalten haben
du hattest erhalten	du wirst erhalten	du wirst erhalten haben
er/sie/es hatte erhalten	er/sie/es wird erhalten	er/sie/es wird erhalten haben
wir hatten erhalten	wir werden erhalten	wir werden erhalten haben
ihr hattet erhalten	ihr werdet erhalten	ihr werdet erhalten haben
Sie/sie hatten erhalten	Sie/sie werden erhalten	Sie/sie werden erhalten haben

CONDITIONAL | SUBJUNCTIVE

Present	Present	Imperfect
ich würde erhalten	er/sie/es erhalte	ich erhielte
du würdest erhalten	wir erhalten	wir erhielten
er/sie/es würde erhalten		
wir würden erhalten	**Perfect**	**Pluperfect**
ihr würdet erhalten	er/sie/es habe erhalten	ich hätte erhalten
Sie/sie würden erhalten	wir haben erhalten	wir hätten erhalten

PARTICIPLES | IMPERATIVE

erhaltend	erhalte! erhaltet!
erhalten	erhalten Sie! erhalten wir!

Sie erhält jeden Morgen Post. *She receives mail every morning.*
Ihren Brief habe ich erhalten. *I received your letter.*
Voriges Jahr erhielt er weniger Gehalt. *Last year he received less pay.*
Wie viel Geld würde ich erhalten? *How much money would I get?*
Er erhielt den Lohn für seine Tat. *He got what he deserved.*
Sie erhielten fünf Jahre Gefängnis. *They were sentenced to five years in prison.*
Das Schiff hatte einen neuen Namen erhalten. *The ship had been given a new name.*
Teer erhält man aus Kohle. *Tar is made from coal.*

der Erhalt *receipt*   **erhältlich, erhaltbar** *obtainable*

46 sich erholen *to get better, recover* (refl.)

INDICATIVE

Present	Imperfect	Perfect
ich erhole mich	ich erholte mich	ich habe mich erholt
du erholst dich	du erholtest dich	du hast dich erholt
er/sie/es erholt sich	er/sie/es erholte sich	er/sie/es hat sich erholt
wir erholen uns	wir erholten uns	wir haben uns erholt
ihr erholt euch	ihr erholtet euch	ihr habt euch erholt
Sie/sie erholen sich	Sie/sie erholten sich	Sie/sie haben sich erholt

Pluperfect	Future	Future Perfect
ich hatte mich erholt	ich werde mich erholen	ich werde mich erholt haben
du hattest dich erholt	du wirst dich erholen	du wirst dich erholt haben
er/sie/es hatte sich erholt	er/sie/es wird sich erholen	er/sie/es wird sich erholt haben
wir hatten uns erholt	wir werden uns erholen	wir werden uns erholt haben
ihr hattet euch erholt	ihr werdet euch erholen	ihr werdet euch erholt haben
Sie/sie hatten sich erholt	Sie/sie werden uns erholen	Sie/sie werden sich erholt haben

CONDITIONAL

Present
ich würde mich erholen
du würdest dich erholen
er/sie/es würde sich erholen
wir würden uns erholen
ihr würdet euch erholen
Sie/sie würden sich erholen

SUBJUNCTIVE

Present
er/sie/es erhole sich
wir erholen uns

Perfect
er/sie/es habe sich erholt
wir haben uns erholt

Imperfect
ich erholte mich
wir erholten uns

Pluperfect
ich hätte mich erholt
wir hätten uns erholt

PARTICIPLES

erholend
erholt

IMPERATIVE

erhole dich! erholt euch!
erholen Sie sich! erholen wir uns!

Erholen Sie sich gut! *Get better (soon).*
Haben Sie sich gut erholt? *Have you had a good rest?*
Der Kranke erholte sich langsam. *The patient was recovering slowly.*
An der See würden sie sich schnell erholen. *They would get better quickly by the sea.*
Die Preise erholen sich langsam. *Prices are slowly picking up.*
Der Kurs hat sich erholt. *The exchange rate has recovered.*
Von dem Schreck habe ich mich noch nicht erholt. *I have not got over the shock yet.*
Sie sehen sehr erholt aus. *You look as if you've had a holiday.*

---

die Erholung *recovery, rest*
die Erholungsreise *holiday, trip*
das Erholungsheim *convalescent home*
erholsam *restful*

der Erholungsort *holiday resort*
der Erholungsurlaub *sick leave*
erholungsbedürftig *in need of a rest*

47 erinnern *to remind* (tr.)

INDICATIVE

Present	Imperfect	Perfect
ich erinnere	ich erinnerte	ich habe erinnert
du erinnerst	du erinnertest	du hast erinnert
er/sie/es erinnert	er/sie/es erinnerte	er/sie/es hat erinnert
wir erinern	wir erinnerten	wir haben erinnert
ihr erinnert	ihr erinnertet	ihr habt erinnert
Sie/sie erinnern	Sie/sie erinnerten	Sie/sie haben erinnert

Pluperfect	Future	Future Perfect
ich hatte erinnert	ich werde erinnern	ich werde erinnert haben
du hattest erinnert	du wirst erinnern	du wirst erinnert haben
er/sie/es hatte erinnert	er/sie/es wird erinnern	er/sie/es wird erinnert haben
wir hatten erinnert	wir werden erinnern	wir werden erinnert haben
ihr hattet erinnert	ihr werdet erinnern	ihr werdet erinnert haben
Sie/sie hatten erinnert	Sie/sie werden erinnern	Sie/sie werden erinnert haben

CONDITIONAL / SUBJUNCTIVE

Present	Present	Imperfect
ich würde erinnern	er/sie/es erinnere	ich erinnerte
du würdest erinnern	wir erinnern	wir erinnerten
er/sie/es würde erinnern		
wir würden erinnern	**Perfect**	**Pluperfect**
ihr würdet erinnern	er/sie/es habe erinnert	ich hätte erinnert
Sie/sie würden erinnern	wir haben erinnert	wir hätten erinnert

PARTICIPLES / IMPERATIVE

PARTICIPLES	IMPERATIVE
erinnernd	erinnere! erinnert!
erinnert	erinnern Sie! erinnern wir!

Bitte erinnere mich an meinem Termin. *Please remind me of my appointment.*
Es sei daran erinnert. *Let me remind you.*
Das erinnert an alte Zeiten. *That brings back old times.*
Ich erinnere mich nicht! *I don't remember.*
Er erinnerte sich seines Lehrers. *He remembered his teacher.*
Wenn ich mich recht erinnere, war er hier. *If I remember rightly, he was here.*
Er erinnert sich nur dunkel an mich. *He only vaguely remembers me.*
sich erinnern *to remember*

die Erinnerung *memory, reminder*   **wie erinnerlich** *as will be recalled*
in Erinnerung bringen *to recall*   **zur Erinnerung an** *in remembrance of*

48 erkennen *to recognize* (tr.)

INDICATIVE

Present	Imperfect	Perfect
ich erkenne	ich erkannte	ich habe erkannt
du erkennst	du erkanntest	du hast erkannt
er/sie/es erkennt	er/sie/es erkannte	er/sie/es hat erkannt
wir erkennen	wir erkannten	wir haben erkannt
ihr erkennt	ihr erkanntet	ihr habt erkannt
Sie/sie erkennen	Sie/sie erkannten	Sie/sie haben erkannt

Pluperfect	Future	Future Perfect
ich hatte erkannt	ich werde erkennen	ich werde erkannt haben
du hattest erkannt	du wirst erkennen	du wirst erkannt haben
er/sie/es hatte erkannt	er/sie/es wird erkennen	er/sie/es wird erkannt haben
wir hatten erkannt	wir werden erkennen	wir werden erkannt haben
ihr hattet erkannt	ihr werdet erkennen	ihr werdet erkannt haben
Sie/sie hatten erkannt	Sie/sie werden erkennen	Sie/sie werden erkannt haben

CONDITIONAL

SUBJUNCTIVE		

Present	Present	Imperfect
ich würde erkennen	er/sie/es erkenne	ich erkannte
du würdest erkennen	wir erkennen	wir erkannten
er/sie/es würde erkennen		
wir würden erkennen	Perfect	Pluperfect
ihr würdet erkennen	er/sie/es habe erkannt	ich hätte erkannt
Sie/sie würden erkennen	wir haben erkannt	wir hätten erkannt

PARTICIPLES

	IMPERATIVE
erkennend	erkenne! erkennt!
erkannt	erkennen Sie! erkennen wir!

Erkennst du mich nicht? *Don't you recognize me?*
Er hat uns nicht erkannt. *He has not recognized us.*
Wir erkannten sofort die Gefahr. *We recognized the danger at once.*
Man würde ihn an seiner Stimme erkennen. *He would be recognized by his voice.*
Er gab sich zu erkennen. *He revealed his identity.*
Der Arzt erkannte die Krankheit. *The doctor diagnosed the illness.*
Sie erkannten ihren Irrtum. *They realized their mistake.*

die Erkenntnis *knowledge, understanding*
die Erkennung *detection, diagnosis*
anerkennen *to acknowledge*

erkennbar *recognizable*
erkenntlich *grateful, appreciative*
unerkannt *unrecognized*

49 erlauben (+ dat.) *to allow* (tr./refl.)

INDICATIVE

Present	Imperfect	Perfect
ich erlaube	ich erlaubte	ich habe erlaubt
du erlaubst	du erlaubtest	du hast erlaubt
er/sie/es erlaubt	er/sie/es erlaubte	er/sie/es hat erlaubt
wir erlauben	wir erlaubten	wir haben erlaubt
ihr erlaubt	ihr erlaubtet	ihr habt erlaubt
Sie/sie erlauben	Sie/sie erlaubten	Sie/sie haben erlaubt

Pluperfect	Future	Future Perfect
ich hatte erlaubt	ich werde erlauben	ich werde erlaubt haben
du hattest erlaubt	du wirst erlauben	du wirst erlaubt haben
er/sie/es hatte erlaubt	er/sie/es wird erlauben	er/sie/es wird erlaubt haben
wir hatten erlaubt	wir werden erlauben	wir werden erlaubt haben
ihr hattet erlaubt	ihr werdet erlauben	ihr werdet erlaubt haben
Sie/sie hatten erlaubt	Sie/sie werden erlauben	Sie/sie werden erlaubt haben

CONDITIONAL   SUBJUNCTIVE

Present	Present	Imperfect
ich würde erlauben	er/sie/es erlaube	ich erlaubte
du würdest erlauben	wir erlauben	wir erlaubten
er/sie/es würde erlauben		
wir würden erlauben	Perfect	Pluperfect
ihr würdet erlauben	er/sie/es habe erlaubt	ich hätte erlaubt
Sie/sie würden erlauben	wir haben erlaubt	wir hätten erlaubt

PARTICIPLES   IMPERATIVE

erlaubend   erlaube! erlaubt!
erlaubt   erlauben Sie! erlauben wir!

Erlauben Sie, dass ich rauche? *May I smoke?*
Rauchen ist nicht erlaubt. *Smoking is not permitted.*
Ich erlaubte ihm zu gehen. *I allowed him to leave.*
Wir haben ihm erlaubt, das Auto zu fahren. *We let him drive the car.*
Erlauben Sie mal! *I beg your pardon.*
Erlaubt ist, was gefällt. *Do as you please.*
Er erlaubt sich Frechheiten. *He is taking liberties.*
Ein neues Auto kann ich mir nicht erlauben. *I can't afford a new car.*

die Erlaubnis *permission*
um Erlaubnis bitten *to ask permission*
die Erlaubnis erteilen *to grant permission*
unerlaubt *forbidden*

die Arbeitserlaubnis *work permit*
die Aufenthaltserlaubnis *residence permit, visa*
der Erlaubnisschein *permit*

50 erleben *to experience, witness* (tr.)

INDICATIVE

Present	Imperfect	Perfect
ich erlebe	ich erlebte	ich habe erlebt
du erlebst	du erlebtest	du hast erlebt
er/sie/es erlebt	er/sie/es erlebte	er/sie/es hat erlebt
wir erleben	wir erlebten	wir haben erlebt
ihr erlebt	ihr erlebtet	ihr habt erlebt
Sie/sie erleben	Sie/sie erlebten	Sie/sie haben erlebt

Pluperfect	Future	Future Perfect
ich hatte erlebt	ich werde erleben	ich werde erlebt haben
du hattest erlebt	du wirst erleben	du wirst erlebt haben
er/sie/es hatte erlebt	er/sie/es wird erleben	er/sie/es wird erlebt haben
wir hatten erlebt	wir werden erleben	wir werden erlebt haben
ihr hattet erlebt	ihr werdet erleben	ihr werdet erlebt haben
Sie/sie hatten erlebt	Sie/sie werden erleben	Sie/sie werden erlebt haben

CONDITIONAL / SUBJUNCTIVE

Present	Present	Imperfect
ich würde erleben	er/sie/es erlebe	ich erlebte
du würdest erleben	wir erleben	wir erlebten
er/sie/es würde erleben		
	Perfect	**Pluperfect**
wir würden erleben	er/sie/es habe erlebt	ich hätte erlebt
ihr würdet erleben	wir haben erlebt	wir hätten erlebt
Sie/sie würden erleben		

PARTICIPLES / IMPERATIVE

PARTICIPLES	IMPERATIVE
erlebend	erlebe! erlebt!
erlebt	erleben Sie! erleben wir!

Ich habe viel erlebt. *I have experienced a lot.*
So haben wir ihn noch nie erlebt. *We have never seen him like that.*
Er erlebte eine große Überraschung. *He had a big surprise.*
Du hast noch nie eine Enttäuschung erlebt. *You have never had a disappointment.*
Hat einer so etwas je erlebt? *Has anyone ever seen the like?*
Du wirst schon was erleben! *You will get into trouble.*
Die Armee erlebte eine Niederlage. *The army was defeated.*
Sie hat ihren 90. Geburtstag nicht mehr erlebt. *She died before her 90th birthday.*

das Erlebnis *event, experience, adventure*
ein widriges Erlebnis *adversity*
die Erlebnisreise *adventure, tour*

erlebensreich *full of events*
erlebnisfreudig *adventurous*

51 erziehen *to bring up, educate, rear* (tr.)

INDICATIVE

Present	Imperfect	Perfect
ich erziehe	ich erzog	ich habe erzogen
du erziehst	du erzogst	du hast erzogen
er/sie/es erzieht	er/sie/es erzog	er/sie/es hat erzogen
wir erziehen	wir erzogen	wir haben erzogen
ihr erzieht	ihr erzogt	ihr habt erzogen
Sie/sie erziehen	Sie/sie erzogen	Sie/sie haben erzogen

Pluperfect	Future	Future Perfect
ich hatte erzogen	ich werde erziehen	ich werde erzogen haben
du hattest erzogen	du wirst erziehen	du wirst erzogen haben
er/sie/es hatte erzogen	er/sie/es wird erziehen	er/sie/es wird erzogen haben
wir hatten erzogen	wir werden erziehen	wir werden erzogen haben
ihr hattet erzogen	ihr werdet erziehen	ihr werdet erzogen haben
Sie/sie hatten erzogen	Sie/sie werden erziehen	Sie/sie werden erzogen haben

CONDITIONAL ## SUBJUNCTIVE

Present	Present	Imperfect
ich würde erziehen	er/sie/es erziehe	ich erzöge
du würdest erziehen	wir erziehen	wir erzögen
er/sie/es würde erziehen		
wir würden erziehen	Perfect	Pluperfect
ihr würdet erziehen	er/sie/es habe erzogen	ich hätte erzogen
Sie/sie würden erziehen	wir haben erzogen	wir hätten erzogen

PARTICIPLES ## IMPERATIVE

erziehend	erzieh! erzieht!
erzogen	erziehen Sie! erziehen wir!

Wie erziehen Sie ihr Kind? *How are you bringing up your child?*
Meine Mutter erzog uns sehr streng. *My mother raised us very strictly.*
Wo hat man dich erzogen? *Where were you brought up?*
Diese Kinder werden im Internat erzogen. *These children are being educated at boarding school.*
Dieser Hund wurde überhaupt nicht erzogen. *This dog was not trained at all.*
Ich würde meine Kinder freier erziehen. *I would allow my children more freedom.*
Das Kind wird schlecht erzogen. *The child is spoilt.*

die Erziehung *education, upbringing*
die Erziehungswissenschaft *education (subject of study)*
erziehbar *trainable*
unerzogen *spoilt, naughty*

der Erzieher *teacher*
der Zögling *pupil*
die Erziehungsanhalt *young offenders' institution*

52 essen *to eat* (tr./intr.)

INDICATIVE

Present	Imperfect	Perfect
ich esse	ich aß	ich habe gegessen
du isst	du aßt	du hast gegessen
er/sie/es isst	er/sie/es aß	er/sie/es hat gegessen
wir essen	wir aßen	wir haben gegessen
ihr esst	ihr aßt	ihr habt gegessen
Sie/sie essen	Sie/sie aßen	Sie/sie haben gegessen

Pluperfect	Future	Future Perfect
ich hatte gegessen	ich werde essen	ich werde gegessen haben
du hattest gegessen	du wirst essen	du wirst gegessen haben
er/sie/es hatte gegessen	er/sie/es wird essen	er/sie/es wird gegessen haben
wir hatten gegessen	wir werden essen	wir werden gegessen haben
ihr hattet gegessen	ihr werdet essen	ihr werdet gegessen haben
Sie/sie hatten gegessen	Sie/sie werden essen	Sie/sie werden gegessen haben

CONDITIONAL / SUBJUNCTIVE

Present	Present	Imperfect
ich würde essen	er/sie/es esse	ich äße
du würdest essen	wir essen	wir äßen
er/sie/es würde essen		
wir würden essen	Perfect	Pluperfect
ihr würdet essen	er/sie/es habe gegessen	ich hätte gegessen
Sie/sie würden essen	wir haben gegessen	wir hätten gegessen

PARTICIPLES / IMPERATIVE

PARTICIPLES	IMPERATIVE
essend	iss! esst!
gegessen	essen Sie! essen wir!

Er isst zu viel. *He eats too much.*
Haben Sie schon gegessen? *Have you eaten yet?*
Ich aß gerade, als er hereinkam. *I was eating when he came in.*
Bei dem Fest wird viel gegessen werden. *A lot will be eaten at the party.*
Ich esse spät zu Abend. *I eat late./I have dinner late in the evening.*
Wir aßen uns satt. *We ate our fill.*
Es wird nichts so heiß gegessen, wie es gekocht wird. *Nothing is ever as bad as it seems.*
Mit ihm ist nicht gut Kirschen essen. *He is difficult to handle. (Lit. He's not easy to eat cherries with.)*

das Essen *food, meal, eating*	**essbar** *edible*
die Essenzeit *mealtime*	**die Essgewohnheiten** *eating habits*
das Esszimmer *dining room*	**unessbar** *inedible*
der Esslöffel *dessertspoon*	**das Abendessen** *supper*

53 fahren *to go, drive* (*intr./tr.)

INDICATIVE

Present	Imperfect	Perfect
ich fahre	ich fuhr	ich bin gefahren
du fährst	du fuhrst	du bist gefahren
er/sie/es fährt	er/sie/es fuhr	er/sie/es ist gefahren
wir fahren	wir fuhren	wir sind gefahren
ihr fahrt	ihr fuhrt	ihr seid gefahren
Sie/sie fahren	Sie/sie fuhren	Sie/sie sind gefahren

Pluperfect	Future	Future Perfect
ich war gefahren	ich werde fahren	ich werde gefahren sein
du warst gefahren	du wirst fahren	du wirst gefahren sein
er/sie/es war gefahren	er/sie/es wird fahren	er/sie/es wird gefahren sein
wir waren gefahren	wir werden fahren	wir werden gefahren sein
ihr wart gefahren	ihr werdet fahren	ihr werdet gefahren sein
Sie/sie waren gefahren	Sie/sie werden fahren	Sie/sie werden gefahren sein

CONDITIONAL / SUBJUNCTIVE

Present	Present	Imperfect
ich würde fahren	er/sie/es fahre	ich führe
du würdest fahren	wir fahren	wir führen
er/sie/es würde fahren		
wir würden fahren	Perfect	Pluperfect
ihr würdet fahren	er/sie/es sei gefahren	ich wäre gefahren
Sie/sie würden fahren	wir seien gefahren	wir wären gefahren

PARTICIPLES / IMPERATIVE

PARTICIPLES	IMPERATIVE
fahrend	fahr! fahrt!
gefahren	fahren Sie! fahren wir!

Wie fährst du nach Berlin? *How are you getting to Berlin?*
Ich fahre mit dem Auto. *I am going by car.*
Du bist zu schnell gefahren. *You have been driving too fast.*
Morgen fahren wir in Urlaub. *Tomorrow we are going on holiday.*
Sie fuhr ihm mit der Hand durchs Haar. *She ran her fingers through his hair.*
Gedanken fuhren ihr durch den Kopf. *Ideas flashed through her mind.*
Plötzlich ist sie in die Höhe gefahren. *Suddenly she jumped up.*
Was ist denn in dich gefahren? *What has got into you?*

die Fahrt *journey*	**die Fahrbahn** *carriageway*
der Fahrer *driver*	**das Fahrzeug** *vehicle*
die Ausfahrt *exit*	**die Vorfahrt** *right of way*
das Fahrrad *bicycle*	**die Fähre** *ferry*

54 *fallen* *to fall, decline* (intr.)

INDICATIVE

Present	**Imperfect**	**Perfect**
ich falle	ich fiel	ich bin gefallen
du fällst	du fielst	du bist gefallen
er/sie/es fällt	er/sie/es fiel	er/sie/es ist gefallen
wir fallen	wir fielen	wir sind gefallen
ihr fallt	ihr fielt	ihr seid gefallen
Sie/sie fallen	Sie/sie fielen	Sie/sie sind gefallen

Pluperfect	**Future**	**Future Perfect**
ich bin gefallen	ich werde fallen	ich werde gefallen sein
du bist gefallen	du wirst fallen	du wirst gefallen sein
er/sie/es ist gefallen	er/sie/es wird fallen	er/sie/es wird gefallen sein
wir sind gefallen	wir werden fallen	wir werden gefallen sein
ihr seid gefallen	ihr werdet fallen	ihr werdet gefallen sein
Sie/sie sind gefallen	Sie/sie werden fallen	Sie/sie werden gefallen sein

CONDITIONAL / SUBJUNCTIVE

Present	**Present**	**Imperfect**
ich würde fallen	er/sie/es falle	ich fiele
du würdest fallen	wir fallen	wir fielen
er/sie/es würde fallen		
wir würden fallen	**Perfect**	**Pluperfect**
ihr würdet fallen	er/sie/es sei gefallen	ich wäre gefallen
Sie/sie würden fallen	wir seien gefallen	wir wären gefallen

PARTICIPLES / IMPERATIVE

fallend	fall! fallt!
gefallen	fallen Sie! fallen wir!

Der Regen fällt unaufhörlich. *The rain is falling relentlessly.*
Der Verdacht ist auf mich gefallen. *Suspicion has fallen on me.*
Unsere Wahl fiel auf ihn. *We settled on him.*
Die Hauspreise werden wieder fallen. *House prices are going to fall again.*
Er ist nicht auf den Kopf gefallen. *He is no fool.*
Ich fiel wie aus allen Wolken. *I was most surprised.*
Sprachen fallen ihm schwer. *He finds languages difficult.*
Diese Farbe fällt sofort ins Auge. *This is a striking colour.*
Wir möchten Ihnen nicht zur Last fallen. *We don't want to be of any trouble to you.*

die Fallgrube *trap, pitfall*	**fallen lassen** *to drop*
das Fallgesetz *law of gravity*	**der Fallschirm** *parachute*
der Reinfall *let-down*	**fällen** *to cause to fall, fell*

55 fehlen *to be missing, be absent* (intr.)

INDICATIVE

Present	Imperfect	Perfect
ich fehle	ich fehlte	ich habe gefehlt
du fehlst	du fehltest	du hast gefehlt
er/sie/es fehlt	er/sie/es fehlte	er/sie/es hat gefehlt
wir fehlen	wir fehlten	wir haben gefehlt
ihr fehlt	ihr fehltet	ihr habt gefehlt
Sie/sie fehlen	Sie/sie fehlten	Sie/sie haben gefehlt

Pluperfect	Future	Future Perfect
ich hatte gefehlt	ich werde fehlen	ich werde gefehlt haben
du hattest gefehlt	du wirst fehlen	du wirst gefehlt haben
er/sie/es hatte gefehlt	er/sie/es wird fehlen	er/sie/es wird gefehlt haben
wir hatten gefehlt	wir werden fehlen	wir werden gefehlt haben
ihr hattet gefehlt	ihr werdet fehlen	ihr werdet gefehlt haben
Sie/sie hatten gefehlt	Sie/sie werden fehlen	Sie/sie werden gefehlt haben

CONDITIONAL / SUBJUNCTIVE

Present	Present	Imperfect
ich würde fehlen	er/sie/es fehle	ich fehlte
du würdest fehlen	wir fehlen	wir fehlten
er/sie/es würde fehlen		
wir würden fehlen	Perfect	Pluperfect
ihr würdet fehlen	er/sie/es habe gefehlt	ich hätte gefehlt
Sie/sie würden fehlen	wir haben gefehlt	wir hätten gefehlt

PARTICIPLES / IMPERATIVE

PARTICIPLES	IMPERATIVE
fehlend	fehl! fehlt!
gefehlt	fehlen Sie! fehlen wir!

Heute fehlt nur ein Schüler. *Today only one pupil is absent.*
Wir haben auf keinem Fest gefehlt. *We didn't miss a single party.*
Gestern fehlten mir 10 Euro. *Yesterday I was 10 euros short.*
Das Kind würde ihr sehr fehlen. *She would miss the child very much.*
An mir soll es nicht fehlen. *It will not be my fault.*
Das fehlte noch gerade! *That would be the last straw!*
Ihr fehlt nichts. *She is quite well.*
Sie ließen es an nichts fehlen. *They spared no pains.*
Weit gefehlt. *Far from it.*

56 finden *to find, discover* (tr./refl.)

INDICATIVE

Present	Imperfect	Perfect
ich finde	ich fand	ich habe gefunden
du findest	du fandst	du hast gefunden
er/sie/es findet	er/sie/es fand	er/sie/es hat gefunden
wir finden	wir fanden	wir haben gefunden
ihr findet	ihr fandet	ihr habt gefunden
Sie/sie finden	Sie/sie fanden	Sie/sie haben gefunden

Pluperfect	Future	Future Perfect
ich hatte gefunden	ich werde finden	ich werde gefunden haben
du hattest gefunden	du wirst finden	du wirst gefunden haben
er/sie/es hatte gefunden	er/sie/es wird finden	er/sie/es wird gefunden haben
wir hatten gefunden	wir werden finden	wir werden gefunden haben
ihr hattet gefunden	ihr werdet finden	ihr werdet gefunden haben
Sie/sie hatten gefunden	Sie/sie werden finden	Sie/sie werden gefunden haben

CONDITIONAL

SUBJUNCTIVE

Present	Present	Imperfect
ich würde finden	er/sie/es finde	ich fände
du würdest finden	wir finden	wir fänden
er/sie/es würde finden		
wir würden finden	Perfect	Pluperfect
ihr würdet finden	er/sie/es habe gefunden	ich hätte gefunden
Sie/sie würden finden	wir haben gefunden	wir hätten gefunden

PARTICIPLES

IMPERATIVE

findend	finde! findet!
gefunden	finden Sie! finden wir!

Ich finde keinen Platz. *I can't find a seat.*
Wir haben die Fehler gefunden. *We found the mistakes.*
Er fand keinen Ausweg. *He did not find a solution.*
Das Geld wurde nie gefunden. *The money was never found.*
Man fand den Wein zu sauer. *The wine was considered too sour.*
Sie müssen sich darein finden. *You have to put up wih it.*
Dabei kann ich nichts finden. *I can't find anything wrong with this.*
Er findet immer ein Haar in der Suppe. *He always finds something wrong.*
Alle Passagiere fanden den Tod. *All the passengers were killed.*

der Fund *a find*
der Finder *finder*
der Finderlohn *reward*

findig *clever, resourceful*
die Findigkeit *shrewdness, cleverness*
spitzfindig *hair-splitting*

57 fliegen *to fly* (*intr./tr.)

INDICATIVE

Present	Imperfect	Perfect
ich fliege	ich flog	ich bin geflogen
du fliegst	du flogst	du bist geflogen
er/sie/es fliegt	er/sie/es flog	er/sie/es ist geflogen
wir fliegen	wir flogen	wir sind geflogen
ihr fliegt	ihr flogt	ihr seid geflogen
Sie/sie fliegen	Sie/sie flogen	Sie/sie sind geflogen

Pluperfect	Future	Future Perfect
ich war geflogen	ich werde fliegen	ich werde geflogen sein
du warst geflogen	du wirst fliegen	du wirst geflogen sein
er/sie/es war geflogen	er/sie/es wird fliegen	er/sie/es wird geflogen sein
wir waren geflogen	wir werden fliegen	wir werden geflogen sein
ihr wart geflogen	ihr werdet fliegen	ihr werdet geflogen sein
Sie/sie waren geflogen	Sie/sie werden fliegen	Sie/sie werden geflogen sein

CONDITIONAL / SUBJUNCTIVE

Present	Present	Imperfect
ich würde fliegen	er/sie/es fliege	ich flöge
du würdest fliegen	wir fliegen	wir flögen
er/sie/es würde fliegen		
wir würden fliegen	Perfect	Pluperfect
ihr würdet fliegen	er/sie/es sei geflogen	ich wäre geflogen
Sie/sie würden fliegen	wir seien geflogen	wir wären geflogen

PARTICIPLES / IMPERATIVE

fliegend	flieg! fliegt!
geflogen	fliegen Sie! fliegen wir!

Morgen fliege ich nach New York. *Tomorrow I'm flying to New York.*
Er ist noch nie geflogen. *He has never flown before.*
Die Flugzeuge flogen hoch über den Wolken. *The planes were flying high above the clouds.*
Die Maschine wurde zum ersten Mal geflogen. *The plane was being flown for the first time.*
Seine Hand flog über das Papier. *He was writing very quickly.*
Ein Lächeln ist über ihr Gesicht geflogen. *A smile spread over her face.*
Sie sind aus der Schule geflogen. *They were expelled from school.*
Es fliegt sich gut hier. *The flying is good here.*

der Flug *flight*	**die Fliege** *fly*
der Flieger *pilot*	**der Drachenflieger** *hang-glider*
verfliegen *to evaporate, disappear*	**der Segelflieger** *glider pilot*
das Flugzeug *plane*	**der Flughafen** *airport*

58 *fließen *to flow, run* (intr.)

INDICATIVE

Present	Imperfect	Perfect
er/sie/es fließt	er/sie/es floss	er/sie/es ist geflossen
sie fließen	sie flossen	sie sind geflossen
Pluperfect	**Future**	**Future Perfect**
er/sie/es war geflossen	er/sie/es wird fließen	er/sie/es wird geflossen sein
sie waren geflossen	sie werden fließen	sie werden geflossen sein

CONDITIONAL	SUBJUNCTIVE	
Present	**Present**	**Imperfect**
	er/sie/es fließe	er/sie/es flösse
	sie fließen	sie flössen
er/sie/es würde fließen		
	Perfect	**Pluperfect**
	er/sie/es sei geflossen	er/sie/es wäre geflossen
sie würden fließen	sie seien geflossen	sie wären geflossen

PARTICIPLES

fließend
geflossen

Der Fluss fließt sehr langsam. *The river is flowing very slowly.*
Im Krieg ist viel Blut geflossen. *A lot of blood was spilt in the war.*
Tränen flossen ihr übers Gesicht. *Tears were running down her face.*
Die Elbe fließt in die Nordsee. *The Elbe flows into the North Sea.*
Die Geldspenden fließen reichlich. *Donations are coming in thick and fast.*
Der Verkehr fließt heute ganz glatt. *The traffic is running smoothly today.*
Die Nachrichten sind spärlich geflossen. *There was hardly any news coming in.*
Ein Zimmer mit fließendem Wasser, bitte. *A room with running water, please.*

der Fluss *river, steam, flow*   **fließend sprechen** *to speak fluently*
das Fließband *conveyor belt*   **flüssig** *fluid, liquid*
die Flüssigkeit *liquid, fluid*

59 *flüchten* to flee, escape (intr./refl.)

INDICATIVE

Present	Imperfect	Perfect
ich flüchte	ich flüchtete	ich bin geflüchtet
du flüchtest	du flüchtetest	du bist geflüchtet
er/sie/es flüchtet	er/sie/es flüchtete	er/sie/es ist geflüchtet
wir flüchten	wir flüchteten	wir sind geflüchtet
ihr flüchten	ihr flüchtetet	ihr seid geflüchtet
Sie/sie flüchten	Sie/sie flüchteten	Sie/sie sind geflüchtet

Pluperfect	Future	Future Perfect
ich war geflüchtet	ich werde flüchten	ich werde geflüchtet sein
du warst geflüchtet	du wirst flüchten	du wirst geflüchtet sein
er/sie/es war geflüchtet	er/sie/es wird flüchten	er/sie/es wird geflüchtet sein
wir waren geflüchtet	wir werden flüchten	wir werden geflüchtet sein
ihr wart geflüchtet	ihr werdet flüchten	ihr werdet geflüchtet sein
Sie/sie waren geflüchtet	Sie/sie werden flüchten	Sie/sie werden geflüchtet sein

CONDITIONAL / SUBJUNCTIVE

Present	Present	Imperfect
ich würde flüchten	er/sie/es flüchte	ich flüchtete
du würdest flüchten	wir flüchten	wir flüchteten
er/sie/es würde flüchten		
wir würden flüchten	Perfect	Pluperfect
ihr würdet flüchten	er/sie/es sei geflüchtet	ich wäre geflüchtet
Sie/sie würden flüchten	wir seien geflüchtet	wir wären geflüchtet

PARTICIPLES / IMPERATIVE

flüchtend	flüchte! flüchtet!
geflüchtet	flüchten Sie! flüchten wir!

Wir flüchten vor dem Regen. *We are taking refuge from the rain.*
Gestern sind viele Menschen über die Grenze geflüchtet. *Yesterday many people fled across the border.*
Sie flüchteten zu Tausenden. *They were fleeing in their thousands.*
Er war aus dem Gefängnis geflüchtet. *He had escaped from prison.*
Sie flüchteten sich in die Einsamkeit. *They withdrew into solitude.*

die Flucht *escape*
der Flüchtling *refugee*
das Flüchtlingslager *refugee camp*

der Fluchtweg *escape route*
das Fluchtfahrzeug *getaway vehicle*
in die Flucht schlagen *to chase off*

60 fordern *to demand, ask for* (tr.)

INDICATIVE

Present	Imperfect	Perfect
ich fordere	ich forderte	ich habe gefordet
du forderst	du fordertest	du hast gefordet
er/sie/es fordert	er/sie/es forderte	er/sie/es hat gefordet
wir fordern	wir forderten	wir haben gefordet
ihr fordert	ihr fordertet	ihr habt gefordet
Sie/sie fordern	Sie/sie forderten	Sie/sie haben gefordet

Pluperfect	Future	Future Perfect
ich hatte gefordert	ich werde fordern	ich werde gefordert haben
du hattest gefordert	du wirst fordern	du wirst gefordert haben
er/sie/es hatte gefordert	er/sie/es wird fordern	er/sie/es wird gefordert haben
wir hatten gefordert	wir werden fordern	wir werden gefordert haben
ihr hattet gefordert	ihr werdet fordern	ihr werdet gefordert haben
Sie/sie hatten gefordert	Sie/sie werden fordern	Sie/sie werden gefordert haben

CONDITIONAL | SUBJUNCTIVE

Present	Present	Imperfect
ich würde fordern	er/sie/es fordere	ich forderte
du würdest fordern	wir fordern	wir forderten
er/sie/es würde fordern		
wir würden fordern	**Perfect**	**Pluperfect**
ihr würdet fordern	er/sie/es habe gefordert	ich hätte gefordert
Sie/sie würden fordern	wir haben gefordert	wir hätten gefordert

PARTICIPLES | IMPERATIVE

fordernd	fordere! fordert!
gefordert	fordern Sie! fordern wir!

Ich fordere Schadenersatz. *I am claiming compensation.*
Er hat einen zu hohen Preis gefordert. *He asked too high a price.*
Die Verteidigung forderte Freispruch. *The defence demanded an acquittal.*
Ich würde Rechenschaft fordern. *I would demand an explanation.*
Der Sturm forderte viele Opfer. *The storm claimed many victims.*
Er hat ihn zum Duell gefordert. *He challenged him to a duel.*
Die Schüler werden nicht genug gefordert. *The pupils are not stretched enough.*
Sie forderten zu viel für ihre Arbeit. *They overcharged for their work.*

die Forderung *demand*
herausfordern *to challenge*
Forderungen stellen *to make claims*

überfordern *to overtax, demand too much of*
Anforderungen stellen *to make demands*
die Aufforderung *request, summons*

61 fragen *to ask, enquire* (tr./intr.)

INDICATIVE

Present	Imperfect	Perfect
ich frage	ich fragte	ich habe gefragt
du fragst	du fragtest	du hast gefragt
er/sie/es fragt	er/sie/es fragte	er/sie/es hat gefragt
wir fragen	wir fragten	wir haben gefragt
ihr fragt	ihr fragtet	ihr habt gefragt
Sie/sie fragen	Sie/sie fragten	Sie/sie haben gefragt

Pluperfect	Future	Future Perfect
ich hatte gefragt	ich werde fragen	ich werde gefragt haben
du hattest gefragt	du wirst fragen	du wirst gefragt haben
er/sie/es hatte gefragt	er/sie/es wird fragen	er/sie/es wird gefragt haben
wir hatten gefragt	wir werden fragen	wir werden gefragt haben
ihr hattet gefragt	ihr werdet fragen	ihr werdet gefragt haben
Sie/sie hatten gefragt	Sie/sie werden fragen	Sie/sie werden gefragt haben

CONDITIONAL / SUBJUNCTIVE

Present	Present	Imperfect
ich würde fragen	er/sie/es frage	ich fragte
du würdest fragen	wir fragen	wir fragten
er/sie/es würde fragen		
wir würden fragen	Perfect	Pluperfect
ihr würdet fragen	er/sie/es habe gefragt	ich hätte gefragt
Sie/sie würden fragen	wir haben gefragt	wir hätten gefragt

PARTICIPLES / IMPERATIVE

fragend	frag! fragt!
gefragt	fragen Sie! fragen wir!

Frag nicht so viel! *Don't ask so many questions!*
Darf ich fragen, wie Sie heißen? *May I ask your name?*
Was hat er gefragt? *What did he ask?*
Immer wieder fragten sie dasselbe. *Again and again they asked the same thing.*
Da fragst du noch! *You should know!*
Der fragt nach nichts. *He doesn't care about anything.*
Ich frage mich, ob ich es tun soll. *I'm wondering whether to do it.*
Diese Waren sind sehr gefragt. *These goods are in great demand.*

die Frage *question*	**fraglich** *questionable, doubtful*
der Fragesteller *interrogator*	**fraglos** *without doubt*
das Fragezeichen *question mark*	**fragwürdig** *dubious*
der Fragebogen *questionnaire*	**die Fragestunde** *question time (in parliament)*

62 sich freuen *to be glad (about)* (refl.)

INDICATIVE

Present	Imperfect	Perfect
ich freue mich	ich freute mich	ich habe mich gefreut
du freust dich	du freutest dich	du hast dich gefreut
er/sie/es freut sich	er/sie/es freute sich	er/sie/es hat sich gefreut
wir freuen uns	wir freuten uns	wir haben uns gefreut
ihr freut euch	ihr freutet euch	ihr habt euch gefreut
Sie/sie freuen sich	Sie/sie freuten sich	Sie/sie haben sich gefreut

Pluperfect	Future	Future Perfect
ich hatte mich gefreut	ich werde mich freuen	ich werde mich gefreut haben
du hattest dich gefreut	du wirst dich freuen	du wirst dich gefreut haben
er/sie/es hatte sich gefreut	er/sie/es wird sich freuen	er/sie/es wird sich gefreut haben
wir hatten uns gefreut	wir werden uns freuen	wir werden uns gefreut haben
ihr hattet euch gefreut	ihr werdet euch freuen	ihr werdet euch gefreut haben
Sie/sie hatten sich gefreut	Sie/sie werden sich freuen	Sie/sie werden sich gefreut haben

CONDITIONAL

Present
ich würde mich freuen
du würdest dich freuen
er/sie/es würde sich freuen
wir würden uns freuen
ihr würdet euch freuen
Sie/sie würden sich freuen

SUBJUNCTIVE

Present	Imperfect
er/sie/es freue sich	ich freute mich
wir freuen uns	wir freuten uns

Perfect	Pluperfect
er/sie/es habe sich gefreut	ich hätte mich gefreut
wir haben uns gefreut	wir hätten uns gefreut

PARTICIPLES

sich freuend
gefreut

IMPERATIVE

freu dich! freut euch!
freuen Sie sich! freuen
wir uns!

Ich freue mich aufrichtig. *I am really glad.*
Du hast dich zu früh gefreut. *You rejoiced too soon.*
Er freute sich über meinen Besuch. *He was pleased about my visit.*
Wir hatten uns darüber gefreut. *We had been glad about it.*
Wir freuen uns auf den Winter. *We are looking forward to the winter.*
Ich habe mich für dich gefreut. *I was glad for you.*
Es freut mich, dass Sie kommen. *I am glad to see you.*
Freut euch des Lebens! *Enjoy life!*

sich freuen auf *(+ acc.) to look forward to*
die Freude *joy*
das Freudenfeuer *bonfire*
die Schadenfreude *malicious glee*
freudvoll *delighted*
der Freudenruf *cheer*

sich freuen über *(+ acc.) to be glad about*
freudig *joyful*
ein freudiges Ereignis *a happy event (birth of a child)*
erfreulich *enjoyable*

63 frieren *to be cold, freeze* (†intr./tr.)

INDICATIVE

Present	Imperfect	Perfect
ich friere	ich fror	ich habe gefroren
du frierst	du frorst	du hast gefroren
er/sie/es friert	er/sie/es fror	er/sie/es hat gefroren
wir frieren	wir froren	wir haben gefroren
ihr friert	ihr frort	ihr habt gefroren
Sie/sie frieren	Sie/sie froren	Sie/sie haben gefroren

Pluperfect	Future	Future Perfect
ich hatte gefroren	ich werde frieren	ich werde gefroren haben
du hattest gefroren	du wirst frieren	du wirst gefroren haben
er/sie/es hatte gefroren	er/sie/es wird frieren	er/sie/es wird gefroren haben
wir hatten gefroren	wir werden frieren	wir werden gefroren haben
ihr hattet gefroren	ihr werdet frieren	ihr werdet gefroren haben
Sie/sie hatten gefroren	Sie/sie werden frieren	Sie/sie werden gefroren haben

CONDITIONAL · SUBJUNCTIVE

Present	Present	Imperfect
ich würde frieren	er/sie/es friere	ich fröre
du würdest frieren	wir frieren	wir frören
er/sie/es würde frieren		
wir würden frieren	Perfect	Pluperfect
ihr würdet frieren	er/sie/es habe gefroren	ich hätte gefroren
Sie/sie würden frieren	wir haben gefroren	wir hätten gefroren

PARTICIPLES · IMPERATIVE

PARTICIPLES	IMPERATIVE
frierend	frier! friert!
gefroren	frieren Sie! frieren wir!

Frierst du! *Are you cold?*
Mich friert schrecklich. *I am terribly cold.*
Der Fluss ist gefroren. *The river is frozen.*
Das Fleisch wurde gefroren. *The meat was frozen.*
Es friert Stein und Bein. *There is a hard frost.*
Er fror wie ein Schneider. *He was shivering with cold. (Lit. froze like a tailor).*
Alte Leute frieren leicht. *Old people are quick to feel the cold.*
Ihm fror die Nase. *His nose was frostbitten.*

die Gefriertruhe *(chest) freezer*	**der Gefrierschrank** *upright freezer*
zugefroren *frozen over*	**das Gefriergut** *frozen food*
das Gefrierschutzmittel *anti-freeze*	**der Gefrierpunkt** *freezing point*

64 führen *to lead, guide* (tr.)

INDICATIVE

Present	Imperfect	Perfect
ich führe	ich führte	ich habe geführt
du führst	du führtest	du hast geführt
er/sie/es führt	er/sie/es führte	er/sie/es hat geführt
wir führen	wir führten	wir haben geführt
ihr führt	ihr führtet	ihr habt geführt
Sie/sie führen	Sie/sie führten	Sie/sie haben geführt

Pluperfect	Future	Future Perfect
ich hatte geführt	ich werde führen	ich werde geführt haben
du hattest geführt	du wirst führen	du wirst geführt haben
er/sie/es hatte geführt	er/sie/es wird führen	er/sie/es wird geführt haben
wir hatten geführt	wir werden führen	wir werden geführt haben
ihr hattet geführt	ihr werdet führen	ihr werdet geführt haben
Sie/sie hatten geführt	Sie/sie werden führen	Sie/sie werden geführt haben

CONDITIONAL / SUBJUNCTIVE

Present	Present	Imperfect
ich würde führen	er/sie/es führe	ich führte
du würdest führen	wir führen	wir führten
er/sie/es würde führen		
wir würden führen	Perfect	Pluperfect
ihr würdet führen	er/sie/es habe geführt	ich hätte geführt
Sie/sie würden führen	wir haben geführt	wir hätten geführt

PARTICIPLES / IMPERATIVE

PARTICIPLES	IMPERATIVE
führend	führ! führt!
geführt	führen Sie! führen wir!

Darf ich Sie über die Straße führen? *May I guide you across the street?*
Er führt sie am Arm. *He is leading her by the arm.*
Hunde an der Leine führen. *Keep dogs on a lead.*
Wir wurden an den Tisch geführt. *We were being led to the table.*
Er führte mich auf die richtige Spur. *He put me on the right track.*
Niemand führte Aufsicht. *Nobody was supervising.*
Führ mich nicht aufs Glatteis. *Don't lead me into danger.*
Sie wurden hinters Licht geführt. *They were being deceived.*

die Führung *leadership*
der Führer *leader*
der Führerschein *driving licence*
der Führersitz *driving seat*

das Führungszeugnis *reference, certificate of good conduct*
das Führungstor erzielen *to score the goal which puts one's team in the lead*

65 fürchten *to fear, be afraid* (tr./intr.)

INDICATIVE

Present	Imperfect	Perfect
ich fürchte	ich fürchtete	ich habe gefürchtet
du fürchtest	du fürchtetest	du hast gefürchtet
er/sie/es fürchtet	er/sie/es fürchtete	er/sie/es hat gefürchtet
wir fürchten	wir fürchteten	wir haben gefürchtet
ihr fürchtet	ihr fürchtetet	ihr habt gefürchtet
Sie/sie fürchten	Sie/sie fürchteten	Sie/sie haben gefürchtet

Pluperfect	Future	Future Perfect
ich hatte gefürchtet	ich werde fürchten	ich werde gefürchtet haben
du hattest gefürchtet	du wirst fürchten	du wirst gefürchtet haben
er/sie/es hatte gefürchtet	er/sie/es wird fürchten	er/sie/es wird gefürchtet haben
wir hatten gefürchtet	wir werden fürchten	wir werden gefürchtet haben
ihr hattet gefürchtet	ihr werdet fürchten	ihr werdet gefürchtet haben
Sie/sie hatten gefürchtet	Sie/sie werden fürchten	Sie/sie werden gefürchtet haben

CONDITIONAL / SUBJUNCTIVE

Present	Present	Imperfect
ich würde fürchten	er/sie/es fürchte	ich fürchtete
du würdest fürchten	wir fürchten	wir fürchteten
er/sie/es würde fürchten		
wir würden fürchten	Perfect	Pluperfect
ihr würdet fürchten	er/sie/es habe gefürchtet	ich hätte gefürchtet
Sie/sie würden fürchten	wir haben gefürchtet	wir hätten gefürchtet

PARTICIPLES / IMPERATIVE

PARTICIPLES	IMPERATIVE
fürchtend	fürchte! fürchtet!
gefürchtet	fürchten Sie! fürchten wir!

Fürchtet euch nicht. *Don't be afraid.*
Er fürchtete sich vor der Prüfung. *He was afraid of the exam.*
Sie wurden von allen gefürchtet. *They were feared by everybody.*
Ich fürchte, es ist zu spät. *I am afraid it is too late.*
Ihr fürchtetet um eure Gesundheit. *You were afraid for your health.*
Es ist zu fürchten, dass er stirbt. *It is feared that he will die.*
Das war zum Fürchten. *That was quite frightening.*
Dann kam der gefürchtete Augenblick. *Then came the moment we had all been dreading.*

sich fürchten (vor) *to be afraid (of)*	**die Furcht** *fear, fright*
furchtbar *frightful, awful*	**furchtlos** *fearless*
furchtsam *timid, fearful*	**die Furchtlosigkeit** *fearlessness*
die Furchtsamkeit *timidity, faint-heartedness*	**fürchterlich** *horrible, dreadful*

66 geben *to give* (tr.)

INDICATIVE

Present	Imperfect	Perfect
ich gebe	ich gab	ich habe gegeben
du gibst	du gabst	du hast gegeben
er/sie/es gibt	er/sie/es gab	er/sie/es hat gegeben
wir geben	wir gaben	wir haben gegeben
ihr gebt	ihr gabt	ihr habt gegeben
Sie/sie geben	Sie/sie gaben	Sie/sie haben gegeben

Pluperfect	Future	Future Perfect
ich hatte gegeben	ich werde geben	ich werde gegeben haben
du hattest gegeben	du wirst geben	du wirst gegeben haben
er/sie/es hatte gegeben	er/sie/es wird geben	er/sie/es wird gegeben haben
wir hatten gegeben	wir werden geben	wir werden gegeben haben
ihr hattet gegeben	ihr werdet geben	ihr werdet gegeben haben
Sie/sie hatten gegeben	Sie/sie werden geben	Sie/sie werden gegeben haben

CONDITIONAL   SUBJUNCTIVE

Present	Present	Imperfect
ich würde geben	er/sie/es gebe	ich gäbe
du würdest geben	wir geben	wir gäben
er/sie/es würde geben		
wir würden geben	Perfect	Pluperfect
ihr würdet geben	er/sie/es habe gegeben	ich hätte gegeben
Sie/sie würden geben	wir haben gegeben	wir hätten gegeben

PARTICIPLES   IMPERATIVE

gebend   gib! gebt!
gegeben   geben Sie! geben wir!

Gib mir bitte das Salz! *Please pass the salt!*
Er gibt ihr ein Geschenk. *He is giving her a present.*
Wir gaben ihnen Zeit zum Überlegen. *We gave them time to think about it.*
Mir ist ein Brief gegeben worden. *I have been given a letter.*
Was gibt es heute? *What is on the menu today?*
Ihr gabt uns ein schlechtes Beispiel. *You set us a bad example.*
Geben ist besser als Nehmen. *To give is better than to receive.*
Das hätte es bei mir nicht gegeben. *I would not have allowed that.*
Es gab viele Unfälle. *There were many accidents.*
Hast du dir große Mühe gegeben? *Did you make a great effort?*
Man hätte uns die Schuld gegeben. *We would have been blamed.*

die Gabe *gift*   **begabt** *gifted*
gebefreudig *generous*

67 gefallen (+ dat.) *to please* (intr.)

INDICATIVE

Present	Imperfect	Perfect
ich gefalle	ich gefiel	ich habe gefallen
du gefällst	du gefielst	du hast gefallen
er/sie/es gefällt	er/sie/es gefiel	er/sie/es hat gefallen
wir gefallen	wir gefielen	wir haben gefallen
ihr gefallt	ihr gefielt	ihr habt gefallen
Sie/sie gefallen	Sie/sie gefielen	Sie/sie haben gefallen

Pluperfect	Future	Future Perfect
ich hatte gefallen	ich werde gefallen	ich werde gefallen haben
du hattest gefallen	du wirst gefallen	du wirst gefallen haben
er/sie/es hatte gefallen	er/sie/es wird gefallen	er/sie/es wird gefallen haben
wir hatten gefallen	wir werden gefallen	wir werden gefallen haben
ihr hattet gefallen	ihr werdet gefallen	ihr werdet gefallen haben
Sie/sie hatten gefallen	Sie/sie werden gefallen	Sie/sie werden gefallen haben

CONDITIONAL / SUBJUNCTIVE

Present	Present	Imperfect
ich würde gefallen	er/sie/es gefalle	ich gefiele
du würdest gefallen	wir gefallen	wir gefielen
er/sie/es würde gefallen		
wir würden gefallen	**Perfect**	**Pluperfect**
ihr würdet gefallen	er/sie/es habe gefallen	ich hätte gefallen
Sie/sie würden gefallen	wir haben gefallen	wir hätten gefallen

PARTICIPLES / IMPERATIVE

gefallend	gefall! gefallt!
gefallen	gefallen Sie! gefallen wir!

Das Bild gefällt mir. *I like the picture.*
Die Filme haben uns gut gefallen. *We liked the films very much.*
Was gefiel Ihnen am besten? *What did you like the best?*
In Berlin würde es Ihnen bestimmt gefallen. *I'm sure you would like Berlin.*
Das will mir nicht recht gefallen. *I have misgivings about that.*
Er lässt sich alles gefallen. *He puts up with everything.*
Sie gefiel sich in ihre Rolle. *She fancied herself in her role.*
So lasse ich es mir gern gefallen! *That is how I like it.*

der Gefallen *favour*   **gefällig** *pleasing, agreeable*
das Gefallen *pleasure*

68 *gehen *to go, walk* (intr.)

INDICATIVE

Present	Imperfect	Perfect
ich gehe	ich ging	ich bin gegangen
du gehst	du gingst	du bist gegangen
er/sie/es geht	er/sie/es ging	er/sie/es ist gegangen
wir gehen	wir gingen	wir sind gegangen
ihr geht	ihr gingt	ihr seid gegangen
Sie/sie gehen	Sie/sie gingen	Sie/sie sind gegangen

Pluperfect	Future	Future Perfect
ich war gegangen	ich werde gehen	ich werde gegangen sein
du warst gegangen	du wirst gehen	du wirst gegangen sein
er/sie/es war gegangen	er/sie/es wird gehen	er/sie/es wird gegangen sein
wir waren gegangen	wir werden gehen	wir werden gegangen sein
ihr wart gegangen	ihr werdet gehen	ihr werdet gegangen sein
Sie/sie waren gegangen	Sie/sie werden gehen	Sie/sie werden gegangen sein

CONDITIONAL   SUBJUNCTIVE

Present	Present	Imperfect
ich würde gehen	er/sie/es gehe	ich ginge
du würdest gehen	wir gehen	wir gingen
er/sie/es würde gehen		
wir würden gehen	**Perfect**	**Pluperfect**
ihr würdet gehen	er/sie/es sei gegangen	ich wäre gegangen
Sie/sie würden gehen	wir seien gegangen	wir wären gegangen

PARTICIPLES   IMPERATIVE

gehend	geh! geht!
gegangen	gehen Sie! gehen wir!

In welche Schule geht sie? *Which school does she go to?*
Er geht zu Fuß zur Arbeit. *He walks to work.*
Ist sie schon aus dem Haus gegangen? *Has she already left the house?*
Sie gingen immer sehr aufrecht. *They always walked tall.*
Wir hätten nicht in die Stadt gehen sollen. *We should not have gone into town.*
Wie geht es Ihnen? *How are you?*
Die Uhr geht nicht. *The clock doesn't work.*
Diese Ware ging wie warme Semmel. *This item sold like hot cakes.*
Das geht leider nicht. *That is impossible, I'm afraid.*
Wir werden der Sache auf den Grund gehen. *We'll get to the bottom of it.*

der Gehweg *footpath*   **der Gang** *motion, action, passage way*

69 *gelingen *to succeed, manage* (intr./imp.)

INDICATIVE

Present	Imperfect	Perfect
er/sie/es gelingt	er/sie/es gelang	er/sie/es ist gelungen
sie gelingen	sie gelangen	sie sind gelungen

Pluperfect	Future	Future Perfect
er/sie/es war gelungen	er/sie/es wird gelingen	er/sie/es wird gelungen sein
sie waren gelungen	sie werden gelingen	sie werden gelungen sein

CONDITIONAL | SUBJUNCTIVE

Present	Present	Imperfect
er/sie/es würde gelingen	er/sie/es gelinge	er/sie/es gelänge
	sie gelingen	sie gelängen

	Perfect	Pluperfect
	er/sie/es sei gelungen	er/sie/es wäre gelungen
sie würden gelingen	sie seien gelungen	sie wären gelungen

PARTICIPLES

gelingend
gelungen

Es gelingt ihm, sie zu überreden. *He is succeeding in persuading her.*
Der Plan ist nicht gelungen. *The plan did not succeed.*
Die Rettung gelang. *The rescue was successful.*
Ihm würde es gelingen. *He would be successful.*
Es ist ihm übel gelungen. *He failed miserably.*
Mir gelingt heute nichts. *Everything is going wrong for me today.*
Das ist gut gelungen. *That has come out really well.*

das Gelingen *success*   **gelungen** *priceless, inspired*

70 gelten *to be valid, be worth* (intr.)

INDICATIVE

Present	Imperfect	Perfect
ich gelte	ich galt	ich habe gegolten
du giltst	du galtest	du hast gegolten
er/sie/es gilt	er/sie/es galt	er/sie/es hat gegolten
wir gelten	wir galten	wir haben gegolten
ihr geltet	ihr galtet	ihr habt gegolten
Sie/sie gelten	Sie/sie galten	Sie/sie haben gegolten

Pluperfect	Future	Future Perfect
ich hatte gegolten	ich werde gelten	ich werde gegolten haben
du hattest gegolten	du wirst gelten	du wirst gegolten haben
er/sie/es hatte gegolten	er/sie/es wird gelten	er/sie/es wird gegolten haben
wir hatten gegolten	wir werden gelten	wir werden gegolten haben
ihr hattet gegolten	ihr werdet gelten	ihr werdet gegolten haben
Sie/sie hatten gegolten	Sie/sie werden gelten	Sie/sie werden gegolten haben

CONDITIONAL / SUBJUNCTIVE

Present	Present	Imperfect
ich würde gelten	er/sie/es gelte	ich gälte
du würdest gelten	wir gelten	wir gälten
er/sie/es würde gelten		
wir würden gelten	Perfect	Pluperfect
ihr würdet gelten	er/sie/es habe gegolten	ich hätte gegolten
Sie/sie würden gelten	wir haben gegolten	wir hätten gegolten

PARTICIPLES / IMPERATIVE

PARTICIPLES	IMPERATIVE
geltend	gilt! geltet!
gegolten	gelten Sie! gelten wir!

Ihr Pass gilt nicht mehr. *Your passport is no longer valid.*
Unsere Fahrkarten gelten für ein Jahr. *Our tickets are valid for one year.*
Die Wette galt nicht. *The bet was not valid.*
Unser ausländisches Geld hat nichts mehr gegolten. *Our foreign money was no longer worth anything.*
Jetzt gilt es, geduldig zu sein. *The main thing now is to be patient.*
Seine Bemerkungen galten mir. *His remarks were aimed at me.*
Sein Wort hätte viel bei uns gegolten. *His word would have carried weight with us.*
Das will er nicht gelten lassen. *He disputes it.*
Wir machen unsere Rechte geltend. *We assert our rights.*

die Geltung *value, importance*
an Geltung verlieren *to decrease in value*
vergelten *to retaliate*

der Geltungstrieb *desire to dominate*
Geltung haben *to be valid*

71 genießen *to enjoy, eat or drink* (tr.)

INDICATIVE

Present	Imperfect	Perfect
ich genieße	ich genoss	ich habe genossen
du genießt	du genossest	du hast genossen
er/sie/es genießt	er/sie/es genoss	er/sie/es hat genossen
wir genießen	wir genossen	wir haben genossen
ihr genießt	ihr genosst	ihr habt genossen
Sie/sie genießen	Sie/sie genossen	Sie/sie haben genossen

Pluperfect	Future	Future Perfect
ich hatte genossen	ich werde genießen	ich werde genossen haben
du hattest genossen	du wirst genießen	du wirst genossen haben
er/sie/es hatte genossen	er/sie/es wird genießen	er/sie/es wird genossen haben
wir hatten genossen	wir werden genießen	wir werden genossen haben
ihr hattet genossen	ihr werdet genießen	ihr werdet genossen haben
Sie/sie hatten genossen	Sie/sie werden genießen	Sie/sie werden genossen haben

CONDITIONAL · SUBJUNCTIVE

Present	Present	Imperfect
ich würde genießen	er/sie/es genieße	ich genösse
du würdest genießen	wir genießen	wir genössen
er/sie/es würde genießen		
wir würden genießen	Perfect	Pluperfect
ihr würdet genießen	er/sie/es habe genossen	ich hätte genossen
Sie/sie würden genießen	wir haben genossen	wir hätten genossen

PARTICIPLES · IMPERATIVE

PARTICIPLES	IMPERATIVE
genießend	genieß! genießt!
genossen	genießen Sie! genießen wir!

Er genießt die Natur. *He enjoys nature.*
Ich habe den Wein sehr genossen. *I enjoyed the wine very much.*
Wir genossen jeden Augenblick. *We were enjoying every minute.*
Dieser Ausblick wird von vielen Leuten genossen. *This view is enjoyed by many people.*
Diese Speisen sind nicht mehr zu genießen. *This food is no longer edible.*
Der Chef ist heute nicht zu genießen. *The boss is unbearable today.*
Sie hatten eine gute Erziehung genossen. *They had benefited from a good education.*
Dieser Mann ist mit Vorsicht zu genießen! *Don't trust this man!*

ungenießbar *bad, inedible*
der Genießer *gourmet*
die Genusssucht *addiction*

der Genuss *pleasure*
das Genussmittel *tea, coffee, alcohol, tobacco, etc. (Lit. means of enjoyment)*

72 *geschehen *to happen* (intr.)

INDICATIVE

Present	Imperfect	Perfect
er/sie/es geschieht	er/sie/es geschah	er/sie/es geschehen
sie geschehen	sie geschahen	sie sind geschehen
Pluperfect	**Future**	**Future Perfect**
er/sie/es war geschehen	er/sie/es wird geschehen	er/sie/es wird geschehen sein
sie waren geschen	sie werden geschehen	sie werden geschehen

CONDITIONAL	SUBJUNCTIVE	
Present	**Present**	**Imperfect**
	er/sie/es geschehe	er/sie/es geschähe
	sie geschehen	sie geschähen
er/sie/es würde geschehen		
	Perfect	**Pluperfect**
	er/sie/es sei geschehen	er/sie/es wäre geschehen
sie würden geschehen	sie seien geschehen	sie wären geschehen

PARTICIPLES

geschehend
geschehen

Was geschieht hier? *What is going on here?*
Ein Unglück ist geschehen. *An accident has happened.*
Es geschah unvorhergesehen. *It occurred unexpectedly.*
Das war nicht mit Absicht geschehen. *It was not done intentionally.*
Geschehe, was wolle. *Come what may.*
Das geschieht ihm recht. *It serves him right.*
Es ist um ihn geschehen. *He is done for.*
Ich wusste nicht, wie mir geschah. *I did not know what was happening to me.*
Uns würde nichts geschehen. *We would not be harmed.*

das Geschehen *event, happening*   **das Geschehnis** *occurrence*
etwas ungeschehen machen *to rectify, undo*

73 gewinnen *to win, gain* (tr./intr.)

INDICATIVE

Present	Imperfect	Perfect
ich gewinne	ich gewann	ich habe gewonnen
du gewinnst	du gewannst	du hast gewonnen
er/sie/es gewinnt	er/sie/es gewann	er/sie/es hat gewonnen
wir gewinnen	wir gewannen	wir haben gewonnen
ihr gewinnt	ihr gewannt	ihr habt gewonnen
Sie/sie gewinnen	Sie/sie gewannen	Sie/sie haben gewonnen

Pluperfect	Future	Future Perfect
ich hatte gewonnen	ich werde gewinnen	ich werde gewonnen haben
du hattest gewonnen	du wirst gewinnen	du wirst gewonnen haben
er/sie/es hatte gewonnen	er/sie/es wird gewinnen	er/sie/es wird gewonnen haben
wir hatten gewonnen	wir werden gewinnen	wir werden gewonnen haben
ihr hattet gewonnen	ihr werdet gewinnen	ihr werdet gewonnen haben
Sie/sie hatten gewonnen	Sie/sie werden gewinnen	Sie/sie werden gewonnen haben

CONDITIONAL / SUBJUNCTIVE

Present	Present	Imperfect
ich würde gewinnen	er/sie/es gewinne	ich gewänne
du würdest gewinnen	wir gewinnen	wir gewännen
er/sie/es würde gewinnen		
wir würden gewinnen	Perfect	Pluperfect
ihr würdet gewinnen	er/sie/es habe gewonnen	ich hätte gewonnen
Sie/sie würden gewinnen	wir haben gewonnen	wir hätten gewonnen

PARTICIPLES / IMPERATIVE

PARTICIPLES	IMPERATIVE
gewinnend	gewinn! gewinnt!
gewonnen	gewinnen Sie! gewinnen wir!

Er gewinnt jedes Rennen. *He wins every race.*
Wer hat gestern das Fußballspiel gewonnen? *Who won the football match yesterday?*
Unsere Mannschaft gewann eindeutig. *Our team had a clear win.*
Der Kampf wurde von ihnen gewonnen. *The fight was won by them.*
Wer nicht wagt, der nicht gewinnt. *Nothing ventured, nothing gained.*
In dieser Sache haben wir an Boden gewonnen. *We gained some ground in this affair.*
Langsam gewann er sie lieb. *Slowly he became fond of her.*
Wir würden nie die Oberhand gewinnen. *We would never gain the upper hand.*
Unser Läufer gewann schnell an Vorsprung. *Our runner quickly took the lead.*
Wie gewonnen, so zerronnen. *Easy come, easy go.*

der Gewinn *gain, profit*   **der Gewinner** *winner*
der Hauptgewinn *first prize*   **die Gewinnsucht** *greed*

74 gießen *to pour, spill* (tr.)

INDICATIVE

Present	Imperfect	Perfect
ich gieße	ich goss	ich habe gegossen
du gießt	du gossest	du hast gegossen
er/sie/es gießt	er/sie/es goss	er/sie/es hat gegossen
wir gießen	wir gossen	wir haben gegossen
ihr gießt	ihr gosst	ihr habt gegossen
Sie/sie gießen	Sie/sie gossen	Sie/sie haben gegossen

Pluperfect	Future	Future Perfect
ich hatte gegossen	ich werde gießen	ich werde gegossen haben
du hattest gegossen	du wirst gießen	du wirst gegossen haben
er/sie/es hatte gegossen	er/sie/es wird gießen	er/sie/es wird gegossen haben
wir hatten gegossen	wir werden gießen	wir werden gegossen haben
ihr hattet gegossen	ihr werdet gießen	ihr werdet gegossen haben
Sie/sie hatten gegossen	Sie/sie werden gießen	Sie/sie werden gegossen haben

CONDITIONAL | SUBJUNCTIVE

Present	Present	Imperfect
ich würde gießen	er/sie/es gieße	ich gösse
du würdest gießen	wir gießen	wir gössen
er/sie/es würde gießen		
wir würden gießen	Perfect	Pluperfect
ihr würdet gießen	er/sie/es habe gegossen	ich hätte gegossen
Sie/sie würden gießen	wir haben gegossen	wir hätten gegossen

PARTICIPLES | IMPERATIVE

gießend	gieß! gießt!
gegossen	gießen Sie! gießen wir!

Gießt du bitte den Kaffee ein? *Would you pour the coffee, please?*
Hast du den Wein in die Gläser gegossen? *Have you poured the wine into the glasses?*
Abends goss er immer die Blumen. *In the evening he always watered the flowers.*
Sie wurden sehr vorsichtig gegossen. *They were watered very carefully.*
Draußen gießt es in Strömen. *It is pouring outside.*
Damit goss er Öl ins Feuer. *He made things worse than that. (Lit. poured oil on the fire)*
Er hat sich gern einen hinter die Binde gegossen. *He liked to drink alcohol.*
Sie standen wie aus Erz gegossen. *They stood rooted to the spot. (Lit. as if cast in ore)*

der Gießbach *mountain stream*	**der Regenguss** *downpour*
das Gusseisen *cast iron*	**der Ausguss** *drain*
ausgießen *to empty*	**vergießen** *to spill*
die Gießkanne *watering can*	

75 glauben (+ dat.) *to believe* (tr./intr.)

INDICATIVE

Present	Imperfect	Perfect
ich glaube	ich glaubte	ich habe geglaubt
du glaubst	du glaubtest	du hast geglaubt
er/sie/es glaubt	er/sie/es glaubte	er/sie/es hat geglaubt
wir glauben	wir glaubten	wir haben geglaubt
ihr glaubt	ihr glaubtet	ihr habt geglaubt
Sie/sie glauben	Sie/sie glaubten	Sie/sie haben geglaubt

Pluperfect	Future	Future Perfect
ich hatte geglaubt	ich werde glauben	ich werde geglaubt haben
du hattest geglaubt	du wirst glauben	du wirst geglaubt haben
er/sie/es hatte geglaubt	er/sie/es wird glauben	er/sie/es wird geglaubt haben
wir hatten geglaubt	wir werden glauben	wir werden geglaubt haben
ihr hattet geglaubt	ihr werdet glauben	ihr werdet geglaubt haben
Sie/sie hatten geglaubt	Sie/sie werden glauben	Sie/sie werden geglaubt haben

CONDITIONAL / SUBJUNCTIVE

Present	Present	Imperfect
ich würde glauben	er/sie/es glaube	ich glaubte
du würdest glauben	wir glauben	wir glaubten
er/sie/es würde glauben		
wir würden glauben	Perfect	Pluperfect
ihr würdet glauben	er/sie/es habe geglaubt	ich hätte geglaubt
Sie/sie würden glauben	wir haben geglaubt	wir hätten geglaubt

PARTICIPLES / IMPERATIVE

glaubend	glaub! glaubt!
geglaubt	glauben Sie! glauben wir!

Glaubst du mir nicht? *Don't you believe me?*
Diese Geschichte habe ich ihm nicht geglaubt. *I did not believe his story.*
Sie glaubten nicht an Gott. *They did not believe in God.*
Uns würde niemand glauben. *Nobody would believe us.*
Wir glaubten ihn gerettet. *We were sure he was saved.*
Er wollte uns glauben machen, dass... *He wanted to have us believe that...*
Ich glaube Ihnen auf's Wort. *I take your word for it.*
Der Alte musste dran glauben. *The old man kicked the bucket.*

der Glaube belief, faith	**das Glaubensbekenntnis** creed
der Aberglaube supersitition	**die Glaubensfreiheit** religious freedom
glaubhaft credible	**gläubig** religious, devout
unglaublich incredible	**glaubwürdig** convincing, credible

76 greifen *to seize, grasp* (tr./intr.)

INDICATIVE

Present	Imperfect	Perfect
ich greife	ich griff	ich habe gegriffen
du greifst	du griffst	du hast gegriffen
er/sie/es greift	er/sie/es griff	er/sie/es hat gegriffen
wir greifen	wir griffen	wir haben gegriffen
ihr greift	ihr grifft	ihr habt gegriffen
Sie/sie greifen	Sie/sie griffen	Sie/sie haben gegriffen

Pluperfect	Future	Future Perfect
ich hatte gegriffen	ich werde greifen	ich werde gegriffen haben
du hattest gegriffen	du wirst greifen	du wirst gegriffen haben
er/sie/es hatte gegriffen	er/sie/es wird greifen	er/sie/es wird gegriffen haben
wir hatten gegriffen	wir werden greifen	wir werden gegriffen haben
ihr hattet gegriffen	ihr werdet greifen	ihr werdet gegriffen haben
Sie/sie hatten gegriffen	Sie/sie werden greifen	Sie/sie werden gegriffen haben

CONDITIONAL / SUBJUNCTIVE

Present	Present	Imperfect
ich würde greifen	er/sie/es greife	ich griffe
du würdest greifen	wir greifen	wir griffen
er/sie/es würde greifen		
wir würden greifen	Perfect	Pluperfect
ihr würdet greifen	er/sie/es habe gegriffen	ich hätte gegriffen
Sie/sie würden greifen	wir haben gegriffen	wir hätten gegriffen

PARTICIPLES / IMPERATIVE

greifend	greif! greift!
gegriffen	greifen Sie! greifen wir!

Ich greife den Ball zum Wurf. *I am getting ready to throw the ball.*
Er griff meine Tasche und rannte davon. *He snatched my bag and ran away.*
Es wurde zu unerlaubten Mitteln gegriffen. *Illegal steps were taken.*
Wir griffen ihm unter die Arme. *We gave him our support.*
Man kann es mit Händen greifen. *It is as clear as day.*
Das ist völlig aus der Luft gegriffen. *That is pure invention.*
Mein Vater musste tief in die Tasche greifen. *My father paid through the nose.*
Der Preis war viel zu hoch gegriffen. *The price was set too high.*

angreifen *to attack*   **der Griff** *handle, grip*
begreifen *to understand*   **der Eingriff** *operation*
greifbar *tangible*   **der Übergriff** *infringement*

77 grüßen *to greet, salute* (tr./intr./refl.)

Present	Imperfect	Perfect
ich grüße	ich grüßte	ich habe gegrüßt
du grüßt	du grüßtest	du hast gegrüßt
er/sie/es grüßt	er/sie/es grüßte	er/sie/es hat gegrüßt
wir grüßen	wir grüßten	wir haben gegrüßt
ihr grüßt	ihr grüßtet	ihr habt gegrüßt
Sie/sie grüßen	Sie/sie grüßten	Sie/sie haben gegrüßt

Pluperfect	Future	Future Perfect
ich hatte gegrüßt	ich werde grüßen	ich werde gegrüßt haben
du hattest gegrüßt	du wirst grüßen	du wirst gegrüßt haben
er/sie/es hatte gegrüßt	er/sie/es wird grüßen	er/sie/es wird gegrüßt haben
wir hatten gegrüßt	wir werden grüßen	wir werden gegrüßt haben
ihr hattet gegrüßt	ihr werdet grüßen	ihr werdet gegrüßt haben
Sie/sie hatten gegrüßt	Sie/sie werden grüßen	Sie/sie werden gegrüßt haben

CONDITIONAL SUBJUNCTIVE

Present	Present	Imperfect
ich würde grüßen	er/sie/es grüße	ich grüßte
du würdest grüßen	wir grüßen	wir grüßten
er/sie/es würde grüßen		
wir würden grüßen	Perfect	Pluperfect
ihr würdet grüßen	er/sie/es habe gegrüßt	ich hätte gegrüßt
Sie/sie würden grüßen	wir haben gegrüßt	wir hätten gegrüßt

PARTICIPLES IMPERATIVE

grüßend	grüß! grüßt!
gegrüßt	grüßen Sie! grüßen wir!

Bitte grüßen Sie Ihre Frau! *Please give my regards to your wife.*
Er hat mich nicht sehr höflich gegrüßt. *He did not greet me very politely.*
Sie grüßten uns von ferne. *They waved from the distance.*
Wir wurden von niemandem gegrüßt. *We were not greeted by anyone.*
Grüß dich! Grüß Gott! *Hello!*
Sie lässt grüßen. *She sends her regards.*
Ich grüße mich mit ihm. *I am on friendly terms with him.*
Die Berge grüßten aus der Ferne. *The mountains could be seen in the distance.*
Mit freundlichem Gruß. *Yours sincerely..., Best wishes...*

der Gruß *greeting* **die Grußformel** *salutation*
der Kartengruß *postcard greeting* **der Geburtstagsgruß** *birthday greetings*
begrüßen *to welcome*

78 haben *to have, possess* (tr.)

INDICATIVE

Present	Imperfect	Perfect
ich habe	ich hatte	ich habe gehabt
du hast	du hattest	du hast gehabt
er/sie/es hat	er/sie/es hatte	er/sie/es hat gehabt
wir haben	wir hatten	wir haben gehabt
ihr habt	ihr hattet	ihr habt gehabt
Sie/sie haben	Sie/sie hatten	Sie/sie haben gehabt

Pluperfect	Future	Future Perfect
ich hatte gehabt	ich werde haben	ich werde gehabt haben
du hattest gehabt	du wirst haben	du wirst gehabt haben
er/sie/es hatte gehabt	er/sie/es wird haben	er/sie/es wird gehabt haben
wir hatten gehabt	wir werden haben	wir werden gehabt haben
ihr hattet gehabt	ihr werdet haben	ihr werdet gehabt haben
Sie/sie hatten gehabt	Sie/sie werden haben	Sie/sie werden gehabt haben

CONDITIONAL / SUBJUNCTIVE

Present	Present	Imperfect
ich würde haben	er/sie/es habe	ich hätte
du würdest haben	wir haben	wir hätten
er/sie/es würde haben		
wir würden haben	Perfect	Pluperfect
ihr würdet haben	er/sie/es habe gehabt	ich hätte gehabt
Sie/sie würden haben	wir haben gehabt	wir hätten gehabt

PARTICIPLES / IMPERATIVE

PARTICIPLES	IMPERATIVE
habend	hab! habt!
gehabt	haben Sie! haben wir!

Ich habe nie genug Geld. *I never have enough money.*
Er hat ein großes Haus auf dem Lande. *He's got a big house in the country.*
Damals hatten wir viele Freunde. *In those days we had many friends.*
Nächste Woche werde ich meine Party gehabt haben. *Next week I shall have had my party.*
Das hat nichts auf sich. *That is of no importance.*
Dafür bin ich nicht zu haben. *I am not interested in it.*
Der Plan hatte viel für sich. *There was a lot to be said for the plan.*
Die Getränke haben es in sich. *The drinks are very strong.*
Du hast mich zum Besten gehabt. *You have fooled me.*
Alle haben etwas gegen mich. *They are all against me.*

die Habe possessions	**anhaben** to wear
die Habgier greed	**vorhaben** to plan, intend

79 halten *to hold, keep, stop* (tr./refl./intr.)

INDICATIVE

Present	Imperfect	Perfect
ich halte	ich hielt	ich habe gehalten
du hältst	du hieltest	du hast gehalten
er/sie/es hält	er/sie/es hielt	er/sie/es hat gehalten
wir halten	wir hielten	wir haben gehalten
ihr haltet	ihr hieltet	ihr habt gehalten
Sie/sie halten	Sie/sie hielten	Sie/sie haben gehalten

Pluperfect	Future	Future Perfect
ich hatte gehalten	ich werde halten	ich werde gehalten haben
du hattest gehalten	du wirst halten	du wirst gehalten haben
er/sie/es hatte gehalten	er/sie/es wird halten	er/sie/es wird gehalten haben
wir hatten gehalten	wir werden halten	wir werden gehalten haben
ihr hattet gehalten	ihr werdet halten	ihr werdet gehalten haben
Sie/sie hatten gehalten	Sie/sie werden halten	Sie/sie werden gehalten haben

CONDITIONAL / SUBJUNCTIVE

Present	Present	Imperfect
ich würde halten	er/sie/es halte	ich hielte
du würdest halten	wir halten	wir hielten
er/sie/es würde halten		
wir würden halten	Perfect	Pluperfect
ihr würdet halten	er/sie/es habe gehalten	ich hätte gehalten
Sie/sie würden halten	wir haben gehalten	wir hätten gehalten

PARTICIPLES / IMPERATIVE

haltend	halt! haltet!
gehalten	halten Sie! halten wir!

Haltet den Dieb! *Stop thief!*
Er hält das Steuerrad fest. *He is holding the steering wheel firmly.*
Die Mutter hielt das Kind im Arm. *The mother held the child in her arms.*
Nichts konnte ihn hier halten. *Nothing could keep him here.*
Ich halte große Stücke auf ihn. *I think highly of him.*
Man hielt mich für eine Deutsche. *I was taken for a German (woman).*
Sie hält mit uns (zu uns). *She is on our side.*
Halt den Mund! *Be quiet! Shut up!*
Vielleicht hält sich das Wetter bis morgen. *Perhaps the weather will hold till tomorrow.*

die Haltestelle *(bus) stop*   **der Halt** *support*
die Haltung *posture, attitude*   **"Halteverbot"** *'No stopping'*

80 handeln *to act, trade* (intr./refl.)

INDICATIVE

Present	Imperfect	Perfect
ich handele	ich handelte	ich habe gehandelt
du handelst	du handeltest	du hast gehandelt
er/sie/es handelt	er/sie/es handelte	er/sie/es hat gehandelt
wir handeln	wir handelten	wir haben gehandelt
ihr handelt	ihr handeltet	ihr habt gehandelt
Sie/sie handeln	Sie/sie handelten	Sie/sie haben gehandelt

Pluperfect	Future	Future Perfect
ich hatte gehandelt	ich werde handeln	ich werde gehandelt haben
du hattest gehandelt	du wirst handeln	du wirst gehandelt haben
er/sie/es hatte gehandelt	er/sie/es wird handeln	er/sie/es wird gehandelt haben
wir hatten gehandelt	wir werden handeln	wir werden gehandelt haben
ihr hattet gehandelt	ihr werdet handeln	ihr werdet gehandelt haben
Sie/sie hatten gehandelt	Sie/sie werden handeln	Sie/sie werden gehandelt haben

CONDITIONAL / SUBJUNCTIVE

Present	Present	Imperfect
ich würde handeln	er/sie/es handele	ich handelte
du würdest handeln	wir handlen	wir handelten
er/sie/es würde handeln		
wir würden handeln	Perfect	Pluperfect
ihr würdet handeln	er/sie/es habe gehandelt	ich hätte gehandelt
Sie/sie würden handeln	wir haben gehandelt	wir hätten gehandelt

PARTICIPLES / IMPERATIVE

PARTICIPLES	IMPERATIVE
handelnd	handle! handelt!
gehandelt	handeln Sie! handeln wir!

Er handelt mit Obst. *He trades in fruit.*
Du hast wie ein Ehrenmann gehandelt. *You acted like a gentleman.*
Früher handelten sie mit Autos. *They used to deal in cars.*
Der Dollar wird heute mit 1,20 Euro gehandelt. *Today the dollar is trading at 1 euro 20 cents.*
Worum handelt es sich? *What is it all about?*
Hier wird nicht gehandelt. *Here prices are fixed.*
Er hat auf eigene Faust gehandelt. *He acted on his own initiative.*
Alle seine Bücher handelten vom Weltkrieg. *All his books were about the War.*

sich handeln um *to be a matter of*
die Handlung *action*
die Handlungsweise *way of behaving*
misshandeln *to mistreat, abuse*
verhandeln *to negotiate*

der Handel *trade*
der Großhandel *wholesale*
der Einzelhandel *retail*
die Handelskammer *chamber of commerce*

81 (†)hängen *to hang* (intr.)

INDICATIVE

Present	Imperfect	Perfect
ich hänge	ich hing	ich habe gehangen
du hängst	du hingst	du hast gehangen
er/sie/es hängt	er/sie/es hing	er/sie/es hat gehangen
wir hängen	wir hingen	wir haben gehangen
ihr hängt	ihr hingt	ihr habt gehangen
Sie/sie hängen	Sie/sie hingen	Sie/sie haben gehangen

Pluperfect	Future	Future Perfect
ich hatte gehangen	ich werde hängen	ich werde gehangen haben
du hattest gehangen	du wirst hängen	du wirst gehangen haben
er/sie/es hatte gehangen	er/sie/es wird hängen	er/sie/es wird gehangen haben
wir hatten gehangen	wir werden hängen	wir werden gehangen haben
ihr hattet gehangen	ihr werdet hängen	ihr werdet gehangen haben
Sie/sie hatten gehangen	Sie/sie werden hängen	Sie/sie werden gehangen haben

CONDITIONAL · SUBJUNCTIVE

Present	Present	Imperfect
ich würde hängen	er/sie/es hänge	ich hinge
du würdest hängen	wir hängen	wir hingen
er/sie/es würde hängen		
wir würden hängen	Perfect	Pluperfect
ihr würdet hängen	er/sie/es habe gehangen	ich hätte gehangen
Sie/sie würden hängen	wir haben gehangen	wir hätten gehangen

PARTICIPLES · IMPERATIVE

PARTICIPLES	IMPERATIVE
hängend	häng! hängt!
gehangen	hängen Sie! hängen wir!

Mein Foto hängt in seinem Büro. *My photo is hanging in his office.*
Im Schrank hingen viele Anzüge. *There were many suits hanging in the wardrobe.*
Der Rauch ihrer Zigaretten hatte noch im Zimmer gehangen. *The smoke of their cigarettes was still hanging in the room.*
Die Kinder hingen aus den Fenstern. *The children were leaning out of the windows.*
Wo hängt Peter jeden Abend? *Where does Peter get to every evening?*
Die Schüler haben an diesem Lehrer gehangen. *The pupils had a great liking for this teacher.*
Ihr hängt zu sehr an eurem Geld. *You like your money too much.*

die Hängebrücke *suspension bridge*	**die Hängelampe** *hanging lamp*
abhängig *dependent*	**anhängig** *attached*
unabhängig *independent*	**die Abhängigkeit** *dependence*

82 heben *to lift, raise* (tr./refl.)

INDICATIVE

Present	Imperfect	Perfect
ich hebe	ich hob	ich habe gehoben
du hebst	du hobst	du hast gehoben
er/sie/es hebt	er/sie/es hob	er/sie/es hat gehoben
wir heben	wir hoben	wir haben gehoben
ihr hebt	ihr hobt	ihr habt gehoben
Sie/sie heben	Sie/sie hoben	Sie/sie haben gehoben

Pluperfect	Future	Future Perfect
ich hatte gehoben	ich werde heben	ich werde gehoben haben
du hattest gehoben	du wirst heben	du wirst gehoben haben
er/sie/es hatte gehoben	er/sie/es wird heben	er/sie/es wird gehoben haben
wir hatten gehoben	wir werden heben	wir werden gehoben haben
ihr hattet gehoben	ihr werdet heben	ihr werdet gehoben haben
Sie/sie hatten gehoben	Sie/sie werden heben	Sie/sie werden gehoben haben

CONDITIONAL — SUBJUNCTIVE

Present	Present	Imperfect
ich würde heben	er/sie/es hebe	ich höbe
du würdest heben	wir heben	wir höben
er/sie/es würde heben		
wir würden heben	**Perfect**	**Pluperfect**
ihr würdet heben	er/sie/es habe gehoben	ich hätte gehoben
Sie/sie würden heben	wir haben gehoben	wir hätten gehoben

PARTICIPLES — IMPERATIVE

PARTICIPLES	IMPERATIVE
hebend	hebe! hebt!
gehoben	heben Sie! heben wir!

Wir heben unser Glas. *We are raising our glasses.*
Ich habe das Kind auf den Stuhl gehoben. *I lifted the child on to the chair.*
Er hob seine Hand zum Schwur. *He raised his hand to swear (on oath).*
Das Wrack wurde aus dem Wasser gehoben. *The wrecked ship was lifted out of the water.*
Der Umsatz wurde gehoben. *Turnover was increased.*
Das hob unsere Stimmung. *That cheered us up.*
Er hebt gerne einen. *He likes his drink.*
Wir hoben ihr Essen in den Himmel. *We praised her cooking to the skies.*

der Wagenheber *car jack*	**die Hebung** *recovery, improvement*
die Erhebung *elevation*	**die Steuererhebung** *tax levy*
die gehobene Stellung *influential job*	**einen Schaden beheben** *to repair damage*
sich erheben *to stand up*	**hervorheben** *to emphasize*

83 heilen *to heal, cure* (tr./*intr.)

INDICATIVE

Present	Imperfect	Perfect
ich heile	ich heilte	ich habe geheilt
du heilst	du heiltest	du hast geheilt
er/sie/es heilt	er/sie/es heilte	er/sie/es hat geheilt
wir heilen	wir heilten	wir haben geheilt
ihr heilt	ihr heiltet	ihr habt geheilt
Sie/sie heilen	Sie/sie heilten	Sie/sie haben geheilt

Pluperfect	Future	Future Perfect
ich hatte geheilt	ich werde heilen	ich werde geheilt haben
du hattest geheilt	du wirst heilen	du wirst geheilt haben
er/sie/es hatte geheilt	er/sie/es wird heilen	er/sie/es wird geheilt haben
wir hatten geheilt	wir werden heilen	wir werden geheilt haben
ihr hattet geheilt	ihr werdet heilen	ihr werdet geheilt haben
Sie/sie hatten geheilt	Sie/sie werden heilen	Sie/sie werden geheilt haben

CONDITIONAL · SUBJUNCTIVE

Present	Present	Imperfect
ich würde heilen	er/sie/es heile	ich heilte
du würdest heilen	wir heilen	wir heilten
er/sie/es würde heilen		
wir würden heilen	Perfect	Pluperfect
ihr würdet heilen	er/sie/es habe geheilt	ich hätte geheilt
Sie/sie würden heilen	wir haben geheilt	wir hätten geheilt

PARTICIPLES · IMPERATIVE

PARTICIPLES	IMPERATIVE
heilend	heile! heilt!
geheilt	heilen Sie! heilen wir!

Die Zeit heilt alle Wunden. *Time heals all wounds.*
Die Kur hat ihn geheilt. *The cure has restored his health.*
Die Krankheit wurde mit Penizillin geheilt. *The illness was cured with penicillin.*
Sie würden nie geheilt werden. *They would never be cured.*
Die Wunde ist von selbst geheilt. *The wound healed of its own accord.*
Wir wurden von unserer Idee geheilt. *We were convinced otherwise.*

die Heilanstalt *hospital*	**das Heilbad** *spa, mineral bath*
heilbar *curable*	**der Heilbrunnen** *spring*
heilfroh *overjoyed*	**heilkräftig** *therapeutic, curative*
heilsam *beneficial, salutory*	**das Heilmittel** *remedy*
heillos *hopeless*	**die Heilung** *cure*
unheilbar *incurable*	**die Heilkunde** *medical science*

84 heißen *to be called* (tr.)

INDICATIVE

Present	Imperfect	Perfect
ich heiße	ich hieß	ich habe geheißen
du heißt	du hießest	du hast geheißen
er/sie/es heißt	er/sie/es hieß	er/sie/es hat geheißen
wir heißen	wir hießen	wir haben geheißen
ihr heißt	ihr hießt	ihr habt geheißen
Sie/sie heißen	Sie/sie hießen	Sie/sie haben geheißen

Pluperfect	Future	Future Perfect
ich hatte geheißen	ich werde heißen	ich werde geheißen haben
du hattest geheißen	du wirst heißen	du wirst geheißen haben
er/sie/es hatte geheißen	er/sie/es wird heißen	er/sie/es wird geheißen haben
wir hatten geheißen	wir werden heißen	wir werden geheißen haben
ihr hattet geheißen	ihr werdet heißen	ihr werdet geheißen haben
Sie/sie hatten geheißen	Sie/sie werden heißen	Sie/sie werden geheißen haben

CONDITIONAL · SUBJUNCTIVE

Present	Present	Imperfect
ich würde heißen	er/sie/es heiße	ich hieße
du würdest heißen	wir heißen	wir hießen
er/sie/es würde heißen		
wir würden heißen	Perfect	Pluperfect
ihr würdet heißen	er/sie/es habe geheißen	ich hätte geheißen
Sie/sie würden heißen	wir haben geheißen	wir hätten geheißen

PARTICIPLES · IMPERATIVE

PARTICIPLES	IMPERATIVE
heißend	heiß! heißt!
geheißen	heißen Sie! heißen wir!

Wie heißen Sie? *What is your name?*
Ich heiße Joachim. *My name is Joachim.*
Diese Stadt hieß früher anders. *This town used to have a different name.*
Es heißt, dass er tot ist. *He is said to be dead.*
Wie heißt das auf Deutsch? *How do you say that in German?*
Das will nichts heißen. *That is of no consequence.*
Jetzt heißt es: aufpassen. *Now it's time to pay attention.*
Sie hießen uns willkommen. *They welcomed us.*
Was soll das heißen? *What do you mean by that?*
Das will schon etwas heißen. *That calls for respect.*
In der Bibel heißt es,... *The Bible says...*
Morgen komme ich, das heißt, wenn ich Zeit habe. *I'll come tomorrow – that is, if I have time.*

85 helfen (+ dat.) *to help, assist* (intr.)

INDICATIVE

Present	Imperfect	Perfect
ich helfe	ich half	ich habe geholfen
du hilfst	du halfst	du hast geholfen
er/sie/es hilft	er/sie/es half	er/sie/es hat geholfen
wir helfen	wir halfen	wir haben geholfen
ihr helft	ihr halft	ihr habt geholfen
Sie/sie helfen	Sie/sie halfen	Sie/sie haben geholfen

Pluperfect	Future	Future Perfect
ich hatte geholfen	ich werde helfen	ich werde geholfen haben
du hattest geholfen	du wirst helfen	du wirst geholfen haben
er/sie/es hatte geholfen	er/sie/es wird helfen	er/sie/es wird geholfen haben
wir hatten geholfen	wir werden helfen	wir werden geholfen haben
ihr hattet geholfen	ihr werdet helfen	ihr werdet geholfen haben
Sie/sie hatten geholfen	Sie/sie werden helfen	Sie/sie werden geholfen haben

CONDITIONAL / SUBJUNCTIVE

Present	Present	Imperfect
ich würde helfen	er/sie/es helfe	ich hülfe (hälfe)
du würdest helfen	wir helfen	wir hülfen (hälfen)
er/sie/es würde helfen		
wir würden helfen	Perfect	Pluperfect
ihr würdet helfen	er/sie/es habe geholfen	ich hätte geholfen
Sie/sie würden helfen	wir haben geholfen	wir hätten geholfen

PARTICIPLES / IMPERATIVE

PARTICIPLES	IMPERATIVE
helfend	hilf! helft!
geholfen	helfen Sie! helfen wir!

Hilf mir doch! *Help me!*
Warum helfen Sie ihm nicht? *Why don't you help him?*
Ich habe ihm immer geholfen. *I have always helped him.*
Sie halfen sich gegenseitig. *They helped each other.*
Ihm ist nicht mehr zu helfen. *He is beyond help.*
Ich kann mir nicht helfen, ich muss lachen. *I can't help laughing.*
Es hilft nichts zu schreien. *It is no use screaming.*
Wir halfen ihm auf die Beine. *We helped him get started.*

die Hilfe *help*	**der Helfer** *helper, assistant*
die Unfallhilfe *emergency help*	**der Helfershelfer** *accomplice*
hilfreich *helpful*	**hilflos** *helpless*
hilfsbereit *helpful*	**die Hilfsbereitschaft** *helpfulness*

86 **holen** *to fetch* (tr./refl.)

INDICATIVE

Present	Imperfect	Perfect
ich hole	ich holte	ich habe geholt
du holst	du holtest	du hast geholt
er/sie/es holt	er/sie/es holte	er/sie/es hat geholt
wir holen	wir holten	wir haben geholt
ihr holt	ihr holtet	ihr habt geholt
Sie/sie holen	Sie/sie holten	Sie/sie haben geholt

Pluperfect	Future	Future Perfect
ich hatte geholt	ich werde holen	ich werde geholt haben
du hattest geholt	du wirst holen	du wirst geholt haben
er/sie/es hatte geholt	er/sie/es wird holen	er/sie/es wird geholt haben
wir hatten geholt	wir werden holen	wir werden geholt haben
ihr hattet geholt	ihr werdet holen	ihr werdet geholt haben
Sie/sie hatten geholt	Sie/sie werden holen	Sie/sie werden geholt haben

CONDITIONAL / SUBJUNCTIVE

Present	Present	Imperfect
ich würde holen	er/sie/es hole	ich holte
du würdest holen	wir holen	wir holten
er/sie/es würde holen		
wir würden holen	Perfect	Pluperfect
ihr würdet holen	er/sie/es habe geholt	ich hätte geholt
Sie/sie würden holen	wir haben geholt	wir hätten geholt

PARTICIPLES / IMPERATIVE

holend	hol! holt!
geholt	holen Sie! holen wir!

Holen Sie schnell einen Arzt! *Fetch a doctor quickly!*
Hast du schon die Zeitung geholt? *Have you fetched the paper?*
Sie holte das Brot vom Bäcker. *She got the bread from the baker.*
Er wurde nachts aus dem Bett geholt. *He was dragged out of bed in the night.*
Holen Sie tief Atem! *Take a deep breath.*
Ich werde mir bei ihm Rat holen. *I am going to seek his advice.*
Er holte sich eine Erkältung. *He caught a cold.*
Wir holten uns kalte Füße. *We were unsuccessful.*
Bei ihm gibt es nichts zu holen. *There is nothing to be got out of him.*

abholen *to collect, pick up*	**aufholen** *to catch up*
sich erholen *to recuperate, recover*	**einholen** *to buy, catch up*
überholen *to overtake*	**wiederholen** *to repeat*

87 hören *to hear* (tr./intr.)

INDICATIVE

Present	Imperfect	Perfect
ich höre	ich hörte	ich habe gehört
du hörst	du hörtest	du hast gehört
er/sie/es hört	er/sie/es hörte	er/sie/es hat gehört
wir hören	wir hörten	wir haben gehört
ihr hört	ihr hörtet	ihr habt gehört
Sie/sie hören	Sie/sie hörten	Sie/sie haben gehört

Pluperfect	Future	Future Perfect
ich hatte gehört	ich werde hören	ich werde gehört haben
du hattest gehört	du wirst hören	du wirst gehört haben
er/sie/es hatte gehört	er/sie/es wird hören	er/sie/es wird gehört haben
wir hatten gehört	wir werden hören	wir werden gehört haben
ihr hattet gehört	ihr werdet hören	ihr werdet gehört haben
Sie/sie hatten gehört	Sie/sie werden hören	Sie/sie werden gehört haben

CONDITIONAL / SUBJUNCTIVE

Present	Present	Imperfect
ich würde hören	er/sie/es höre	ich hörte
du würdest hören	wir hören	wir hörten
er/sie/es würde hören		
wir würden hören	Perfect	Pluperfect
ihr würdet hören	er/sie/es habe gehört	ich hätte gehört
Sie/sie würden hören	wir haben gehört	wir hätten gehört

PARTICIPLES / IMPERATIVE

hörend	hör! hört!
gehört	hören Sie! hören wir!

Er hört schlecht. *He's hard of hearing.*
Wir hören die Glocken läuten. *We can hear the bells ringing.*
Hast du die Nachrichten gehört? *Did you hear the news?*
Wir hörten sie schon von weitem. *We could already hear her when she was still in the distance.*
Er hört nur mit einem Ohr. *He is not paying attention.*
Sie hört das Gras waschen. *She knows everything.*
Dein Vorschlag lässt sich hören. *Your proposal is quite acceptable.*
Lass mal etwas von dir hören! *Keep in touch!*

der Hörer *listener, telephone receiver*   **der Hörfunk** *radio*
hörbar *audible*   **das Hörspiel** *radio drama*
zuhören *to listen*   **verhören** *to question, interrogate*

88 kämpfen *to fight, struggle* (intr./tr.)

INDICATIVE

Present	Imperfect	Perfect
ich kämpfe	ich kämpfte	ich habe gekämpft
du kämpfst	du kämpftest	du hast gekämpft
er/sie/es kämpft	er/sie/es kämpftest	er/sie/es hat gekämpft
wir kämpfen	wir kämpften	wir haben gekämpft
ihr kämpft	ihr kämpftet	ihr habt gekämpft
Sie/sie kämpfen	Sie/sie kämpften	Sie/sie haben gekämpft

Pluperfect	Future	Future Perfect
ich hatte gekämpft	ich werde kämpfen	ich werde gekämpft haben
du hattest gekämpft	du wirst kämpfen	du wirst gekämpft haben
er/sie/es hatte gekämpft	er/sie/es wird kämpfen	er/sie/es wird gekämpft haben
wir hatten gekämpft	wir werden kämpfen	wir werden gekämpft haben
ihr hattet gekämpft	ihr werdet kämpfen	ihr werdet gekämpft haben
Sie/sie hatten gekämpft	Sie/sie werden kämpfen	Sie/sie werden gekämpft haben

CONDITIONAL / SUBJUNCTIVE

Present	Present	Imperfect
ich würde kämpfen	er/sie/es kämpfe	ich kämpfte
du würdest kämpfen	wir kämpfen	wir kämpften
er/sie/es würde kämpfen		
wir würden kämpfen	**Perfect**	**Pluperfect**
ihr würdet kämpfen	er/sie/es habe gekämpft	ich hätte gekämpft
Sie/sie würden kämpfen	wir haben gekämpft	wir hätten gekämpft

PARTICIPLES / IMPERATIVE

PARTICIPLES	IMPERATIVE
kämpfend	kämpfe! kämpft!
gekämpft	kämpfen Sie! kämpfen wir!

Er kämpft wie ein Löwe. *He is fighting like a lion.*
Sie haben für die Freiheit gekämpft. *They fought for freedom.*
Lange kämpften sie um dieses Gebiet. *They fought for this region for a long time.*
Es wurde hart gekämpft. *Fighting was fierce.*
Die Ärzte kämpfen um sein Leben. *The doctors are fighting to save his life.*
Ich kämpfe noch mit mir, ob ich verreisen soll. *I still haven't made up my mind whether to travel.*
Er kämpfte gegen seine Tränen. *He fought back his tears.*
Der Kranke kämpft mit dem Tod. *The patient is fighting death.*

der Kampf *fight*	**der Kämpfer** *fighter*
die Kampfbahn *stadium, arena*	**der Kampfrichter** *umpire*
kampffähig *fit for action*	**kampfbereit** *ready to fight*
kämpferisch *pugnacious, spirited*	**der Wahlkampf** *election campaign*

89 kaufen *to buy, purchase* (tr./intr.)

INDICATIVE

Present	Imperfect	Perfect
ich kaufe	ich kaufte	ich habe gekauft
du kaufst	du kauftest	du hast gekauft
er/sie/es kauft	er/sie/es kaufte	er/sie/es hat gekauft
wir kaufen	wir kauften	wir haben gekauft
ihr kauft	ihr kauftet	ihr habt gekauft
Sie/sie kaufen	Sie/sie kauften	Sie/sie haben gekauft

Pluperfect	Future	Future Perfect
ich hatte gekauft	ich werde kaufen	ich werde gekauft haben
du hattest gekauft	du wirst kaufen	du wirst gekauft haben
er/sie/es hatte gekauft	er/sie/es wird kaufen	er/sie/es wird gekauft haben
wir hatten gekauft	wir werden kaufen	wir werden gekauft haben
ihr hattet gekauft	ihr werdet kaufen	ihr werdet gekauft haben
Sie/sie hatten gekauft	Sie/sie werden kaufen	Sie/sie werden gekauft haben

CONDITIONAL / SUBJUNCTIVE

Present	Present	Imperfect
ich würde kaufen	er/sie/es kaufe	ich kaufte
du würdest kaufen	wir kaufen	wir kauften
er/sie/es würde kaufen		
wir würden kaufen	Perfect	Pluperfect
ihr würdet kaufen	er/sie/es habe gekauft	ich hätte gekauft
Sie/sie würden kaufen	wir haben gekauft	wir hätten gekauft

PARTICIPLES / IMPERATIVE

PARTICIPLES	IMPERATIVE
kaufend	kauf! kauft!
gekauft	kaufen Sie! kaufen wir!

Wo kaufen Sie Ihre Kleider? *Where do you buy your clothes?*
Dieses habe ich bei Harrods gekauft. *I bought this one at Harrods.*
Er kaufte es für teures Geld. *He paid an awful lot for it.*
Dieser Artikel wird viel gekauft. *This article sells well.*
Ich kaufe mir demnächst ein neues Auto. *I am going to buy myself a new car soon.*
Dafür kann ich mir nichts kaufen. *That is of no use to me.*
Er hat sich gestern Abend einen gekauft. *He got very drunk last night.*
Den Jungen werde ich mir kaufen. *I'll give that boy a piece of my mind.*

der Kauf *purchase*	**käuflich** *for sale*
der Käufer *buyer*	**verkaufen** *to sell*
der Kaufmann *trader, businessman*	**der Ratenkauf** *hire purchase*
der Barkauf *cash purchase*	

90 kennen *to know* (tr.)

INDICATIVE

Present	Imperfect	Perfect
ich kenne	ich kannte	ich habe gekannt
du kennst	du kanntest	du hast gekannt
er/sie/es kennt	er/sie/es kannte	er/sie/es hat gekannt
wir kennen	wir kannten	wir haben gekannt
ihr kennt	ihr kanntet	ihr habt gekannt
Sie/sie kennen	Sie/sie kannten	Sie/sie haben gekannt

Pluperfect	Future	Future Perfect
ich hatte gekannt	ich werde kennen	ich werde gekannt haben
du hattest gekannt	du wirst kennen	du wirst gekannt haben
er/sie/es hatte gekannt	er/sie/es wird kennen	er/sie/es wird gekannt haben
wir hatten gekannt	wir werden kennen	wir werden gekannt haben
ihr hattet gekannt	ihr werdet kennen	ihr werdet gekannt haben
Sie/sie hatten gekannt	Sie/sie werden kennen	Sie/sie werden gekannt haben

CONDITIONAL | SUBJUNCTIVE

Present	Present	Imperfect
ich würde kennen	er/sie/es kenne	ich kennte
du würdest kennen	wir kennen	wir kennten
er/sie/es würde kennen		
wir würden kennen	Perfect	Pluperfect
ihr würdet kennen	er/sie/es habe gekannt	ich hätte gekannt
Sie/sie würden kennen	wir haben gekannt	wir hätten gekannt

PARTICIPLES | IMPERATIVE

kennend	kenne! kennt!
gekannt	kennen Sie! kennen wir!

Wir kennen uns vom Ansehen. *We know each other by sight.*
Ich habe ihn nur flüchtig gekannt. *I only knew him slightly.*
Er kannte viele Leute. *He knew many people.*
Wir kannten ihn nur dem Namen nach. *We only knew him by name.*
Sie kannten kein Maß. *They went too far.*
Ich kenne die Geschichte in- und auswendig. *I know the story by heart.*
Du wirst mich noch kennen lernen! *You will have me to reckon with!*
Vor Wut kannte sie sich nicht mehr. *She was beside herself with rage.*

der Kenner *expert*
die Kenntnis *knowledge*
die Sprachkenntnis *knowledge of language*

die Kennkarte *identity card*
das Kennwort *code word*
sich auskennen *to know one's way around*
erkennen *to recognize*

91 klagen *to complain, mourn* (intr./tr.)

INDICATIVE

Present	Imperfect	Perfect
ich klage	ich klagte	ich habe geklagt
du klagst	du klagtest	du hast geklagt
er/sie/es klagt	er/sie/es klagte	er/sie/es hat geklagt
wir klagen	wir klagten	wir haben geklagt
ihr klagt	ihr klagtet	ihr habt geklagt
Sie/sie klagen	Sie/sie klagten	Sie/sie haben geklagt

Pluperfect	Future	Future Perfect
ich hatte geklagt	ich werde klagen	ich werde geklagt haben
du hattest geklagt	du wirst klagen	du wirst geklagt haben
er/sie/es hatte geklagt	er/sie/es wird klagen	er/sie/es wird geklagt haben
wir hatten geklagt	wir werden klagen	wir werden geklagt haben
ihr hattet geklagt	ihr werdet klagen	ihr werdet geklagt haben
Sie/sie hatten geklagt	Sie/sie werden klagen	Sie/sie werden geklagt haben

CONDITIONAL | SUBJUNCTIVE

Present	Present	Imperfect
ich würde klagen	er/sie/es klage	ich klagte
du würdest klagen	wir klagen	wir klagten
er/sie/es würde klagen		
wir würden klagen	Perfect	Pluperfect
ihr würdet klagen	er/sie/es habe geklagt	ich hätte geklagt
Sie/sie würden klagen	wir haben geklagt	wir hätten geklagt

PARTICIPLES | IMPERATIVE

klagend	klag! klagt!
geklagt	klagen Sie! klagen wir!

Er klagt über Schmerzen. *He is complaining of pain.*
Wir klagen um die Toten. *We are mourning the dead.*
Sie klagte uns ihr Leid. *She told us her trouble.*
Die Frauen klagten und weinten den ganzen Tag. *The women moaned and cried all day.*
Es geht mir gut, ich kann nicht klagen. *I am well, I can't complain.*
Dem Himmel sei's geklagt! *How very unfortunate!*

die Klage *complaint*	**die Anklage** *accusation*
der Kläger *accuser, plaintiff*	**anklagen** *to accuse*
klaglos *uncomplaining*	**kläglich** *deplorable*

92 klingen *to ring, sound* (intr.)

INDICATIVE

Present	Imperfect	Perfect
ich klinge	ich klang	ich habe geklungen
du klingst	du klangst	du hast geklungen
er/sie/es klingt	er/sie/es klang	er/sie/es hat geklungen
wir klingen	wir klangen	wir haben geklungen
ihr klingt	ihr klangt	ihr habt geklungen
Sie/sie klingen	Sie/sie klangen	Sie/sie haben geklungen

Pluperfect	Future	Future Perfect
ich hatte geklungen	ich werde klingen	ich werde geklungen haben
du hattest geklungen	du wirst klingen	du wirst geklungen haben
er/sie/es hatte geklungen	er/sie/es wird klingen	er/sie/es wird geklungen haben
wir hatten geklungen	wir werden klingen	wir werden geklungen haben
ihr hattet geklungen	ihr werdet klingen	ihr werdet geklungen haben
Sie/sie hatten geklungen	Sie/sie werden klingen	Sie/sie werden geklungen haben

CONDITIONAL · SUBJUNCTIVE

Present	Present	Imperfect
ich würde klingen	er/sie/es klinge	ich klänge
du würdest klingen	wir klingen	wir klängen
er/sie/es würde klingen		
wir würden klingen	Perfect	Pluperfect
ihr würdet klingen	er/sie/es habe geklungen	ich hätte geklungen
Sie/sie würden klingen	wir haben geklungen	wir hätten geklungen

PARTICIPLES · IMPERATIVE

PARTICIPLES	IMPERATIVE
klingend	kling! klingt!
geklungen	klingen Sie! klingen wir!

Die Glocken klingen laut. *The bells are ringing loudly.*
Am Telefon hast du so traurig geklungen. *You sounded so sad on the phone.*
Seine Stimme klang verändert. *His voice sounded different.*
Wird das nicht nach Bestechung klingen? *Won't that sound like bribery?*
Diese Frage klingt seltsam. *This is a strange question.*
Lasst die Gläser klingen! *Drink! Clink glasses!*
Mir haben heute die Ohren geklungen. *My ears have been burning today.*
Bei ihr klingelt es endlich. *At last the penny's dropped.*

die Klingel *bell*
der Klingelknopf *bell push*
klingeln *to ring (a bell)*

der Klang *sound*
mit Sang und Klang *with great pomp*
anklingen an *to sound similar to*

93 kochen *to cook, boil* (tr./intr.)

INDICATIVE

Present	Imperfect	Perfect
ich koche	ich kochte	ich habe gekocht
du kochst	du kochtest	du hast gekocht
er/sie/es kocht	er/sie/es kochte	er/sie/es hat gekocht
wir kochen	wir kochten	wir haben gekocht
ihr kocht	ihr kochtet	ihr habt gekocht
Sie/sie kochen	Sie/sie kochten	Sie/sie haben gekocht

Pluperfect	Future	Future Perfect
ich hatte gekocht	ich werde kochen	ich werde gekocht haben
du hattest gekocht	du wirst kochen	du wirst gekocht haben
er/sie/es hatte gekocht	er/sie/es wird kochen	er/sie/es wird gekocht haben
wir hatten gekocht	wir werden kochen	wir werden gekocht haben
ihr hattet gekocht	ihr werdet kochen	ihr werdet gekocht haben
Sie/sie hatten gekocht	Sie/sie werden kochen	Sie/sie werden gekocht haben

CONDITIONAL · SUBJUNCTIVE

Present	Present	Imperfect
ich würde kochen	er/sie/es koche	ich kochte
du würdest kochen	wir kochen	wir kochten
er/sie/es würde kochen		
wir würden kochen	Perfect	Pluperfect
ihr würdet kochen	er/sie/es habe gekocht	ich hätte gekocht
Sie/sie würden kochen	wir haben gekocht	wir hätten gekocht

PARTICIPLES · IMPERATIVE

PARTICIPLES	IMPERATIVE
kochend	koch! kocht!
gekocht	kochen Sie! kochen wir!

Kochst du Kaffee? *Are you making coffee?*
Meine Mutter kocht ausgezeichnet. *My mother is a wonderful cook.*
Die Kartoffeln haben lange genug gekocht. *The potatoes have been boiling long enough.*
Er kochte uns ein gutes Essen. *He cooked us a nice meal.*
Sie kochte förmlich vor Wut. *She was absolutely furious.*
Überall wird nur mit Wasser gekocht. *People are the same everywhere.*
Er brachte das Volk zum Kochen. *He caused a riot.*

der Koch *cook*	**das Kochbuch** *cookery book*
der Kochtopf *saucepan*	**der Kochlöffel** *wooden spoon*
das Kochsalz *common salt*	**der Kochapfel** *cooking apple*
einkochen *to preserve*	**abkochen** *to sterilize*

94 *kommen *to come, arrive* (intr.)

INDICATIVE

Present	Imperfect	Perfect
ich komme	ich kam	ich bin gekommen
du kommst	du kamst	du bist gekommen
er/sie/es kommt	er/sie/es kam	er/sie/es ist gekommen
wir kommen	wir kamen	wir sind gekommen
ihr kommt	ihr kamt	ihr seid gekommen
Sie/sie kommen	Sie/sie kamen	Sie/sie sind gekommen

Pluperfect	Future	Future Perfect
ich war gekommen	ich werde kommen	ich werde gekommen sein
du warst gekommen	du wirst kommen	du wirst gekommen sein
er/sie/es war gekommen	er/sie/es wird kommen	er/sie/es wird gekommen sein
wir waren gekommen	wir werden kommen	wir werden gekommen sein
ihr wart gekommen	ihr werdet kommen	ihr werdet gekommen sein
Sie/sie waren gekommen	Sie/sie werden kommen	Sie/sie werden gekommen sein

CONDITIONAL / SUBJUNCTIVE

Present	Present	Imperfect
ich würde kommen	er/sie/es komme	ich käme
du würdest kommen	wir kommen	wir kämen
er/sie/es würde kommen		
wir würden kommen	Perfect	Pluperfect
ihr würdet kommen	er/sie/es sei gekommen	ich wäre gekommen
Sie/sie würden kommen	wir seien gekommen	wir wären gekommen

PARTICIPLES / IMPERATIVE

PARTICIPLES	IMPERATIVE
kommend	komm! kommt!
gekommen	kommen Sie! kommen wir!

Woher kommen Sie? *Where do you come from?*
Sind die Gäste schon alle gekommen? *Have all the guests arrived yet?*
Er kommt nie pünktlich. *He never comes on time.*
Meine Freunde kamen ganz unerwartet. *My friends came quite unexpectedly.*
Es kam anders, als wir dachten. *It didn't turn out as expected.*
So können Sie mir nicht kommen! *You must not do that to me!*
Er kommt nie zu kurz. *He never loses out.*
Das wird uns teuer zu stehen kommen. *We'll have to pay a high price for that.*
Ich lasse nichts auf ihn kommen. *I won't have him criticized.*
Wie kamen Sie auf diese Idee? *What made you think of that?*

das Abkommen *treaty, pact*   **das Einkommen** *income*
das Übereinkommen *agreement*   **vorankommen** *to make progress*

95 können *to be able to, to know* (intr./tr.)

INDICATIVE

Present	Imperfect	Perfect
ich kann	ich konnte	ich habe gekonnt
du kannst	du konntest	du hast gekonnt
er/sie/es kann	er/sie/es konnte	er/sie/es hat gekonnt
wir können	wir konnten	wir haben gekonnt
ihr könnt	ihr konntet	ihr habt gekonnt
Sie/sie können	Sie/sie konnten	Sie/sie haben gekonnt

Pluperfect	Future	Future Perfect
ich hatte gekonnt	ich werde können	ich werde gekonnt haben
du hattest gekonnt	du wirst können	du wirst gekonnt haben
er/sie/es hatte gekonnt	er/sie/es wird können	er/sie/es wird gekonnt haben
wir hatten gekonnt	wir werden können	wir werden gekonnt haben
ihr hattet gekonnt	ihr werdet können	ihr werdet gekonnt haben
Sie/sie hatten gekonnt	Sie/sie werden können	Sie/sie werden gekonnt haben

CONDITIONAL — SUBJUNCTIVE

Present	Present	Imperfect
ich würde können	er/sie/es könne	ich könnte
du würdest können	wir können	wir könnten
er/sie/es würde können		
wir würden können	**Perfect**	**Pluperfect**
ihr würdet können	er/sie/es habe gekonnt	ich hätte gekonnt
Sie/sie würden können	wir haben gekonnt	wir hätten gekonnt

PARTICIPLES

können̈d
gekonnt

Können Sie Deutsch? *Do you speak German?*
Er lief so schnell, wie er konnte. *He ran as fast as he could.*
Ich konnte das Auto nicht fahren. *I couldn't drive that car.*
Heute hat er seine Vokabeln nicht gekonnt. *He did not know his vocabulary today.*
Ich habe ihm nicht helfen können. *I wasn't able to help him.*
Sie kann nicht aus ihrer Haut. *She can't change her ways.*
Ihm konnte ich nicht das Wasser reichen. *I could not compete with him.*
Ich könnte mich irren. *I might be mistaken.*
Nach einer Stunde konnten wir nicht mehr. *After one hour we were worn out.*
Ihr könnt nicht anders als lachen. *You can't help laughing.*
Er tut, als könnte er nicht bis drei zählen. *He pretends to be stupid.*

das Können *ability, knowledge*   **der Könner** *expert*

96 lachen *to laugh* (intr.)

INDICATIVE

Present	Imperfect	Perfect
ich lache	ich lachte	ich habe gelacht
du lachst	du lachtest	du hast gelacht
er/sie/es lacht	er/sie/es lachte	er/sie/es hat gelacht
wir lachen	wir lachten	wir haben gelacht
ihr lacht	ihr lachtet	ihr habt gelacht
Sie/sie lachen	Sie/sie lachten	Sie/sie haben gelacht

Pluperfect	Future	Future Perfect
ich hatte gelacht	ich werde lachen	ich werde gelacht haben
du hattest gelacht	du wirst lachen	du wirst gelacht haben
er/sie/es hatte gelacht	er/sie/es wird lachen	er/sie/es wird gelacht haben
wir hatten gelacht	wir werden lachen	wir werden gelacht haben
ihr hattet gelacht	ihr werdet lachen	ihr werdet gelacht haben
Sie/sie hatten gelacht	Sie/sie werden lachen	Sie/sie werden gelacht haben

CONDITIONAL | SUBJUNCTIVE

Present	Present	Imperfect
ich würde lachen	er/sie/es lache	ich lachte
du würdest lachen	wir lachen	wir lachten
er/sie/es würde lachen		
wir würden lachen	Perfect	Pluperfect
ihr würdet lachen	er/sie/es habe gelacht	ich hätte gelacht
Sie/sie würden lachen	wir haben gelacht	wir hätten gelacht

PARTICIPLES | IMPERATIVE

lachend	lach! lacht!
gelacht	lachen Sie! lachen wir!

Sie lacht immer ganz herzlich. *She has a hearty laugh.*
Was gibt es dann zu lachen? *What's so funny?*
Den ganzen Abend lachten wir über seine Witze. *We were laughing at his jokes the whole evening.*
Über sein Missgeschick wurde viel gelacht. *People laughed about his misfortune.*
Wer zuletzt lacht, lacht am besten. *He who laughs last laughs loudest.*
In der Firma hat er nichts zu lachen. *He is having a hard time in that company.*
Das ist nicht zum Lachen! *That is no joke!*
Wir lachten uns krumm und schief. *We fell about laughing.*

lachhaft *laughable*	**das Lachen** *laughter*
lächerlich *ridiculous*	**das Lächeln** *smile*
auslachen *to laugh at, ridicule*	**verlachen** *to deride*

97 lassen to stop, leave, let (tr./intr.)

INDICATIVE

Present	Imperfect	Perfect
ich lasse	ich ließ	ich habe gelassen
du lässt	du ließest	du hast gelassen
er/sie/es lässt	er/sie/es ließ	er/sie/es hat gelassen
wir lassen	wir ließen	wir haben gelassen
ihr lasst	ihr ließt	ihr habt gelassen
Sie/sie lassen	Sie/sie ließen	Sie/sie haben gelassen

Pluperfect	Future	Future Perfect
ich hatte gelassen	ich werde lassen	ich werde gelassen haben
du hattest gelassen	du wirst lassen	du wirst gelassen haben
er/sie/es hatte gelassen	er/sie/es wird lassen	er/sie/es wird gelassen haben
wir hatten gelassen	wir werden lassen	wir werden gelassen haben
ihr hattet gelassen	ihr werdet lassen	ihr werdet gelassen haben
Sie/sie hatten gelassen	Sie/sie werden lassen	Sie/sie werden gelassen haben

CONDITIONAL / SUBJUNCTIVE

Present	Present	Imperfect
ich würde lassen	er/sie/es lasse	ich ließe
du würdest lassen	wir lassen	wir ließen
er/sie/es würde lassen		
wir würden lassen	Perfect	Pluperfect
ihr würdet lassen	er/sie/es habe gelassen	ich hätte gelassen
Sie/sie würden lassen	wir haben gelassen	wir hätten gelassen

PARTICIPLES / IMPERATIVE

PARTICIPLES	IMPERATIVE
lassend	lasst! lasst!
gelassen	lassen Sie! lassen wir!

Lass das, bitte! *Stop that!*
Er kann das Trinken nicht lassen. *He can't stop drinking.*
Sie ließ ihre Tasche im Bus. *She left her bag on the bus.*
Sie ließen sich nicht noch von uns helfen. *They did not let us help them.*
Ich ließ ihn den ganzen Tag schlafen. *I let him sleep all day.*
Er lässt sein Auto hier waschen. *He has his car washed here.*
Sie lassen uns die Ware billiger. *They are selling us goods more cheaply.*
Er ist ein Könner, das muss man ihm lassen. *He is an expert, you have to give him that.*
Sie ließen sich viel Zeit. *They took their time.*
Das lasse ich mir nicht gefallen! *I won't put up with that!*
Lass mich in Ruhe! *Leave me alone!*

der Anlasser *starter motor*
sich niederlassen *to settle*
entlassen *to make redundant, dismiss*
sich verlassen auf *to rely on*

98 *laufen *to run, go, walk* (intr./tr.)

INDICATIVE

Present	Imperfect	Perfect
ich laufe	ich lief	ich bin gelaufen
du läufst	du liefst	du bist gelaufen
er/sie/es läuft	er/sie/es lief	er/sie/es ist gelaufen
wir laufen	wir liefen	wir sind gelaufen
ihr lauft	ihr lieft	ihr seid gelaufen
Sie/sie laufen	Sie/sie liefen	Sie/sie sind gelaufen

Pluperfect	Future	Future Perfect
ich war gelaufen	ich werde laufen	ich werde gelaufen sein
du warst gelaufen	du wirst laufen	du wirst gelaufen sein
er/sie/es war gelaufen	er/sie/es wird laufen	er/sie/es wird gelaufen sein
wir waren gelaufen	wir werden laufen	wir werden gelaufen sein
ihr wart gelaufen	ihr werdet laufen	ihr werdet gelaufen sein
Sie/sie waren gelaufen	Sie/sie werden laufen	Sie/sie werden gelaufen sein

CONDITIONAL / SUBJUNCTIVE

Present	Present	Imperfect
ich würde laufen	er/sie/es laufe	ich liefe
du würdest laufen	wir laufen	wir liefen
er/sie/es würde laufen		
wir würden laufen	Perfect	Pluperfect
ihr würdet laufen	er/sie/es sei gelaufen	ich wäre gelaufen
Sie/sie würden laufen	wir seien gelaufen	wir wären gelaufen

PARTICIPLES / IMPERATIVE

PARTICIPLES	IMPERATIVE
laufend	lauf! lauft!
gelaufen	laufen Sie! laufen wir!

Er läuft wie der Wind. *He runs like the wind.*
Wir sind heute weit gelaufen. *We have walked a long way today.*
Das Wasser lief durch das Dach. *The water ran through the roof.*
Der Vertrag läuft nur bis nächstes Jahr. *The contract runs out next year.*
In der Stadt lief ich ihm in die Arme. *I ran into him in town.*
Es läuft mir kalt über den Rücken. *It makes my flesh creep.*
Wir laufen Gefahr, Verlust du machen. *We are in danger of making a loss.*
Ihm ist eine Laus über die Leber gelaufen. *Something is bugging him. (Lit. A louse ran over his liver.)*
Die Maschinen liefen wie am Schnürchen. *The machines were running like clockwork.*

der Lauf *run, race*
die Laufbahn *career*
das laufende Konto *current account*

der Läufer *runner*
der Laufpass *marching orders*
der Ablauf der Ereignisse *course of events*

99 leben *to live, exist* (intr.)

INDICATIVE

Present	Imperfect	Perfect
ich lebe	ich lebte	ich habe gelebt
du lebst	du lebtest	du hast gelebt
er/sie/es lebt	er/sie/es lebte	er/sie/es hat gelebt
wir leben	wir lebten	wir haben gelebt
ihr lebt	ihr lebtet	ihr habt gelebt
Sie/sie leben	Sie/sie lebten	Sie/sie haben gelebt

Pluperfect	Future	Future Perfect
ich hatte gelebt	ich werde leben	ich werde gelebt haben
du hattest gelebt	du wirst leben	du wirst gelebt haben
er/sie/es hatte gelebt	er/sie/es wird leben	er/sie/es wird gelebt haben
wir hatten gelebt	wir werden leben	wir werden gelebt haben
ihr hattet gelebt	ihr werdet leben	ihr werdet gelebt haben
Sie/sie hatten gelebt	Sie/sie werden leben	Sie/sie werden gelebt haben

CONDITIONAL / SUBJUNCTIVE

Present	Present	Imperfect
ich würde leben	er/sie/es lebe	ich lebte
du würdest leben	wir leben	wir lebten
er/sie/es würde leben		
wir würden leben	Perfect	Pluperfect
ihr würdet leben	er/sie/es habe gelebt	ich hätte gelebt
Sie/sie würden leben	wir haben gelebt	wir hätten gelebt

PARTICIPLES / IMPERATIVE

PARTICIPLES	IMPERATIVE
lebend	lebe! lebt!
gelebt	leben Sie! leben wir!

Er lebt schon lange im Ausland. *He has been living abroad for a long time.*
Sie hat nicht lange gelebt. *She did not live long.*
Sie hat nur für ihre Arbeit gelebt. *She lived for her work.*
Sie lebten glücklich und zufrieden. *They lived happily ever after.*
Leben Sie wohl! *Farewell!*
Er weiß zu leben. *He is a man of the world.*
Ich konnte nicht leben und nicht sterben. *I was at death's door.*
Er lebte auf großem Fuß. *He lived extravagantly.*

das Leben *life*
die Lebensgefahr *danger to life*
das Lebensmittel *food(stuff)*

lebensfähig *viable*
der Lebenslauf *curriculum vitae*
lebendig *alive, living*

100 legen *to lay, put* (tr./refl.)

INDICATIVE

Present	Imperfect	Perfect
ich lege	ich legte	ich habe gelegt
du legst	du legtest	du hast gelegt
er/sie/es legt	er/sie/es legte	er/sie/es hat gelegt
wir legen	wir legten	wir haben gelegt
ihr legt	ihr legtet	ihr habt gelegt
Sie/sie legen	Sie/sie legten	Sie/sie haben gelegt

Pluperfect	Future	Future Perfect
ich hatte gelegt	ich werde legen	ich werde gelegt haben
du hattest gelegt	du wirst legen	du wirst gelegt haben
er/sie/es hatte gelegt	er/sie/es wird legen	er/sie/es wird gelegt haben
wir hatten gelegt	wir werden legen	wir werden gelegt haben
ihr hattet gelegt	ihr werdet legen	ihr werdet gelegt haben
Sie/sie hatten gelegt	Sie/sie werden legen	Sie/sie werden gelegt haben

CONDITIONAL / SUBJUNCTIVE

Present	Present	Imperfect
ich würde legen	er/sie/es lege	ich legte
du würdest legen	wir legen	wir legten
er/sie/es würde legen		
wir würden legen	Perfect	Pluperfect
ihr würdet legen	er/sie/es habe gelegt	ich hätte gelegt
Sie/sie würden legen	wir haben gelegt	wir hätten gelegt

PARTICIPLES / IMPERATIVE

PARTICIPLES	IMPERATIVE
legend	leg! legt!
gelegt	legen Sie! legen wir!

Legen Sie bitte die Post auf den Tisch. *Please put the post on the table.*
Wohin hat er den Brief gelegt? *Where has he put the letter?*
Überall wurden Minen gelegt. *Mines were being laid everywhere.*
Das Kind würde früh ins Bett gelegt werden. *The child would be put to bed early.*
Er legte sich auf die faule Haut. *He was being very lazy.*
Ihm wird diese Tat zur Last gelegt. *He is being blamed for this crime.*
Ich habe meinen Plan auf Eis gelegt. *I have shelved my plan.*
Sie legten Hand an sich. *They committed suicide.*
Darauf lege ich großen Wert. *I set great store by that.*

Geld anlegen *to invest money*	**verlegen** *embarrassed*
überlegen *to think, consider*	**auslegen** *to display; to interpret*
die Lage *position, situation*	**die Anlage** *talent, park, plan, investment*

101 leiden *to suffer, endure* (tr./intr.)

INDICATIVE

Present	Imperfect	Perfect
ich leide	ich litt	ich habe gelitten
du leidest	du littest	du hast gelitten
er/sie/es leidet	er/sie/es litt	er/sie/es hat gelitten
wir leiden	wir litten	wir haben gelitten
ihr leidet	ihr littet	ihr habt gelitten
Sie/sie leiden	Sie/sie litten	Sie/sie haben gelitten

Pluperfect	Future	Future Perfect
ich hatte gelitten	ich werde leiden	ich werde gelitten haben
du hattest gelitten	du wirst leiden	du wirst gelitten haben
er/sie/es hatte gelitten	er/sie/es wird leiden	er/sie/es wird gelitten haben
wir hatten gelitten	wir werden leiden	wir werden gelitten haben
ihr hattet gelitten	ihr werdet leiden	ihr werdet gelitten haben
Sie/sie hatten gelitten	Sie/sie werden leiden	Sie/sie werden gelitten haben

CONDITIONAL / SUBJUNCTIVE

Present	Present	Imperfect
ich würde leiden	er/sie/es leide	ich litte
du würdest leiden	wir leiden	wir litten
er/sie/es würde leiden		
wir würden leiden	Perfect	Pluperfect
ihr würdet leiden	er/sie/es habe gelitten	ich hätte gelitten
Sie/sie würden leiden	wir haben gelitten	wir hätten gelitten

PARTICIPLES / IMPERATIVE

leidend	leide! leidet!
gelitten	leiden Sie! leiden wir!

Er leidet große Schmerzen. *He is suffering from great pain.*
Im Krieg haben viele Leute Hunger gelitten. *During the war, many people suffered from hunger.*
An welcher Krankheit litt er? *Which illness did he suffer from?*
Wir würden dort unter der Hitze leiden. *We would suffer from the heat there.*
Ich kann diesen Mann nicht leiden. *I can't stand this man.*
Sie ist bei uns wohl gelitten. *She is very popular with us.*
Sein Ansehen hat erheblich gelitten. *His reputation has suffered considerably.*

das Leiden *suffering, illness*
das Herzleiden *heart condition*
die Leideform *passive voice*

das Leid *pain, grief*
es tut mir Leid *I'm sorry*
die Leidenschaft *passion*

102 leihen *to lend, hire* (tr./refl.)

INDICATIVE

Present	Imperfect	Perfect
ich leihe	ich lieh	ich habe geliehen
du leihst	du liehst	du hast geliehen
er/sie/es leiht	er/sie/es lieh	er/sie/es hat geliehen
wir leihen	wir liehen	wir haben geliehen
ihr leiht	ihr lieht	ihr habt geliehen
Sie/sie leihen	Sie/sie liehen	Sie/sie haben geliehen

Pluperfect	Future	Future Perfect
ich hatte geliehen	ich werde leihen	ich werde geliehen haben
du hattest geliehen	du wirst leihen	du wirst geliehen haben
er/sie/es hatte geliehen	er/sie/es wird leihen	er/sie/es wird geliehen haben
wir hatten geliehen	wir werden leihen	wir werden geliehen haben
ihr hattet geliehen	ihr werdet leihen	ihr werdet geliehen haben
Sie/sie hatten geliehen	Sie/sie werden leihen	Sie/sie werden geliehen haben

CONDITIONAL / SUBJUNCTIVE

Present	Present	Imperfect
ich würde leihen	er/sie/es leihe	ich liehe
du würdest leihen	wir leihen	wir liehen
er/sie/es würde leihen		
wir würden leihen	Perfect	Pluperfect
ihr würdet leihen	er/sie/es habe geliehen	ich hätte geliehen
Sie/sie würden leihen	wir haben geliehen	wir hätten geliehen

PARTICIPLES / IMPERATIVE

PARTICIPLES	IMPERATIVE
leihend	leih! leiht!
geliehen	leihen Sie! leihen wir!

Leihen Sie mir bitte einen Bleistift? *Would you lend me a pencil, please?*
Gestern habe ich ein Auto geliehen. *Yesterday I hired a car.*
Er lieh sich oft Geld von mir. *He often borrowed money from me.*
Dann wurde ihm nichts mehr geliehen. *No one lent him anything any more.*
Ich leihe dir mein Ohr. *I am listening to you carefully.*
Euch wird keine Aufmerksamkeit geliehen. *No one is paying attention to you.*
Alle liehen ihm ihren Beistand. *Everybody helped him.*
Ich hatte ihr mein Vertrauen geliehen. *I had trusted her.*

die Anleihe *loan*
die Leihzinsen *interest (on borrowed money)*
der Leihkauf *hire purchase*
der Autoverleih *car hire*

die Pfandleihe *pawn broker's (shop)*
die Leihbücherei *lending library*
verleihen *to rent out*
einen Preis verleihen *to award a prize*

103 lernen *to learn, study* (tr./intr.)

INDICATIVE

Present	Imperfect	Perfect
ich lerne	ich lernte	ich habe gelernt
du lernst	du lerntest	du hast gelernt
er/sie/es lernt	er/sie/es lernte	er/sie/es hat gelernt
wir lernen	wir lernten	wir haben gelernt
ihr lernt	ihr lerntet	ihr habt gelernt
Sie/sie lernen	Sie/sie lernten	Sie/sie haben gelernt

Pluperfect	Future	Future Perfect
ich hatte gelernt	ich werde lernen	ich werde gelernt haben
du hattest gelernt	du wirst lernen	du wirst gelernt haben
er/sie/es hatte gelernt	er/sie/es wird lernen	er/sie/es wird gelernt haben
wir hatten gelernt	wir werden lernen	wir werden gelernt haben
ihr hattet gelernt	ihr werdet lernen	ihr werdet gelernt haben
Sie/sie hatten gelernt	Sie/sie werden lernen	Sie/sie werden gelernt haben

CONDITIONAL / SUBJUNCTIVE

Present	Present	Imperfect
ich würde lernen	er/sie/es lerne	ich lernte
du würdest lernen	wir lernen	wir lernten
er/sie/es würde lernen		
wir würden lernen	**Perfect**	**Pluperfect**
ihr würdet lernen	er/sie/es habe gelernt	ich hätte gelernt
Sie/sie würden lernen	wir haben gelernt	wir hätten gelernt

PARTICIPLES / IMPERATIVE

PARTICIPLES	IMPERATIVE
lernend	lern! lernt!
gelernt	lernen Sie! lernen wir!

Er lernt schnell. *He is learning fast.*
Gestern haben wir ein Gedicht gelernt. *Yesterday we learnt a poem.*
Nie lernte er, selbstständig zu sein. *He never learnt to be independent.*
Wir haben segeln gelernt. *We have learnt to sail.*
Reden will gelernt sein. *Making speeches only comes with practice.*
Er hat Kaufmann gelernt. *He trained to be a businessman.*
Gelernt ist gelernt. *A skill does not come easily.*

das Lernen *process of learning*	**lernfähig** *capable of learning*
der Lerneifer *eagerness to learn*	**jemanden anlernen** *to train someone*
kennen lernen *to get to know*	**verlernen** *to forget (something once learnt)*
umlernen *to retrain*	

104 lesen *to read* (tr./intr.)

INDICATIVE

Present	Imperfect	Perfect
ich lese	ich las	ich habe gelesen
du liest	du lasest	du hast gelesen
er/sie/es liest	er/sie/es las	er/sie/es hat gelesen
wir lesen	wir lasen	wir haben gelesen
ihr lest	ihr last	ihr habt gelesen
Sie/sie lesen	Sie/sie lasen	Sie/sie haben gelesen

Pluperfect	Future	Future Perfect
ich hatte gelesen	ich werde lesen	ich werde gelesen haben
du hattest gelesen	du wirst lesen	du wirst gelesen haben
er/sie/es hatte gelesen	er/sie/es wird lesen	er/sie/es wird gelesen haben
wir hatten gelesen	wir werden lesen	wir werden gelesen haben
ihr hattet gelesen	ihr werdet lesen	ihr werdet gelesen haben
Sie/sie hatten gelesen	Sie/sie werden lesen	Sie/sie werden gelesen haben

CONDITIONAL | SUBJUNCTIVE

Present	Present	Imperfect
ich würde lesen	er/sie/es lese	ich läse
du würdest lesen	wir lesen	wir läsen
er/sie/es würde lesen		
wir würden lesen	Perfect	Pluperfect
ihr würdet lesen	er/sie/es habe gelesen	ich hätte gelesen
Sie/sie würden lesen	wir haben gelesen	wir hätten gelesen

PARTICIPLES | IMPERATIVE

lesend	lies! lest!
gelesen	lesen Sie! lesen wir!

Lies laut! *Read aloud!*
Er liest den ganzen Tag. *He reads all day.*
Hast du schon die Zeitung gelesen? *Have you already read the paper?*
Damals lasen die Leute viel mehr. *In those days people read more.*
Bis nächste Woche werde ich das Buch gelesen haben. *By next week I shall have read the book.*
Worüber liest der Professor Linke? *What does Professor Linke lecture in?*
Wir haben seinen Roman nur so diagonal gelesen. *We only skimmed through his novel.*

der Lesesaal *reading room*	**vorlesen** *to read aloud*
die Lesung *reading of a bill in parliament*	**leserlich** *legible*

105 (†)liegen *to lie, be situated* (intr.)

INDICATIVE

Present	Imperfect	Perfect
ich liege	ich lag	ich habe gelegen
du liegst	du lagst	du hast gelegen
er/sie/es liegt	er/sie/es lag	er/sie/es hat gelegen
wir liegen	wir lagen	wir haben gelegen
ihr liegt	ihr lagt	ihr habt gelegen
Sie/sie liegen	Sie/sie lagen	Sie/sie haben gelegen

Pluperfect	Future	Future Perfect
ich hatte gelegen	ich werde liegen	ich werde gelegen haben
du hattest gelegen	du wirst liegen	du wirst gelegen haben
er/sie/es hatte gelegen	er/sie/es wird liegen	er/sie/es wird gelegen haben
wir hatten gelegen	wir werden liegen	wir werden gelegen haben
ihr hattet gelegen	ihr werdet liegen	ihr werdet gelegen haben
Sie/sie hatten gelegen	Sie/sie werden liegen	Sie/sie werden gelegen haben

CONDITIONAL — SUBJUNCTIVE

Present	Present	Imperfect
ich würde liegen	er/sie/es liege	ich läge
du würdest liegen	wir liegen	wir lägen
er/sie/es würde liegen		
wir würden liegen	Perfect	Pluperfect
ihr würdet liegen	er/sie/es habe gelegen	ich hätte gelegen
Sie/sie würden liegen	wir haben gelegen	wir hätten gelegen

PARTICIPLES — IMPERATIVE

PARTICIPLES	IMPERATIVE
liegend	lieg! liegt!
gelegen	liegen Sie! liegen wir!

Wo liegt meine Brille? *Where are my glasses?*
Sie hat auf dem Tisch gelegen. *They were lying on the table.*
Er lag eine Woche im Krankenhaus. *He was in hospital for a week.*
Wenn ich Zeit hätte, würde ich länger im Bett liegen. *If I had time I would lie in bed longer.*
Mein Wagen liegt gut auf der Straße. *My car holds the road well.*
Entscheiden Sie, es liegt ganz bei Ihnen! *Make your mind up; it is entirely up to you!*
An so einer Reise liegt mir nichts. *I am not interested in a journey like that.*
Die Antwort lag auf der Hand. *The answer was obvious.*
Er hat seinem Vater lange auf der Tasche gelegen. *He depended on his father's money for a long time.*
Diese Arbeit liegt mir nicht. *This type of work is not my cup of tea.*

nahe liegen *to be close*	**der Anlieger** *resident*
unterliegen *to be defeated*	**die Unterlagen** *(pl.) documents, data*

106 lügen *to lie* (intr.)

INDICATIVE

Present	Imperfect	Perfect
ich lüge	ich log	ich habe gelogen
du lügst	du logst	du hast gelogen
er/sie/es lügt	er/sie/es log	er/sie/es hat gelogen
wir lügen	wir logen	wir haben gelogen
ihr lügt	ihr logt	ihr habt gelogen
Sie/sie lügen	Sie/sie logen	Sie/sie haben gelogen

Pluperfect	Future	Future Perfect
ich hatte gelogen	ich werde lügen	ich werde gelogen haben
du hattest gelogen	du wirst lügen	du wirst gelogen haben
er/sie/es hatte gelogen	er/sie/es wird lügen	er/sie/es wird gelogen haben
wir hatten gelogen	wir werden lügen	wir werden gelogen haben
ihr hattet gelogen	ihr werdet lügen	ihr werdet gelogen haben
Sie/sie hatten gelogen	Sie/sie werden lügen	Sie/sie werden gelogen haben

CONDITIONAL SUBJUNCTIVE

Present	Present	Imperfect
ich würde lügen	er/sie/es lüge	ich löge
du würdest lügen	wir lügen	wir lögen
er/sie/es würde lügen		
wir würden lügen	Perfect	Pluperfect
ihr würdet lügen	er/sie/es habe gelogen	ich hätte gelogen
Sie/sie würden lügen	wir haben gelogen	wir hätten gelogen

PARTICIPLES IMPERATIVE

lügend	lüg! lügt!
gelogen	lüge Sie! lügen wir!

Du lügst! *You're lying!*
Er hat vor Gericht gelogen. *He lied in court.*
Warum log er? *Why did he lie?*
Vieles in den Zeitungen ist gelogen. *A lot of what the papers say is untrue.*
Er lügt das Blaue vom Himmel herunter. *He is a terrible liar.*
Sie lügen wie gedruckt. *They are obviously lying like mad.*
Lügen haben kurze Beine. *Lying will not get you very far.*

die Lüge *lie*
der Lügen *habitual liar*
lügenhaft *deceitful*

der Lügner *liar*
ein Sack voll Lügen *a pack of lies*
jemanden anlügen/belügen *to tell someone a lie*

107 machen *to do, make* (tr./intr./refl.)

INDICATIVE

Present	Imperfect	Perfect
ich mache	ich machte	ich habe gemacht
du machst	du machtest	du hast gemacht
er/sie/es macht	er/sie/es machte	er/sie/es hat gemacht
wir machen	wir machten	wir haben gemacht
ihr macht	ihr machtet	ihr habt gemacht
Sie/sie machen	Sie/sie machten	Sie/sie haben gemacht

Pluperfect	Future	Future Perfect
ich hatte gemacht	ich werde machen	ich werde gemacht haben
du hattest gemacht	du wirst machen	du wirst gemacht haben
er/sie/es hatte gemacht	er/sie/es wird machen	er/sie/es wird gemacht haben
wir hatten gemacht	wir werden machen	wir werden gemacht haben
ihr hattet gemacht	ihr werdet machen	ihr werdet gemacht haben
Sie/sie hatten gemacht	Sie/sie werden machen	Sie/sie werden gemacht haben

CONDITIONAL / SUBJUNCTIVE

Present	Present	Imperfect
ich würde machen	er/sie/es mache	ich machte
du würdest machen	wir machen	wir machten
er/sie/es würde machen		
wir würden machen	Perfect	Pluperfect
ihr würdet machen	er/sie/es habe gemacht	ich hätte gemacht
Sie/sie würden machen	wir haben gemacht	wir hätten gemacht

PARTICIPLES / IMPERATIVE

PARTICIPLES	IMPERATIVE
machend	mach! macht!
gemacht	machen Sie! machen wir!

Was machst du gerade? *What are you doing?*
Was haben Sie gestern gemacht? *What did you do yesterday?*
Die Mutter machte das Essen. *The mother was making lunch.*
Dieser Film ist gut gemacht. *This film is well made.*
Was macht das? *How much does that come to?*
Das macht nichts. *Never mind.*
Jetzt macht endlich einen Punkt! *That will do! Stop!*
Machen Sie sich keine Gedanken! *Don't worry!*
Wir machten uns früh auf die Beine. *We set off early.*
Er hat sich schnell aus dem Staube gemacht. *He quickly made himself scarce.*
Dieser Schüler macht sich langsam. *The pupil is slowly getting better.*
Bis morgen lässt sich die Arbeit nicht machen. *The work can't be done by tomorrow.*

aufmachen *to open*   **zumachen** *to close*

108 **meinen** *to believe, think* (intr./tr.)

INDICATIVE

Present	Imperfect	Perfect
ich meine	ich meinte	ich habe gemeint
du meinst	du meintest	du hast gemeint
er/sie/es meint	er/sie/es meinte	er/sie/es hat gemeint
wir meinen	wir meinten	wir haben gemeint
ihr meint	ihr meintet	ihr habt gemeint
Sie/sie meinen	Sie/sie meinten	Sie/sie haben gemeint

Pluperfect	Future	Future Perfect
ich hatte gemeint	ich werde meinen	ich werde gemeint haben
du hattest gemeint	du wirst meinen	du wirst gemeint haben
er/sie/es hatte gemeint	er/sie/es wird meinen	er/sie/es wird gemeint haben
wir hatten gemeint	wir werden meinen	wir werden gemeint haben
ihr hattet gemeint	ihr werdet meinen	ihr werdet gemeint haben
Sie/sie hatten gemeint	Sie/sie werden meinen	Sie/sie werden gemeint haben

CONDITIONAL · SUBJUNCTIVE

Present	Present	Imperfect
ich würde meinen	er/sie/es meine	ich meinte
du würdest meinen	wir meinen	wir meinten
er/sie/es würde meinen		
wir würden meinen	Perfect	Pluperfect
ihr würdet meinen	er/sie/es habe gemeint	ich hätte gemeint
Sie/sie würden meinen	wir haben gemeint	wir hätten gemeint

PARTICIPLES · IMPERATIVE

PARTICIPLES	IMPERATIVE
meinend	meine! meint!
gemeint	meinen Sie! meinen wir!

Was meinen Sie dazu? *What do you think about that?*
Er hat es nicht so gemeint. *He did not mean it that way.*
Sie meinten es wirklich gut. *They meant well really.*
Mit dieser Bemerkung waren wir gemeint. *That remark was meant for us.*
Das will ich meinen! *I should think so!*
Er meinte sich im Recht. *He thought he was right.*
Heute meint die Sonne es gut mit uns. *Today the sun is spoiling us.*
Seine Worte waren ehrlich gemeint. *He really meant what he said.*

die Meinung opinion
der Meinungsaustausch exchange of ideas
die Meinungsverschiedenheit difference
  of opinion

die öffentliche Meinung public opinion

109 melden *to inform, report* (tr./refl.)

INDICATIVE

Present	Imperfect	Perfect
ich melde	ich meldete	ich habe gemeldet
du meldest	du meldetest	du hast gemeldet
er/sie/es meldet	er/sie/es meldete	er/sie/es hat gemeldet
wir melden	wir meldeten	wir haben gemeldet
ihr meldet	ihr meldetet	ihr habt gemeldet
Sie/sie melden	Sie/sie meldeten	Sie/sie haben gemeldet

Pluperfect	Future	Future Perfect
ich hatte gemeldet	ich werde melden	ich werde gemeldet haben
du hattest gemeldet	du wirst melden	du wirst gemeldet haben
er/sie/es hatte gemeldet	er/sie/es wird melden	er/sie/es wird gemeldet haben
wir hatten gemeldet	wir werden melden	wir werden gemeldet haben
ihr hattet gemeldet	ihr werdet melden	ihr werdet gemeldet haben
Sie/sie hatten gemeldet	Sie/sie werden melden	Sie/sie werden gemeldet haben

CONDITIONAL / SUBJUNCTIVE

Present	Present	Imperfect
ich würde melden	er/sie/es melde	ich meldete
du würdest melden	wir melden	wir meldeten
er/sie/es würde melden		wir würden melden
wir würden meinen	Perfect	Pluperfect
ihr würdet melden	er/sie/es habe gemeldet	ich hätte gemeldet
Sie/sie würden melden	wir haben gemeldet	wir hätten gemeldet

PARTICIPLES / IMPERATIVE

meldend	melde! meldet!
gemeldet	melden Sie! melden wir!

Ich möchte einen Diebstahl melden. *I would like to report a theft.*
Es werden Kämpfe in Bosnien gemeldet. *There are reports of fighting in Bosnia.*
Er hat sich noch nicht gemeldet. *He has not yet come forward.*
Sie wurden als vermisst gemeldet. *They were reported missing.*
Am Telefon hat sich niemand gemeldet. *Nobody answered the phone.*
Er wurde der Polizei gemeldet. *He was reported to the police.*
Ich melde mich bald zur Prüfung. *I'll enter for the exam soon.*
Der Hunger meldete sich bei uns. *We were getting hungry.*
Er hat nichts zu melden. *He has no say.*

die Meldung *announcement*
die Anmeldung *reception*
die Unfallmeldung *accident report*

der Meldeschluss *closing date*
die Meldepflicht *obligation to notify the authorities*
die Abmeldung *notice of withdrawal*

110 merken *to notice, remember* (tr.)

INDICATIVE

Present	Imperfect	Perfect
ich merke	ich merkte	ich habe gemerkt
du merkst	du merktest	du hast gemerkt
er/sie/es merkt	er/sie/es merkte	er/sie/es hat gemerkt
wir merken	wir merkten	wir haben gemerkt
ihr merkt	ihr merktet	ihr habt gemerkt
Sie/sie merken	Sie/sie merkten	Sie/sie haben gemerkt

Pluperfect	Future	Future Perfect
ich hatte gemerkt	ich werde merken	ich werde gemerkt haben
du hattest gemerkt	du wirst merken	du wirst gemerkt haben
er/sie/es hatte gemerkt	er/sie/es wird merken	er/sie/es wird gemerkt haben
wir hatten gemerkt	wir werden merken	wir werden gemerkt haben
ihr hattet gemerkt	ihr werdet merken	ihr werdet gemerkt haben
Sie/sie hatten gemerkt	Sie/sie werden merken	Sie/sie werden gemerkt haben

CONDITIONAL / SUBJUNCTIVE

Present	Present	Imperfect
ich würde merken	er/sie/es merke	ich merkte
du würdest merken	wir merken	wir merkten
er/sie/es würde merken		
wir würden merken	Perfect	Pluperfect
ihr würdet merken	er/sie/es habe gemerkt	ich hätte gemerkt
Sie/sie würden merken	wir haben gemerkt	wir hätten gemerkt

PARTICIPLES / IMPERATIVE

PARTICIPLES	IMPERATIVE
merkend	merke! merkt!
gemerkt	merken Sie! merken wir!

Er merkt alles. *He notices everything.*
Ich habe nichts davon gemerkt. *I did not notice anything.*
Er merkte nicht, dass er zu schnell fuhr. *He was not aware that he was driving too fast.*
Sie ließ ihn ihre Freude merken. *She let him see her joy.*
Ich kann mir keine Namen merken. *I can't remember names.*
Meine Telefonnummer ist leicht zu merken. *My telephone number is easy to remember.*
Das werde ich mir merken! *I shan't forget!*
Man merkte ihm seine Stimmung an. *It was easy to tell his mood.*

das Merkblatt *pamphlet*
das Merkmal *feature*
die Merkwürdigkeit *curiosity*
merkwürdig *peculiar*
merkbar *evident*
bemerkenswert *remarkable*
merklich *noticeable*
die Anmerkung *annotation*

111 messen *to measure* (tr./intr./refl.)

INDICATIVE

Present	Imperfect	Perfect
ich messe	ich maß	ich habe gemessen
du misst	du maßest	du hast gemessen
er/sie/es misst	er/sie/es maß	er/sie/es hat gemessen
wir messen	wir maßen	wir haben gemessen
ihr messt	ihr maßt	ihr habt gemessen
Sie/sie messen	Sie/sie maßen	Sie/sie haben gemessen

Pluperfect	Future	Future Perfect
ich hatte gemessen	ich werde messen	ich werde gemessen haben
du hattest gemessen	du wirst messen	du wirst gemessen haben
er/sie/es hatte gemessen	er/sie/es wird messen	er/sie/es wird gemessen haben
wir hatten gemessen	wir werden messen	wir werden gemessen haben
ihr hattet gemessen	ihr werdet messen	ihr werdet gemessen haben
Sie/sie hatten gemessen	Sie/sie werden messen	Sie/sie werden gemessen haben

CONDITIONAL · SUBJUNCTIVE

Present	Present	Imperfect
ich würde messen	er/sie/es messe	ich mäße
du würdest messen	wir messen	wir mäßen
er/sie/es würde messen		
wir würden messen	Perfect	Pluperfect
ihr würdet messen	er/sie/es habe gemessen	ich hätte gemessen
Sie/sie würden messen	wir haben gemessen	wir hätten gemessen

PARTICIPLES · IMPERATIVE

PARTICIPLES	IMPERATIVE
messend	miss! misst!
gemessen	messen Sie! messen wir!

Miss bitte die Temperatur! *Take the temperature, please!*
Die Polizei misst die Geschwindigkeit. *The police are measuring the speed.*
Wir haben die Fenster genau gemessen. *We have taken exact measurements of the windows.*
Die Wassertiefe wurde mit einem Lot gemessen. *The depth was measured with a plumb line.*
Er maß mich von Kopf bis Fuß. *He was summing me up.*
Ich kann mich nicht mit ihm messen. *I am no match for him.*
Er misst 1.90m. *He is 1.90 m tall.*
Sie maßen mit zweierlei Maß. *They applied different standards.*

das Maß *measure*	**messbar** *measurable*
das Messgerät *gauge*	**unermesslich** *vast, immeasurable*
das Maßband *tape measure*	**das Ausmaß** *extent*
die Abmessung *dimension*	**die Bemessung** *calculation*

112 mieten *to hire, rent* (tr./refl.)

INDICATIVE

Present	Imperfect	Perfect
ich miete	ich mietete	ich habe gemietet
du mietest	du mietetest	du hast gemietet
er/sie/es mietet	er/sie/es mietete	er/sie/es hat gemietet
wir mieten	wir mieteten	wir haben gemietet
ihr mietet	ihr mietetet	ihr habt gemietet
Sie/sie mieten	Sie/sie mieteten	Sie/sie haben gemietet

Pluperfect	Future	Future Perfect
ich hatte gemietet	ich werde mieten	ich werde gemietet haben
du hattest gemietet	du wirst mieten	du wirst gemietet haben
er/sie/es hatte gemietet	er/sie/es wird mieten	er/sie/es wird gemietet haben
wir hatten gemietet	wir werden mieten	wir werden gemietet haben
ihr hattet gemietet	ihr werdet mieten	ihr werdet gemietet haben
Sie/sie hatten gemietet	Sie/sie werden mieten	Sie/sie werden gemietet haben

CONDITIONAL / SUBJUNCTIVE

Present	Present	Imperfect
ich würde mieten	er/sie/es miete	ich mietete
du würdest mieten	wir mieten	wir mieteten
er/sie/es würde mieten		
wir würden mieten	Perfect	Pluperfect
ihr würdet mieten	er/sie/es habe gemietet	ich hätte gemietet
Sie/sie würden mieten	wir haben gemietet	wir hätten gemietet

PARTICIPLES / IMPERATIVE

PARTICIPLES	IMPERATIVE
mietend	miete! mietet!
gemietet	mieten Sie! mieten wir!

Diese Wohnung miete ich. *I'll rent this flat.*
Das ist nicht mein Auto; ich habe es gemietet. *This is not my car; I have rented it.*
Für ein Jahr mietete er unser Haus. *He rented our house for a year.*
Ein Detektiv wurde gemietet. *A detective was hired.*
Wenn er mehr Geld gehabt hätte, hätte er ein größeres Haus gemietet. *If he had had more money, he would have rented a bigger house.*
Er mietete sich ein kleines Haus in der Stadtmitte. *He rented a small house (for himself) in the centre of town.*

die Miete *rent*	**der Mieter** *tenant*
der Mietpreis *rental charge*	**der Mietherr, Vermieter** *landlord*
der Mietvertrag *lease, contract*	**das Mietshaus** *block of flats*
vermieten *to rent out*	**der Mietkauf** *leasing*
die Autovermietung *car rental*	**das Mietauto** *taxi*

113 mögen *to want, like* (tr./intr.)

INDICATIVE

Present	Imperfect	Perfect
ich mag	ich mochte	ich habe gemocht
du magst	du mochtest	du hast gemocht
er/sie/es mag	er/sie/es mochte	er/sie/es hat gemocht
wir mögen	wir mochten	wir haben gemocht
ihr mögt	ihr mochtet	ihr habt gemocht
Sie/sie mögen	Sie/sie mochten	Sie/sie haben gemocht

Pluperfect	Future	Future Perfect
ich hatte gemocht	ich werde mögen	ich werde gemocht haben
du hattest gemocht	du wirst mögen	du wirst gemocht haben
er/sie/es hatte gemocht	er/sie/es wird mögen	er/sie/es wird gemocht haben
wir hatten gemocht	wir werden mögen	wir werden gemocht haben
ihr hattet gemocht	ihr werdet mögen	ihr werdet gemocht haben
Sie/sie hatten gemocht	Sie/sie werden mögen	Sie/sie werden gemocht haben

CONDITIONAL / SUBJUNCTIVE

Present	Present	Imperfect
ich würde mögen	er/sie/es möge	ich möchte
du würdest mögen	wir mögen	wir möchten
er/sie/es würde mögen		
wir würden mögen	Perfect	Pluperfect
ihr würdet mögen	er/sie/es habe gemocht	ich hätte gemocht
Sie/sie würden mögen	wir haben gemocht	wir hätten gemocht

PARTICIPLES

mögend
gemocht

Mögen Sie keinen Wein? *Don't you like wine?*
Er mag lieber Bier. *He prefers beer.*
Das Essen mochte ich nicht. *I did not like the food.*
Was möchten Sie, bitte? *What would you like?*
Sie mochten gerne Fleisch. *They liked eating meat.*
Das mag wohl sein! *That may be so!*
Wer mag das sein? *Who might that be?*
Der Fluss mochte etwa 100m breit sein. *The river must have been about 100 m wide.*
Ich möchte aus der Haut fahren. *I am about to lose my temper.*

möglich *possible*   **die Möglichkeit** *possibility*

114 müssen *to have to* (intr./tr.)

INDICATIVE

Present	Imperfect	Perfect
ich muss	ich musste	ich habe gemusst
du musst	du musstest	du hast gemusst
er/sie/es muss	er/sie/es musste	er/sie/es hat gemusst
wir müssen	wir mussten	wir haben gemusst
ihr müsst	ihr musstet	ihr habt gemusst
Sie/sie müssen	Sie/sie mussten	Sie/sie haben gemusst

Pluperfect	Future	Future Perfect
ich hatte gemusst	ich werde müssen	ich werde gemusst haben
du hattest gemusst	du wirst müssen	du wirst gemusst haben
er/sie/es hatte gemusst	er/sie/es wird müssen	er/sie/es wird gemusst haben
wir hatten gemusst	wir werden müssen	wir werden gemusst haben
ihr hattet gemusst	ihr werdet müssen	ihr werdet gemusst haben
Sie/sie hatten gemusst	Sie/sie werden müssen	Sie/sie werden gemusst haben

CONDITIONAL SUBJUNCTIVE

Present	Present	Imperfect
ich würde müssen	er/sie/es müsse	ich müsste
du würdest müssen	wir müssen	wir müssten
er/sie/es würde müssen		
wir würden müssen	Perfect	Pluperfect
ihr würdet müssen	er/sie/es habe gemusst	ich hätte gemusst
Sie/sie würden müssen	wir haben gemusst	wir hätten gemusst

PARTICIPLES

müssend
gemusst

Wann musst du morgens aufstehen? *When do you have to get up in the morning?*
Heute hat er nicht arbeiten müssen. *Today he did not have to work.*
Gestern musste ich verreisen. *Yesterday I had to go away.*
Wir hätten es wissen müssen. *We should have known.*
Das muss man sagen! *That has to be said!*
Muss das sein? *Is that really necessary?*
Er ist ein Schüler, wie er sein muss. *He is a model pupil.*
Sie müssten eigentlich bald kommen. *I reckon they will be here soon.*
Viel Zeit müsste man haben. *If only there were plenty of time.*
Das musste ja so kommen! *That was predictable!*
Es ist kein Muss dabei. *There is no obligation.*
Muss ist eine harte Nuss. *Necessity is a harsh master.*

115 nehmen *to take* (tr.)

INDICATIVE

Present	Imperfect	Perfect
ich nehme	ich nahm	ich habe genommen
du nimmst	du nahmst	du hast genommen
er/sie/es nimmt	er/sie/es nahm	er/sie/es hat genommen
wir nehmen	wir nahmen	wir haben genommen
ihr nehmt	ihr nahmt	ihr habt genommen
Sie/sie nehmen	Sie/sie nahmen	Sie/sie haben genommen

Pluperfect	Future	Future Perfect
ich hatte genommen	ich werde nehmen	ich werde genommen haben
du hattest genommen	du wirst nehmen	du wirst genommen haben
er/sie/es hatte genommen	er/sie/es wird nehmen	er/sie/es wird genommen hab
wir hatten genommen	wir werden nehmen	wir werden genommen haben
ihr hattet genommen	ihr werdet nehmen	ihr werdet genommen haben
Sie/sie hatten genommen	Sie/sie werden nehmen	Sie/sie werden genommen haben

CONDITIONAL SUBJUNCTIVE

Present	Present	Imperfect
ich würde nehmen	er/sie/es nehme	ich nähme
du würdest nehmen	wir nehmen	wir nähmen
er/sie/es würde nehmen		
wir würden nehmen	Perfect	Pluperfect
ihr würdet nehmen	er/sie/es habe genommen	ich hätte genommen
Sie/sie würden nehmen	wir haben genommen	wir hätten genommen

PARTICIPLES IMPERATIVE

nehmend	nimm! nehmt!
genommen	nehmen Sie! nehmen wir!

Nimm doch noch ein Stück Kuchen. *Have another piece of cake.*
Sie nimmt neben mir Platz. *She's taking the seat next to me.*
Er hat das Buch nicht vom Tisch genommen. *He has not taken the book off the table.*
Ich nahm meinen Hut und ging. *I got my hat and left.*
Sie nahmen sich einen Anwalt. *They engaged the services of a lawyer.*
Er hatte mir alle Hoffnung genommen. *He had destroyed all my hopes.*
Der Taxifahrer nahm 10 Euro. *The taxi driver charged 10 euros.*
Das nehme ich auf mich. *I accept responsibility for that.*
Nehmen Sie sich in Acht! *Be careful!*
Wir nahmen die Sache in die Hand. *We organized the affair.*
Du nimmst ihn immer in Schutz. *You are always protecting him.*
Ihr nehmt mich auf den Arm! *You are pulling my leg!*

annehmen *to accept, assume*   **die Aufnahme** *recording*

116 nennen *to call, name* (tr./refl.)

INDICATIVE

Present	Imperfect	Perfect
ich nenne	ich nannte	ich habe genannt
du nennst	du nanntest	du hast genannt
er/sie/es nennt	er/sie/es nannte	er/sie/es hat genannt
wir nennen	wir nannten	wir haben genannt
ihr nennt	ihr nanntet	ihr habt genannt
Sie/sie nennen	Sie/sie nannten	Sie/sie haben genannt

Pluperfect	Future	Future Perfect
ich hatte genannt	ich werde nennen	ich werde genannt haben
du hattest genannt	du wirst nennen	du wirst genannt haben
er/sie/es hatte genannt	er/sie/es wird nennen	er/sie/es wird genannt haben
wir hatten genannt	wir werden nennen	wir werden genannt haben
ihr hattet genannt	ihr werdet nennen	ihr werdet genannt haben
Sie/sie hatten genannt	Sie/sie werden nennen	Sie/sie werden genannt haben

CONDITIONAL · SUBJUNCTIVE

Present	Present	Imperfect
ich würde nennen	er/sie/es nenne	ich nennte
du würdest nennen	wir nennen	wir nennten
er/sie/es würde nennen		
wir würden nennen	Perfect	Pluperfect
ihr würdet nennen	er/sie/es habe genannt	ich hätte genannt
Sie/sie würden nennen	wir haben genannt	wir hätten genannt

PARTICIPLES · IMPERATIVE

PARTICIPLES	IMPERATIVE
nennend	nenn! nennt!
genannt	nennen Sie! nennen wir!

Wie nennen Sie Ihr Baby? *What are you going to call your baby?*
Man nannte ihn einen Helden. *He was regarded as a hero.*
Welche Station hat der Schaffner genannt? *Which station did the conductor say?*
Er hieß Hans, aber man nannte ihn Hänschen. *His name was Hans but people called him Hänschen.*
Er nennt sich Manager. *He calls himself a manager.*
Sie nennen das Kind beim Namen. *You call a spade a spade.*
Und das nannte sich ein gutes Restaurant! *And that's supposed to be a good restaurant!*
Sie nannte mich beim Vornamen. *She called me by my first name.*

der gemeinsame Nenner *common denominator*
der Nennwert *nominal value*
so genannt *so-called*
nennenswert *worth mentioning*

117 öffnen *to open* (tr./refl.)

INDICATIVE

Present	Imperfect	Perfect
ich öffne	ich öffnete	ich habe geöffnet
du öffnest	du öffnetest	du hast geöffnet
er/sie/es öffnet	er/sie/es öffnete	er/sie/es hat geöffnet
wir öffnen	wir öffneten	wir haben geöffnet
ihr öffnet	ihr öffnetet	ihr habt geöffnet
Sie/sie öffnen	Sie/sie öffneten	Sie/sie haben geöffnet

Pluperfect	Future	Future Perfect
ich hatte geöffnet	ich werde öffnen	ich werde geöffnet haben
du hattest geöffnet	du wirst öffnen	du wirst geöffnet haben
er/sie/es hatte geöffnet	er/sie/es wird öffnen	er/sie/es wird geöffnet haben
wir hatten geöffnet	wir werden öffnen	wir werden geöffnet haben
ihr hattet geöffnet	ihr werdet öffnen	ihr werdet geöffnet haben
Sie/sie hatten geöffnet	Sie/sie werden öffnen	Sie/sie werden geöffnet haben

CONDITIONAL / SUBJUNCTIVE

Present	Present	Imperfect
ich würde öffnen	er/sie/es öffne	ich öffnete
du würdest öffnen	wir öffnen	wir öffneten
er/sie/es würde öffnen		
wir würden öffnen	Perfect	Pluperfect
ihr würdet öffnen	er/sie/es habe geöffnet	ich hätte geöffnet
Sie/sie würden öffnen	wir haben geöffnet	wir hätten geöffnet

PARTICIPLES / IMPERATIVE

PARTICIPLES	IMPERATIVE
öffnend	öffne! öffnet!
geöffnet	öffnen Sie! öffnen wir!

Darf ich das Fenster öffnen? *May I open the window?*
Vorsichtig öffnete sie den Brief. *She opened the letter carefully.*
Die Tür wurde gewaltsam geöffnet. *The door was forced open.*
Langsam öffnete sich die Tür. *Slowly the door opened.*
Wir öffneten ihm alle Wege. *We paved the way for him.*
Das hat ihm die Augen geöffnet. *That has made him realize the truth.*
Damit wurden Tür und Tor geöffnet. *That opened all the doors.*
Nur damit werden Sie ihm den Mund öffnen. *Only that will make him talk.*

die Öffnung *opening*
die Öffnungszeiten *opening times*
die Türöffnung *doorway*

eröffnen (Geschäft, Konto) *to open (a business, account)*
veröffentlichen *to publish, print*

118 passen *to fit, suit* (intr.)

INDICATIVE

Present	Imperfect	Perfect
ich passe	ich passte	ich habe gepasst
du passt	du passtest	du hast gepasst
er/sie/es passt	er/sie/es passte	er/sie/es hat gepasst
wir passen	wir passten	wir haben gepasst
ihr passt	ihr passtet	ihr habt gepasst
Sie/sie passen	Sie/sie passten	Sie/sie haben gepasst

Pluperfect	Future	Future Perfect
ich hatte gepasst	ich werde passen	ich werde gepasst haben
du hattest gepasst	du wirst passen	du wirst gepasst haben
er/sie/es hatte gepasst	er/sie/es wird passen	er/sie/es wird gepasst haben
wir hatten gepasst	wir werden passen	wir werden gepasst haben
ihr hattet gepasst	ihr werdet passen	ihr werdet gepasst haben
Sie/sie hatten gepasst	Sie/sie werden passen	Sie/sie werden gepasst haben

CONDITIONAL   SUBJUNCTIVE

Present	Present	Imperfect
ich würde passen	er/sie/es passe	ich passte
du würdest passen	wir passen	wir passten
er/sie/es würde passen		
wir würden passen	**Perfect**	**Pluperfect**
ihr würdet passen	er/sie/es habe gepasst	ich hätte gepasst
Sie/sie würden passen	wir haben gepasst	wir hätten gepasst

PARTICIPLES   IMPERATIVE

passend	pass! passt!
gepasst	passen Sie! passen wir!

Passt es Ihnen um 3 Uhr? *Would 3 o'clock suit you?*
Der Anzug passte ihm nicht. *The suit did not fit him.*
Meine Kleider passten ihr wie angegossen. *My clothes fitted her exactly.*
Der Koffer hat nicht ins Auto gepasst. *The case did not fit into the car.*
Das passt mir gar nicht. *I don't like that at all.*
Er passte zu ihr wie die Faust aufs Auge. *They were like chalk and cheese.*
Das würde gut in seinen Kram passen. *That would suit his purpose well.*
Er passt nicht zum Priester. *He will never make a good priest.*
Das könnte Ihnen so passen! *You'd just love that, wouldn't you!*
Sie passt nicht in diese Welt. *She can't cope with reality.*
Die beiden passen gut zu einander. *Those two are a perfect match.*

passend *suitable*   **passgenau** *a perfect fit*

119 pflegen *to tend, care for* (tr./refl.)

INDICATIVE

Present	Imperfect	Perfect
ich pflege	ich pflegte	ich habe gepflegt
du pflegst	du pflegtest	du hast gepflegt
er/sie/es pflegt	er/sie/es pflegte	er/sie/es hat gepflegt
wir pflegen	wir pflegten	wir haben gepflegt
ihr pflegt	ihr pflegtet	ihr habt gepflegt
Sie/sie pflegen	Sie/sie pflegten	Sie/sie haben gepflegt

Pluperfect	Future	Future Perfect
ich hatte gepflegt	ich werde pflegen	ich werde gepflegt haben
du hattest gepflegt	du wirst pflegen	du wirst gepflegt haben
er/sie/es hatte gepflegt	er/sie/es wird pflegen	er/sie/es wird gepflegt haben
wir hatten gepflegt	wir werden pflegen	wir werden gepflegt haben
ihr hattet gepflegt	ihr werdet pflegen	ihr werdet gepflegt haben
Sie/sie hatten gepflegt	Sie/sie werden pflegen	Sie/sie werden gepflegt haben

CONDITIONAL · SUBJUNCTIVE

Present	Present	Imperfect
ich würde pflegen	er/sie/es pflege	ich pflegte
du würdest pflegen	wir pflegen	wir pflegten
er/sie/es würde pflegen		
wir würden pflegen	Perfect	Pluperfect
ihr würdet pflegen	er/sie/es habe gepflegt	ich hätte gepflegt
Sie/sie würden pflegen	wir haben gepflegt	wir hätten gepflegt

PARTICIPLES · IMPERATIVE

pflegend	pfleg! pflegt!
gepflegt	pflegen Sie! pflegen wir!

Sie pflegt ihre kranke Mutter schon lange. *She has been looking after her sick mother for a long time.*
Er pflegte seinen Garten. *He looked after his garden.*
Womit pflegen Sie Ihre Schuhe? *What do you use to polish your shoes?*
Sie pflegten sich überhaupt nicht. *They did not take care of themselves at all.*
Sie wurde gehegt und gepflegt. *She was spoilt.*
In unserer Stadt pflegen wir die Musik. *We promote music in our town.*
Sie hatten kaum Umgang mit Menschen gepflegt. *They had little contact with other people.*

die Pflege *care*	**das Pflegeheim** *nursing home*
die Krankenpflege *nursing*	**pflegebedürftig** *in need of care*
die Pflegeeltern *foster parents*	**pflegeleicht** *easy-care*

120 **plaudern** *to chat, gossip* (intr.)

INDICATIVE

Present	Imperfect	Perfect
ich plaudere	ich plauderte	ich habe geplaudert
du plauderst	du plaudertest	du hast geplaudert
er/sie/es plaudert	er/sie/es plauderte	er/sie/es hat geplaudert
wir plaudern	wir plauderten	wir haben geplaudert
ihr plaudert	ihr plaudertet	ihr habt geplaudert
Sie/sie plaudern	Sie/sie plauderten	Sie/sie haben geplaudert

Pluperfect	Future	Future Perfect
ich hatte geplaudert	ich werde plaudern	ich werde geplaudert haben
du hattest geplaudert	du wirst plaudern	du wirst geplaudert haben
er/sie/es hatte geplaudert	er/sie/es wird plaudern	er/sie/es wird geplaudert haben
wir hatten geplaudert	wir werden plaudern	wir werden geplaudert haben
ihr hattet geplaudert	ihr werdet plaudern	ihr werdet geplaudert haben
Sie/sie hatten geplaudert	Sie/sie werden plaudern	Sie/sie werden geplaudert haben

CONDITIONAL / SUBJUNCTIVE

Present	Present	Imperfect
ich würde plaudern	er/sie/es plaudere	ich plauderte
du würdest plaudern	wir plaudern	wir plauderten
er/sie/es würde plaudern		
wir würden plaudern	**Perfect**	**Pluperfect**
ihr würdet plaudern	er/sie/es habe geplaudert	ich hätte geplaudert
Sie/sie würden plaudern	wir haben geplaudert	wir hätten geplaudert

PARTICIPLES / IMPERATIVE

PARTICIPLES	IMPERATIVE
plaudernd	plaudere! plaudert!
geplaudert	plaudern Sie! plaudern wir!

Ich plaudere oft mit der Nachbarin. *I often chat to my neighbour.*
Gestern haben wir stundenlang geplaudert. *Yesterday we chatted for hours.*
Er plauderte gern bei einem Glas Wein. *He liked to chat over a glass of wine.*
Man würde über sie plaudern. *There would be some gossip about them.*
Er plauderte aus der Schule. *He talked out of school.*
Der Sträfling hat geplaudert. *The convict has talked.*
Sie plauderten von alten Zeiten. *They were reminiscing.*

die Plauderei *small talk*	**der Plauderer** *talker*
plauderhaft *talkative*	**die Plaudertasche** *chatterbox*

121 prüfen *to check, examine* (tr.)

INDICATIVE

Present	Imperfect	Perfect
ich prüfe	ich prüfte	ich habe geprüft
du prüfst	du prüftest	du hast geprüft
er/sie/es prüft	er/sie/es prüfte	er/sie/es hat geprüft
wir prüfen	wir prüften	wir haben geprüft
ihr prüft	ihr prüftet	ihr habt geprüft
Sie/sie prüfen	Sie/sie prüften	Sie/sie haben geprüft

Pluperfect	Future	Future Perfect
ich hatte geprüft	ich werde prüfen	ich werde geprüft haben
du hattest geprüft	du wirst prüfen	du wirst geprüft haben
er/sie/es hatte geprüft	er/sie/es wird prüfen	er/sie/es wird geprüft haben
wir hatten geprüft	wir werden prüfen	wir werden geprüft haben
ihr hattet geprüft	ihr werdet prüfen	ihr werdet geprüft haben
Sie/sie hatten geprüft	Sie/sie werden prüfen	Sie/sie werden geprüft haben

CONDITIONAL | SUBJUNCTIVE

Present	Present	Imperfect
ich würde prüfen	er/sie/es prüfe	ich prüfte
du würdest prüfen	wir prüfen	wir prüften
er/sie/es würde prüfen		
wir würden prüfen	Perfect	Pluperfect
ihr würdet prüfen	er/sie/es habe geprüft	ich hätte geprüft
Sie/sie würden prüfen	wir haben geprüft	wir hätten geprüft

PARTICIPLES | IMPERATIVE

prüfend	prüf! prüft!
geprüft	prüfen Sie! prüfen wir!

Prüfen Sie bitte den Ölstand! *Please check the oil!*
Ich habe die Reifen noch nicht geprüft. *I haven't checked the tyres yet.*
Das Bier wird auf Reinheit geprüft. *The beer is tested for purity.*
Der Student ist gestern geprüft worden. *The student was tested yesterday.*
Man soll sich selber prüfen. *You should have a good look at yourself.*
Das Schicksal hat ihn hart geprüft. *He has had a hard life.*
Man prüfte ihn auf Herz und Nieren. *He was examined thoroughly.*
Er warf einen prüfenden Blick auf mich. *He checked me out.*

die Prüfung *exam*   **der Prüfer** *inspector*
der Prüfling *candidate*   **die Prüfungsarbeit** *test paper*
die Fahrprüfung *driving test*

122 *rasen to speed, race (intr.)

INDICATIVE

Present	Imperfect	Perfect
ich rase	ich raste	ich bin gerast
du rast	du rastest	du bist gerast
er/sie/es rast	er/sie/es raste	er/sie/es ist gerast
wir rasen	wir rasten	wir sind gerast
ihr rast	ihr rastet	ihr seid gerast
Sie/sie rasen	Sie/sie rasten	Sie/sie sind gerast

Pluperfect	Future	Future Perfect
ich war gerast	ich werde rasen	ich werde gerast sein
du warst gerast	du wirst rasen	du wirst gerast sein
er/sie/es war gerast	er/sie/es wird rasen	er/sie/es wird gerast sein
wir waren gerast	wir werden rasen	wir werden gerast sein
ihr wart gerast	ihr werdet rasen	ihr werdet gerast sein
Sie/sie waren gerast	Sie/sie werden rasen	Sie/sie werden gerast sein

CONDITIONAL / SUBJUNCTIVE

Present	Present	Imperfect
ich würde rasen	er/sie/es rase	ich raste
du würdest rasen	wir rasen	wir rasten
er/sie/es würde rasen		

	Perfect	Pluperfect
wir würden rasen	er/sie/es sei gerast	ich wäre gerast
ihr würdet rasen	wir seien gerast	wir wären gerast
Sie/sie würden rasen		

PARTICIPLES / IMPERATIVE

PARTICIPLES	IMPERATIVE
rasend	ras! rast!
gerast	rasen Sie! rasen wir!

Ras nicht so! *Stop speeding!*
Er ist gegen den Baum gerast. *He crashed into the tree.*
Ein Sturm raste über das Land. *A storm raged across the country.*
Es wurde zu schnell gerast. *People were driving too fast.*
Rasten, nicht rasen! *Don't race, rest! (notice on motorways)*
Sein Herz raste wie wild. *His heart was beating madly.*
Die Zeit raste. *The time simply flew past.*
Die Zuschauer rasten vor Begeisterung. *The spectators were going wild [with enthusiasm].*

die Raserei *speeding, reckless driving, madness*
jemanden zur Raserei bringen *to drive someone mad*
rasend *raging, mad*

123 raten (+ dat.) *to advise* (intr./tr.)

INDICATIVE

Present	Imperfect	Perfect
ich rate	ich riet	ich habe geraten
du rätst	du rietst	du hast geraten
er/sie/es rät	er/sie/es riet	er/sie/es hat geraten
wir raten	wir rieten	wir haben geraten
ihr ratet	ihr rietet	ihr habt geraten
Sie/sie raten	Sie/sie rieten	Sie/sie haben geraten

Pluperfect	Future	Future Perfect
ich hatte geraten	ich werde raten	ich werde geraten haben
du hattest geraten	du wirst raten	du wirst geraten haben
er/sie/es hatte geraten	er/sie/es wird raten	er/sie/es wird geraten haben
wir hatten geraten	wir werden raten	wir werden geraten haben
ihr hattet geraten	ihr werdet raten	ihr werdet geraten haben
Sie/sie hatten geraten	Sie/sie werden raten	Sie/sie werden geraten haben

CONDITIONAL SUBJUNCTIVE

Present	Present	Imperfect
ich würde raten	er/sie/es rate	ich riete
du würdest raten	wir raten	wir rieten
er/sie/es würde raten		
wir würden raten	Perfect	Pluperfect
ihr würdet raten	er/sie/es habe geraten	ich hätte geraten
Sie/sie würden raten	wir haben geraten	wir hätten geraten

PARTICIPLES IMPERATIVE

ratend	rate! ratet!
geraten	raten Sie! raten wir!

Was raten Sie mir? *What is your advice?*
Ich würde zu diesem Film raten. *My advice would be to choose this film.*
Er rät mir, den Zug zu nehmen. *He advises me to go by train.*
Sie rieten mir, zu Hause zu bleiben. *They advised me to stay at home.*
Das möchte ich Ihnen geraten haben! *I am warning you!*
Damit ist mir nicht geraten. *That does not help me at all.*
Er lässt sich von niemandem raten. *He does not listen to anybody.*
Ich wusste mir nicht zu raten. *I was at my wits' end.*

der Rat *advice*	**der Ratgeber** *adviser*
das Rathaus *town hall*	**erraten** *to guess*
ratsam *advisable*	**verraten** *to betray*

124 rechnen *to calculate* (tr./intr.)

INDICATIVE

Present	Imperfect	Perfect
ich rechne	ich rechnete	ich habe gerechnet
du rechnest	du rechnetest	du hast gerechnet
er/sie/es rechnet	er/sie/es rechnete	er/sie/es hat gerechnet
wir rechnen	wir rechneten	wir haben gerechnet
ihr rechnet	ihr rechnetet	ihr habt gerechnet
Sie/sie rechnen	Sie/sie rechneten	Sie/sie haben gerechnet

Pluperfect	Future	Future Perfect
ich hatte gerechnet	ich werde rechnen	ich werde gerechnet haben
du hattest gerechnet	du wirst rechnen	du wirst gerechnet haben
er/sie/es hatte gerechnet	er/sie/es wird rechnen	er/sie/es wird gerechnet haben
wir hatten gerechnet	wir werden rechnen	wir werden gerechnet haben
ihr hattet gerechnet	ihr werdet rechnen	ihr werdet gerechnet haben
Sie/sie hatten gerechnet	Sie/sie werden rechnen	Sie/sie werden gerechnet haben

CONDITIONAL   SUBJUNCTIVE

Present	Present	Imperfect
ich würde rechnen	er/sie/es rechne	ich rechnete
du würdest rechnen	wir rechnen	wir rechneten
er/sie/es würde rechnen		

	Perfect	Pluperfect
wir würden rechnen		
ihr würdet rechnen	er/sie/es habe gerechnet	ich hätte gerechnet
Sie/sie würden rechnen	wir haben gerechnet	wir hätten gerechnet

PARTICIPLES   IMPERATIVE

rechnend
gerechnet

rechne! rechnet!
rechnen Sie! rechnen wir!

Ich rechne es mit der Maschine. *I am working it out by machine.*
Dieser Preis ist rund gerechnet. *This price is only roughly calculated.*
Er rechnete falsch. *He calculated wrongly.*
Er würde mit seinem Geld rechnen müssen. *He would have to be careful with his money.*
Ich rechne mit Ihrem Besuch. *I am counting on your visit.*
Wir müssen morgen mit Regen rechnen. *We have to expect rain tomorrow.*
Mit ihr ist nicht zu rechnen. *She can't be relied on.*
Alles in allem gerechnet... *All inclusive...*
Sie rechnen mit jedem Pfennig. *They have to watch every penny.*

rechnen mit *to count on, expect*
die Rechenaufgabe *sum, problem*
die Rechenschaft *account*
abrechnen *to settle an account, to get one's own back*

die Rechnung *bill*
der Rechnungsbetrag *total sum*
sich verrechnen *to make a mistake (in calculations)*

125 reden *to talk, speak* (intr./tr.)

Present	Imperfect	Perfect
ich rede	ich redete	ich habe geredet
du redest	du redetest	du hast geredet
er/sie/es redet	er/sie/es redete	er/sie/es hat geredet
wir reden	wir redeten	wir haben geredet
ihr redet	ihr redetet	ihr habt geredet
Sie/sie reden	Sie/sie redeten	Sie/sie haben geredet

Pluperfect	Future	Future Perfect
ich hatte geredet	ich werde reden	ich werde geredet haben
du hattest geredet	du wirst reden	du wirst geredet haben
er/sie/es hatte geredet	er/sie/es wird reden	er/sie/es wird geredet haben
wir hatten geredet	wir werden reden	wir werden geredet haben
ihr hattet geredet	ihr werdet reden	ihr werdet geredet haben
Sie/sie hatten geredet	Sie/sie werden reden	Sie/sie werden geredet haben

CONDITIONAL	SUBJUNCTIVE	

Present	Present	Imperfect
ich würde reden	er/sie/es rede	ich redete
du würdest reden	wir reden	wir redeten
er/sie/es würde reden		
wir würden reden	Perfect	Pluperfect
ihr würdet reden	er/sie/es habe geredet	ich hätte geredet
Sie/sie würden reden	wir haben geredet	wir hätten geredet

PARTICIPLES	IMPERATIVE
redend	rede! redet!
geredet	reden Sie! reden wir!

Er redet zu laut. *He speaks too loudly.*
Wovon habt ihr geredet? *What have you been talking about?*
Wir redeten über das Wetter. *We were talking about the weather.*
Es wurde viel darüber geredet. *It was talked about a lot.*
Du hast gut reden! *You are in no position to judge! You can talk!*
Er redete mir ins Gewissen. *He appealed to my conscience.*
Darüber lässt sich noch reden. *That is negotiable.*
Sie ließ nicht mit sich reden. *There was no talking to her. She would not change her mind.*

die Rede *speech*　　　　**der Redner** *speaker*
die Rederei *empty talk*　　**die Redensart** *idiom, expression*
anreden *to address*　　　　**jemanden überreden** *to persuade someone*

126 reiben *to rub, grate* (tr./refl.)

INDICATIVE

Present	Imperfect	Perfect
ich reibe	ich rieb	ich habe gerieben
du reibst	du riebst	du hast gerieben
er/sie/es reibt	er/sie/es rieben	er/sie/es hat gerieben
wir reiben	wir riebt	wir haben gerieben
ihr reibt	ihr riebt	ihr habt gerieben
Sie/sie reiben	Sie/sie rieben	Sie/sie haben gerieben

Pluperfect	Future	Future Perfect
ich hatte gerieben	ich werde reiben	ich werde gerieben haben
du hattest gerieben	du wirst reiben	du wirst gerieben haben
er/sie/es hatte gerieben	er/sie/es wird reiben	er/sie/es wird gerieben haben
wir hatten gerieben	wir werden reiben	wir werden gerieben haben
ihr hattet gerieben	ihr werdet reiben	ihr werdet gerieben haben
Sie/sie hatten gerieben	Sie/sie werden reiben	Sie/sie werden gerieben haben

CONDITIONAL SUBJUNCTIVE

Present	Present	Imperfect
ich würde reiben	er/sie/es reibe	ich riebe
du würdest reiben	wir reiben	wir rieben
er/sie/es würde reiben		
wir würden reiben	Perfect	Pluperfect
ihr würdet reiben	er/sie/es habe gerieben	ich hätte gerieben
Sie/sie würden reiben	wir haben gerieben	wir hätten gerieben

PARTICIPLES IMPERATIVE

reibend   reib! reibt!
gerieben   reiben Sie! reiben wir!

Reiben Sie die Salbe auf die Haut. *Rub the cream on to the skin.*
Er hat den Käse gerieben. *He grated the cheese.*
Sie rieben sich die Augen. *They were rubbing their eyes.*
Man rieb ihm den Rücken. *His back was being rubbed.*
Er rieb es mir immer wieder unter die Nase. *He kept rubbing my nose in it.*
Sie reibt sich ständig an ihren Nachbarn. *She tends to quarrel with her neighbours.*
Bei meinem Verlust rieb er sich freudig die Hände. *He was gloating over my loss.*

die Reibe *grater*   **das Reibeisen** *rasp*
die Reibung *friction*   **die Abreibung** *scolding*
die Reiberei *quarrel*   **reibungslos** *smooth*
sich aufreiben *to wear oneself out*

127 *reisen to travel (intr.)

INDICATIVE

Present	Imperfect	Perfect
ich reise	ich reiste	ich bin gereist
du reist	du reistest	du bist gereist
er/sie/es reist	er/sie/es reiste	er/sie/es ist gereist
wir reisen	wir reisten	wir sind gereist
ihr reist	ihr reistet	ihr seid gereist
Sie/sie reisen	Sie/sie reisten	Sie/sie sind gereist

Pluperfect	Future	Future Perfect
ich war gereist	ich werde reisen	ich werde gereist sein
du warst gereist	du wirst reisen	du wirst gereist sein
er/sie/es war gereist	er/sie/es wird reisen	er/sie/es wird gereist sein
wir waren gereist	wir werden reisen	wir werden gereist sein
ihr wart gereist	ihr werdet reisen	ihr werdet gereist sein
Sie/sie waren gereist	Sie/sie werden reisen	Sie/sie werden gereist sein

CONDITIONAL · SUBJUNCTIVE

Present	Present	Imperfect
ich würde reisen	er/sie/es reise	ich reiste
du würdest reisen	wir reisen	wir reisten
er/sie/es würde reisen		
wir würden reisen	Perfect	Pluperfect
ihr würdet reisen	er/sie/es sei gereist	ich wäre gereist
Sie/sie würden reisen	wir seien gereist	wir wären gereist

PARTICIPLES · IMPERATIVE

PARTICIPLES	IMPERATIVE
reisend	reise! reist!
gereist	reisen Sie! reisen wir!

Reisen Sie geschäftlich? *Are you travelling on business?*
Ich reise zum Vergnügen. *I am travelling for pleasure.*
Wir sind mit der Bahn gereist. *We travelled by train.*
Er reiste gern in fremde Länder. *He liked travelling to foreign countries.*
Wohin reist ihr im Urlaub? *Where are you going on holiday?*
Sie reisten von Köln über Berlin nach Moskau. *They travelled from Cologne via Berlin to Moscow.*
Ich würde gern viel mehr reisen. *I would like to travel much more.*

die Reise *journey*
die Reisegesellschaft *party of tourists*
die Hinreise/Rückreise *outward/return journey*
reiselustig *fond of travelling*

das Reisebüro *travel agency*
der Reisescheck *traveller's cheque*
der Reisepass *passport*
sich auf die Reise machen *to set off*

128 reißen *to tear, rip, snatch* (tr./intr.)

INDICATIVE

Present	Imperfect	Perfect
ich reiße	ich riss	ich habe gerissen
du reißt	du risst	du hast gerissen
er/sie/es reißt	er/sie/es riss	er/sie/es hat gerissen
wir reißen	wir rissen	wir haben gerissen
ihr reißt	ihr risst	ihr habt gerissen
Sie/sie reißen	Sie/sie rissen	Sie/sie haben gerissen

Pluperfect	Future	Future Perfect
ich hatte gerissen	ich werde reißen	ich werde gerissen haben
du hattest gerissen	du wirst reißen	du wirst gerissen haben
er/sie/es hatte gerissen	er/sie/es wird reißen	er/sie/es wird gerissen haben
wir hatten gerissen	wir werden reißen	wir werden gerissen haben
ihr hattet gerissen	ihr werdet reißen	ihr werdet gerissen haben
Sie/sie hatten gerissen	Sie/sie werden reißen	Sie/sie werden gerissen haben

CONDITIONAL · SUBJUNCTIVE

Present	Present	Imperfect
ich würde reißen	er/sie/es reiße	ich risse
du würdest reißen	wir reißen	wir rissen
er/sie/es würde reißen		
wir würden reißen	Perfect	Pluperfect
ihr würdet reißen	er/sie/es habe gerissen	ich hätte gerissen
Sie/sie würden reißen	wir haben gerissen	wir hätten gerissen

PARTICIPLES · IMPERATIVE

PARTICIPLES	IMPERATIVE
reißend	reiß! reißt!
gerissen	reißen Sie! reißen wir!

Das Papier reißt sich schlecht. *The paper is difficult to tear.*
Der Bindfaden ist gerissen. *The string has broken.*
Wer hat das Loch in die Jacke gerissen? *Who has torn the jacket?*
Die Explosion riss uns zu Boden. *The explosion forced us to the ground.*
Das Telefon riss mich aus dem Schlaf. *The phone awakened me rudely from my sleep.*
Er reißt dauernd Witze. *He keeps cracking jokes.*
Schließlich riss mir die Geduld. *I finally lost my patience.*
Das reißt sehr ins Geld. *That will put a heavy strain on the budget.*
Sie hat sich den Schmuck unter den Nagel gerissen. *She managed to get all the jewellery for herself.*
Die Leute rissen sich um die billige Ware. *People scrambled for the cheap goods.*

abreißen *to tear off*
sich zusammenreißen *to pull oneself together*
der Riss *crack*

ausreißen *to tear out, run away*
zerreißen *to tear up*
der Reißverschluss *zip*

129 rennen *to run, race* (*intr./tr.)

INDICATIVE

Present	Imperfect	Perfect
ich renne	ich rannte	ich bin gerannt
du rennst	du ranntest	du bist gerannt
er/sie/es rennt	er/sie/es rannte	er/sie/es ist gerannt
wir rennen	wir rannten	wir sind gerannt
ihr rennt	ihr ranntet	ihr seid gerannt
Sie/sie rennen	Sie/sie rannten	Sie/sie sind gerannt

Pluperfect	Future	Future Perfect
ich war gerannt	ich werde rennen	ich werde gerannt sein
du warst gerannt	du wirst rennen	du wirst gerannt sein
er/sie/es war gerannt	er/sie/es wird rennen	er/sie/es wird gerannt sein
wir waren gerannt	wir werden rennen	wir werden gerannt sein
ihr wart gerannt	ihr werdet rennen	ihr werdet gerannt sein
Sie/sie waren gerannt	Sie/sie werden rennen	Sie/sie werden gerannt sein

CONDITIONAL · SUBJUNCTIVE

Present	Present	Imperfect
ich würde rennen	er/sie/es renne	ich rennte
du würdest rennen	wir rennen	wir rennten
er/sie/es würde rennen		
wir würden rennen	Perfect	Pluperfect
ihr würdet rennen	er/sie/es sei gerannt	ich wäre gerannt
Sie/sie würden rennen	wir seien gerannt	wir wären gerannt

PARTICIPLES · IMPERATIVE

PARTICIPLES	IMPERATIVE
rennend	renn! rennt!
gerannt	rennen Sie! rennen wir!

Rennen Sie doch nicht so schnell! *Please don't run so fast!*
Heute morgen bin ich zum Bus gerannt. *This morning I ran for the bus.*
Er rannte so schnell er konnte. *He ran as fast as he could.*
Würden Sie eine Meile in fünf Minuten rennen? *Would you run a mile in five minutes?*
Sie rannte in ihr Verderben. *She was heading for disaster.*
Er rennt dauernd zum Arzt. *He keeps running to the doctor (unnecessarily).*
Sie rannten alles über den Haufen. *They pushed forward regardless.*
Meine Uhr rennt wieder. *My watch is fast again.*

das Rennen *race*	**der Renner** *runner, big seller*
die Rennbahn *racecourse*	**der Rennfahrer** *racing driver*
das Autorennen *car race*	**das Pferderennen** *horse race*
das Wettrennen *contest*	**das Rennen machen** *to win (the race)*

130 reservieren *to reserve, book* (tr.)

INDICATIVE

Present	Imperfect	Perfect
ich reserviere	ich reservierte	ich habe reserviert
du reservierst	du reserviertest	du hast reserviert
er/sie/es reserviert	er/sie/es reservierte	er/sie/es hat reserviert
wir reservieren	wir reservierten	wir haben reserviert
ihr reserviert	ihr reserviertet	ihr habt reserviert
Sie/sie reservieren	Sie/sie reservierten	Sie/sie haben reserviert

Pluperfect	Future	Future Perfect
ich hatte reserviert	ich werde reservieren	ich werde reserviert haben
du hattest reserviert	du wirst reservieren	du wirst reserviert haben
er/sie/es hatte reserviert	er/sie/es wird reservieren	er/sie/es wird reserviert haben
wir hatten reserviert	wir werden reservieren (	wir werden reserviert haben
ihr hattet reserviert	ihr werdet reservieren	ihr werdet reserviert haben
Sie/sie hatten reserviert	Sie/sie werden reservieren	Sie/sie werden reserviert haben

CONDITIONAL | SUBJUNCTIVE

Present	Present	Imperfect
ich würde reservieren	er/sie/es reserviere	ich reservierte
du würdest reservieren	wir reservieren	wir reservierten
er/sie/es würde reservieren		
wir würden reservieren	**Perfect**	**Pluperfect**
ihr würdet reservieren	er/sie/es habe reserviert	ich hätte reserviert
Sie/sie würden reservieren	wir haben reserviert	wir hätten reserviert

PARTICIPLES | IMPERATIVE

reservierend	reservier! reserviert!
reserviert	reservieren Sie! reservieren wir!

Ich möchte bitte einen Tisch reservieren. *I would like to book a table.*
Haben Sie ein Hotelzimmer reserviert? *Have you booked a hotel room?*
Dieser Platz ist für mich reserviert worden. *This seat has been reserved for me.*
Sie hat mir die Ware reserviert. *She has kept the goods for me.*
Reservieren Sie mir bitte eine Theaterkarte! *Please reserve me a theatre ticket!*

die Reserve *store*
die Nahrungsreserve *stored food*
das Reservoir *reservoir*

der Reservereifen *spare tyre*
das Reserverad *spare wheel*
das Reserveteil *spare part*

131 retten *to rescue, save* (tr./refl.)

INDICATIVE

Present	Imperfect	Perfect
ich rette	ich rettete	ich habe gerettet
du rettest	du rettetest	du hast gerettet
er/sie/es rettet	er/sie/es rettete	er/sie/es hat gerettet
wir retten	wir retteten	wir haben gerettet
ihr rettet	ihr rettetet	ihr habt gerettet
Sie/sie retten	Sie/sie retteten	Sie/sie haben gerettet

Pluperfect	Future	Future Perfect
ich hatte gerettet	ich werde retten	ich werde gerettet haben
du hattest gerettet	du wirst retten	du wirst gerettet haben
er/sie/es hatte gerettet	er/sie/es wird retten	er/sie/es wird gerettet haben
wir hatten gerettet	wir werden retten	wir werden gerettet haben
ihr hattet gerettet	ihr werdet retten	ihr werdet gerettet haben
Sie/sie hatten gerettet	Sie/sie werden retten	Sie/sie werden gerettet haben

CONDITIONAL / SUBJUNCTIVE

Present	Present	Imperfect
ich würde retten	er/sie/es rette	ich rettete
du würdest retten	wir retten	wir retteten
er/sie/es würde retten		
wir würden retten	Perfect	Pluperfect
ihr würdet retten	er/sie/es habe gerettet	ich hätte gerettet
Sie/sie würden retten	wir haben gerettet	wir hätten gerettet

PARTICIPLES / IMPERATIVE

PARTICIPLES	IMPERATIVE
rettend	rette! rettet!
gerettet	retten Sie! retten wir!

Er hat das Kind vor dem Ertrinken gerettet. *He saved the child from drowning.*
Ich hatte ihm das Leben gerettet. *I had saved his life.*
Einige Gemälde wurden aus dem Feuer gerettet. *Some paintings were rescued from the fire.*
Rette sich, wer kann! *Every man for himself!*
Wir konnten uns vor Briefen nicht mehr retten. *We were swamped by letters.*
Bist du noch zu retten? *You must be mad!*

der Retter *rescuer, saviour*	**die Rettung** *rescue*
das Rettungsboot *lifeboat*	**der Rettungsgürtel** *lifebelt*
der Rettungsdienst *rescue service*	**die Rettungsstation** *first-aid post*

132 riechen *to smell, scent* (tr./intr.)

INDICATIVE

Present	Imperfect	Perfect
ich rieche	ich roch	ich habe gerochen
du riechst	du rochst	du hast gerochen
er/sie/es riecht	er/sie/es roch	er/sie/es hat gerochen
wir riechen	wir rochen	wir haben gerochen
ihr riecht	ihr rocht	ihr habt gerochen
Sie/sie riechen	Sie/sie rochen	Sie/sie haben gerochen

Pluperfect	Future	Future Perfect
ich hatte gerochen	ich werde riechen	ich werde gerochen haben
du hattest gerochen	du wirst riechen	du wirst gerochen haben
er/sie/es hatte gerochen	er/sie/es wird riechen	er/sie/es wird gerochen haben
wir hatten gerochen	wir werden riechen	wir werden gerochen haben
ihr hattet gerochen	ihr werdet riechen	ihr werdet gerochen haben
Sie/sie hatten gerochen	Sie/sie werden riechen	Sie/sie werden gerochen haben

CONDITIONAL / SUBJUNCTIVE

Present	Present	Imperfect
ich würde riechen	er/sie/es rieche	ich röche
du würdest riechen	wir riechen	wir röchen
er/sie/es würde riechen		
wir würden riechen	**Perfect**	**Pluperfect**
ihr würdet riechen	er/sie/es habe gerochen	ich hätte gerochen
Sie/sie würden riechen	wir haben gerochen	wir hätten gerochen

PARTICIPLES / IMPERATIVE

PARTICIPLES	IMPERATIVE
riechend	rieche! riecht!
gerochen	riechen Sie! riechen wir!

Riechst du den Duft der Blume? *Can you smell the flower's scent?*
Ich rieche am Wein, ehe ich ihn trinke. *I sniff the wine before I drink it.*
Warum hat niemand das Gas gerochen? *Why didn't anyone smell the gas?*
Der Käse roch sehr stark. *The cheese had a very strong smell.*
Er kann diese Frau nicht riechen. *He can't stand this woman.*
Das habe ich doch nicht riechen können! *I could not have known that!*
Wir haben den Braten gerochen. *We smelled a rat. We saw through it.*
Der Hund riecht aus dem Mund. *The dog's breath smells.*

das Riechsalz *smelling salts*
geruchsempfindlich *sensitive to smell*
geruchlos *odourless*

der Geruch *smell, odour*
der Geruchssinn *sense of smell*
der Riecher *nose; sixth sense*

133 rufen *to call, shout* (intr./tr.)

INDICATIVE

Present	Imperfect	Perfect
ich rufe	ich rief	ich habe gerufen
du rufst	du riefst	du hast gerufen
er/sie/es ruft	er/sie/es rief	er/sie/es hat gerufen
wir rufen	wir riefen	wir haben gerufen
ihr ruft	ihr rieft	ihr habt gerufen
Sie/sie rufen	Sie/sie riefen	Sie/sie haben gerufen

Pluperfect	Future	Future Perfect
ich hatte gerufen	ich werde rufen	ich werde gerufen haben
du hattest gerufen	du wirst rufen	du wirst gerufen haben
er/sie/es hatte gerufen	er/sie/es wird rufen	er/sie/es wird gerufen haben
wir hatten gerufen	wir werden rufen	wir werden gerufen haben
ihr hattet gerufen	ihr werdet rufen	ihr werdet gerufen haben
Sie/sie hatten gerufen	Sie/sie werden rufen	Sie/sie werden gerufen haben

CONDITIONAL / SUBJUNCTIVE

Present	Present	Imperfect
ich würde rufen	er/sie/es rufe	ich riefe
du würdest rufen	wir rufen	wir riefen
er/sie/es würde rufen		
wir würden rufen	Perfect	Pluperfect
ihr würdet rufen	er/sie/es habe gerufen	ich hätte gerufen
Sie/sie würden rufen	wir haben gerufen	wir hätten gerufen

PARTICIPLES / IMPERATIVE

PARTICIPLES	IMPERATIVE
rufend	ruf! ruft!
gerufen	rufen Sie! rufen wir!

Er ruft mit lauter Stimme. *He is calling out loudly.*
Warum hast du mich gerufen? *Why did you call me?*
Sie rief um Hilfe. *She called for help.*
Der Arzt wurde zu dem Kranken gerufen. *The doctor was called to the patient.*
Das Kind ruft nach der Mutter. *The child is calling for its mother.*
Geschäfte riefen ihn nach Hause. *Business demanded his return.*
Sie rief ihm alles ins Gedächtnis. *She reminded him of everything.*
Das Geld kam wie gerufen. *The money came when it was needed most.*
Der Chef ließ mich zu sich rufen. *The boss summoned me.*
Dieses Unternehmen wurde von mir ins Leben gerufen. *This firm was founded by me.*

der Ruf *call*
die Rufnummer *phone number*

im Rufe stehen *to be reputed*
der Notruf *emergency call*

134 ruhen *to rest, pause* (intr.)

Present	Imperfect	Perfect
ich ruhe	ich ruhte	ich habe geruht
du ruhst	du ruhtest	du hast geruht
er/sie/es ruht	er/sie/es ruhte	er/sie/es hat geruht
wir ruhen	wir ruhten	wir haben geruht
ihr ruht	ihr ruhtet	ihr habt geruht
Sie/sie ruhen	Sie/sie ruhten	Sie/sie haben geruht

Pluperfect	Future	Future Perfect
ich hatte geruht	ich werde ruhen	ich werde geruht haben
du hattest geruht	du wirst ruhen	du wirst geruht haben
er/sie/es hatte geruht	er/sie/es wird ruhen	er/sie/es wird geruht haben
wir hatten geruht	wir werden ruhen	wir werden geruht haben
ihr hattet geruht	ihr werdet ruhen	ihr werdet geruht haben
Sie/sie hatten geruht	Sie/sie werden ruhen	Sie/sie werden geruht haben

CONDITIONAL | SUBJUNCTIVE

Present	Present	Imperfect
ich würde ruhen	er/sie/es ruhe	ich ruhte
du würdest ruhen	wir ruhen	wir ruhten
er/sie/es würde ruhen		
wir würden ruhen	Perfect	Pluperfect
ihr würdet ruhen	er/sie/es habe geruht	ich hätte geruht
Sie/sie würden ruhen	wir haben geruht	wir hätten geruht

PARTICIPLES | IMPERATIVE

ruhend | ruh! ruht!
geruht | ruhen Sie! ruhen wir!

Nach der Arbeit ruhe ich. *I rest after work.*
In der Fabrik hat die Arbeit geruht. *Work stopped in the factory.*
Sie ruhte immer am Nachmittag. *She always rested in the afternoon.*
Hier ruht es sich gut. *Here is a good place to rest.*
Er ruht nicht eher, bis er es schafft. *He is not satisfied until he succeeds.*
Hier ruhen die Gefallenen. *Here lie the fallen.*
Wir lassen die Sache ruhen. *We'll drop the matter.*
Auf ihm ruht der Verdacht. *He is under suspicion.*

die Ruhe *rest* — **ruhig** *quiet, silent*
die Ruhepause *pause* — **ruhelos** *restless*
der Ruhetag *holiday* — **die Unruhe** *restlessness, disturbance*
Immer mit der Ruhe! *Don't panic! All in good time!* — **Angenehme Ruhe!** *Pleasant dreams!*

135 sagen *to say, tell, speak* (tr./intr.)

INDICATIVE

Present	Imperfect	Perfect
ich sage	ich sagte	ich habe gesagt
du sagst	du sagtest	du hast gesagt
er/sie/es sagt	er/sie/es sagte	er/sie/es hat gesagt
wir sagen	wir sagten	wir haben gesagt
ihr sagt	ihr sagtet	ihr habt gesagt
Sie/sie sagen	Sie/sie sagten	Sie/sie haben gesagt

Pluperfect	Future	Future Perfect
ich hatte gesagt	ich werde sagen	ich werde gesagt haben
du hattest gesagt	du wirst sagen	du wirst gesagt haben
er/sie/es hatte gesagt	er/sie/es wird sagen	er/sie/es wird gesagt haben
wir hatten gesagt	wir werden sagen	wir werden gesagt haben
ihr hattet gesagt	ihr werdet sagen	ihr werdet gesagt haben
Sie/sie hatten gesagt	Sie/sie werden sagen	Sie/sie werden gesagt haben

CONDITIONAL   SUBJUNCTIVE

Present	Present	Imperfect
ich würde sagen	er/sie/es sage	ich sagte
du würdest sagen	wir sagen	wir sagten
er/sie/es würde sagen		
wir würden sagen	Perfect	Pluperfect
ihr würdet sagen	er/sie/es habe gesagt	ich hätte gesagt
Sie/sie würden sagen	wir haben gesagt	wir hätten gesagt

PARTICIPLES   IMPERATIVE

sagend	sag! sagt!
gesagt	sagen Sie! sagen wir!

Ich sage, was ich denke. *I say what I think.*
Was hast du eben gesagt? *What did you say just now?*
Er sagte bestimmt die Wahrheit. *He was definitely telling the truth.*
Mir wurde nichts davon gesagt. *I was told nothing about it.*
Er sagte es mir ins Gesicht. *He told me quite frankly.*
Wir haben hier nichts zu sagen. *We carry no weight here.*
Sie lässt sich nichts sagen. *She will not listen to any advice.*
Wenn ich so sagen darf. *If I can put it this way.*
Dieses Bild sagt mir gar nichts. *This picture doesn't mean anything to me.*

die Aussage statement	**das Hörensagen** rumour
die Ansage announcement	**die Wettervorhersage** weather forecast

136 schaffen *to manage to do, do* (tr.)

INDICATIVE

Present	Imperfect	Perfect
ich schaffe	ich schaffte	ich habe geschafft
du schaffst	du schafftest	du hast geschafft
er/sie/es schafft	er/sie/es schaffte	er/sie/es hat geschafft
wir schaffen	wir schafften	wir haben geschafft
ihr schafft	ihr schafftet	ihr habt geschafft
Sie/sie schaffen	Sie/sie schafften	Sie/sie haben geschafft

Pluperfect	Future	Future Perfect
ich hatte geschafft	ich werde schaffen	ich werde geschafft haben
du hattest geschafft	du wirst schaffen	du wirst geschafft haben
er/sie/es hatte geschafft	er/sie/es wird schaffen	er/sie/es wird geschafft haben
wir hatten geschafft	wir werden schaffen	wir werden geschafft haben
ihr hattet geschafft	ihr werdet schaffen	ihr werdet geschafft haben
Sie/sie hatten geschafft	Sie/sie werden schaffen	Sie/sie werden geschafft haben

CONDITIONAL / SUBJUNCTIVE

Present	Present	Imperfect
ich würde schaffen	er/sie/es schaffe	ich schaffte
du würdest schaffen	wir schaffen	wir schafften
er/sie/es würde schaffen		
wir würden schaffen	**Perfect**	**Pluperfect**
ihr würdet schaffen	er/sie/es habe geschafft	ich hätte geschafft
Sie/sie würden schaffen	wir haben geschafft	wir hätten geschafft

PARTICIPLES / IMPERATIVE

schaffend	schaff! schafft!
geschafft	schaffen Sie! schaffen wir!

Ich schaffe es nicht. *I can't do it.*
Heute haben wir viel geschafft. *Today we have accomplished a lot.*
Er schaffte sofort Ordnung. *He instantly established order.*
Sie würde die Prüfung nie schaffen. *She would never pass the exam.*
Schaffen Sie bitte den Koffer zur Bahn! *Please get the trunk to the station!*
Ich habe nichts damit zu schaffen. *That has nothing to do with me.*
Er schaffte sich die Schulden vom Halse. *He got rid of his debts.*
Wir gaben ihm tüchtig zu schaffen. *We made trouble for him.*

die Anschaffung *acquisition*   **sich etwas anschaffen** *to acquire something*

137 schauen *to look* (intr.)

INDICATIVE

Present	Imperfect	Perfect
ich schaue	ich schaute	ich habe geschaut
du schaust	du schautest	du hast geschaut
er/sie/es schaut	er/sie/es schaute	er/sie/es hat geschaut
wir schauen	wir schauten	wir haben geschaut
ihr schaut	ihr schautet	ihr habt geschaut
Sie/sie schauen	Sie/sie schauten	Sie/sie haben geschaut

Pluperfect	Future	Future Perfect
ich hatte geschaut	ich werde schauen	ich werde geschaut haben
du hattest geschaut	du wirst schauen	du wirst geschaut haben
er/sie/es hatte geschaut	er/sie/es wird schauen	er/sie/es wird geschaut haben
wir hatten geschaut	wir werden schauen	wir werden geschaut haben
ihr hattet geschaut	ihr werdet schauen	ihr werdet geschaut haben
Sie/sie hatten geschaut	Sie/sie werden schauen	Sie/sie werden geschaut haben

CONDITIONAL / SUBJUNCTIVE

Present	Present	Imperfect
ich würde schauen	er/sie/es schaue	ich schaute
du würdest schauen	wir schauen	wir schauten
er/sie/es würde schauen		
wir würden schauen	**Perfect**	**Pluperfect**
ihr würdet schauen	er/sie/es habe geschaut	ich hätte geschaut
Sie/sie würden schauen	wir haben geschaut	wir hätten geschaut

PARTICIPLES / IMPERATIVE

PARTICIPLES	IMPERATIVE
schauend	schau! schaut!
geschaut	schauen Sie! schauen wir!

Schauen Sie mal! *Have a look!*
Ich möchte nichts kaufen, ich schaue nur. *I am not buying, only looking.*
Sie schaute ängstlich um sich. *She looked around anxiously.*
Hast du geschaut, wer an der Tür war? *Did you see who was at the door?*
Ich schaue hoffnungsvoll in die Zukunft. *I am hopeful about the future.*
Wir schauten nach dem Kranken. *We looked after the patient.*
Er schaute sich die Augen aus dem Kopf. *He was straining his eyes to see something.*
Sie schauen dem Tod ins Auge. *They are facing death.*
Uns wurde streng auf die Finger geschaut. *A sharp eye was kept on us.*

die Schau *show*   **das Schaufenster** *shop window*
der Schauspieler *actor*   **das Schauspiel** *drama*

138 scheiden *to leave, separate* (*intr./tr.)

INDICATIVE

Present	Imperfect	Perfect
ich scheide	ich schied	ich bin geschieden
du scheidest	du schiedst	du bist geschieden
er/sie/es scheidet	er/sie/es schied	er/sie/es ist geschieden
wir scheiden	wir schieden	wir sind geschieden
ihr scheidet	ihr schiedet	ihr seid geschieden
Sie/sie scheiden	Sie/sie schieden	Sie/sie sind geschieden

Pluperfect	Future	Future Perfect
ich war geschieden	ich werde scheiden	ich werde geschieden sein
du warst geschieden	du wirst scheiden	du wirst geschieden sein
er/sie/es war geschieden	er/sie/es wird scheiden	er/sie/es wird geschieden sein
wir waren geschieden	wir werden scheiden	wir werden geschieden sein
ihr wart geschieden	ihr werdet scheiden	ihr werdet geschieden sein
Sie/sie waren geschieden	Sie/sie werden scheiden	Sie/sie werden geschieden sein

CONDITIONAL | SUBJUNCTIVE

Present	Present	Imperfect
ich würde scheiden	er/sie/es scheide	ich schiede
du würdest scheiden	wir scheiden	wir schieden
er/sie/es würde scheiden		
wir würden scheiden		
ihr würdet scheiden	Perfect	Pluperfect
Sie/sie würden scheiden	er/sie/es sei geschieden	ich wäre geschieden
	wir seien geschieden	wir wären geschieden

PARTICIPLES | IMPERATIVE

scheidend
geschieden

scheide! scheidet!
scheiden Sie! scheiden wir!

Ich scheide nie von hier. *I shall never leave this place.*
Gestern ist er aus dem Dienst geschieden. *Yesterday he left his job.*
Sie schieden als Freunde. *They parted as friends.*
Er schied die Spreu vom Weizen. *He separated the wheat from the chaff.*
Ihre Ehe wurde letztes Jahr geschieden. *They were divorced last year.*
Sie schied friedvoll aus dem Leben. *She died peacefully.*
Hier scheiden sich die Geister. *There is a distinct difference of opinion.*

die Scheidung *divorce*	**die Entscheidung** *decision*
sich entscheiden *to decide*	**die Geschiedenen** *divorced people*
der Unterschied *difference*	**der Scheidungsgrund** *grounds for divorce*
unterscheiden *to differentiate*	**der Abschied** *farewell*

139 scheinen *to shine, seem* (intr.)

INDICATIVE

Present	Imperfect	Perfect
ich scheine	ich schien	ich habe geschienen
du scheinst	du schienst	du hast geschienen
er/sie/es scheint	er/sie/es schien	er/sie/es hat geschienen
wir scheinen	wir schienen	wir haben geschienen
ihr scheint	ihr schient	ihr habt geschienen
Sie/sie scheinen	Sie/sie schienen	Sie/sie haben geschienen

Pluperfect	Future	Future Perfect
ich hatte geschienen	ich werde scheinen	ich werde geschienen haben
du hattest geschienen	du wirst scheinen	du wirst geschienen haben
er/sie/es hatte geschienen	er/sie/es wird scheinen	er/sie/es wird geschienen haben
wir hatten geschienen	wir werden scheinen	wir werden geschienen haben
ihr hattet geschienen	ihr werdet scheinen	ihr werdet geschienen haben
Sie/sie hatten geschienen	Sie/sie werden scheinen	Sie/sie werden geschienen haben

CONDITIONAL / SUBJUNCTIVE

Present	Present	Imperfect
ich würde scheinen	er/sie/es scheine	ich schiene
du würdest scheinen	wir scheinen	wir schienen
er/sie/es würde scheinen		
wir würden scheinen	Perfect	Pluperfect
ihr würdet scheinen	er/sie/es habe geschienen	ich hätte geschienen
Sie/sie würden scheinen	wir haben geschienen	wir hätten geschienen

PARTICIPLES / IMPERATIVE

PARTICIPLES	IMPERATIVE
scheinend	scheine! scheint!
geschienen	scheinen Sie! scheinen wir!

Scheint die Sonne? *Is the sun shining?*
Die ganze Nacht hat der Mond geschienen. *The moon shone all night.*
Das Licht schien ihm ins Gesicht. *The light was shining in his face.*
Er schien der richtige Mann dafür zu sein. *He seemed to be the right man.*
Du scheinst Recht zu haben. *You seem to be right.*
Wir schienen in die falsche Richtung zu fahren. *We seemed to be going in the wrong direction.*
Wie scheint dir die Geschichte? *What do you think of the story?*
Mir schien, er hatte zu viel getrunken. *I thought he had had too much to drink.*

der Schein *light, appearance*	**scheinbar** *apparent(ly)*
der Sonnenschein *sunshine*	**wahrscheinlich** *probably*
das Scheinbild *illusion*	**anscheinend** *seemingly*
der Scheinwerfer *headlamp*	

140 schenken *to give* (tr./intr.)

INDICATIVE

Present	Imperfect	Perfect
ich schenke	ich schenkte	ich habe geschenkt
du schenkst	du schenktest	du hast geschenkt
er/sie/es schenkt	er/sie/es schenkte	er/sie/es hat geschenkt
wir schenken	wir schenkten	wir haben geschenkt
ihr schenkt	ihr schenktet	ihr habt geschenkt
Sie/sie schenken	Sie/sie schenkten	Sie/sie haben geschenkt

Pluperfect	Future	Future Perfect
ich hatte geschenkt	ich werde schenken	ich werde geschenkt haben
du hattest geschenkt	du wirst schenken	du wirst geschenkt haben
er/sie/es hatte geschenkt	er/sie/es wird schenken	er/sie/es wird geschenkt haben
wir hatten geschenkt	wir werden schenken	wir werden geschenkt haben
ihr hattet geschenkt	ihr werdet schenken	ihr werdet geschenkt haben
Sie/sie hatten geschenkt	Sie/sie werden schenken	Sie/sie werden geschenkt haben

CONDITIONAL · SUBJUNCTIVE

Present	Present	Imperfect
ich würde schenken	er/sie/es schenke	ich schenkte
du würdest schenken	wir schenken	wir schenkten
er/sie/es würde schenken		
wir würden schenken	**Perfect**	**Pluperfect**
ihr würdet schenken	er/sie/es habe geschenkt	ich hätte geschenkt
	wir haben geschenkt	wir hätten geschenkt

PARTICIPLES · IMPERATIVE

PARTICIPLES	IMPERATIVE
schenkend	schenk! schenkt!
geschenkt	schenken Sie! schenken wir!

Was schenkst du ihm zum Geburtstag? *What are you giving him for his birthday?*
Ich habe ihr nichts geschenkt. *I have not given her anything.*
Ihnen schenkte sie alles, was sie hatte. *She gave them all she had.*
Bitte schenken Sie uns Ihre Aufmerksamkeit. *Please give us your attention.*
Das Auto habe ich fast geschenkt bekommen. *I got the car for next to nothing.*
Den Besuch zum Museum kannst du dir schenken. *The museum is not worth visiting.*
Ihr ist im Leben nichts geschenkt worden. *She has had a hard life.*
Sie schenkte fünf Kindern das Leben. *She gave birth to five children.*

das Geschenk *present*
die Schenkung *donation*

das Weihnachtsgeschenk *Christmas present*
das Geschenkpapier *wrapping paper*

141 schicken *to send* (tr.)

INDICATIVE

Present	Imperfect	Perfect
ich schicke	ich schickte	ich habe geschickt
du schickst	du schicktest	du hast geschickt
er/sie/es schickt	er/sie/es schickte	er/sie/es hat geschickt
wir schicken	wir schickten	wir haben geschickt
ihr schickt	ihr schicktet	ihr habt geschickt
Sie/sie schicken	Sie/sie schickten	Sie/sie haben geschickt

Pluperfect	Future	Future Perfect
ich hatte geschickt	ich werde schicken	ich werde geschickt haben
du hattest geschickt	du wirst schicken	du wirst geschickt haben
er/sie/es hatte geschickt	er/sie/es wird schicken	er/sie/es wird geschickt haben
wir hatten geschickt	wir werden schicken	wir werden geschickt haben
ihr hattet geschickt	ihr werdet schicken	ihr werdet geschickt haben
Sie/sie hatten geschickt	Sie/sie werden schicken	Sie/sie werden geschickt haben

CONDITIONAL / SUBJUNCTIVE

Present	Present	Imperfect
ich würde schicken	er/sie/es schicke	ich schickte
du würdest schicken	wir schicken	wir schickten
er/sie/es würde schicken		
wir würden schicken	Perfect	Pluperfect
ihr würdet schicken	er/sie/es habe geschickt	ich hätte geschickt
Sie/sie würden schicken	wir haben geschickt	wir hätten geschickt

PARTICIPLES / IMPERATIVE

PARTICIPLES	IMPERATIVE
schickend	schick! schickt!
geschickt	schicken Sie! schicken wir!

Ich schicke die Briefe mit der Luftpost. *I am sending the letters by airmail.*
Er hat mich zur Post geschickt. *He sent me to the post office.*
Wir schickten die Ware nach Berlin. *We sent the goods to Berlin.*
Es wurde sofort nach einem Arzt geschickt. *A doctor was sent for immediately.*
Der Zufall schickte es, dass... *It so happened that...*
Wir schickten ihn zum Teufel. *We cursed him.*

das Schicksal *fate, destiny*   **abschicken** *to send off*

142 schieben *to push* (tr.)

INDICATIVE

Present	Imperfect	Perfect
ich schiebe	ich schob	ich habe geschoben
du schiebst	du schobst	du hast geschoben
er/sie/es schiebt	er/sie/es schob	er/sie/es hat geschoben
wir schieben	wir schoben	wir haben geschoben
ihr schiebt	ihr schobt	ihr habt geschoben
Sie/sie schieben	Sie/sie schoben	Sie/sie haben geschoben

Pluperfect	Future	Future Perfect
ich hatte geschoben	ich werde schieben	ich werde geschoben haben
du hattest geschoben	du wirst schieben	du wirst geschoben haben
er/sie/es hatte geschoben	er/sie/es wird schieben	er/sie/es wird geschoben haben
wir hatten geschoben	wir werden schieben	wir werden geschoben haben
ihr hattet geschoben	ihr werdet schieben	ihr werdet geschoben haben
Sie/sie hatten geschoben	Sie/sie werden schieben	Sie/sie werden geschoben haben

CONDITIONAL / SUBJUNCTIVE

Present	Present	Imperfect
ich würde schieben	er/sie/es schiebe	ich schöbe
du würdest schieben	wir schieben	wir schöben
er/sie/es würde schieben		
wir würden schieben	Perfect	Pluperfect
ihr würdet schieben	er/sie/es habe geschoben	ich hätte geschoben
Sie/sie würden schieben	wir haben geschoben	wir hätten geschoben

PARTICIPLES / IMPERATIVE

PARTICIPLES	IMPERATIVE
schiebend	schieb! schiebt!
geschoben	schieben Sie! schieben wir!

Ich schiebe mein Fahrrad den Berg hinauf. *I am pushing my bike up a hill.*
Hast du das Brot in den Ofen geschoben? *Have you put the bread in the oven?*
Er schob den Hut in den Nacken. *He pushed his hat back.*
Die Kinder wurden schnell in den Zug geschoben. *The children were quickly pushed onto the train.*
Er schiebt alles auf die lange Bank. *He keeps putting off everything.*
Bitte schieb es nicht mir in die Schuhe. *Please don't blame me.*
Sie schoben eine ruhige Kugel. *They worked at a leisurely pace.*
Du schiebst dich gerne in den Vordergrund. *You like drawing attention to yourself.*

der Schub *thrust*	**aufschieben** *to postpone*
die Schublade *drawer*	**verschieben** *to displace, defer*
	abschieben *to deport*

143 schießen *to shoot* (intr./tr.)

INDICATIVE

Present	Imperfect	Perfect
ich schieße	ich schoss	ich habe geschossen
du schießt	du schosst	du hast geschossen
er/sie/es schießt	er/sie/es schoss	er/sie/es hat geschossen
wir schießen	wir schossen	wir haben geschossen
ihr schießt	ihr schosst	ihr habt geschossen
Sie/sie schießen	Sie/sie schossen	Sie/sie haben geschossen

Pluperfect	Future	Future Perfect
ich hatte geschossen	ich werde schießen	ich werde geschossen haben
du hattest geschossen	du wirst schießen	du wirst geschossen haben
er/sie/es hatte geschossen	er/sie/es wird schießen	er/sie/es wird geschossen haben
wir hatten geschossen	wir werden schießen	wir werden geschossen haben
ihr hattet geschossen	ihr werdet schießen	ihr werdet geschossen haben
Sie/sie hatten geschossen	Sie/sie werden schießen	Sie/sie werden geschossen haben

CONDITIONAL / SUBJUNCTIVE

Present	Present	Imperfect
ich würde schießen	er/sie/es schieße	ich schösse
du würdest schießen	wir schießen	wir schössen
er/sie/es würde schießen		
wir würden schießen	**Perfect**	**Pluperfect**
ihr würdet schießen	er/sie/es habe geschossen	ich hätte geschossen
Sie/sie würden schießen	wir haben geschossen	wir hätten geschossen

PARTICIPLES / IMPERATIVE

PARTICIPLES	IMPERATIVE
schießend	schieß! schießt!
geschossen	schießen Sie! schießen wir!

Warum schießt er in die Luft? *Why is he firing into the air?*
Ich habe noch nie mit einem Revolver geschossen. *I have never fired a revolver.*
Er schoss wild um sich. *He fired indiscriminately around him.*
Er hatte sich eine Kugel in den Kopf geschossen. *He has shot himself in the head.*
Sie schießt wütende Blicke auf ihn. *She flashes furious glances at him.*
Ein Gedanke schoss mir durch den Kopf. *A thought struck me.*
Heute habe ich einen Bock geschossen. *I made a great blunder today.*
Neue Geschäfte schossen wie Pilze aus der Erde. *New shops sprang up all over the place.*
Er hatte viele Tore geschossen. *He had scored many goals.*

der Schuss *shot*	**die Schießerei** *shooting*
die Schusswaffe *firearm*	**die Schießscheibe** *target*
das Geschoss *bullet*	**emporschießen** *to mushroom*

144 schlafen *to sleep* (intr.)

INDICATIVE

Present	Imperfect	Perfect
ich schlafe	ich schlief	ich habe geschlafen
du schläfst	du schliefst	du hast geschlafen
er/sie/es schläft	er/sie/es schlief	er/sie/es hat geschlafen
wir schlafen	wir schliefen	wir haben geschlafen
ihr schlaft	ihr schlieft	ihr habt geschlafen
Sie/sie schlafen	Sie/sie schliefen	Sie/sie haben geschlafen

Pluperfect	Future	Future Perfect
ich hatte geschlafen	ich werde schlafen	ich werde geschlafen haben
du hattest geschlafen	du wirst schlafen	du wirst geschlafen haben
er/sie/es hatte geschlafen	er/sie/es wird schlafen	er/sie/es wird geschlafen haben
wir hatten geschlafen	wir werden schlafen	wir werden geschlafen haben
ihr hattet geschlafen	ihr werdet schlafen	ihr werdet geschlafen haben
Sie/sie hatten geschlafen	Sie/sie werden schlafen	Sie/sie werden geschlafen haben

CONDITIONAL / SUBJUNCTIVE

Present	Present	Imperfect
ich würde schlafen	er/sie/es schlafe	ich schliefe
du würdest schlafen	wir schlafen	wir schliefen
er/sie/es würde schlafen		
wir würden schlafen	Perfect	Pluperfect
ihr würdet schlafen	er/sie/es habe geschlafen	ich hätte geschlafen
Sie/sie würden schlafen	wir haben geschlafen	wir hätten geschlafen

PARTICIPLES / IMPERATIVE

PARTICIPLES	IMPERATIVE
schlafend	schlaf! schlaft!
geschlafen	schlafen Sie! schlafen wir!

Gute Nacht! Schlafen Sie gut! *Good night! Sleep well!*
Er schläft ganz fest. *He is fast asleep.*
Ich habe die ganze Nacht nicht geschlafen. *I did not sleep all night.*
Als wir in Berlin waren, schliefen wir bei Freunden. *We spent the night with friends in Berlin.*
Dieses Problem ließ mich nicht schlafen. *This problem kept me awake.*
Nach der Arbeit schlief ich wie ein Stein. *After work, I slept like a log.*
Nun lassen wir die Sache schlafen. *Now we'll let the matter rest.*

der Schlaf *sleep*
der Schläfer *sleeping person*
das Schlafmittel *sleeping pill*
das Schlafzimmer *bedroom*
der Schlafwagen *sleeper (on a train)*

ausschlafen *to sleep (as long as possible)*
einschlafen *to fall asleep*
verschlafen *to oversleep*
schlaflos *sleepless*
schläfrig *sleepy*

145 schlagen *to hit, strike* (tr./intr.)

INDICATIVE

Present	Imperfect	Perfect
ich schlage	ich schlug	ich habe geschlagen
du schlägst	du schlugst	du hast geschlagen
er/sie/es schlägt	er/sie/es schlug	er/sie/es hat geschlagen
wir schlagen	wir schlugen	wir haben geschlagen
ihr schlagt	ihr schlugt	ihr habt geschlagen
Sie/sie schlagen	Sie/sie schlugen	Sie/sie haben geschlagen

Pluperfect	Future	Future Perfect
ich hatte geschlagen	ich werde schlagen	ich werde geschlagen haben
du hattest geschlagen	du wirst schlagen	du wirst geschlagen haben
er/sie/es hatte geschlagen	er/sie/es wird schlagen	er/sie/es wird geschlagen haben
wir hatten geschlagen	wir werden schlagen	wir werden geschlagen haben
ihr hattet geschlagen	ihr werdet schlagen	ihr werdet geschlagen haben
Sie/sie hatten geschlagen	Sie/sie werden schlagen	Sie/sie werden geschlagen haben

CONDITIONAL / SUBJUNCTIVE

Present	Present	Imperfect
ich würde schlagen	er/sie/es schlage	ich schlüge
du würdest schlagen	wir schlagen	wir schlügen
er/sie/es würde schlagen		
wir würden schlagen	Perfect	Pluperfect
ihr würdet schlagen	er/sie/es habe geschlagen	ich hätte geschlagen
Sie/sie würden schlagen	wir haben geschlagen	wir hätten geschlagen

PARTICIPLES / IMPERATIVE

PARTICIPLES	IMPERATIVE
schlagend	schlag! schlagt!
geschlagen	schlagen Sie! schlagen wir!

Die Uhr schlägt die Stunde. *The clock is striking the hour.*
Er hat den Hund geschlagen. *He hit the dog.*
Sie schlugen mit einem Hammer auf den Stein. *They hit the stone with a hammer.*
Ihm wurde ins Gesicht geschlagen. *He was hit in the face.*
Flammen schlugen aus dem brennenden Haus. *Flames shot out of the burning house.*
Der Junge ist völlig aus der Art geschlagen. *The boy is totally different from his parents.*
Schlag dir diese Idee aus dem Kopf! *Get that idea out of your head!*
Sie schlugen zwei Fliegen mit einer Klappe. *They killed two birds with one stone.*
Nun schlägt es aber dreizehn! *That really is the limit!*

eine Bitte abschlagen *to deny a request*   **vorschlagen** *to suggest*
der Schlag *blow*   **die Schlägerei** *brawl*

146 schließen *to shut, close* (tr./intr.)

INDICATIVE

Present	Imperfect	Perfect
ich schließe	ich schloss	ich habe geschlossen
du schließt	du schlosst	du hast geschlossen
er/sie/es schließt	er/sie/es schloss	er/sie/es hat geschlossen
wir schließen	wir schlossen	wir haben geschlossen
ihr schließt	ihr schlosst	ihr habt geschlossen
Sie/sie schließen	Sie/sie schlossen	Sie/sie haben geschlossen

Pluperfect	Future	Future Perfect
ich hatte geschlossen	ich werde schließen	ich werde geschlossen haben
du hattest geschlossen	du wirst schließen	du wirst geschlossen haben
er/sie/es hatte geschlossen	er/sie/es wird schließen	er/sie/es wird geschlossen haben
wir hatten geschlossen	wir werden schließen	wir werden geschlossen haben
ihr hattet geschlossen	ihr werdet schließen	ihr werdet geschlossen haben
Sie/sie hatten geschlossen	Sie/sie werden schließen	Sie/sie werden geschlossen haben

CONDITIONAL

SUBJUNCTIVE

Present	Present	Imperfect
ich würde schließen	er/sie/es schließe	ich schlösse
du würdest schließen	wir schließen	wir schlössen
er/sie/es würde schließen		
wir würden schließen	Perfect	Pluperfect
ihr würdet schließen	er/sie/es habe geschlossen	ich hätte geschlossen
Sie/sie würden schließen	wir haben geschlossen	wir hätten geschlossen

PARTICIPLES

IMPERATIVE

schließend
geschlossen

schließ! schließt!
schließen Sie! schließen wir!

Schließ bitte die Tür! *Please shut the door!*
Gestern hat er seinen Laden geschlossen. *Yesterday he closed his shop.*
Am Sonntag schlossen alle Geschäfte. *All the shops closed on Sunday.*
Die Schule wurde wegen Kälte geschlossen. *The school was closed because of the cold.*
Er schließt jetzt seine dritte Ehe. *He is getting married for the third time.*
Es wird Zeit, Frieden zu schließen. *It is time to make peace.*
Sie hat ihn in ihr Herz geschlossen. *She has become very fond of him.*
Endlich schloss er seine langweilige Rede. *At last he finished his boring speech.*

das Schloss *lock; castle*
der Schlosser *locksmith*
das Schließfach *safe deposit box, locker*
schließbar *lockable*

abschließen *to lock up*
eine Arbeit abschließen *to complete a task*
einschließen *to include, enclose, lock in*
aufschließen *to unlock*

147 schneiden *to cut, trim* (tr./intr.)

INDICATIVE

Present	Imperfect	Perfect
ich schneide	ich schnitt	ich habe geschnitten
du schneidest	du schnitt(e)st	du hast geschnitten
er/sie/es schneidet	er/sie/es schnitt	er/sie/es hat geschnitten
wir schneiden	wir schnitten	wir haben geschnitten
ihr schneidet	ihr schnittet	ihr habt geschnitten
Sie/sie schneiden	Sie/sie schnitten	Sie/sie haben geschnitten

Pluperfect	Future	Future Perfect
ich hatte geschnitten	ich werde schneiden	ich werde geschnitten haben
du hattest geschnitten	du wirst schneiden	du wirst geschnitten haben
er/sie/es hatte geschnitten	er/sie/es wird schneiden	er/sie/es wird geschnitten haben
wir hatten geschnitten	wir werden schneiden	wir werden geschnitten haben
ihr hattet geschnitten	ihr werdet schneiden	ihr werdet geschnitten haben
Sie/sie hatten geschnitten	Sie/sie werden schneiden	Sie/sie werden geschnitten haben

CONDITIONAL   SUBJUNCTIVE

Present	Present	Imperfect
ich würde schneiden	er/sie/es schneide	ich schnitte
du würdest schneiden	wir schneiden	wir schnitten
er/sie/es würde schneiden		

	Perfect	Pluperfect
wir würden schneiden	er/sie/es habe geschnitten	ich hätte geschnitten
ihr würdet schneiden	wir haben geschnitten	wir hätten geschnitten
Sie/sie würden schneiden		

PARTICIPLES   IMPERATIVE

schneidend	schneid! schneidet!
geschnitten	schneiden Sie! schneiden wir!

Schneiden Sie bitte das Brot! *Please slice the bread!*
Ich habe mir in den Finger geschnitten. *I have cut my finger.*
Der Friseur schnitt seine Haare zu kurz. *The hairdresser cut his hair too short.*
Wann wurde der Rasen geschnitten? *When was the grass cut?*
Er schneidet oft komische Gesichter. *He often pulls funny faces.*
Der Wind schnitt mir ins Gesicht. *There was a biting wind in my face.*
Sie hat sich ins einige Fleisch geschnitten. *She has cut off her nose to spite her face.*
Er ist seiner Mutter wie aus dem Gesicht geschnitten. *He is the spitting image of his mother.*

der Schneider *tailor*	**der Schnitt** *cut*
schneidern *to dressmake, sew*	**der Haarschnitt** *haircut*
die Schneide *cutting edge*	**abschneiden** *to cut off*
das Schneidewerkzeug *cutting tool*	**der Aufschnitt** *cold sliced meat*

148 schreiben *to write* (tr./intr.)

INDICATIVE

Present	Imperfect	Perfect
ich schreibe	ich schrieb	ich habe geschrieben
du schreibst	du schriebst	du hast geschrieben
er/sie/es schreibt	er/sie/es schrieb	er/sie/es hat geschrieben
wir schreiben	wir schrieben	wir haben geschrieben
ihr schreibt	ihr schriebt	ihr habt geschrieben
Sie/sie schreiben	Sie/sie schrieben	Sie/sie haben geschrieben

Pluperfect	Future	Future Perfect
ich hatte geschrieben	ich werde schreiben	ich werde geschrieben haben
du hattest geschrieben	du wirst schreiben	du wirst geschrieben haben
er/sie/es hatte geschrieben	er/sie/es wird schreiben	er/sie/es wird geschrieben haben
wir hatten geschrieben	wir werden schreiben	wir werden geschrieben haben
ihr hattet geschrieben	ihr werdet schreiben	ihr werdet geschrieben haben
Sie/sie hatten geschrieben	Sie/sie werden schreiben	Sie/sie werden geschrieben haben

CONDITIONAL / SUBJUNCTIVE

Present	Present	Imperfect
ich würde schreiben	er/sie/es schreibe	ich schriebe
du würdest schreiben	wir schreiben	wir schrieben
er/sie/es würde schreiben		
wir würden schreiben	**Perfect**	**Pluperfect**
ihr würdet schreiben	er/sie/es habe geschrieben	ich hätte geschrieben
Sie/sie würden schreiben	wir haben geschrieben	wir hätten geschrieben

PARTICIPLES / IMPERATIVE

PARTICIPLES	IMPERATIVE
schreibend	schreib! schreibt!
geschrieben	schreiben Sie! schreiben wir!

Er schreibt gerade einen Brief. *He is writing a letter.*
An wen hast du geschrieben? *Who have you written to?*
Aus dem Urlaub schrieb er mir viele Karten. *He wrote me many cards while he was on holiday.*
Es durfte nicht mit Bleistift geschrieben werden. *Writing in pencil was not allowed.*
Schreiben Sie sich das hinter die Ohren! *Take that to heart!*
Er hatte sage und schreibe zehn Häuser. *Believe it or not, he owned ten houses.*
Das Geld kannst du in den Wind schreiben. *Consider that money lost.*
Dieser Posten ist ihm wie auf den Leib geschrieben. *This job suits him perfectly.*

das Schreiben *letter, note*	**die Abschrift** *copy*
die Schreibmaschine *typewriter*	**abschreiben** *to copy*
der Schreibtisch *writing desk*	**die Anschrift** *address*
die Schreibwaren *stationery*	**schriftlich** *in writing*
	die Handschrift *handwriting*

149 (†)schwimmen *to swim* (intr.)

INDICATIVE

Present	Imperfect	Perfect
ich schwimme	ich schwamm	ich bin geschwommen
du schwimmst	du schwammst	du bist geschwommen
er/sie/es schwimmt	er/sie/es schwamm	er/sie/es ist geschwommen
wir schwimmen	wir schwammen	wir sind geschwommen
ihr schwimmt	ihr schwammt	ihr seid geschwommen
Sie/sie schwimmen	Sie/sie schwammen	Sie/sie sind geschwommen

Pluperfect	Future	Future Perfect
ich war geschwommen	ich werde schwimmen	ich werde geschwommen sein
du warst geschwommen	du wirst schwimmen	du wirst geschwommen sein
er/sie/es war geschwommen	er/sie/es wird schwimmen	er/sie/es wird geschwommen sein
wir waren geschwommen	wir werden schwimmen	wir werden geschwommen sein
ihr wart geschwommen	ihr werdet schwimmen	ihr werdet geschwommen sein
Sie/sie waren geschwommen	Sie/sie werden schwimmen	Sie/sie werden geschwommen sein

CONDITIONAL / SUBJUNCTIVE

Present	Present	Imperfect
ich würde schwimmen	er/sie/es schwimme	ich schwämme
du würdest schwimmen	wir schwimmen	wir schwämmen
er/sie/es würde schwimmen		
wir würden schwimmen	**Perfect**	**Pluperfect**
ihr würdet schwimmen	er/sie/es sei geschwommen	ich wäre geschwommen
Sie/sie würden schwimmen	wir seien geschwommen	wir wären geschwommen

PARTICIPLES / IMPERATIVE

PARTICIPLES	IMPERATIVE
schwimmend	schwimm! schwimmt!
geschwommen	schwimmen Sie! schwimmen wir!

Er schwimmt gerne auf dem Rücken. *He likes swimming on his back.*
Ich bin vorigen Sommer viel geschwommen. *I swam a lot last summer.*
Wir schwammen damals oft zur Insel. *We used to swim often to the island.*
Er ist/hat einen neuen Rekord geschwommen. *He swam a new record time.*
Der Keller schwamm vor Nässe. *The cellar was awash.*
Diese Leute schwimmen im Geld. *These people are rolling in money.*
Es schwimmt mir vor den Augen. *My head is spinning.*

der Schwimmer *swimmer, float*	**verschwimmen** *to grow hazy, become blurred*
das Schwimmbad *swimming pool*	**schwimmfähig** *buoyant*
die Schwimmweste *life jacket*	**die Schwimmflosse** *fin*

150 sehen *to see* (intr./tr)

INDICATIVE

Present	Imperfect	Perfect
ich sehe	ich sah	ich habe gesehen
du siehst	du sahst	du hast gesehen
er/sie/es sieht	er/sie/es sah	er/sie/es hat gesehen
wir sehen	wir sahen	wir haben gesehen
ihr seht	ihr saht	ihr habt gesehen
Sie/sie sehen	Sie/sie sahen	Sie/sie haben gesehen

Pluperfect	Future	Future Perfect
ich hatte gesehen	ich werde sehen	ich werde gesehen haben
du hattest gesehen	du wirst sehen	du wirst gesehen haben
er/sie/es hatte gesehen	er/sie/es wird sehen	er/sie/es wird gesehen haben
wir hatten gesehen	wir werden sehen	wir werden gesehen haben
ihr hattet gesehen	ihr werdet sehen	ihr werdet gesehen haben
Sie/sie hatten gesehen	Sie/sie werden sehen	Sie/sie werden gesehen haben

CONDITIONAL | SUBJUNCTIVE

Present	Present	Imperfect
ich würde sehen	er/sie/es sehe	ich sähe
du würdest sehen	wir sehen	wir sähen
er/sie/es würde sehen		
wir würden sehen	Perfect	Pluperfect
ihr würdet sehen	er/sie/es habe gesehen	ich hätte gesehen
Sie/sie würden sehen	wir haben gesehen	wir hätten gesehen

PARTICIPLES | IMPERATIVE

sehend	sieh! seht!
gesehen	sehen Sie! sehen wir!

Sieh mal! *Look here!*
Ohne Brille sieht sie nicht mehr gut. *She can't see very well without her glasses any more.*
Wo hat man ihn zuletzt gesehen? *Where was he last seen?*
Ich sah ihn schon von weitem. *I saw him from far away.*
Er konnte mir nicht in die Augen sehen. *He could not look me in the eye.*
Sie sah ihren Sohn schon als großen Künstler. *She pictured her son as a great artist.*
Mit dem Zeugnis kannst du dich sehen lassen. *You can be proud of your report.*
Ich kann dieses Bild nicht mehr sehen. *I can't stand this picture any more.*
Ich denk, ich seh nicht recht! *I couldn't believe my eyes.*

ansehen *to look at*
das Ansehen *reputation*
die Nachsicht *leniency*

aussehen *to look like*
das Aussehen *looks*
die Einsicht *insight, understanding*

151 *sein to be, exist (intr.)

INDICATIVE

Present	Imperfect	Perfect
ich bin	ich war	ich bin gewesen
du bist	du warst	du bist gewesen
er/sie/es ist	er/sie/es war	er/sie/es ist gewesen
wir sind	wir waren	wir sind gewesen
ihr seid	ihr wart	ihr seid gewesen
Sie/sie sind	Sie/sie waren	Sie/sie sind gewesen

Pluperfect	Future	Future Perfect
ich war gewesen	ich werde sein	ich werde gewesen sein
du warst gewesen	du wirst sein	du wirst gewesen sein
er/sie/es war gewesen	er/sie/es wird sein	er/sie/es wird gewesen sein
wir waren gewesen	wir werden sein	wir werden gewesen sein
ihr wart gewesen	ihr werdet sein	ihr werdet gewesen sein
Sie/sie waren gewesen	Sie/sie werden sein	Sie/sie werden gewesen sein

CONDITIONAL · SUBJUNCTIVE

Present	Present	Imperfect
ich würde sein	er/sie/es sei	ich wäre
du würdest sein	wir seien	wir wären
er/sie/es würde sein		
wir würden sein	Perfect	Pluperfect
ihr würdet sein	er/sie/es sei gewesen	ich wäre gewesen
Sie/sie würden sein	wir seien gewesen	wir wären gewesen

PARTICIPLES · IMPERATIVE

seiend	sei! seid!
gewesen	seien Sie! seien wir!

Sei still! *Be quiet!*
Sind Sie morgen zu Hause? *Will you be at home tomorrow?*
Wo bist du gewesen? *Where have you been?*
Er ist schon 80 Jahre alt. *He is already 80 years old.*
Sie war früher Lehrerin. *She used to be a teacher.*
Wenn er nicht gewesen wäre, wäre ich ertrunken. *Had it not been for him,
I would have drowned.*
Muss das denn sein? *Is that absolutely necessary?*
Was ist mit ihm? *What is the matter with him?*
Mir ist heute nicht nach Arbeit. *I don't feel like working today.*
Das wär's! *That is all.*

das Kranksein *(state of) being ill*   **das Sein, das Dasein** *existence*
das Reichsein *(state of) being rich*

152 setzen *to put, place* (tr.)

INDICATIVE

Present	Imperfect	Perfect
ich setze	ich setzte	ich habe gesetzt
du setzt	du setztest	du hast gesetzt
er/sie/es setzt	er/sie/es setzte	er/sie/es hat gesetzt
wir setzen	wir setzten	wir haben gesetzt
ihr setzt	ihr setztet	ihr habt gesetzt
Sie/sie setzen	Sie/sie setzten	Sie/sie haben gesetzt

Pluperfect	Future	Future Perfect
ich hatte gesetzt	ich werde setzen	ich werde gesetzt haben
du hattest gesetzt	du wirst setzen	du wirst gesetzt haben
er/sie/es hatte gesetzt	er/sie/es wird setzen	er/sie/es wird gesetzt haben
wir hatten gesetzt	wir werden setzen	wir werden gesetzt haben
ihr hattet gesetzt	ihr werdet setzen	ihr werdet gesetzt haben
Sie/sie hatten gesetzt	Sie/sie werden setzen	Sie/sie werden gesetzt haben

CONDITIONAL SUBJUNCTIVE

Present	Present	Imperfect
ich würde setzen	er/sie/es setze	ich setzte
du würdest setzen	wir setzen	wir setzten
er/sie/es würde setzen		
wir würden setzen	Perfect	Pluperfect
ihr würdet setzen	er/sie/es habe gesetzt	ich hätte gesetzt
Sie/sie würden setzen	wir haben gesetzt	wir hätten gesetzt

PARTICIPLES IMPERATIVE

setzend	setz! setzt!
gesetzt	setzen Sie! setzen wir!

Setzt bitte den Stuhl an den Tisch! *Please put the chair by the table!*
Hast du den Topf auf den Herd gesetzt? *Have you put the saucepan on the stove?*
Bitte, setzen Sie sich doch! *Please sit down!*
Wir hatten uns gerade gesetzt, als er kam. *We had just sat down when he arrived.*
Das Gerücht wurde von ihm in die Welt gesetzt. *The rumour was spread by him.*
Die Gefangenen wurden auf freien Fuß gesetzt. *The prisoners were set free.*
Wann setzen Sie sich zur Ruhe? *When are you going to retire?*
Ich habe mein ganzes Geld auf dieses Pferd gesetzt. *I put all my money on this horse.*
Was hast du dir in den Kopf gesetzt? *What are you so determined about?*

sich setzen *to sit down*   **sich durchsetzen** *to make one's way, succeed*
fortsetzen *to continue*   **übersetzen** *to translate*
sich widersetzen *to resist*

153 singen *to sing* (intr./tr.)

INDICATIVE

Present	Imperfect	Perfect
ich singe	ich sang	ich habe gesungen
du singst	du sangst	du hast gesungen
er/sie/es singt	er/sie/es sang	er/sie/es hat gesungen
wir singen	wir sangen	wir haben gesungen
ihr singt	ihr sangt	ihr habt gesungen
Sie/sie singen	Sie/sie sangen	Sie/sie haben gesungen

Pluperfect	Future	Future Perfect
ich hatte gesungen	ich werde singen	ich werde gesungen haben
du hattest gesungen	du wirst singen	du wirst gesungen haben
er/sie/es hatte gesungen	er/sie/es wird singen	er/sie/es wird gesungen haben
wir hatten gesungen	wir werden singen	wir werden gesungen haben
ihr hattet gesungen	ihr werdet singen	ihr werdet gesungen haben
Sie/sie hatten gesungen	Sie/sie werden singen	Sie/sie werden gesungen haben

CONDITIONAL / SUBJUNCTIVE

Present	Present	Imperfect
ich würde singen	er/sie/es singe	ich sänge
du würdest singen	wir singen	wir sängen
er/sie/es würde singen		
wir würden singen	**Perfect**	**Pluperfect**
ihr würdet singen	er/sie/es habe gesungen	ich hätte gesungen
Sie/sie würden singen	wir haben gesungen	wir hätten gesungen

PARTICIPLES / IMPERATIVE

singend	sing! singt!
gesungen	singen Sie! singen wir!

Er singt gut. *He sings well.*
Sie hat im Chor gesungen. *She sang in the choir.*
Sie sangen nur nach Noten. *They only sang with music.*
Das Kind wurde in den Schlaf gesungen. *The child was being sung to sleep.*
Davon kann ich ein Lied singen. *I know from experience.*
Er sang sein eigenes Lob. *He was singing his own praises.*
Das ist ihm nicht an der Wiege gesungen worden. *He was not expected to come to this.*
Ich hörte die Engel im Himmel singen. *It hurt like hell.*

---

der Sänger *singer*
der Gesang *singing*
das Gesangbuch *hymn book*

der Singvogel *songbird*
der Gesanglehrer *singing teacher*
der Gesangverein *choral society*

154 (†)sitzen *to sit* (intr.)

INDICATIVE

Present	Imperfect	Perfect
ich sitze	ich saß	ich habe gesessen
du sitzt	du saßt	du hast gesessen
er/sie/es sitzt	er/sie/es saß	er/sie/es hat gesessen
wir sitzen	wir saßen	wir haben gesessen
ihr sitzt	ihr saßt	ihr habt gesessen
Sie/sie sitzen	Sie/sie saßen	Sie/sie haben gesessen

Pluperfect	Future	Future Perfect
ich hatte gesessen	ich werde sitzen	ich werde gesessen haben
du hattest gesessen	du wirst sitzen	du wirst gesessen haben
er/sie/es hatte gesessen	er/sie/es wird sitzen	er/sie/es wird gesessen haben
wir hatten gesessen	wir werden sitzen	wir werden gesessen haben
ihr hattet gesessen	ihr werdet sitzen	ihr werdet gesessen haben
Sie/sie hatten gesessen	Sie/sie werden sitzen	Sie/sie werden gesessen haben

CONDITIONAL SUBJUNCTIVE

Present	Present	Imperfect
ich würde sitzen	er/sie/es sitze	ich säße
du würdest sitzen	wir sitzen	wir säßen
er/sie/es würde sitzen		
wir würden sitzen	Perfect	Pluperfect
ihr würdet sitzen	er/sie/es habe gesessen	ich hätte gesessen
Sie/sie würden sitzen	wir haben gesessen	wir hätten gesessen

PARTICIPLES IMPERATIVE

sitzend

gesessen

sitz! sitzt!

sitzen Sie! sitzen wir!

Sitzen Sie bequem? *Are you sitting comfortably?*
Ich habe heute eine Stunde beim Doktor gesessen. *I sat at the doctor's for one hour today.*
Auf diesem Stuhl saß er jeden Tag. *He used to sit on this chair every day.*
Ich würde gern den ganzen Tag in der Sonne sitzen. *I would love to sit in the sun all day.*
Er sitzt schon seit drei Jahren. *He has been in prison for three years.*
Der Schreck saß mir in den Gliedern. *The shock paralysed me.*
Wir sitzen hier in einem winzigen Dorf. *We are stuck here in a tiny village.*
Dein Kleid sitzt tadellos. *Your dress fits perfectly.*
Er saß am längeren Hebel. *He had the greater influence.*
Wir sitzen alle in einem Boot. *We are all in the same boat.*

der Sitz *seat*
die Sitzung *meeting, conference*

sitzen bleiben *to remain seated, to repeat a class*
sitzen lassen *to leave in the lurch*

155 sollen *to be supposed to* (intr./tr.)

INDICATIVE

Present	Imperfect	Perfect
ich soll	ich sollte	ich habe gesollt
du sollst	du solltest	du hast gesollt
er/sie/es soll	er/sie/es sollte	er/sie/es hat gesollt
wir sollen	wir sollten	wir haben gesollt
ihr sollt	ihr solltet	ihr habt gesollt
Sie/sie sollen	Sie/sie sollten	Sie/sie haben gesollt

Pluperfect	Future	Future Perfect
ich hatte gesollt	ich werde sollen	ich werde gesollt haben
du hattest gesollt	du wirst sollen	du wirst gesollt haben
er/sie/es hatte gesollt	er/sie/es wird sollen	er/sie/es wird gesollt haben
wir hatten gesollt	wir werden sollen	wir werden gesollt haben
ihr hattet gesollt	ihr werdet sollen	ihr werdet gesollt haben
Sie/sie hatten gesollt	Sie/sie werden sollen	Sie/sie werden gesollt haben

CONDITIONAL   SUBJUNCTIVE

Present	Present	Imperfect
ich würde sollen	er/sie/es solle	ich sollte
du würdest sollen	wir sollen	wir sollten
er/sie/es würde sollen		
wir würden sollen	**Perfect**	**Pluperfect**
ihr würdet sollen	er/sie/es habe gesollt	ich hätte gesollt
Sie/sie würden sollen	wir haben gesollt	wir hätten gesollt

PARTICIPLES

sollend
gesollt

Du sollst sofort kommen! *You are to come at once!*
Er sollte eigentlich zu Hause bleiben. *He ought to stay at home.*
Das hätte er nicht tun sollen. *He should not have done that.*
Sollte es regnen, dann bleiben wir hier. *Should it rain, we'll stay here.*
Der Film soll sehr gut sein. *The film is supposed to be very good.*
Er sagte, ich sollte nicht auf ihn warten. *He said I should not wait for him.*
Sie sollten sich schämen. *You should be ashamed.*
Sollte das wahr sein? *Could that be true?*
Was soll das heißen? *What is the meaning of this?*
Sie sollen es getan haben. *They are said to have done it.*
Was soll's! *Let's not get upset!/Never mind!*

das Soll *debit, duty, obligation*

156 **sparen** *to save* (tr./intr.)

INDICATIVE

Present	Imperfect	Perfect
ich spare	ich sparte	ich habe gespart
du sparst	du spartest	du hast gespart
er/sie/es spart	er/sie/es sparte	er/sie/es hat gespart
wir sparen	wir sparten	wir haben gespart
ihr spart	ihr spartet	ihr habt gespart
Sie/sie sparen	Sie/sie sparten	Sie/sie haben gespart

Pluperfect	Future	Future Perfect
ich hatte gespart	ich werde sparen	ich werde gespart haben
du hattest gespart	du wirst sparen	du wirst gespart haben
er/sie/es hatte gespart	er/sie/es wird sparen	er/sie/es wird gespart haben
wir hatten gespart	wir werden sparen	wir werden gespart haben
ihr hattet gespart	ihr werdet sparen	ihr werdet gespart haben
Sie/sie hatten gespart	Sie/sie werden sparen	Sie/sie werden gespart haben

CONDITIONAL / SUBJUNCTIVE

Present	Present	Imperfect
ich würde sparen	er/sie/es spare	ich sparte
du würdest sparen	wir sparen	wir sparten
er/sie/es würde sparen		
	Perfect	**Pluperfect**
wir würden sparen	er/sie/es habe gespart	ich hätte gespart
ihr würdet sparen	wir haben gespart	wir hätten gespart
Sie/sie würden sparen		

PARTICIPLES / IMPERATIVE

sparend	spar! spart!
gespart	sparen Sie! sparen wir!

Sparen Sie Energie! *Save energy!*
Er hat viel Geld gespart. *He has saved a lot of money.*
Wir sparten lange auf das Haus. *We saved for the house for a long time.*
Ich hatte mit jedem Pfennig gespart. *I watched every penny.*
Damit haben wir viel Mühe gespart. *That meant we saved a lot of trouble.*
Bei dem Haus war an nichts gespart worden. *No expense had been spared on the house.*
Den Weg hättest du dir sparen können. *You could have saved yourself the journey.*
Spare dir deine Bemerkung! *Hold your tongue!*

die Sparkasse *savings bank*	**sparsam** *thrifty*
das Sparbuch *savings book*	**spärlich** *sparse, meagre*
die Sparmaßnahme *economy measure*	**das Sparkonto** *savings account*

157 speisen *to eat, feed* (intr./tr.)

INDICATIVE

Present	Imperfect	Perfect
ich speise	ich speiste	ich habe gespeist
du speist	du speistest	du hast gespeist
er/sie/es speist	er/sie/es speiste	er/sie/es hat gespeist
wir speisen	wir speisten	wir haben gespeist
ihr speist	ihr speistet	ihr habt gespeist
Sie/sie speisen	Sie/sie speisten	Sie/sie haben gespeist

Pluperfect	Future	Future Perfect
ich hatte gespeist	ich werde speisen	ich werde gespeist haben
du hattest gespeist	du wirst speisen	du wirst gespeist haben
er/sie/es hatte gespeist	er/sie/es wird speisen	er/sie/es wird gespeist haben
wir hatten gespeist	wir werden speisen	wir werden gespeist haben
ihr hattet gespeist	ihr werdet speisen	ihr werdet gespeist haben
Sie/sie hatten gespeist	Sie/sie werden speisen	Sie/sie werden gespeist haben

CONDITIONAL / SUBJUNCTIVE

Present	Present	Imperfect
ich würde speisen	er/sie/es speise	ich speiste
du würdest speisen	wir speisen	wir speisten
er/sie/es würde speisen		
wir würden speisen	Perfect	Pluperfect
ihr würdet speisen	er/sie/es habe gespeist	ich hätte gespeist
Sie/sie würden speisen	wir haben gespeist	wir hätten gespeist

PARTICIPLES / IMPERATIVE

speisend	speise! speist!
gespeist	speisen Sie! speisen wir!

Wo sollen wir heute speisen? *Where shall we eat today?*
Habt ihr gut gespeist? *Have you had a good meal?*
Im Urlaub speisten wir immer im gleichen Restaurant. *We always ate in the same restaurant on holiday.*
Im Lager wurden täglich 3000 Leute gespeist. *3000 people were fed every day in the camp.*
Er speiste uns nur mit leeren Hoffnungen. *He gave us nothing but vain hopes.*
Der Fluss wird von den Bergbächen gespeist. *The river is fed by the mountain streams.*

die Speise *food, dish*	**die Speisereste** *left-overs*
die Speisekarte *menu*	**der Speisewagen** *restaurant car*
die Speisekammer *larder*	**die Vorspeise** *starter*
die Speisenfolge *courses (of a menu)*	**die Nachspeise** *dessert*

158 spielen *to play* (intr./tr.)

INDICATIVE

Present	Imperfect	Perfect
ich spiele	ich spielte	ich habe gespielt
du spielst	du spieltest	du hast gespielt
er/sie/es spielt	er/sie/es spielte	er/sie/es hat gespielt
wir spielen	wir spielten	wir haben gespielt
ihr spielt	ihr spieltet	ihr habt gespielt
Sie/sie spielen	Sie/sie spielten	Sie/sie haben gespielt

Pluperfect	Future	Future Perfect
ich hatte gespielt	ich werde spielen	ich werde gespielt haben
du hattest gespielt	du wirst spielen	du wirst gespielt haben
er/sie/es hatte gespielt	er/sie/es wird spielen	er/sie/es wird gespielt haben
wir hatten gespielt	wir werden spielen	wir werden gespielt haben
ihr hattet gespielt	ihr werdet spielen	ihr werdet gespielt haben
Sie/sie hatten gespielt	Sie/sie werden spielen	Sie/sie werden gespielt haben

CONDITIONAL SUBJUNCTIVE

Present	Present	Imperfect
ich würde spielen	er/sie/es spiele	ich spielte
du würdest spielen	wir spielen	wir spielten
er/sie/es würde spielen		
wir würden spielen	Perfect	Pluperfect
ihr würdet spielen	er/sie/es habe gespielt	ich hätte gespielt
Sie/sie würden spielen	wir haben gespielt	wir hätten gespielt

PARTICIPLES IMPERATIVE

spielend	spiel! spielt!
gespielt	spielen Sie! spielen wir!

Spielen Sie Bridge? *Do you play bridge?*
Die Kinder haben Ball gespielt. *The children were playing ball.*
Er spielte falsch. *He cheated (at cards).*
Die Hauptrolle im Film wurde von ihm gespielt. *The leading role was played by him.*
Sie spielte gerne die erste Geige. *She liked being in charge.*
Mir wurde ein böser Streich gespielt. *A nasty trick was played on me.*
Ich spielte mit dem Gedanken, ein Haus zu bauen. *I toyed with the idea of building a house.*
Das spielt keine Rolle! *That is of no importance!*

das Spiel *game*	**auf etwas anspielen** *to hint at something*
das Spielzeug *toy*	**Geld verspielen** *to lose money gambling*
der Spielverderber *spoilsport*	**bei jemandem verspielt haben** *to have lost someone's trust*
die Spielerei *trifle, child's play*	**mitspielen** *to join in*

159 sprechen *to speak, talk* (intr./tr.)

INDICATIVE

Present	Imperfect	Perfect
ich spreche	ich sprach	ich habe gesprochen
du sprichst	du sprachst	du hast gesprochen
er/sie/es spricht	er/sie/es sprach	er/sie/es hat gesprochen
wir sprechen	wir sprachen	wir haben gesprochen
ihr sprecht	ihr spracht	ihr habt gesprochen
Sie/sie sprechen	Sie/sie sprachen	Sie/sie haben gesprochen

Pluperfect	Future	Future Perfect
ich hatte gesprochen	ich werde sprechen	ich werde gesprochen haben
du hattest gesprochen	du wirst sprechen	du wirst gesprochen haben
er/sie/es hatte gesprochen	er/sie/es wird sprechen	er/sie/es wird gesprochen haben
wir hatten gesprochen	wir werden sprechen	wir werden gesprochen haben
ihr hattet gesprochen	ihr werdet sprechen	ihr werdet gesprochen haben
Sie/sie hatten gesprochen	Sie/sie werden sprechen	Sie/sie werden gesprochen haben

CONDITIONAL | SUBJUNCTIVE

Present	Present	Imperfect
ich würde sprechen	er/sie/es spreche	ich spräche
du würdest sprechen	wir sprechen	wir sprächen
er/sie/es würde sprechen		
wir würden sprechen	Perfect	Pluperfect
ihr würdet sprechen	er/sie/es habe gesprochen	ich hätte gesprochen
Sie/sie würden sprechen	wir haben gesprochen	wir hätten gesprochen

PARTICIPLES | IMPERATIVE

sprechend	sprich! sprecht!
gesprochen	sprechen Sie! sprechen wir!

Sprich bitte etwas lauter! *Please speak up!*
Er spricht mehrere Sprachen fließend. *He speaks several languages fluently.*
Wir sprachen gerade über dich. *We were just talking about you.*
Ich habe ihn nur am Telefon gesprochen. *I have only talked to him on the phone.*
Heute bin ich für niemanden zu sprechen. *I cannot see anyone today.*
Er ist nicht gut auf mich zu sprechen. *He is not well-disposed towards me.*
Dein Glück hat sich herumgesprochen. *Your luck has been the talk of the town.*
Darüber werden wir uns noch sprechen! *We shall see about that!*

der Sprecher *speaker*	**die Sprache** *language*
die Sprechstunde *surgery (hours)*	**die Ansprache** *address, speech*
das Sprichwort *proverb*	**die Absprache** *agreement*
der Spruch *motto*	**sprachlos** *speechless*
der Urteilsspruch *verdict*	

160 (†)springen *to jump, leap* (intr.)

INDICATIVE

Present	Imperfect	Perfect
ich springe	ich sprang	ich bin gesprungen
du springst	du sprangst	du bist gesprungen
er/sie/es springt	er/sie/es sprang	er/sie/es ist gesprungen
wir springen	wir sprangen	wir sind gesprungen
ihr springt	ihr sprangt	ihr seid gesprungen
Sie/sie springen	Sie/sie sprangen	Sie/sie sind gesprungen

Pluperfect	Future	Future Perfect
ich war gesprungen	ich werde springen	ich werde gesprungen sein
du warst gesprungen	du wirst springen	du wirst gesprungen sein
er/sie/es war gesprungen	er/sie/es wird springen	er/sie/es wird gesprungen sein
wir waren gesprungen	wir werden springen	wir werden gesprungen sein
ihr wart gesprungen	ihr werdet springen	ihr werdet gesprungen sein
Sie/sie waren gesprungen	Sie/sie werden springen	Sie/sie werden gesprungen sein

CONDITIONAL / SUBJUNCTIVE

Present	Present	Imperfect
ich würde springen	er/sie/es springe	ich spränge
du würdest springen	wir springen	wir sprängen
er/sie/es würde springen		
wir würden springen	Perfect	Pluperfect
ihr würdet springen	er/sie/es sei gesprungen	ich wäre gesprungen
Sie/sie würden springen	wir seien gesprungen	wir wären gesprungen

PARTICIPLES / IMPERATIVE

PARTICIPLES	IMPERATIVE
springend	spring! springt!
gesprungen	springen Sie! springen wir!

Springen Sie nicht aus dem fahrenden Zug! *Don't jump off the train while it's moving!*
Beim Feuer sind die Leute aus dem Fenster gesprungen. *During the fire people jumped out of the window.*
Ohne zu zögern sprang er ins Wasser. *Without hesitating he jumped into the water.*
Er würde nie wieder springen. *He would never jump again.*
Diese Reklame springt sofort ins Auge. *This advertisement attracts the eye.*
Ich lasse eine Runde springen. *I'll buy a round.*
Der letzte Wagen des Zuges sprang aus den Schienen. *The last carriage came off the rails.*
Die Fensterscheibe ist gesprungen. *The window pane is cracked.*

der Springer *parachutist*	**anspringen** *to jump at, start (the engine)*
der Sprung *jump*	**jemandem beispringen** *to help someone*
die Sprungschanze *ski jump*	**für jemanden einspringen** *to stand in for someone*
sprunghaft *erratic, sudden*	**mit jemandem (etwas) umspringen** *to deal with someone (something)*

161 (†)stehen *to stand* (intr.)

INDICATIVE

Present	Imperfect	Perfect
ich stehe	ich stand	ich habe gestanden
du stehst	du standst	du hast gestanden
er/sie/es steht	er/sie/es stand	er/sie/es hat gestanden
wir stehen	wir standen	wir haben gestanden
ihr steht	ihr standet	ihr habt gestanden
Sie/sie stehen	Sie/sie standen	Sie/sie haben gestanden

Pluperfect	Future	Future Perfect
ich hatte gestanden	ich werde stehen	ich werde gestanden haben
du hattest gestanden	du wirst stehen	du wirst gestanden haben
er/sie/es hatte gestanden	er/sie/es wird stehen	er/sie/es wird gestanden haben
wir hatten gestanden	wir werden stehen	wir werden gestanden haben
ihr hattet gestanden	ihr werdet stehen	ihr werdet gestanden haben
Sie/sie hatten gestanden	Sie/sie werden stehen	Sie/sie werden gestanden haben

CONDITIONAL / SUBJUNCTIVE

Present	Present	Imperfect
ich würde stehen	er/sie/es stehe	ich stände
du würdest stehen	wir stehen	wir ständen
er/sie/es würde stehen		
wir würden stehen	Perfect	Pluperfect
ihr würdet stehen	er/sie/es habe gestanden	ich hätte gestanden
Sie/sie würden stehen	wir haben gestanden	wir hätten gestanden

PARTICIPLES / IMPERATIVE

stehend	steh! steht!
gestanden	stehen Sie! stehen wir!

Steh gerade! *Stand up straight!*
Wir haben lange an der Bushaltestelle gestanden. *We have been standing at the bus stop for a long time.*
Das Haus stand am Rande der Klippe. *The house stood at the edge of the cliff.*
Es würde nicht mehr lange dort stehen. *It would not be there for much longer.*
Er steht auf der Höhe seines Ruhmes. *He is at the height of his career.*
Das Pfund steht auf 1,55 Euro. *Sterling stands at 1 euro 55.*
Für mich stand alles auf dem Spiel. *There was a lot at stake for me.*
Das wird dir (dich) teuer zu stehen kommen. *You will have to pay dearly for that.*
Ihm standen die Haare zu Berge. *His hair stood on end.*
Uns stand das Wasser bis zum Hals. *We were almost bankrupt.*
Sie standen uns Rede und Antwort. *They justified their actions.*

der Stand *condition, position, class*   **widerstehen** *to resist*

162 teilen *to divide, share* (tr./refl.)

INDICATIVE

Present	Imperfect	Perfect
ich teile	ich teilte	ich habe geteilt
du teilst	du teiltest	du hast geteilt
er/sie/es teilt	er/sie/es teilte	er/sie/es hat geteilt
wir teilen	wir teilten	wir haben geteilt
ihr teilt	ihr teiltet	ihr habt geteilt
Sie/sie teilen	Sie/sie teilten	Sie/sie haben geteilt

Pluperfect	Future	Future Perfect
ich hatte geteilt	ich werde teilen	ich werde geteilt haben
du hattest geteilt	du wirst teilen	du wirst geteilt haben
er/sie/es hatte geteilt	er/sie/es wird teilen	er/sie/es wird geteilt haben
wir hatten geteilt	wir werden teilen	wir werden geteilt haben
ihr hattet geteilt	ihr werdet teilen	ihr werdet geteilt haben
Sie/sie hatten geteilt	Sie/sie werden teilen	Sie/sie werden geteilt haben

CONDITIONAL   SUBJUNCTIVE

Present	Present	Imperfect
ich würde teilen	er/sie/es teile	ich teilte
du würdest teilen	wir teilen	wir teilten
er/sie/es würde teilen		
wir würden teilen	Perfect	Pluperfect
ihr würdet teilen	er/sie/es habe geteilt	ich hätte geteilt
Sie/sie würden teilen	wir haben geteilt	wir hätten geteilt

PARTICIPLES   IMPERATIVE

teilend	teil! teilt!
geteilt	teilen Sie! teilen wir!

Wir teilen die Kosten. *We are sharing the cost.*
Er hat die Erbschaft gerecht geteilt. *He divided the inheritance fairly.*
Ich teilte meine Zigaretten mit ihm. *I shared my cigarettes with him.*
Das Land wurde nach dem Kriege geteilt. *The country was divided after the war.*
Ich teile seine Meinung nicht. *I don't share his opinion.*
Hier teilten sich die Meinungen. *Opinions differed on this.*
Geteilter Schmerz ist halber Schmerz. *A trouble shared is a trouble halved.*
Ich las den Brief mit geteilten Gefühlen. *I read the letter with mixed feelings.*

der Teil *part, component*	**austeilen** *to hand out, give*
der Teilhaber *partner*	**verteilen** *to distribute*
die Teilnahme *participation*	**zuteilen** *to allocate*
die Teilzahlung *instalment*	**teilnahmslos** *indifferent*

163 tragen *to carry; wear* (tr./intr.)

INDICATIVE

Present	Imperfect	Perfect
ich trage	ich trug	ich habe getragen
du trägst	du trugst	du hast getragen
er/sie/es trägt	er/sie/es trug	er/sie/es hat getragen
wir tragen	wir trugen	wir haben getragen
ihr tragt	ihr trugt	ihr habt getragen
Sie/sie tragen	Sie/sie trugen	Sie/sie haben getragen

Pluperfect	Future	Future Perfect
ich hatte getragen	ich werde tragen	ich werde getragen haben
du hattest getragen	du wirst tragen	du wirst getragen haben
er/sie/es hatte getragen	er/sie/es wird tragen	er/sie/es wird getragen haben
wir hatten getragen	wir werden tragen	wir werden getragen haben
ihr hattet getragen	ihr werdet tragen	ihr werdet getragen haben
Sie/sie hatten getragen	Sie/sie werden tragen	Sie/sie werden getragen haben

CONDITIONAL / SUBJUNCTIVE

Present	Present	Imperfect
ich würde tragen	er/sie/es trage	ich trüge
du würdest tragen	wir tragen	wir trügen
er/sie/es würde tragen		
wir würden tragen	Perfect	Pluperfect
ihr würdet tragen	er/sie/es habe getragen	ich hätte getragen
Sie/sie würden tragen	wir haben getragen	wir hätten getragen

PARTICIPLES / IMPERATIVE

tragend	trag! tragt!
getragen	tragen Sie! tragen wir!

Trägst du bitte den schweren Koffer für mich? *Would you carry the heavy case for me?*
Wer hat den Koffer zum Bahnhof getragen? *Who carried the suitcase to the station?*
Sie trug einen warmen Mantel. *She was wearing a warm coat.*
Das Dach wurde von Säulen getragen. *The roof was supported by pillars.*
Er trug schwer an seiner Verantwortung. *He struggled with his burden of responsibility.*
Wer trägt die Schuld an dem Unfall? *Who is to be blamed for the accident?*
Meine Füße trugen mich nicht mehr. *I was ready to drop.*
Wir hatten schwer zu tragen. *We were heavily laden.*

der Träger *carrier, bearer*	**ertragen** *to bear*
die Tragbahre *stretcher*	**zu etwas beitragen** *to contribute to something*
die Tragweite *range, importance*	**sich betragen** *to behave*
tragbar *bearable, wearable*	**übertragen** *to transfer, broadcast*

164 **treffen** to meet; hit (tr.)

INDICATIVE

Present	Imperfect	Perfect
ich treffe	ich traf	ich habe getroffen
du triffst	du trafst	du hast getroffen
er/sie/es trifft	er/sie/es traf	er/sie/es hat getroffen
wir treffen	wir trafen	wir haben getroffen
ihr trefft	ihr traft	ihr habt getroffen
Sie/sie treffen	Sie/sie trafen	Sie/sie haben getroffen

Pluperfect	Future	Future Perfect
ich hatte getroffen	ich werde treffen	ich werde getroffen haben
du hattest getroffen	du wirst treffen	du wirst getroffen haben
er/sie/es hatte getroffen	er/sie/es wird treffen	er/sie/es wird getroffen haben
wir hatten getroffen	wir werden treffen	wir werden getroffen haben
ihr hattet getroffen	ihr werdet treffen	ihr werdet getroffen haben
Sie/sie hatten getroffen	Sie/sie werden treffen	Sie/sie werden getroffen haben

CONDITIONAL / SUBJUNCTIVE

Present	Present	Imperfect
ich würde treffen	er/sie/es treffe	ich träfe
du würdest treffen	wir treffen	wir träfen
er/sie/es würde treffen		
wir würden treffen	Perfect	Pluperfect
ihr würdet treffen	er/sie/es habe getroffen	ich hätte getroffen
Sie/sie würden treffen	wir haben getroffen	wir hätten getroffen

PARTICIPLES / IMPERATIVE

treffend	triff! trefft!
getroffen	treffen Sie! treffen wir!

Treffen wir uns morgen. *Let's meet tomorrow.*
Wo treffen wir Sie wieder? *Where are we going to meet you again?*
Wir trafen ihn auf unserer Wanderung. *We met him on our walk.*
Er wurde tödlich von der Kugel getroffen. *He was fatally wounded by the bullet.*
Er trifft gut. *He is a good shot.*
Dein Vorwurf hat ihn tief getroffen. *Your reproach hurt him deeply.*
Sie war wie vom Blitz getroffen. *She was thunderstruck.*
Morgen trifft er seine Entscheidung. *He is going to decide tomorrow.*
Das traf den Nagel auf den Kopf. *That hit the nail on the head.*
Der Maler hat Sie gut getroffen. *The painter has achieved a good likeness of you.*

das Treffen *meeting*	**treffend** *appropriate*
der Treffer *lucky hit*	**vortrefflich** *excellent*

165 **trinken** *to drink* (tr./intr.)

INDICATIVE

Present	Imperfect	Perfect
ich trinke	ich trank	ich habe getrunken
du trinkst	du trankst	du hast getrunken
er/sie/es trinkt	er/sie/es trank	er/sie/es hat getrunken
wir trinken	wir tranken	wir haben getrunken
ihr trinkt	ihr trankt	ihr habt getrunken
Sie/sie trinken	Sie/sie tranken	Sie/sie haben getrunken

Pluperfect	Future	Future Perfect
ich hatte getrunken	ich werde trinken	ich werde getrunken haben
du hattest getrunken	du wirst trinken	du wirst getrunken haben
er/sie/es hatte getrunken	er/sie/es wird trinken	er/sie/es wird getrunken haben
wir hatten getrunken	wir werden trinken	wir werden getrunken haben
ihr hattet getrunken	ihr werdet trinken	ihr werdet getrunken haben
Sie/sie hatten getrunken	Sie/sie werden trinken	Sie/sie werden getrunken haben

CONDITIONAL / SUBJUNCTIVE

Present	Present	Imperfect
ich würde trinken	er/sie/es trinke	ich tränke
du würdest trinken	wir trinken	wir tränken
er/sie/es würde trinken		
	Perfect	**Pluperfect**
wir würden trinken	er/sie/es habe getrunken	ich hätte getrunken
ihr würdet trinken	wir haben getrunken	wir hätten getrunken
Sie/sie würden trinken		

PARTICIPLES / IMPERATIVE

trinkend	trink! trinkt!
getrunken	trinken Sie! trinken wir!

Trinken Sie lieber Bier oder Wein? *Do you prefer beer or wine?*
Er trinkt lieber Wein. *He prefers wine.*
Früher hat er nur Bier getrunken. *He only used to drink beer.*
Sie tranken ihre Gläser in einem Zug leer. *They drank their drinks in one go.*
Er hat sich um seinen Verstand getrunken. *He drank himself stupid.*
Abwarten und Tee trinken! *Let us be patient!*
Er trinkt gern einen über den Durst. *He is too fond of alcohol.*
Sie tranken ihn unter den Tisch. *They drank him under the table.*

das Trinkwasser *drinking water*	**das Getränk** *drink, beverage*
das Trinkgeld *tip*	**tränken** *to water cattle, to soak*
der Trinker *drunkard*	**der Trunk** *drink, gulp*
trinkbar *drinkable*	**betrunken** *drunk*

166 tun *to do, make* (tr./intr.)

INDICATIVE

Present	Imperfect	Perfect
ich tue	ich tat	ich habe getan
du tust	du tat(e)st	du hast getan
er/sie/es tut	er/sie/es tat	er/sie/es hat getan
wir tun	wir taten	wir haben getan
ihr tut	ihr tatet	ihr habt getan
Sie/sie tun	Sie/sie taten	Sie/sie haben getan

Pluperfect	Future	Future Perfect
ich hatte getan	ich werde tun	ich werde getan haben
du hattest getan	du wirst tun	du wirst getan haben
er/sie/es hatte getan	er/sie/es wird tun	er/sie/es wird getan haben
wir hatten getan	wir werden tun	wir werden getan haben
ihr hattet getan	ihr werdet tun	ihr werdet getan haben
Sie/sie hatten getan	Sie/sie werden tun	Sie/sie werden getan haben

CONDITIONAL   SUBJUNCTIVE

Present	Present	Imperfect
ich würde tun	er/sie/es tue	ich täte
du würdest tun	wir tuen	wir täten
er/sie/es würde tun		
wir würden tun	Perfect	Pluperfect
ihr würdet tun	er/sie/es habe getan	ich hätte getan
Sie/sie würden tun	wir haben getan	wir hätten getan

PARTICIPLES   IMPERATIVE

tuend	tu! tut!
getan	tun Sie! tun wir!

Was tun Sie morgen? *What are you doing tomorrow?*
Er hat den ganzen Tag nichts getan. *He has not done anything all day.*
Wir taten, was wir konnten. *We did what we could.*
Ihm wurde Unrecht getan. *He was wronged.*
Ich habe heute alle Hände voll zu tun. *I'll have my hands full today.*
Das tut mir aber Leid! *I am sorry!*
Damit ist die Sache nicht getan. *The matter does not end here.*
Sie täten besser daran zu gehen. *You had better go.*
Das alte Auto tat uns gute Dienste. *The old car served us well.*
Wo tut es Ihnen weh? *Where does it hurt?*
Sie haben mir einen großen Gefallen getan. *You have done me a great favour.*

die Tat deed	**der Täter** culprit, criminal
die Tatsache fact	**die Tätigkeit** activity

167 üben *to practise* (intr./tr./refl.)

INDICATIVE

Present	Imperfect	Perfect
ich übe	ich übte	ich habe geübt
du übst	du übtest	du hast geübt
er/sie/es übt	er/sie/es übte	er/sie/es hat geübt
wir üben	wir übten	wir haben geübt
ihr übt	ihr übtet	ihr habt geübt
Sie/sie üben	Sie/sie übten	Sie/sie haben geübt

Pluperfect	Future	Future Perfect
ich hatte geübt	ich werde üben	ich werde geübt haben
du hattest geübt	du wirst üben	du wirst geübt haben
er/sie/es hatte geübt	er/sie/es wird üben	er/sie/es wird geübt haben
wir hatten geübt	wir werden üben	wir werden geübt haben
ihr hattet geübt	ihr werdet üben	ihr werdet geübt haben
Sie/sie hatten geübt	Sie/sie werden üben	Sie/sie werden geübt haben

CONDITIONAL / SUBJUNCTIVE

Present	Present	Imperfect
ich würde üben	er/sie/es übe	ich übte
du würdest üben	wir üben	wir übten
er/sie/es würde üben		
wir würden üben	**Perfect**	**Pluperfect**
ihr würdet üben	er/sie/es habe geübt	ich hätte geübt
Sie/sie würden üben	wir haben geübt	wir hätten geübt

PARTICIPLES / IMPERATIVE

PARTICIPLES	IMPERATIVE
übend	üb! übt!
geübt	üben Sie! uben wir!

Ich übe täglich auf dem Klavier. *I practise playing the piano every day.*
Wir haben heute unsere Rollen geübt. *We have been practising our parts today.*
Er übte jeden Tag. *He practised every day.*
Das Sprechen muss geübt werden. *Speaking (well) only comes with practice.*
Sie würden Rache an uns üben. *They would take revenge on us.*
Bitte üben Sie Geduld! *Please be patient!*
Er übt immer viel Nachsicht mit uns. *He always shows us a lot of consideration.*
Welchen Beruf üben Sie aus? *What is your profession?*
Sie sind ein geübter Fahrer. *You are a skilful driver.*

die Übung *exercise*	**ausüben** *to carry out*
üblich *usual, customary*	**verüben** *to commit*

168 überlegen *to consider* (tr./intr./refl.)

INDICATIVE

Present	Imperfect	Perfect
ich überlege	ich überlegte	ich habe überlegt
du überlegst	du überlegtest	du hast überlegt
er/sie/es überlegt	er/sie/es überlegte	er/sie/es hat überlegt
wir überlegen	wir überlegten	wir haben überlegt
ihr überlegt	ihr überlegtet	ihr habt überlegt
Sie/sie überlegen	Sie/sie überlegten	Sie/sie haben überlegt

Pluperfect	Future	Future Perfect
ich hatte überlegt	ich werde überlegen	ich werde überlegt haben
du hattest überlegt	du wirst überlegen	du wirst überlegt haben
er/sie/es hatte überlegt	er/sie/es wird überlegen	er/sie/es wird überlegt haben
wir hatten überlegt	wir werden überlegen	wir werden überlegt haben
ihr hattet überlegt	ihr werdet überlegen	ihr werdet überlegt haben
Sie/sie hatten überlegt	Sie/sie werden überlegen	Sie/sie werden überlegt haben

CONDITIONAL / SUBJUNCTIVE

Present	Present	Imperfect
ich würde überlegen	er/sie/es überlege	ich überlegte
du würdest überlegen	wir überlegen	wir überlegten
er/sie/es würde überlegen		
wir würden überlegen	Perfect	Pluperfect
ihr würdet überlegen	er/sie/es habe überlegt	ich hätte überlegt
Sie/sie würden überlegen	wir haben überlegt	wir hätten überlegt

PARTICIPLES / IMPERATIVE

PARTICIPLES	IMPERATIVE
überlegend	überleg! überlegt!
überlegt	überlegen Sie! überlegen wir!

Das muss ich mir gründlich überlegen. *I'll have to think about that carefully.*
Er hat es hin und her überlegt. *He has looked at it from all sides.*
Ich überlegte, was zu tun sei. *I wondered what to do.*
Der Kauf eines Autos wäre zu überlegen. *It would be possible to consider the purchase of a car.*
Das hätten Sie sich auch vorher überlegen können. *You could have given that some thought beforehand.*
Ich habe es mir anders überlegt. *I have changed my mind.*
Er hatte alles wohl überlegt. *He had taken everything into account.*
Wenn ich es mir recht überlege,... *Now I come to think of it,...*
Er handelte ohne zu überlegen. *He acted inconsiderately.*

die Überlegung *consideration*
überlegt *carefully considered*

unüberlegt *rash*
die Überlegtheit *deliberation*

169 verbessern *to improve* (tr./refl.)

INDICATIVE

Present	Imperfect	Perfect
ich verbessere	ich verbesserte	ich habe verbessert
du verbesserst	du verbessertest	du hast verbessert
er/sie/es verbessert	er/sie/es verbesserte	er/sie/es hat verbessert
wir verbessern	wir verbesserten	wir haben verbessert
ihr verbessert	ihr verbessertet	ihr habt verbessert
Sie/sie verbessern	Sie/sie verbesserten	Sie/sie haben verbessert

Pluperfect	Future	Future Perfect
ich hatte verbessert	ich werde verbessern	ich werde verbessert haben
du hattest verbessert	du wirst verbessern	du wirst verbessert haben
er/sie/es hatte verbessert	er/sie/es wird verbessern	er/sie/es wird verbessert haben
wir hatten verbessert	wir werden verbessern	wir werden verbessert haben
ihr hattet verbessert	ihr werdet verbessern	ihr werdet verbessert haben
Sie/sie hatten verbessert	Sie/sie werden verbessern	Sie/sie werden verbessert haben

CONDITIONAL

SUBJUNCTIVE

Present	Present	Imperfect
ich würde verbessern	er/sie/es verbessere	ich verbesserte
du würdest verbessern	wir verbesseren	wir verbesserten
er/sie/es würde verbessern		
wir würden verbessern	**Perfect**	**Pluperfect**
ihr würdet verbessern	er/sie/es habe verbessert	ich hätte verbessert
Sie/sie würden verbessern	wir haben verbessert	wir hätten verbessert

PARTICIPLES

IMPERATIVE

verbessernd
verbessert

verbessere! verbessert!
verbessern Sie! verbessern wir!

Ich möchte meine Sprachkenntnisse verbessern. *I want to improve my knowledge of the language.*
Verbessern Sie bitte den Fehler! *Please correct the mistake!*
Er hat seine Lage verbessert. *He improved his position.*
Die Straße wurde voriges Jahr verbessert. *The road was improved last year.*
In seiner Rede verbesserte er sich mehrmals. *In his speech he corrected himself several times.*
Er wechselte den Beruf, um sich zu verbessern. *He changed his job to better himself.*
Die wirtschaftliche Lage hat sich verbessert. *The economy has been improving.*
Es passt ihm nicht, wenn man ihn verbessert. *He doesn't like being put right.*

die Verbesserung *improvement*
die Besserung *healing*
gute Besserung! *get well!*

sich bessern *to mend one's ways*
gut, besser, am besten *good, better, best*

170 verbieten to prohibit, forbid (tr.)

INDICATIVE

Present	Imperfect	Perfect
ich verbiete	ich verbot	ich habe verboten
du verbietest	du verbot(e)st	du hast verboten
er/sie/es verbietet	er/sie/es verbot	er/sie/es hat verboten
wir verbieten	wir verboten	wir haben verboten
ihr verbietet	ihr verbotet	ihr habt verboten
Sie/sie verbieten	Sie/sie verboten	Sie/sie haben verboten

Pluperfect	Future	Future Perfect
ich hatte verboten	ich werde verbieten	ich werde verboten haben
du hattest verboten	du wirst verbieten	du wirst verboten haben
er/sie/es hatte verboten	er/sie/es wird verbieten	er/sie/es wird verboten haben
wir hatten verboten	wir werden verbieten	wir werden verboten haben
ihr hattet verboten	ihr werdet verbieten	ihr werdet verboten haben
Sie/sie hatten verboten	Sie/sie werden verbieten	Sie/sie werden verboten haben

CONDITIONAL · SUBJUNCTIVE

Present	Present	Imperfect
ich würde verbieten	er/sie/es verbiete	ich verböte
du würdest verbieten	wir verbieten	wir verböten
er/sie/es würde verbieten		
wir würden verbieten	Perfect	Pluperfect
ihr würdet verbieten	er/sie/es habe verboten	ich hätte verboten
Sie/sie würden verbieten	wir haben verboten	wir hätten verboten

PARTICIPLES · IMPERATIVE

verbietend	verbiete! verbietet!
verboten	verbieten Sie! verbieten wir!

Rauchen verboten! *No smoking!*
Er verbietet ihr, sein Auto zu benutzen. *He won't let her use his car.*
Der Arzt verbot ihm das Trinken. *The doctor told him not to drink.*
Mir wurde die Durchfahrt verboten. *I was not allowed through.*
Man hat ihm das Haus verboten. *He is not allowed to go into the house again.*
Mein Geldbeutel verbietet es mir, es zu kaufen. *I haven't got sufficient funds to buy it.*
Mit diesem Hut sieht er ganz verboten aus. *He looks awful in that hat.*
Sie verboten mir den Mund. *They shut me up.*
Das verbietet sich von selbst. *It's quite clear that that is out of the question.*
Du hast mir nichts zu verbieten. *You have no authority over me.*

das Verbot *prohibition*   **das Parkverbot** *no parking*

171 verbinden *to join, connect* (tr./refl.)

INDICATIVE

Present	Imperfect	Perfect
ich verbinde	ich verband	ich habe verbunden
du verbindest	du verband(e)st	du hast verbunden
er/sie/es verbindet	er/sie/es verband	er/sie/es hat verbunden
wir verbinden	wir verbanden	wir haben verbunden
ihr verbindet	ihr verbandet	ihr habt verbunden
Sie/sie verbinden	Sie/sie verbanden	Sie/sie haben verbunden

Pluperfect	Future	Future Perfect
ich hatte verbunden	ich werde verbinden	ich werde verbunden haben
du hattest verbunden	du wirst verbinden	du wirst verbunden haben
er/sie/es hatte verbunden	er/sie/es wird verbinden	er/sie/es wird verbunden haben
wir hatten verbunden	wir werden verbinden	wir werden verbunden haben
ihr hattet verbunden	ihr werdet verbinden	ihr werdet verbunden haben
Sie/sie hatten verbunden	Sie/sie werden verbinden	Sie/sie werden verbunden haben

CONDITIONAL · SUBJUNCTIVE

Present	Present	Imperfect
ich würde verbinden	er/sie/es verbinde	ich verbände
du würdest verbinden	wir verbinden	wir verbänden
er/sie/es würde verbinden		
wir würden verbinden	Perfect	Pluperfect
ihr würdet verbinden	er/sie/es habe verbunden	ich hätte verbunden
Sie/sie würden verbinden	wir haben verbunden	wir hätten verbunden

PARTICIPLES · IMPERATIVE

PARTICIPLES	IMPERATIVE
verbindend	verbinde! verbindet!
verbunden	verbinden Sie! verbinden wir!

Verbinden Sie mich bitte mit der Verkaufsabteilung. *Please give me the sales department.*

Wir wollen den Ausflug mit einem Museumsbesuch verbinden. *We plan to combine the excursion with a visit to a museum.*

Vor dem Bau dieser Autobahn verband nur eine Holzbrücke die beiden Hälften der Stadt. *Before the motorway was built only a wooden bridge linked the two halves of the town.*

Im Experiment wurden die zwei Substanzen verbunden. *In the experiment the two substances were combined.*

Er verband sich geschäftlich mit uns. *He went into partnership with us.*

Sie wird sich bald ehelich verbinden. *She is going to get married soon.*

verbindlich *obliging, friendly*
unverbindlich *without obligation*
die Verbindlichkeit *obligation, politeness*

die Verbindung *connection; compound*
der Verbindungsmann *mediator*
die Verkehrsverbindung *transport (link)*

172 verderben *to spoil, go bad* (tr./*intr.)

INDICATIVE

Present	Imperfect	Perfect
ich verderbe	ich verdarb	ich habe verdorben
du verdirbst	du verdarbst	du hast verdorben
er/sie/es verdirbt	er/sie/es verdarb	er/sie/es hat verdorben
wir verderben	wir verdarben	wir haben verdorben
ihr verderbt	ihr verdarbt	ihr habt verdorben
Sie/sie verderben	Sie/sie verdarben	Sie/sie haben verdorben

Pluperfect	Future	Future Perfect
ich hatte verdorben	ich werde verderben	ich werde verdorben haben
du hattest verdorben	du wirst verderben	du wirst verdorben haben
er/sie/es hatte verdorben	er/sie/es wird verderben	er/sie/es wird verdorben haben
wir hatten verdorben	wir werden verderben	wir werden verdorben haben
ihr hattet verdorben	ihr werdet verderben	ihr werdet verdorben haben
Sie/sie hatten verdorben	Sie/sie werden verderben	Sie/sie werden verdorben haben

CONDITIONAL   SUBJUNCTIVE

Present	Present	Imperfect
ich würde verderben	er/sie/es verderbe	ich verdürbe
du würdest verderben	wir verderben	wir verdürben
er/sie/es würde verderben		
wir würden verderben	Perfect	Pluperfect
ihr würdet verderben	er/sie/es habe verdorben	ich hätte verdorben
Sie/sie würden verderben	wir haben verdorben	wir hätten verdorben

PARTICIPLES   IMPERATIVE

verderbend
verdorben

verdirb! verderbt!
verderben Sie! verderben wir!

Fleisch verdirbt schnell. *Meat goes off quickly.*
Ich habe mein Essen mit zu viel Salz verdorben. *I have spoilt my meal by adding too much salt.*
Er verdarb seine Augen mit vielem Lesen. *He ruined his eyes by reading too much.*
Unser Abend wurde durch seine schlechte Laune verdorben. *Our evening was spoilt by his bad mood.*
Zu viele Köche verderben den Brei. *Too many cooks spoil the broth.*
Seine Freunde haben ihn verdorben. *His friends were a bad influence on him.*
Ich habe es mit ihm verdorben. *I have made an enemy of him.*

das Verderben *ruin*   **verderblich** *perishable, pernicious*
die Verdorbenheit *depravity*

173 verdienen *to earn, deserve* (tr.)

INDICATIVE

Present	Imperfect	Perfect
ich verdiene	ich verdiente	ich habe verdient
du verdienst	du verdientest	du hast verdient
er/sie/es verdient	er/sie/es verdiente	er/sie/es hat verdient
wir verdienen	wir verdienten	wir haben verdient
ihr verdient	ihr verdientet	ihr habt verdient
Sie/sie verdienen	Sie/sie verdienten	Sie/sie haben verdient

Pluperfect	Future	Future Perfect
ich hatte verdient	ich werde verdienen	ich werde verdient haben
du hattest verdient	du wirst verdienen	du wirst verdient haben
er/sie/es hatte verdient	er/sie/es wird verdienen	er/sie/es wird verdient haben
wir hatten verdient	wir werden verdienen	wir werden verdient haben
ihr hattet verdient	ihr werdet verdienen	ihr werdet verdient haben
Sie/sie hatten verdient	Sie/sie werden verdienen	Sie/sie werden verdient haben

CONDITIONAL / SUBJUNCTIVE

Present	Present	Imperfect
ich würde verdienen	er/sie/es verdiene	ich verdiente
du würdest verdienen	wir verdienen	wir verdienten
er/sie/es würde verdienen		
wir würden verdienen	**Perfect**	**Pluperfect**
ihr würdet verdienen	er/sie/es habe verdient	ich hätte verdient
Sie/sie würden verdienen	wir haben verdient	wir hätten verdient

PARTICIPLES / IMPERATIVE

PARTICIPLES	IMPERATIVE
verdienend	verdien! verdient!
verdient	verdienen Sie! verdienen wir!

Er verdient sehr gut in seinem Beruf. *His job pays well.*
Früher habe ich weniger verdient. *I used to earn less.*
Nächstes Jahr verdienen Sie mehr. *Next year you will earn more.*
In dieser Firma wird gut verdient. *The pay is good in this company.*
Das hast du nicht verdient! *You didn't deserve that!*
Der verdient es nicht besser. *He's got what he deserves.*
Sie verdient ihren Unterhalt durch Übersetzen. *She earns her living by translating.*
In meiner Familie verdienen drei Personen. *There are three breadwinners in my family.*

der Verdienst *pay*	**verdient** *deserved*
das Verdienst *merit*	**verdienstvoll** *deserving*
der Verdienstausfall *loss of wages*	**unverdient** *undeserved*

174 vergessen *to forget* (tr./refl.)

INDICATIVE

Present	Imperfect	Perfect
ich vergesse	ich vergaß	ich habe vergessen
du vergisst	du vergaßt	du hast vergessen
er/sie/es vergisst	er/sie/es vergaß	er/sie/es hat vergessen
wir vergessen	wir vergaßen	wir haben vergessen
ihr vergesst	ihr vergaßt	ihr habt vergessen
Sie/sie vergessen	Sie/sie vergaßen	Sie/sie haben vergessen

Pluperfect	Future	Future Perfect
ich hatte vergessen	ich werde vergessen	ich werde vergessen haben
du hattest vergessen	du wirst vergessen	du wirst vergessen haben
er/sie/es hatte vergessen	er/sie/es wird vergessen	er/sie/es wird vergessen haben
wir hatten vergessen	wir werden vergessen	wir werden vergessen haben
ihr hattet vergessen	ihr werdet vergessen	ihr werdet vergessen haben
Sie/sie hatten vergessen	Sie/sie werden vergessen	Sie/sie werden vergessen haben

CONDITIONAL / SUBJUNCTIVE

Present	Present	Imperfect
ich würde vergessen	er/sie/es vergesse	ich vergäße
du würdest vergessen	wir vergessen	wir vergäßen
er/sie/es würde vergessen		
wir würden vergessen	Perfect	Pluperfect
ihr würdet vergessen	er/sie/es habe vergessen	ich hätte vergessen
Sie/sie würden vergessen	wir haben vergessen	wir hätten vergessen

PARTICIPLES / IMPERATIVE

PARTICIPLES	IMPERATIVE
vergessend	vergiss! vergesst!
vergessen	vergessen Sie! vergessen wir!

Vergiss den Schlüssel nicht! *Don't forget the key!*
Ich habe seinen Namen vergessen. *I have forgotten his name.*
Sie vergisst sehr leicht. *She tends to forget things.*
Ich vergaß meinen Schirm im Zug. *I left my umbrella on the train.*
Sein Kummer war bald vergessen. *His troubles were soon forgotten.*
In seinem Zorn vergaß er sich völlig. *In his anger he lost control.*
Das kannst du ja vergessen! *You can forget the whole thing!*

in Vergessenheit geraten *to fall into oblivion*
vergesslich *forgetful*
unvergesslich *unforgettable*

das Vergissmeinnicht *forget-me-not*
die Vergesslichkeit *forgetfulness*

175 verkaufen *to sell* (tr./refl.)

INDICATIVE

Present	Imperfect	Perfect
ich verkaufe	ich verkaufte	ich habe verkauft
du verkaufst	du verkauftest	du hast verkauft
er/sie/es verkauft	er/sie/es verkaufte	er/sie/es hat verkauft
wir verkaufen	wir verkauften	wir haben verkauft
ihr verkauft	ihr verkauftet	ihr habt verkauft
Sie/sie verkaufen	Sie/sie verkauften	Sie/sie haben verkauft

Pluperfect	Future	Future Perfect
ich hatte verkauft	ich werde verkaufen	ich werde verkauft haben
du hattest verkauft	du wirst verkaufen	du wirst verkauft haben
er/sie/es hatte verkauft	er/sie/es wird verkaufen	er/sie/es wird verkauft haben
wir hatten verkauft	wir werden verkaufen	wir werden verkauft haben
ihr hattet verkauft	ihr werdet verkaufen	ihr werdet verkauft haben
Sie/sie hatten verkauft	Sie/sie werden verkaufen	Sie/sie werden verkauft haben

CONDITIONAL   SUBJUNCTIVE

Present	Present	Imperfect
ich würde verkaufen	er/sie/es verkaufe	ich verkaufte
du würdest verkaufen	wir verkaufen	wir verkauften
er/sie/es würde verkaufen		
wir würden verkaufen	Perfect	Pluperfect
ihr würdet verkaufen	er/sie/es habe verkauft	ich hätte verkauft
Sie/sie würden verkaufen	wir haben verkauft	wir hätten verkauft

PARTICIPLES   IMPERATIVE

verkaufend	verkauf! verkauft!
verkauft	verkaufen Sie! verkaufen wir!

Verkaufen Sie Ihr Auto? *Are you selling your car?*
Ich habe es an meinen Freund verkauft. *I have sold it to my friend.*
Er verkaufte alles, was er hatte. *He sold everything he had.*
Der Besitz wurde an den Staat verkauft. *The property was sold to the state.*
Diese Ware verkauft sich gut. *This item sells well.*
Bei diesem Auto verkaufen Sie sich nicht. *You are getting a good deal with this car.*
Wie kann er sich nur so verkaufen! *How can he let himself be bought like that!*
Ich lasse mich nicht für dumm verkaufen. *I am no idiot.*

der Verkauf *sale*
der Verkäufer *shop assistant*
verkäuflich *for sale*
unverkäuflich *not for resale*

der Ausverkauf *clearance sale*
der Verkaufswert *market value*
der Verkaufspreis *selling price*

176 **verlangen** *to demand, ask for* (tr./intr.)

INDICATIVE

Present	Imperfect	Perfect
ich verlange	ich verlangte	ich habe verlangt
du verlangst	du verlangtest	du hast verlangt
er/sie/es verlangt	er/sie/es verlangte	er/sie/es hat verlangt
wir verlangen	wir verlangten	wir haben verlangt
ihr verlangt	ihr verlangtet	ihr habt verlangt
Sie/sie verlangen	Sie/sie verlangten	Sie/sie haben verlangt

Pluperfect	Future	Future Perfect
ich hatte verlangt	ich werde verlangen	ich werde verlangt haben
du hattest verlangt	du wirst verlangen	du wirst verlangt haben
er/sie/es hatte verlangt	er/sie/es wird verlangen	er/sie/es wird verlangt haben
wir hatten verlangt	wir werden verlangen	wir werden verlangt haben
ihr hattet verlangt	ihr werdet verlangen	ihr werdet verlangt haben
Sie/sie hatten verlangt	Sie/sie werden verlangen	Sie/sie werden verlangt haben

CONDITIONAL / SUBJUNCTIVE

Present	Present	Imperfect
ich würde verlangen	er/sie/es verlange	ich verlangte
du würdest verlangen	wir verlangen	wir verlangten
er/sie/es würde verlangen		
wir würden verlangen	Perfect	Pluperfect
ihr würdet verlangen	er/sie/es habe verlangt	ich hätte verlangt
Sie/sie würden verlangen	wir haben verlangt	wir hätten verlangt

PARTICIPLES / IMPERATIVE

PARTICIPLES	IMPERATIVE
verlangend	verlang! verlangt!
verlangt	verlangen Sie! verlangen wir!

Ich verlange eine Erklärung. *I demand an explanation.*
Das ist zu viel verlangt. *That is asking too much.*
Er verlangte einen zu hohen Preis. *He asked too high a price.*
Man verlangt zu wissen. *Information is required.*
Was verlangen Sie von mir? *What do you want of me?*
Mehr kann mann nicht verlangen. *One cannot wish for more.*
Du hast gar nichts zu verlangen! *You are in no position to make demands!*
Sie werden am Telefon verlangt. *You are wanted on the phone.*
Das wäre zu viel verlangt. *That would be asking too much.*

das Verlangen *desire, demand*   **verlangenswert** *desirable*
zurückverlangen *to demand back*

177 verlassen *to leave* (tr.)

INDICATIVE

Present	Imperfect	Perfect
ich verlasse	ich verließ	ich habe verlassen
du verlässt	du verließ(es)t	du hast verlassen
er/sie/es verlässt	er/sie/es verließ	er/sie/es hat verlassen
wir verlassen	wir verließen	wir haben verlassen
ihr verlasst	ihr verließt	ihr habt verlassen
Sie/sie verlassen	Sie/sie verließen	Sie/sie haben verlassen

Pluperfect	Future	Future Perfect
ich hatte verlassen	ich werde verlassen	ich werde verlassen haben
du hattest verlassen	du wirst verlassen	du wirst verlassen haben
er/sie/es hatte verlassen	er/sie/es wird verlassen	er/sie/es wird verlassen haben
wir hatten verlassen	wir werden verlassen	wir werden verlassen haben
ihr hattet verlassen	ihr werdet verlassen	ihr werdet verlassen haben
Sie/sie hatten verlassen	Sie/sie werden verlassen	Sie/sie werden verlassen haben

CONDITIONAL   SUBJUNCTIVE

Present	Present	Imperfect
ich würde verlassen	er/sie/es verlasse	ich verließe
du würdest verlassen	wir verlassen	wir verließen
er/sie/es würde verlassen		
wir würden verlassen	Perfect	Pluperfect
ihr würdet verlassen	er/sie/es habe verlassen	ich hätte verlassen
Sie/sie würden verlassen	wir haben verlassen	wir hätten verlassen

PARTICIPLES   IMPERATIVE

verlassend	verlass! verlasst!
verlassen	verlassen Sie! verlassen wir!

Morgen verlässt er das Land. *Tomorrow he is leaving the country.*
Warum haben Sie Ihren Platz verlassen? *Why did you leave your seat?*
Er verließ seine Frau. *He left his wife.*
Ich werde mich ganz auf Ihre Kenntnisse verlassen. *I am going to rely on your skills completely.*
Seine Kräfte verließen ihn. *His strength failed him.*
Darauf kannst du dich verlassen. *You can bet on that.*
Sie fühlte sich von aller Welt verlassen. *She felt deserted by everyone.*
Er handelte wie von allen guten Geistern verlassen. *He was acting quite irrationally.*

sich verlassen auf (+acc.) *to rely on*   **verlässlich** *reliable*
der Verlass *trust*   **die Verlässlichkeit** *reliability*
auf ihn ist kein Verlass *he can't be relied on*

178 verlieren *to lose* (tr./intr./refl.)

INDICATIVE

Present	**Imperfect**	**Perfect**
ich verliere	ich verlor	ich habe verloren
du verlierst	du verlorst	du hast verloren
er/sie/es verliert	er/sie/es verlor	er/sie/es hat verloren
wir verlieren	wir verloren	wir haben verloren
ihr verliert	ihr verliert	ihr habt verloren
Sie/sie verlieren	Sie/sie verloren	Sie/sie haben verloren

Pluperfect	**Future**	**Future Perfect**
ich hatte verloren	ich werde verlieren	ich werde verloren haben
du hattest verloren	du wirst verlieren	du wirst verloren haben
er/sie/es hatte verloren	er/sie/es wird verlieren	er/sie/es wird verloren haben
wir hatten verloren	wir werden verlieren	wir werden verloren haben
ihr hattet verloren	ihr werdet verlieren	ihr werdet verloren haben
Sie/sie hatten verloren	Sie/sie werden verlieren	Sie/sie werden verloren haben

CONDITIONAL · SUBJUNCTIVE

Present	**Present**	**Imperfect**
ich würde verlieren	er/sie/es verliere	ich verlöre
du würdest verlieren	wir verlieren	wir verlören
er/sie/es würde verlieren		
wir würden verlieren	**Perfect**	**Pluperfect**
ihr würdet verlieren	er/sie/es habe verloren	ich hätte verloren
Sie/sie würden verlieren	wir haben verloren	wir hätten verloren

PARTICIPLES · IMPERATIVE

verlierend	verlier! verliert!
verloren	verlieren Sie! verlieren wir!

Verlieren Sie keine Zeit! *Don't lose any time!*
Er hat im Krieg ein Bein verloren. *He lost a leg in the war.*
Wir verloren den Mut nicht. *We did not lose courage.*
Alles ist noch nicht verloren. *Everything is not lost yet.*
Er verlor den Boden unter den Füßen. *He got out of his depth.*
An ihm ist Hopfen und Malz verloren. *He is utterly hopeless.*
Ich verliere nicht gerne mein Gesicht. *I don't like losing face.*
Sie haben hier nichts verloren! *You don't belong here!*
Ich verliere kein Wort darüber. *I won't waste my breath on that.*
Wir hatten uns aus den Augen verloren. *We had lost sight of each other.*

der Verlust *loss*   **der Verlierer** *loser*

179 versichern *to insure, assure* (tr./refl.)

INDICATIVE

Present	Imperfect	Perfect
ich versichere	ich versicherte	ich habe versichert
du versicherst	du versichertest	du hast versichert
er/sie/es versichert	er/sie/es versicherte	er/sie/es hat versichert
wir versichern	wir versicherten	wir haben versichert
ihr versichert	ihr versichertet	ihr habt versichert
Sie/sie versichern	Sie/sie versicherten	Sie/sie haben versichert

Pluperfect	Future	Future Perfect
ich hatte versichert	ich werde versichern	ich werde versichert haben
du hattest versichert	du wirst versichern	du wirst versichert haben
er/sie/es hatte versichert	er/sie/es wird versichern	er/sie/es wird versichert haben
wir hatten versichert	wir werden versichern	wir werden versichert haben
ihr hattet versichert	ihr werdet versichern	ihr werdet versichert haben
Sie/sie hatten versichert	Sie/sie werden versichern	Sie/sie werden versichert haben

CONDITIONAL / SUBJUNCTIVE

Present	Present	Imperfect
ich würde versichern	er/sie/es versichere	ich versicherte
du würdest versichern	wir versicheren	wir versicherten
er/sie/es würde versichern		
wir würden versichern	Perfect	Pluperfect
ihr würdet versichern	er/sie/es habe versichert	ich hätte versichert
Sie/sie würden versichern	wir haben versichert	wir hätten versichert

PARTICIPLES / IMPERATIVE

PARTICIPLES	IMPERATIVE
versichernd	versichere! versichert!
versichert	versichern Sie! versichern wir!

Sind Sie versichert? *Are you insured?*
Er versicherte mir das Gegenteil. *He assured me that it was not so.*
Er wollte sich unsere Hilfe versichern. *He wanted to be sure of our help.*
Ich habe mein Gepäck gegen Diebstahl versichert. *I have insured my luggage against theft.*
Wir versichern Ihr Haus für 100 000 Euro. *We'll insure your house for 100 000 euros.*
Ich habe mich seiner Zustimmung versichert. *I have made sure that he would agree.*
Er versicherte, dass er nicht der Täter war. *He maintained that he was not the culprit.*

die Versicherung *insurance*	**die Versicherungspolice** *insurance policy*
der Versicherer *insurer*	**die Versicherungsgesellschaft** *insurance company*
der Versicherungsbetrag *amount insured*	**die Krankenversicherung** *health insurance*

180 versprechen *to promise* (tr./refl.)

INDICATIVE

Present	Imperfect	Perfect
ich verspreche	ich versprach	ich habe versprochen
du versprichst	du versprachst	du hast versprochen
er/sie/es verspricht	er/sie/es versprach	er/sie/es hat versprochen
wir versprechen	wir versprachen	wir haben versprochen
ihr versprecht	ihr verspracht	ihr habt versprochen
Sie/sie versprechen	Sie/sie versprachen	Sie/sie haben versprochen

Pluperfect	Future	Future Perfect
ich hatte versprochen	ich werde versprechen	ich werde versprochen haben
du hattest versprochen	du wirst versprechen	du wirst versprochen haben
er/sie/es hatte versprochen	er/sie/es wird versprechen	er/sie/es wird versprochen haben
wir hatten versprochen	wir werden versprechen	wir werden versprochen haben
ihr hattet versprochen	ihr werdet versprechen	ihr werdet versprochen haben
Sie/sie hatten versprochen	Sie/sie werden versprechen	Sie/sie werden versprochen haben

CONDITIONAL / SUBJUNCTIVE

Present	Present	Imperfect
ich würde versprechen	er/sie/es verspreche	ich verspräche
du würdest versprechen	wir versprechen	wir versprächen
er/sie/es würde versprechen		
wir würden versprechen	Perfect	Pluperfect
ihr würdet versprechen	er/sie/es habe versprochen	ich hätte versprochen
Sie/sie würden versprechen	wir haben versprochen	wir hätten versprochen

PARTICIPLES / IMPERATIVE

PARTICIPLES	IMPERATIVE
versprechend	versprich! versprecht!
versprochen	versprechen Sie! versprechen wir!

Versprich mir, dass du mich besuchst. *Promise to visit me.*
Er hat uns versprochen, vorsichtig zu sein. *He promised us to be careful.*
Sie versprachen ihm eine Belohnung. *They promised him a reward.*
Uns wurde Hilfe versprochen. *We were promised help.*
Er verspricht sich viel von dieser Sache. *He expects a lot from this.*
Sie versprach eine berühmte Tänzerin zu werden. *She had the makings of a brilliant dancer.*
Dieses Geschäft verspricht etwas. *This business shows promise.*
Davon verspreche ich mir nicht viel. *I don't expect much from it.*
Du hast mir das Blaue vom Himmel versprochen. *You promised me the earth.*

das Versprechen *promise*

181 verstehen *to understand* (tr./intr./refl.)

INDICATIVE

Present	Imperfect	Perfect
ich verstehe	ich verstand	ich habe verstanden
du verstehst	du verstand(e)st	du hast verstanden
er/sie/es versteht	er/sie/es verstand	er/sie/es hat verstanden
wir verstehen	wir verstanden	wir haben verstanden
ihr versteht	ihr verstandet	ihr habt verstanden
Sie/sie verstehen	Sie/sie verstanden	Sie/sie haben verstanden

Pluperfect	Future	Future Perfect
ich hatte verstanden	ich werde verstehen	ich werde verstanden haben
du hattest verstanden	du wirst verstehen	du wirst verstanden haben
er/sie/es hatte verstanden	er/sie/es wird verstehen	er/sie/es wird verstanden haben
wir hatten verstanden	wir werden verstehen	wir werden verstanden haben
ihr hattet verstanden	ihr werdet verstehen	ihr werdet verstanden haben
Sie/sie hatten verstanden	Sie/sie werden verstehen	Sie/sie werden verstanden haben

CONDITIONAL   SUBJUNCTIVE

Present	Present	Imperfect
ich würde verstehen	er/sie/es verstehe	ich verstände
du würdest verstehen	wir verstehen	wir verständen
er/sie/es würde verstehen		
wir würden verstehen	Perfect	Pluperfect
ihr würdet verstehen	er/sie/es habe verstanden	ich hätte verstanden
Sie/sie würden verstehen	wir haben verstanden	wir hätten verstanden

PARTICIPLES   IMPERATIVE

verstehend	versteh! versteht!
verstanden	verstehen Sie! verstehen wir!

Verstehen Sie, was er sagt? *Do you understand what he is saying?*
Ich habe kein Wort von der Rede verstanden. *I did not understand one word of the speech.*
Er verstand Deutsch, aber er konnte es nicht sprechen. *He understood German but could not speak it.*
Sie wurden falsch verstanden. *They were misunderstood.*
Er versteht keinen Spaß. *He cannot take a joke.*
Sie verstanden sich gut. *They got on well with each other.*
Sie verstehen sich auf Ihren Job. *You are an expert at your job.*
Natürlich komme ich, das versteht sich von selbst. *It goes without saying that I'll come.*

der Verstand *intelligence, sense, mind*
das Verständnis *comprehension*
verständlich *comprehensible*
verständnisvoll *sympathetic*

verständig *sensible, reasonable*
verständigen *to inform*
die Verständigung *agreement*

182 versuchen *to attempt, try* (tr./refl.)

INDICATIVE

Present	Imperfect	Perfect
ich versuche	ich versuchte	ich habe versucht
du versuchst	du versuchtest	du hast versucht
er/sie/es versucht	er/sie/es versuchte	er/sie/es hat versucht
wir versuchen	wir versuchten	wir haben versucht
ihr versucht	ihr versuchtet	ihr habt versucht
Sie/sie versuchen	Sie/sie versuchten	Sie/sie haben versucht

Pluperfect	Future	Future Perfect
ich hatte versucht	ich werde versuchen	ich werde versucht haben
du hattest versucht	du wirst versuchen	du wirst versucht haben
er/sie/es hatte versucht	er/sie/es wird versuchen	er/sie/es wird versucht haben
wir hatten versucht	wir werden versuchen	wir werden versucht haben
ihr hattet versucht	ihr werdet versuchen	ihr werdet versucht haben
Sie/sie hatten versucht	Sie/sie werden versuchen	Sie/sie werden versucht haben

CONDITIONAL / SUBJUNCTIVE

Present	Present	Imperfect
ich würde versuchen	er/sie/es versuche	ich versuchte
du würdest versuchen	wir versuchen	wir versuchten
er/sie/es würde versuchen		
wir würden versuchen	**Perfect**	**Pluperfect**
ihr würdet versuchen	er/sie/es habe versucht	ich hätte versucht
Sie/sie würden versuchen	wir haben versucht	wir hätten versucht

PARTICIPLES / IMPERATIVE

PARTICIPLES	IMPERATIVE
versuchend	versuch! versucht!
versucht	versuchen Sie! versuchen wir!

Versuchen Sie mal diesen Wein. *Just try this wine.*
Sie haben mehrmals versucht zu fliehen. *They have tried to flee several times.*
Er versuchte sein Äußerstes. *He did his utmost.*
Man hatte vergeblich versucht, sie zu retten. *Vain attempts had been made to save her.*
Ich versuchte mich in der Malerei. *I had a go at painting.*
Er wollte sein Glück versuchen. *He wanted to seek his fortune.*

der Versuch *attempt, trial, test*
die Versuchsanstalt *research institute*
das Versuchskaninchen *guinea-pig*
der Testversuch *test run*

183 vertrauen (+ dat.) *to trust* (intr.)

INDICATIVE

Present	Imperfect	Perfect
ich vertraue	ich vertraute	ich habe vertraut
du vertraust	du vertrautest	du hast vertraut
er/sie/es vertraut	er/sie/es vertraute	er/sie/es hat vertraut
wir vertrauen	wir vertrauten	wir haben vertraut
ihr vertraut	ihr vertrautet	ihr habt vertraut
Sie/sie vertrauen	Sie/sie vertrauten	Sie/sie haben vertraut

Pluperfect	Future	Future Perfect
ich hatte vertraut	ich werde vertrauen	ich werde vertraut haben
du hattest vertraut	du wirst vertrauen	du wirst vertraut haben
er/sie/es hatte vertraut	er/sie/es wird vertrauen	er/sie/es wird vertraut haben
wir hatten vertraut	wir werden vertrauen	wir werden vertraut haben
ihr hattet vertraut	ihr werdet vertrauen	ihr werdet vertraut haben
Sie/sie hatten vertraut	Sie/sie werden vertrauen	Sie/sie werden vertraut haben

CONDITIONAL / SUBJUNCTIVE

Present	Present	Imperfect
ich würde vertrauen	er/sie/es vertraue	ich vertraute
du würdest vertrauen	wir vertrauen	wir vertrauten
er/sie/es würde vertrauen		
wir würden vertrauen	Perfect	Pluperfect
ihr würdet vertrauen	er/sie/es habe vertraut	ich hätte vertraut
Sie/sie würden vertrauen	wir haben vertraut	wir hätten vertraut

PARTICIPLES / IMPERATIVE

PARTICIPLES	IMPERATIVE
vertrauend	vertrau! vertraut!
vertraut	vertrauen Sie! vertrauen wir!

Vertrauen Sie mir ruhig! *Trust me!*
Wir haben ihm rückhaltlos vertraut. *We trusted him completely.*
Er vertraute niemandem. *He did not trust anybody.*
Man vertraute seinem Können. *His skill was relied upon.*

das Vertrauen *confidence*
vertrauenswürdig *trustworthy*
die Vertrauenssache *confidential matter*
vertrauensvoll *full of confidence*

vertraulich *familiar, intimate*
die Vertraulichkeit *intimacy*
der/die Vertraute *close friend*
die Vertrauheit *familiarity, intimacy*

184 vertreten *to represent, stand in for* (tr.)

INDICATIVE

Present	Imperfect	Perfect
ich vertrete	ich vertrat	ich habe vertreten
du vertrittst	du vertrat(e)st	du hast vertreten
er/sie/es vertritt	er/sie/es vertrat	er/sie/es hat vertreten
wir vertreten	wir vertraten	wir haben vertreten
ihr vertretet	ihr vertratet	ihr habt vertreten
Sie/sie vertreten	Sie/sie vertraten	Sie/sie haben vertreten

Pluperfect	Future	Future Perfect
ich hatte vertreten	ich werde vertreten	ich werde vertreten haben
du hattest vertreten	du wirst vertreten	du wirst vertreten haben
er/sie/es hatte vertreten	er/sie/es wird vertreten	er/sie/es wird vertreten haben
wir hatten vertreten	wir werden vertreten	wir werden vertreten haben
ihr hattet vertreten	ihr werdet vertreten	ihr werdet vertreten haben
Sie/sie hatten vertreten	Sie/sie werden vertreten	Sie/sie werden vertreten haben

CONDITIONAL   SUBJUNCTIVE

Present	Present	Imperfect
ich würde vertreten	er/sie/es vertrete	ich verträte
du würdest vertreten	wir vertreten	wir verträten
er/sie/es würde vertreten		
wir würden vertreten	Perfect	Pluperfect
ihr würdet vertreten	er/sie/es habe vertreten	ich hätte vertreten
Sie/sie würden vertreten	wir haben vertreten	wir hätten vertreten

PARTICIPLES   IMPERATIVE

vertretend	vertritt! vertretet!
vertreten	vertreten Sie! vertreten wir!

Wer vertritt heute unseren erkrankten Lehrer? *Who is standing in for our sick teacher today?*

Als Rechtsanwalt vertrete ich den Angeklagten. *As a lawyer I am representing the accused.*

Niemand hat unsere Interessen bei der Versammlung vertreten. *Nobody represented our interests at the meeting.*

Er vertrat seine Firma auf der Messe. *He represented his firm at the trade fair.*

Welche Meinung vertreten Sie? *What is your opinion?*

Kannst du das mit gutem Gewissen vertreten? *Can you really support that with a clear conscience?*

Man kann diese Ausgaben nicht länger vertreten. *These expenses are no longer justifiable.*

der Vertreter *representative, salesman*   **vertretbar** *justifiable*
die Vertretung *representation, agency*

185 verzeihen (+ dat.) *to forgive* (tr./intr.)

INDICATIVE

Present	Imperfect	Perfect
ich verzeihe	ich verzieh	ich habe verziehen
du verzeihst	du verziehst	du hast verziehen
er/sie/es verzeiht	er/sie/es verzieh	er/sie/es hat verziehen
wir verzeihen	wir verziehen	wir haben verziehen
ihr verzeiht	ihr verzieht	ihr habt verziehen
Sie/sie verzeihen	Sie/sie verziehen	Sie/sie haben verziehen

Pluperfect	Future	Future Perfect
ich hatte verziehen	ich werde verzeihen	ich werde verziehen haben
du hattest verziehen	du wirst verzeihen	du wirst verziehen haben
er/sie/es hatte verziehen	er/sie/es wird verzeihen	er/sie/es wird verziehen haben
wir hatten verziehen	wir werden verzeihen	wir werden verziehen haben
ihr hattet verziehen	ihr werdet verzeihen	ihr werdet verziehen haben
Sie/sie hatten verziehen	Sie/sie werden verzeihen	Sie/sie werden verziehen haben

CONDITIONAL / SUBJUNCTIVE

Present	Present	Imperfect
ich würde verzeihen	er/sie/es verzeihe	ich verzeihe
du würdest verzeihen	wir verzeihen	wir verzeihen
er/sie/es würde verzeihen		
wir würden verzeihen	Perfect	Pluperfect
ihr würdet verzeihen	er/sie/es habe verziehen	ich hätte verziehen
Sie/sie würden verzeihen	wir haben verziehen	wir hätten verziehen

PARTICIPLES / IMPERATIVE

PARTICIPLES	IMPERATIVE
verzeihend	verzeih! verzeiht!
verziehen	verzeihen Sie! verzeihen wir!

Verzeihen Sie, bitte! *Excuse me, please!*
Ich habe ihm noch einmal verziehen. *I have forgiven him once more.*
Sie verzieh ihm seinen Fehler. *She forgave him his mistake.*
Diese Bemerkung wird er mir nie verzeihen. *He will never forgive me for that remark.*
Ich kann es mir nicht verzeihen, dass ich schwieg. *I can't forgive myself for keeping quiet.*
Könnten Sie ihm nicht verzeihen? *Couldn't you forgive him?*
Alles wurde ihnen verziehen. *They were forgiven for everything.*
Ich hätte es ihm verziehen, wenn er ein Kind wäre. *I would have forgiven him if he had been a child.*
Bald wird man alles verziehen haben. *Soon everything will have been forgiven.*

die Verzeihung *pardon, forgiveness*
jemanden um Verzeihung bitten
  to beg someone's pardon

verzeihlich *excusable, pardonable*
unverzeihlich *inexcusable*

186 *wachsen *to grow, increase* (intr.)

INDICATIVE

Present	Imperfect	Perfect
ich wachse	ich wuchs	ich bin gewachsen
du wächst	du wuchs(es)t	du bist gewachsen
er/sie/es wächst	er/sie/es wuchs	er/sie/es ist gewachsen
wir wachsen	wir wuchsen	wir sind gewachsen
ihr wachst	ihr wuchst	ihr seid gewachsen
Sie/sie wachsen	Sie/sie wuchsen	Sie/sie sind gewachsen

Pluperfect	Future	Future Perfect
ich war gewachsen	ich werde wachsen	ich werde gewachsen sein
du warst gewachsen	du wirst wachsen	du wirst gewachsen sein
er/sie/es war gewachsen	er/sie/es wird wachsen	er/sie/es wird gewachsen sein
wir waren gewachsen	wir werden wachsen	wir werden gewachsen sein
ihr wart gewachsen	ihr werdet wachsen	ihr werdet gewachsen sein
Sie/sie waren gewachsen	Sie/sie werden wachsen	Sie/sie werden gewachsen sein

CONDITIONAL / SUBJUNCTIVE

Present	Present	Imperfect
ich würde wachsen	er/sie/es wachse	ich wüchse
du würdest wachsen	wir wachsen	wir wüchsen
er/sie/es würde wachsen		
wir würden wachsen	Perfect	Pluperfect
ihr würdet wachsen	er/sie/es sei gewachsen	ich wäre gewachsen
Sie/sie würden wachsen	wir seien gewachsen	wir wären gewachsen

PARTICIPLES / IMPERATIVE

PARTICIPLES	IMPERATIVE
wachsend	wachse! wachst!
gewachsen	wachsen Sie! wachsen wir!

Dieser Baum wächst sehr langsam. *This tree is growing very slowly.*
Wie ist das Kind gewachsen! *Hasn't that child grown!*
Wo würde diese Pflanze am besten wachsen? *Where would this plant grow best?*
Sein Reichtum war ständig gewachsen. *His wealth had been increasing steadily.*
Der Arzt sagte, er wäre zu schnell gewachsen. *The doctor said that he had grown too fast.*
Ich bin ihm nicht länger gewachsen. *I am no match for him any more.*
Diese Kinder sind mir ans Herz gewachsen. *I have grown attached to these children.*
Den Anforderungen sind viele nicht gewachsen. *Many people are not up to the requirements.*
Unsere Spannung wuchs ins Unerträgliche. *Our suspense became unbearable.*
Über diese Sache wächst sicher bald Gras. *This matter will soon be forgotten.*
Lass dir deswegen keine grauen Haare wachsen! *Don't worry your pretty little head about that!*

aufwachsen *to grow up*   **der Erwachsene** *adult, grown up*
das Wachstum *growth*

187 **wagen** to dare, risk (tr./intr.)

INDICATIVE

Present	Imperfect	Perfect
ich wage	ich wagte	ich habe gewagt
du wagst	du wagtest	du hast gewagt
er/sie/es wagt	er/sie/es wagte	er/sie/es hat gewagt
wir wagen	wir wagten	wir haben gewagt
ihr wagt	ihr wagtet	ihr habt gewagt
Sie/sie wagen	Sie/sie wagten	Sie/sie haben gewagt

Pluperfect	Future	Future Perfect
ich hatte gewagt	ich werde wagen	ich werde gewagt haben
du hattest gewagt	du wirst wagen	du wirst gewagt haben
er/sie/es hatte gewagt	er/sie/es wird wagen	er/sie/es wird gewagt haben
wir hatten gewagt	wir werden wagen	wir werden gewagt haben
ihr hattet gewagt	ihr werdet wagen	ihr werdet gewagt haben
Sie/sie hatten gewagt	Sie/sie werden wagen	Sie/sie werden gewagt haben

CONDITIONAL   SUBJUNCTIVE

Present	Present	Imperfect
ich würde wagen	er/sie/es wage	ich wagte
du würdest wagen	wir wagen	wir wagten
er/sie/es würde wagen		
wir würden wagen	Perfect	Pluperfect
ihr würdet wagen	er/sie/es habe gewagt	ich hätte gewagt
Sie/sie würden wagen	wir haben gewagt	wir hätten gewagt

PARTICIPLES   IMPERATIVE

wagend	wag! wagt!
gewagt	wagen Sie! wagen wir!

Wagst du es, auf den Berg zu steigen? *Would you dare to climb the mountain?*
Er hat für seinen Freund sein Leben gewagt. *He risked his life for his friend.*
Sie wagte es nicht, ihn anzusprechen. *She did not dare speak to him.*
Sie hätten nie gewagt anzugreifen. *They would never have dared attack.*
Frisch gewagt ist halb gewonnen. *Nothing ventured, nothing gained.*
Er wagte Kopf und Kragen. *He risked everything.*
Ich hatte mich in die Höhle des Löwen gewagt. *I had entered the lion's den.*

das Wagnis *chance, risk*	**waghalsig** *daring, rash*
der Wagemut *courage*	**die Waghalsigkeit** *recklessness*

188 wählen *to choose, elect, dial* (tr./intr.)

INDICATIVE

Present	Imperfect	Perfect
ich wähle	ich wählte	ich habe gewählt
du wählst	du wähltest	du hast gewählt
er/sie/es wählt	er/sie/es wählte	er/sie/es hat gewählt
wir wählen	wir wählen	wir haben gewählt
ihr wählt	ihr wähltet	ihr habt gewählt
Sie/sie wählen	Sie/sie wählten	Sie/sie haben gewählt

Pluperfect	Future	Future Perfect
ich hatte gewählt	ich werde wählen	ich werde gewählt haben
du hattest gewählt	du wirst wählen	du wirst gewählt haben
er/sie/es hatte gewählt	er/sie/es wird wählen	er/sie/es wird gewählt haben
wir hatten gewählt	wir werden wählen	wir werden gewählt haben
ihr hattet gewählt	ihr werdet wählen	ihr werdet gewählt haben
Sie/sie hatten gewählt	Sie/sie werden wählen	Sie/sie werden gewählt haben

CONDITIONAL / SUBJUNCTIVE

Present	Present	Imperfect
ich würde wählen	er/sie/es wähle	ich wählte
du würdest wählen	wir wählen	wir wählten
er/sie/es würde wählen		
wir würden wählen	Perfect	Pluperfect
ihr würdet wählen	er/sie/es habe gewählt	ich hätte gewählt
Sie/sie würden wählen	wir haben gewählt	wir hätten gewählt

PARTICIPLES / IMPERATIVE

wählend	wähl! wählt!
gewählt	wählen Sie! wählen wir!

Wählen Sie 999! *Dial 999!*
Haben Sie schon gewählt? *Have you chosen yet?*
Welches Gericht würden Sie wählen? *Which dish would you choose?*
Für diesen Politiker habe ich nicht gewählt. *I did not vote for that politician.*
Er wurde ins Parlament gewählt. *He was elected to parliament.*
Sie wählten lange, ehe sie sich entschlossen. *They thought about it for a long time before deciding.*
Du hast den falschen Augenblick gewählt. *You have chosen the wrong moment.*
Morgen gehe ich wählen. *I'll go and vote tomorrow.*
Er wählte seine Worte mit Bedacht. *He chose his words carefully.*

die Wahl *choice, election*
der Wahlkampf *election campaign*
das Wahlergebnis *election result*

wählerisch *difficult to please, choosy*
wahllos *indiscriminate*

189 **warten** (auf + acc.) *to wait for* (intr./tr.)

INDICATIVE

Present	Imperfect	Perfect
ich warte	ich wartete	ich habe gewartet
du wartest	du wartetest	du hast gewartet
er/sie/es wartet	er/sie/es wartete	er/sie/es hat gewartet
wir warten	wir warteten	wir haben gewartet
ihr wartet	ihr wartetet	ihr habt gewartet
Sie/sie warten	Sie/sie warteten	Sie/sie haben gewartet

Pluperfect	Future	Future Perfect
ich hatte gewartet	ich werde warten	ich werde gewartet haben
du hattest gewartet	du wirst warten	du wirst gewartet haben
er/sie/es hatte gewartet	er/sie/es wird warten	er/sie/es wird gewartet haben
wir hatten gewartet	wir werden warten	wir werden gewartet haben
ihr hattet gewartet	ihr werdet warten	ihr werdet gewartet haben
Sie/sie hatten gewartet	Sie/sie werden warten	Sie/sie werden gewartet haben

CONDITIONAL | SUBJUNCTIVE

Present	Present	Imperfect
ich würde warten	er/sie/es warte	ich wartete
du würdest warten	wir warten	wir warteten
er/sie/es würde warten		
wir würden warten	Perfect	Pluperfect
ihr würdet warten	er/sie/es habe gewartet	ich hätte gewartet
Sie/sie würden warten	wir haben gewartet	wir hätten gewartet

PARTICIPLES | IMPERATIVE

wartend	warte! wartet!
gewartet	warten Sie! warten wir!

Wir warten schon ungeduldig auf Sie. *We have been waiting impatiently for you.*
Er hat vergeblich auf sie gewartet. *He waited in vain for her.*
Sie warteten auf besseres Wetter. *They were waiting for better weather.*
Viel länger hätten wir nicht gewartet. *We would not have waited much longer.*
Zu Hause wartete eine Überraschung auf uns. *A surprise was awaiting us at home.*
Er ließ uns lange warten. *He kept us waiting.*
Darauf können Sie lange warten. *You'll have a long wait!*
Der Erfolg ließ nicht lange auf sich warten. *Success came sooner than expected.*
Na warte! *Just you wait!*

der Wartesaal *waiting room (station)*   **das Wartezimmer** *waiting room (doctor's)*

190 waschen *to wash* (tr./intr./refl.)

INDICATIVE

Present	Imperfect	Perfect
ich wasche	ich wusch	ich habe gewaschen
du wäschst	du wusch(e)st	du hast gewaschen
er/sie/es wäscht	er/sie/es wusch	er/sie/es hat gewaschen
wir waschen	wir wuschen	wir haben gewaschen
ihr wascht	ihr wuscht	ihr habt gewaschen
Sie/sie waschen	Sie/sie wuschen	Sie/sie haben gewaschen

Pluperfect	Future	Future Perfect
ich hatte gewaschen	ich werde waschen	ich werde gewaschen haben
du hattest gewaschen	du wirst waschen	du wirst gewaschen haben
er/sie/es hatte gewaschen	er/sie/es wird waschen	er/sie/es wird gewaschen haben
wir hatten gewaschen	wir werden waschen	wir werden gewaschen haben
ihr hattet gewaschen	ihr werdet waschen	ihr werdet gewaschen haben
Sie/sie hatten gewaschen	Sie/sie werden waschen	Sie/sie werden gewaschen haben

CONDITIONAL / SUBJUNCTIVE

Present	Present	Imperfect
ich würde waschen	er/sie/es wasche	ich wüsche
du würdest waschen	wir waschen	wir wüschen
er/sie/es würde waschen		
wir würden waschen	Perfect	Pluperfect
ihr würdet waschen	er/sie/es habe gewaschen	ich hätte gewaschen
Sie/sie würden waschen	wir haben gewaschen	wir hätten gewaschen

PARTICIPLES / IMPERATIVE

PARTICIPLES	IMPERATIVE
waschend	wasch! wascht!
gewaschen	waschen Sie! waschen wir!

Wasch dir gründlich die Hände. *Wash your hands thoroughly.*
Sie hat sich gerade die Haare gewaschen. *She has just washed her hair.*
Sie wusch ihre Wäsche in der Waschmaschine. *She did her washing in the machine.*
Das Hemd wurde gestern gewaschen. *The shirt was washed yesterday.*
Eine Hand wäscht die andere. *One good turn deserves another.*
Ich wasche meine Hände in Unschuld. *I wash my hands of it.*
Er war mit allen Wassern gewaschen. *He was very cunning.*
Sie würde mir gehörig den Kopf waschen. *She would scold me.*

die Waschmaschine *washing machine*
das Waschmittel *detergent*
das Waschbecken *basin*
die Wäsche *washing, linen, laundry*

abwaschen *to wash the dishes*
der Abwasch *dirty dishes*
waschbar *washable*
waschecht *fast (colours), genuine, real, true*

191 **werben** *to recruit, advertise* (tr./intr.)

INDICATIVE

Present	Imperfect	Perfect
ich werbe	ich warb	ich habe geworben
du wirbst	du warbst	du hast geworben
er/sie/es wirbt	er/sie/es warb	er/sie/es hat geworben
wir werben	wir warben	wir haben geworben
ihr werbt	ihr warbt	ihr habt geworben
Sie/sie werben	Sie/sie warben	Sie/sie haben geworben

Pluperfect	Future	Future Perfect
ich hatte geworben	ich werde werben	ich werde geworben haben
du hattest geworben	du wirst werben	du wirst geworben haben
er/sie/es hatte geworben	er/sie/es wird werben	er/sie/es wird geworben haben
wir hatten geworben	wir werden werben	wir werden geworben haben
ihr hattet geworben	ihr werdet werben	ihr werdet geworben haben
Sie/sie hatten geworben	Sie/sie werden werben	Sie/sie werden geworben haben

CONDITIONAL   SUBJUNCTIVE

Present	Present	Imperfect
ich würde werben	er/sie/es werbe	ich würbe
du würdest werben	wir werben	wir würben
er/sie/es würde werben		
wir würden werben	Perfect	Pluperfect
ihr würdet werben	er/sie/es habe geworben	ich hätte geworben
Sie/sie würden werben	wir haben geworben	wir hätten geworben

PARTICIPLES   IMPERATIVE

werbend	wirb! werbt!
geworben	werben Sie! werben wir!

Er wirbt für seine Partei. *He is canvassing for his party.*
Sie haben viele Kunden geworben. *They have won many customers.*
Er warb damals im Fernsehen. *He used to advertise on TV.*
Für dieses Produkt wurde viel geworben. *This product was being advertised widely.*
Sie warb vergeblich um unsere Zuneigung. *She tried in vain to get our sympathy.*
Immer mehr Soldaten wurden geworben. *More and more recruits were enlisted.*

die Werbung *advertisement, courtship*   **anwerben** *to enlist*
der Werbeleiter *advertising manager*   **sich bewerben um** *to apply for*
das Werbefernsehen *TV advertising*   **der Erwerb** *acquisition; purchase*

192 *werden *to become, get* (intr.)

INDICATIVE

Present	Imperfect	Perfect
ich werde	ich wurde	ich bin geworden
du wirst	du wurdest	du bist geworden
er/sie/es wird	er/sie/es wurde	er/sie/es ist geworden
wir werden	wir wurden	wir sind geworden
ihr werdet	ihr wurdet	ihr seid geworden
Sie/sie werden	Sie/sie wurden	Sie/sie sind geworden

Pluperfect	Future	Future Perfect
ich war geworden	ich werde werden	ich werde geworden sein
du warst geworden	du wirst werden	du wirst geworden sein
er/sie/es war geworden	er/sie/es wird werden	er/sie/es wird geworden sein
wir waren geworden	wir werden werden	wir werden geworden sein
ihr wart geworden	ihr werdet werden	ihr werdet geworden sein
Sie/sie waren geworden	Sie/sie werden werden	Sie/sie werden geworden sein

CONDITIONAL · SUBJUNCTIVE

Present	Present	Imperfect
ich würde werden	er/sie/es werde	ich würde
du würdest werden	wir werden	wir würden
er/sie/es würde werden		
wir würden werden	Perfect	Pluperfect
ihr würdet werden	er/sie/es sei geworden	ich wäre geworden
Sie/sie würden werden	wir seien geworden	wir wären geworden

PARTICIPLES · IMPERATIVE

werdend	werde! werdet!
geworden	werden Sie! werden wir!

Ich werde langsam müde. *I am getting tired.*
Die Milch ist sauer geworden. *The milk has gone off.*
Wie wird morgen das Wetter? *What is the weather going to be like tomorrow?*
Es wurde früh dunkel. *It was getting dark early.*
Er ist Kaufmann geworden. *He has become a businessman.*
Es wird höchste Zeit, dass er kommt. *It is about time he came.*
Sie war schon jung Mutter geworden. *She became a mother at an early age.*
Aus unserem Plan wird nichts. *Our plan will come to nothing.*
Aus ihm wird bestimmt nichts. *He will come to no good.*
Wir wurden uns schnell einig. *We quickly came to an agreement.*
Ich konnte nichts gewahr werden. *I could not get any information.*
Keine Sorge, es wird schon werden! *Don't worry, things will be all right!*

193 werfen *to throw, fling* (tr./intr./refl.)

INDICATIVE

Present	Imperfect	Perfect
ich werfe	ich warf	ich habe geworfen
du wirfst	du warfst	du hast geworfen
er/sie/es wirft	er/sie/es warf	er/sie/es hat geworfen
wir werfen	wir warfen	wir haben geworfen
ihr werft	ihr warft	ihr habt geworfen
Sie/sie werfen	Sie/sie warfen	Sie/sie haben geworfen

Pluperfect	Future	Future Perfect
ich hatte geworfen	ich werde werfen	ich werde geworfen haben
du hattest geworfen	du wirst werfen	du wirst geworfen haben
er/sie/es hatte geworfen	er/sie/es wird werfen	er/sie/es wird geworfen haben
wir hatten geworfen	wir werden werfen	wir werden geworfen haben
ihr hattet geworfen	ihr werdet werfen	ihr werdet geworfen haben
Sie/sie hatten geworfen	Sie/sie werden werfen	Sie/sie werden geworfen haben

CONDITIONAL / SUBJUNCTIVE

Present	Present	Imperfect
ich würde werfen	er/sie/es werfe	ich würfe
du würdest werfen	wir werfen	wir würfen
er/sie/es würde werfen		
wir würden werfen	Perfect	Pluperfect
ihr würdet werfen	er/sie/es habe geworfen	ich hätte geworfen
Sie/sie würden werfen	wir haben geworfen	wir hätten geworfen

PARTICIPLES / IMPERATIVE

werfend
geworfen

wirf! werft!
werfen Sie! werfen wir!

Wirf den Ball ins Netz! *Throw the ball into the net!*
Sie haben faule Tomaten auf ihn geworfen. *They threw rotten tomatoes at him.*
Er warf sein Fahrrad auf die Erde. *He threw his bike to the ground.*
Würde man ihn ins Gefängnis werfen? *Would he be thrown into prison?*
Er wurde auf die Straße geworfen. *He was sacked.*
Sie warfen mir böse Worte an den Kopf. *They insulted me.*
Sie wirft leicht die Flinte ins Korn. *She tends to lose heart easily.*
Sie warfen alles in einen Topf. *They made no distinction.*
Heute hat sie sich in Schale geworfen. *Today she has got dressed up.*
Unsere Pläne wurden über den Haufen geworfen. *Our plans were thwarted.*

der Wurf *throw*   **entwerfen** *to design*
vorwerfen *to reproach*   **der Entwurf** *design*

194 wiegen *to weigh* (tr./intr./refl.)

Present	Imperfect	Perfect
ich wiege	ich wog	ich habe gewogen
du wiegst	du wogst	du hast gewogen
er/sie/es wiegt	er/sie/es wog	er/sie/es hat gewogen
wir wiegen	wir wogen	wir haben gewogen
ihr wiegt	ihr wogt	ihr habt gewogen
Sie/sie wiegen	Sie/sie wogen	Sie/sie haben gewogen

Pluperfect	Future	Future Perfect
ich hatte gewogen	ich werde wiegen	ich werde gewogen haben
du hattest gewogen	du wirst wiegen	du wirst gewogen haben
er/sie/es hatte gewogen	er/sie/es wird wiegen	er/sie/es wird gewogen haben
wir hatten gewogen	wir werden wiegen	wir werden gewogen haben
ihr hattet gewogen	ihr werdet wiegen	ihr werdet gewogen haben
Sie/sie hatten gewogen	Sie/sie werden wiegen	Sie/sie werden gewogen haben

CONDITIONAL   SUBJUNCTIVE

Present	Present	Imperfect
ich würde wiegen	er/sie/es wiege	ich wöge
du würdest wiegen	wir wiegen	wir wögen
er/sie/es würde wiegen		
wir würden wiegen	Perfect	Pluperfect
ihr würdet wiegen	er/sie/es habe gewogen	ich hätte gewogen
Sie/sie würden wiegen	wir haben gewogen	wir hätten gewogen

PARTICIPLES   IMPERATIVE

wiegend	wieg! wiegt!
gewogen	wiegen Sie! wiegen wir!

Wie viel wiegst du? *How much do you weigh?*
Er hat das Fleisch nicht gewogen. *He has not weighed the meat.*
Alle Sportler wurden vor dem Wettkampf gewogen. *All the athletes were weighed before the event.*
Ich wiege mich regelmäßig. *I weigh myself regularly.*
Die Verkäuferin hat zu knapp gewogen. *The shop assistant gave me short measure.*
Sein Urteil wog am schwersten. *His judgement carried the most weight.*
Er war gewogen und zu leicht befunden. *He was considered and found wanting.*
Mein Einwand wird nichts wiegen. *My objection won't make any difference.*
Die Spende der armen Leute wiegt doppelt. *Money given by the poor counts for twice as much.*

überwiegen *to prevail, predominate*   **vorwiegend** *mainly*

195 **wissen** *to know* (tr./intr.)

INDICATIVE

Present	Imperfect	Perfect
ich weiß	ich wusste	ich habe gewusst
du weißt	du wusstest	du hast gewusst
er/sie/es weiß	er/sie/es wusste	er/sie/es hat gewusst
wir wissen	wir wussten	wir haben gewusst
ihr wisst	ihr wusstet	ihr habt gewusst
Sie/sie wissen	Sie/sie wussten	Sie/sie haben gewusst

Pluperfect	Future	Future Perfect
ich hatte gewusst	ich werde wissen	ich werde gewusst haben
du hattest gewusst	du wirst wissen	du wirst gewusst haben
er/sie/es hatte gewusst	er/sie/es wird wissen	er/sie/es wird gewusst haben
wir hatten gewusst	wir werden wissen	wir werden gewusst haben
ihr hattet gewusst	ihr werdet wissen	ihr werdet gewusst haben
Sie/sie hatten gewusst	Sie/sie werden wissen	Sie/sie werden gewusst haben

CONDITIONAL

SUBJUNCTIVE

Present	Present	Imperfect
ich würde wissen	er/sie/es wisse	ich wüsste
du würdest wissen	wir wissen	wir wüssten
er/sie/es würde wissen		
wir würden wissen	**Perfect**	**Pluperfect**
ihr würdet wissen	er/sie/es habe gewusst	ich hätte gewusst
Sie/sie würden wissen	wir haben gewusst	wir hätten gewusst

PARTICIPLES

IMPERATIVE

wissend	wisse! wisset!
gewusst	wissen Sie! wissen wir!

Wissen Sie, wie spät es ist? *Do you know the time?*
Ich weiß nicht, wo der Bus abfährt. *I don't know where the bus leaves from.*
Er hat die Antwort nicht gewusst. *He did not know the answer.*
Wir hätten es auch nicht gewusst. *We wouldn't have known either.*
Sie wusste weder ein noch aus. *She was at her wit's end.*
Ich weiß, wo Ihnen der Schuh drückt. *I know what your trouble is.*
Man wird bald wissen, woher der Wind weht. *It will soon be clear which way the wind is blowing.*
Sie will von ihm nichts wissen. *She'll have nothing to do with him.*

das Wissen *knowledge*	**der Wissenschaftler** *scientist*
wissenswert *worth knowing*	**die Wissenschaft** *science*
wissentlich *deliberate(ly)*	**wissenschaftlich** *scientific*

196 wohnen *to live, dwell* (intr.)

INDICATIVE

Present	Imperfect	Perfect
ich wohne	ich wohnte	ich habe gewohnt
du wohnst	du wohntest	du hast gewohnt
er/sie/es wohnt	er/sie/es wohnte	er/sie/es hat gewohnt
wir wohnen	wir wohnten	wir haben gewohnt
ihr wohnt	ihr wohntet	ihr habt gewohnt
Sie/sie wohnen	Sie/sie wohnten	Sie/sie haben gewohnt

Pluperfect	Future	Future Perfect
ich hatte gewohnt	ich werde wohnen	ich werde gewohnt haben
du hattest gewohnt	du wirst wohnen	du wirst gewohnt haben
er/sie/es hatte gewohnt	er/sie/es wird wohnen	er/sie/es wird gewohnt haben
wir hatten gewohnt	wir werden wohnen	wir werden gewohnt haben
ihr hattet gewohnt	ihr werdet wohnen	ihr werdet gewohnt haben
Sie/sie hatten gewohnt	Sie/sie werden wohnen	Sie/sie werden gewohnt haben

CONDITIONAL / SUBJUNCTIVE

Present	Present	Imperfect
ich würde wohnen	er/sie/es wohne	ich wohnte
du würdest wohnen	wir wohnen	wir wohnten
er/sie/es würde wohnen		
wir würden wohnen	Perfect	Pluperfect
ihr würdet wohnen	er/sie/es habe gewohnt	ich hätte gewohnt
Sie/sie würden wohnen	wir haben gewohnt	wir hätten gewohnt

PARTICIPLES / IMPERATIVE

PARTICIPLES	IMPERATIVE
wohnend	wohn! wohnt!
gewohnt	wohnen Sie! wohnen wir!

Wo wohnen Sie? *Where do you live?*
Er wohnt schon drei Jahre hier. *He has been living here for three years.*
Wir wohnten früher auf dem Lande. *We used to live in the country.*
Ich würde lieber in der Stadt wohnen. *I would rather live in the city.*
Haben Sie jemals zur Miete gewohnt? *Have you ever lived in rented accommodation?*
Als er bei uns wohnte, war er Student. *He was (still) a student when he lived with us.*
Wir hatten nur ein Jahr dort gewohnt. *We had only lived there for a year.*
In diesem Hotel wohnt man gut. *This hotel offers good accommodation.*
Er hätte lieber zu Hause gewohnt. *He would rather have lived at home.*

die Wohnung *flat*
das Wohnzimmer *living room*
der Einwohner *inhabitant*

wohnhaft *resident*
bewohnbar *habitable*

197 wollen *to want, wish* (intr./tr.)

INDICATIVE

Present	Imperfect	Perfect
ich will	ich wollte	ich habe gewollt
du willst	du wolltest	du hast gewollt
er/sie/es will	er/sie/es wollte	er/sie/es hat gewollt
wir wollen	wir wollten	wir haben gewollt
ihr wollt	ihr wolltet	ihr habt gewollt
Sie/sie wollen	Sie/sie wollten	Sie/sie haben gewollt

Pluperfect	Future	Future Perfect
ich hatte gewollt	ich werde wollen	ich werde gewollt haben
du hattest gewollt	du wirst wollen	du wirst gewollt haben
er/sie/es hatte gewollt	er/sie/es wird wollen	er/sie/es wird gewollt haben
wir hatten gewollt	wir werden wollen	wir werden gewollt haben
ihr hattet gewollt	ihr werdet wollen	ihr werdet gewollt haben
Sie/sie hatten gewollt	Sie/sie werden wollen	Sie/sie werden gewollt haben

CONDITIONAL

SUBJUNCTIVE

Present	Present	Imperfect
ich würde wollen	er/sie/es wolle	ich wollte
du würdest wollen	wir wollen	wir wollten
er/sie/es würde wollen		
wir würden wollen	Perfect	Pluperfect
ihr würdet wollen	er/sie/es habe gewollt	ich hätte gewollt
Sie/sie würden wollen	wir haben gewollt	wir hätten gewollt

PARTICIPLES

IMPERATIVE

wollend	will! wollt!
gewollt	wollen Sie! wollen wir!

Er will nicht essen. *He doesn't want anything to eat.*
Wir wollten nichts essen. *We didn't want to eat anything.*
Verzeihen Sie, bitte; das habe ich nicht gewollt! *I beg your pardon; I didn't mean to!*
Wann würden Sie kommen wollen? *When would you want to come?*
Ich hatte so etwas nie tun wollen. *I had never wanted to do such a thing.*
Er wollte hoch hinaus. *He had high ambitions.*
Macht, was ihr wollt! *Do as you like!*
Das will nicht viel sagen. *That is of no consequence.*
Wir wollen nichts gesagt haben. *We take it back.*
Das will mir nicht in den Kopf. *I simply can't understand that.*

198 wünschen *to wish* (tr.)

INDICATIVE

Present	Imperfect	Perfect
ich wünsche	ich wünschte	ich habe gewünscht
du wünschst	du wünschtest	du hast gewünscht
er/sie/es wünscht	er/sie/es wünschte	er/sie/es hat gewünscht
wir wünschen	wir wünschten	wir haben gewünscht
ihr wünscht	ihr wünschtet	ihr habt gewünscht
Sie/sie wünschen	Sie/sie wünschtet	Sie/sie haben gewünscht

Pluperfect	Future	Future Perfect
ich hatte gewünscht	ich werde wünschen	ich werde gewünscht haben
du hattest gewünscht	du wirst wünschen	du wirst gewünscht haben
er/sie/es hatte gewünscht	er/sie/es wird wünschen	er/sie/es wird gewünscht haben
wir hatten gewünscht	wir werden wünschen	wir werden gewünscht haben
ihr hattet gewünscht	ihr werdet wünschen	ihr werdet gewünscht haben
Sie/sie hatten gewünscht	Sie/sie werden wünschen	Sie/sie werden gewünscht haben

CONDITIONAL   SUBJUNCTIVE

Present	Present	Imperfect
ich würde wünschen	er/sie/es wünsche	ich wünschte
du würdest wünschen	wir wünschen	wir wünschten
er/sie/es würde wünschen		
wir würden wünschen	Perfect	Pluperfect
ihr würdet wünschen	er/sie/es habe gewünscht	ich hätte gewünscht
Sie/sie würden wünschen	wir haben gewünscht	wir hätten gewünscht

PARTICIPLES   IMPERATIVE

wünschend	wünsch! wünscht!
gewünscht	wünschen Sie! wünschen wir!

Was wünschen Sie? *What would you like?*
Er wünschte uns eine schöne Reise. *He wished us a good trip.*
Ich hätte Ihnen besseres Wetter gewünscht. *I would have wished you better weather.*
Das würde ich meinem ärgsten Feind nicht wünschen. *I would not wish that on my worst enemy.*
Diese Arbeit lässt zu wünschen übrig. *This piece of work leaves much to be desired.*
Es wünscht Sie jemand zu sprechen. *There is someone to see you.*
Ich wünschte, es wäre schon Sommer. *I wish it was summer already.*
Er wünschte uns zum Teufel. *He wished us in hell.*

---

der Wunsch *wish*	**Herzliche Glückwünsche!** *Congratulations!*
das Wunschbild *ideal*	**wünschenswert** *desirable*
wunschgemäß *according to one's wishes*	**wunschlos** *contented, satisfied*

199 ziehen *to pull, draw* (tr.)

INDICATIVE

Present	Imperfect	Perfect
ich ziehe	ich zog	ich habe gezogen
du ziehst	du zogst	du hast gezogen
er/sie/es zieht	er/sie/es zog	er/sie/es hat gezogen
wir ziehen	wir zogen	wir haben gezogen
ihr zieht	ihr zogt	ihr habt gezogen
Sie/sie ziehen	Sie/sie zogen	Sie/sie haben gezogen

Pluperfect	Future	Future Perfect
ich hatte gezogen	ich werde ziehen	ich werde gezogen haben
du hattest gezogen	du wirst ziehen	du wirst gezogen haben
er/sie/es hatte gezogen	er/sie/es wird ziehen	er/sie/es wird gezogen haben
wir hatten gezogen	wir werden ziehen	wir werden gezogen haben
ihr hattet gezogen	ihr werdet ziehen	ihr werdet gezogen haben
Sie/sie hatten gezogen	Sie/sie werden ziehen	Sie/sie werden gezogen haben

CONDITIONAL / SUBJUNCTIVE

Present	Present	Imperfect
ich würde ziehen	er/sie/es ziehe	ich zöge
du würdest ziehen	wir ziehen	wir zögen
er/sie/es würde ziehen		
wir würden ziehen	Perfect	Pluperfect
ihr würdet ziehen	er/sie/es habe gezogen	ich hätte gezogen
Sie/sie würden ziehen	wir haben gezogen	wir hätten gezogen

PARTICIPLES / IMPERATIVE

ziehend	zieh! zieht!
gezogen	ziehen Sie! ziehen wir!

Die Pferde ziehen den Wagen. *The horses are pulling the carriage.*
Er hat mich an den Haaren gezogen. *He pulled my hair.*
Blitzschnell zog er das Messer. *In a flash he pulled out his knife.*
Heute wurde mein Zahn gezogen. *Today my tooth was pulled out.*
Er zog mich ins Vertrauen. *He took me into his confidence.*
Wir haben eine Lehre daraus gezogen. *We learnt a lesson from that.*
Zieh nicht so ein Gesicht! *Don't pull a face like that!*
Er hat das große Los gezogen. *He has been extremely lucky.*
Vor ihm ziehe ich den Hut. *I take my hat off to him.*
Sie zogen den Leuten das Geld aus der Tasche. *They made people spend their money.*
Wie würde er sich aus dieser Affäre ziehen? *How would he manage to get out of this mess?*
Er wird zur Verantwortung gezogen werden. *He will be made responsible.*

der Zug *train, procession*   **der Anzug** *suit*

200 zumuten (+ dat.) *to expect, ask* (tr.)

INDICATIVE

Present	Imperfect	Perfect
ich mute zu	ich mutete zu	ich habe zugemutet
du mutest zu	du mutetest zu	du hast zugemutet
er/sie/es mutet zu	er/sie/es mutete zu	er/sie/es hat zugemutet
wir muten zu	wir muteten zu	wir haben zugemutet
ihr mutet zu	ihr mutetet zu	ihr habt zugemutet
Sie/sie muten zu	Sie/sie muteten zu	Sie/sie haben zugemutet

Pluperfect	Future	Future Perfect
ich hatte zugemutet	ich werde zumuten	ich werde zugemutet haben
du hattest zugemutet	du wirst zumuten	du wirst zugemutet haben
er/sie/es hatte zugemutet	er/sie/es wird zumuten	er/sie/es wird zugemutet haben
wir hatten zugemutet	wir werden zumuten	wir werden zugemutet haben
ihr hattet zugemutet	ihr werdet zumuten	ihr werdet zugemutet haben
Sie/sie hatten zugemutet	Sie/sie werden zumuten	Sie/sie werden zugemutet haben

CONDITIONAL   SUBJUNCTIVE

Present	Present	Imperfect
ich würde zumuten	er/sie/es mute zu	ich mutete zu
du würdest zumuten	wir muten zu	wir muteten zu
er/sie/es würde zumuten		
wir würden zumuten	**Perfect**	**Pluperfect**
ihr würdet zumuten	er/sie/es habe zugemutet	ich hätte zugemutet
Sie/sie würden zumuten	wir haben zugemutet	wir hätten zugemutet

PARTICIPLES   IMPERATIVE

zumutend	mute zu! mutet zu!
zugemutet	muten Sie zu! muten wir zu!

Muten Sie mir das zu? *Do you expect that of me?*
Ich habe Ihnen viel zugemutet. *I have asked a great deal of you.*
Darf ich ihm zumuten zu warten? *May I ask him to wait?*
Man würde ihr keine schwere Arbeit zumuten. *No heavy labour would be expected of her.*
Mir kann nicht zugemutet werden, das zu glauben. *I can't be expected to believe that.*
Mute dir nicht zu viel zu! *Don't take on too much!*
Die Tat mutet man ihm zu. *He is suspected of the crime.*

die Zumutung *demand, imposition, impertinence*
zumutbar *reasonable*

201 zwingen *to force* (tr.)

INDICATIVE

Present	Imperfect	Perfect
ich zwinge	ich zwang	ich habe gezwungen
du zwingst	du zwangst	du hast gezwungen
er/sie/es zwingt	er/sie/es zwang	er/sie/es hat gezwungen
wir zwingen	wir zwangen	wir haben gezwungen
ihr zwingt	ihr zwangt	ihr habt gezwungen
Sie/sie zwingen	Sie/sie zwangen	Sie/sie haben gezwungen

Pluperfect	Future	Future Perfect
ich hatte gezwungen	ich werde zwingen	ich werde gezwungen haben
du hattest gezwungen	du wirst zwingen	du wirst gezwungen haben
er/sie/es hatte gezwungen	er/sie/es wird zwingen	er/sie/es wird gezwungen haben
wir hatten gezwungen	wir werden zwingen	wir werden gezwungen haben
ihr hattet gezwungen	ihr werdet zwingen	ihr werdet gezwungen haben
Sie/sie hatten gezwungen	Sie/sie werden zwingen	Sie/sie werden gezwungen haben

CONDITIONAL / SUBJUNCTIVE

Present	Present	Imperfect
ich würde zwingen	er/sie/es zwinge	ich zwänge
du würdest zwingen	wir zwingen	wir zwängen
er/sie/es würde zwingen		
wir würden zwingen	**Perfect**	**Pluperfect**
ihr würdet zwingen	er/sie/es habe gezwungen	ich hätte gezwungen
Sie/sie würden zwingen	wir haben gezwungen	wir hätten gezwungen

PARTICIPLES / IMPERATIVE

PARTICIPLES	IMPERATIVE
zwingend	zwing! zwingt!
gezwungen	zwingen Sie! zwingen wir!

Ich zwinge ihn zur Arbeit. *I am forcing him to work.*
Man hat mich gezwungen zu reden. *I was forced to talk.*
Diese Situation zwang uns zur Eile. *This situation demanded we hurry.*
Wir würden ihn nicht zur Umkehr zwingen. *We would not force him to turn back.*
Die Polizei war gezwungen zu handeln. *The police were forced to act.*
Ich lasse mich zu nichts zwingen. *I won't let myself be forced to do anything.*
Er zwang sich dazu, freundlich zu sein. *He forced himself to be polite.*
Das lässt sich nicht zwingen. *Force will not do any good.*
Du hattest dich zum Lachen gezwungen. *You had forced yourself to laugh.*

der Zwang *force, compulsion*   **zwingend** *compelling*
zwanglos *unconstrained*   **der Zwingherr** *tyrant*
die Zwangsarbeit *forced labour*   **ungezwungen** *informal*

German–English verb list

On the following pages you will find approximately 3000 German verbs, with their meanings and the number of the model verb they follow. If the number is in **bold print**, the verb is one of the 201 presented in full.

Some verbs have two or more numbers. If so, the first number refers to the main pattern verb, the second to a verb that shares a particular characteristic. For example, **anerkennen** is cross-referred to **kennen**, but also to **anbieten** because it is a separable verb.

If * appears next to a verb, this indicates that the verb goes with **sein** in compound tenses; if not, it goes with **haben**. If there is a † next to the verb, that verb can take **sein** or **haben**.

All of the verbs on the list are weak unless they have **str.** (strong) or **mx.** (mixed) next to them, in which case their vowel changes are given, e.g. **erfinden** (str. i, a, u).

If | appears in the middle of a verb, e.g. **mit | nehmen**, the verb is separable and the prefix will sometimes be placed at the end of the sentence.

ab | bauen tr. *demolish, reduce* 10, 200

ab | bestellen tr. *cancel* 18, 200

ab | bezahlen tr. *pay off* 22, 200

*****ab | fahren (str. ä, u, a)** intr. *leave, depart* 1

ab | finden (str. i, a, u) tr. *satisfy;* refl. *come to terms* 56, 200

ab | gewöhnen tr. *make give up;* refl. *give up* 10, 200

ab | halten (str. ä, ie, a) tr. *hold off, hinder* 79, 2

ab | hängen (str. ä, i, a) intr. (**von** + dat.) *depend* (on) 81, 2

ab | holen tr. *fetch, meet* 86, 200

ab | lehnen tr. *decline, refuse* 10, 200

ab | lenken tr. *divert, deflect* 10, 200

ab | machen tr. *undo, detach* 107, 200

ab | schalten tr. *turn off* 200

ab | stellen tr. *turn off* 10, 200

absorbieren tr. *absorb* 130

achten tr. *respect* 9

addieren tr. *add up* 130

adoptieren tr. *adopt* 130

ähneln intr. + dat. *resemble* 80

ahnen tr. *foresee* 10

aktivieren tr. *activate* 130

alarmieren tr. *alarm* 130

***altern** intr. *grow old, age* 120

amüsieren tr. *amuse;* refl. *enjoy oneself* 130

an | bauen tr. *grow (plants)* 10, 200

an | beten tr. *adore, worship* 200

an | bieten (str. ie, o, o) tr., refl. *offer, tender* 2

ändern tr. *alter;* refl. *change* 60

an | deuten tr. *indicate, hint* 200

an | erkennen (mx. i, a, a) tr. *recognize* 90, 2

an | fangen (str. ä, i, a) tr./intr. *begin, start* 3

an | fassen tr. *grasp* 118, 200

an | fertigen tr. *manufacture, make* 10, 200

an | geben (str. i, a, e) tr. *declare;* intr. *boast* 66, 2

an | greifen (str. ei, i, i) tr. *attack, dispute* 76, 2

an | halten (str. ä, ie, a) tr. *stop;* intr. *persist* 79, 2

an | klagen tr. *accuse* 91, 200

***an | kommen (str. o, a, o)** intr. *arrive* 4

an | kündigen tr. *announce, declare* 10, 200

an | melden tr. (**bei** + dat.) *announce* 125, 200

an | nähern tr. *bring near;* refl. *approach* 60, 200

an | nehmen (str. i, a, o) tr. *accept;* refl. + gen. *take an interest in* 5

an | passen tr. *adapt;* refl. + dat. *adapt oneself to* 118, 200

an | probieren tr. *try on* 130, 200

an | reden tr. *speak to, address* 125, 200

an | regen tr. *propose; stimulate* 10, 200

an | richten tr. *prepare, cause* 9, 200

an | rufen (str. u, ie, u) tr./intr. *call, ring* 6

an | sagen tr. *announce* 135, 200

an | schalten tr. *turn on* 200

an | sehen (str. ie, a, e) *consider; look at* 150, 200

an | stecken tr. **(an)** *fasten; light;* refl. *to catch (a disease)* 10, 200

an | stellen tr. *employ;* refl. *queue up* 18, 200

an | stoßen (str. ö, ie, o) tr. *bump into;* intr. *clink glasses* 84, 2

an | strengen tr. *strain;* refl. *exert oneself* 10, 200

antworten tr./intr. (**auf** + acc.) *answer, reply to* 7

an | vertrauen tr. *entrust;* refl. + dat. *confide in someone* 10, 200

an | weisen (str. ei, ie, ie) tr. *direct, instruct* 24, 157, 200

an | wenden (wk./mx. e, a, a) tr. *employ, use* 29, 200

an | zeigen tr. *report, announce* 10, 200

an | ziehen (str. ie, o, o) tr. *put on, tighten;* refl. *get dressed* 8

arbeiten tr./intr. *work* 9

ärgern tr. *annoy;* refl. *be annoyed* 28

atmen tr./intr. *breathe, inhale* 124

ätzen tr. *corrode* 152

auf | bewahren tr. *store, keep* 10, 200

auf | brechen (str. i, a, o) tr. *force open;* intr. *set out* 159, 200

auf | bringen (mx. i, a, a) tr. *raise, provoke* 26, 200

auf | drehen tr. *turn on* 10, 200

auf | fallen (str. ä, ie, a) intr. *attract attention* 54, 200

auf | fordern tr. *ask, request* 60, 200

auf | führen tr. *perform;* refl. *behave* 64, 200

auf | geben (str. i, a, e) tr./intr. *give up, resign* 66, 200

*auf | gehen (str. e, i, a) intr. *rise; open* 68, 2

auf | halten (str. ä, ie, a) tr. *hold up, delay;* refl. *stay* 79, 200

auf | heben (str. e, o, o) tr. *save, keep* 82, 200

auf | hören intr. *cease, stop* 87, 200

auf | klären tr. *explain;* refl. *brighten* 10, 200

auf | machen tr. *open* 107, 200

auf | nehmen (str. i, a, o) tr. *pick up; accept; put up; record* 115, 2

auf | passen intr. *pay attention* 118, 200

auf | räumen tr./intr. *tidy up* 10, 200

auf | regen tr. *excite;* refl. *get excited* 10, 200

*auf | stehen (str. e, a, a) intr. *get up, stand up* 161, 2

*auf | tauchen intr. *emerge, appear* 10, 200

auf | wachen intr. *wake up* 10, 200

auf | weisen (str. ei, ie, ie) tr. *show* 24, 157, 200

auf | zeichnen tr. *record* 124, 200

auf | ziehen (str. ie, o, o) tr. *raise;* intr. *gather* 199, 200

aus | beuten tr. *exploit* 9, 200

aus | bilden tr. *develop, educate* 9, 200

aus | breiten tr. *spread, expand* 9, 200

aus | drücken tr. *squeeze:* refl. *express oneself* 30, 200

äußern tr. *express;* refl. *give one's opinion* 60

aus | führen tr. *execute, carry out* 64, 200

aus | füllen tr. *fill out, complete* 10, 200

aus | geben (str. i, a, e) tr. *spend;* refl. *pass oneself off* (as) 66, 2

*aus | gehen (str. e, i, a) intr. *go out 68, 2*

aus | gleichen (str. ei, i, i) tr. *make even, balance 76, 2*

aus | halten (str. ä, ie, a) tr. *endure, stand;* intr. *persevere 79, 2*

aus | kennen (mx. e, a, a) refl. *know one's way 90, 2, 32*

*aus | kommen (str. o, a, o) intr. **(mit)** *get on with, make do 94, 2*

aus | lassen (str. ä, ie, a) tr. *omit, give vent to 97, 2*

aus | nutzen tr. *utilize, exploit 152, 200*

*aus | reisen intr. *depart, leave the country 127, 200*

aus | richten tr. *deliver a message, accomplish 9, 200*

aus | ruhen intr./refl. *rest, relax 134, 200, 32*

aus | rüsten tr. *furnish, equip 9, 200*

aus | sagen tr. *state, express 135, 200*

aus | schließen (str. ie, o, o) tr. *shut out, exclude 146, 2*

aus | sehen (str. ie, a, e) intr. *appear, seem 150, 2*

aus | sprechen (str. i, a, o) tr. *pronounce;* refl. *speak one's mind 159, 2*

*aus | steigen (str. ei, ie, ie) intr. *get out, disembark 35*

aus | stellen tr. *exhibit 18, 200*

aus | teilen tr. *distribute 162, 200*

aus | tragen (str. ä, u, a) tr. *deliver 163, 2*

*aus | treten (str. i, a, e) intr. *come out, leave the room 36*

aus | üben tr. *practise, exercise 167, 200*

*aus | wandern intr. *emigrate 60, 200*

aus | weisen (str. ei, ie, ie) tr. *expel;* refl. *identify oneself 24, 157, 2*

aus | zeichnen tr./refl. *distinguish, mark 124, 200*

aus | ziehen (str. ie, o, o) tr. *draw out;* refl. *get undressed;* *intr. move out, set off 8*

backen (str. ä, u, a) tr. *bake, fry 44*

baden tr./refl. *bathe 125*

bahnen tr. *pave (the way) 10*

bändigen tr. *restrain, subdue 10*

bangen intr. **(um + acc., vor + dat.)** *be afraid (for, of) 10*

bannen tr. *banish, expel 10*

basteln tr./intr. *make things with one's hands 15*

bauen tr. *build, construct;* intr. **(auf + acc.)** *rely on, count on **10***

beabsichtigen tr. *intend 11*

beachten tr. *notice, take notice of 11*

beanspruchen tr. *claim 11*

beanstanden tr. *object to, appeal against 9, 11, 125*

beantragen tr. *claim 11*

beantworten tr. *answer, reply to 7, 11*

bearbeiten tr. *till; work on 9, 11*
beben intr. *shake, tremble 10*
bedanken refl. (**bei** + dat., **für** + acc.) *thank, decline with thanks 27, 11, 32*
bedauern tr. *regret, deplore 60, 11*
bedecken tr./refl. *cover, shelter 11*
bedenken (mx. e, a, a) tr. *think about;* refl. *hesitate 29, 11*
bedeuten tr. *mean, signify 9, 11*
bedienen tr. *serve, wait on;* refl. *help oneself 11*
bedingen tr. *require, presuppose 11*
bedrohen tr. *threaten, menace 11*
bedürfen (str. a, u, u) intr. + gen. *need, require 31, 11*
beeilen tr./refl. *hurry, hasten 32, 11*
beeindrücken tr. *impress 11, 118*
beeinflussen tr. *influence 11*
beeinträchtigen tr. *impair, restrict 11*
beenden tr. *finish 125, 18*
beendigen tr. *finish, end 11*
befassen refl. (**mit** + dat.) *concern oneself with 118, 32, 11*
befehlen (str. ie, a, o) tr. + dat. *order, command 12*
befestigen tr. *fasten, attach 11*
befinden (str. i, a, u) refl. *be, feel* tr. *consider 13*
befördern tr. *forward, transport 60, 11*
befreien tr. *free, liberate 10*
befriedigen tr. *satisfy, please 11*
befristen tr. *fix a time, limit 9, 11*

befühlen tr. *feel 18*
befürchten tr. *fear 65, 11*
begeben (str. i, a, e) refl. *go, set out for; happen 66, 32, 11*
*****begegnen** intr. + dat. *meet, encounter **14***
begehren tr. *want, desire 11*
begeistern tr. *inspire;* refl. (**für** + acc.) *be enthusiastic about 60, 11*
beginnen (str. i, a, o) tr./intr. *begin, start 73, 11*
beglaubigen tr. *certify, verify 11*
begleichen (str. ei, i, i) tr. *pay, settle 76, 11*
begleiten tr. (+ dat.) *accompany, escort 11*
begnadigen tr. *pardon 11*
begraben (str. ä, u, a) tr. *bury, conceal 44, 11*
begreifen (str. ei, i, i) tr. *understand 76, 11*
begrenzen tr. *limit 11, 152*
begründen tr. *establish, justify 125, 11*
begrüßen tr. *greet, welcome 77, 11*
behalten (str. ä, ie, a) tr. *keep, remember 79, 11*
behandeln tr. *treat, handle 15*
beharren intr. *persist, insist 11*
behaupten tr. *maintain;* refl. *hold one's ground 11*
beherbergen tr. *accommodate, put up 11*
beherrschen tr. *govern;* refl. *control oneself 11*
behindern tr. *hinder, prevent 60, 11*

bei | bringen (mx. i, a, a) tr. *teach, instruct 26, 2*

bei | fügen tr. *add, enclose 10, 200*

beißen (str. ei, i, i) tr. *bite, sting 128*

bei | stehen (str. e, a, a) intr. + dat. *help, aid 161, 2*

bei | tragen (str. ä, u, a) tr. (**zu** + dat.) *contribute 163, 2*

***bei | treten (str. i, a, e)** intr. + dat. *join 36*

bekämpfen tr. *fight, oppose 88, 11*

bekehren tr. *convert;* refl. *turn over a new leaf 11*

bekennen (mx. e, a, a) tr. *admit;* refl. (**zu** + dat.) *declare one's faith in 90, 11*

beklagen tr. *lament;* refl. (**über** + acc.) *complain about 91, 11*

bekommen (str. o, a, o) tr. *get, receive* **16**

bekräftigen tr. *strengthen, confirm 11*

belasten tr. *load, burden 9, 11*

belästigen tr. *annoy, bother 11*

beleben tr. *enliven, revive 99, 11*

belegen tr. *cover, fill 100, 11*

beleidigen tr. *offend, insult 11*

beleuchten tr. *light up, throw light on 9, 11*

belichten tr. *expose 11*

bellen intr. *bark 11*

belohnen tr. *reward (for) 11*

belügen (str. ü, o, o) tr. *lie to 106, 11*

bemerken tr. *notice, remark 110, 11*

bemühen tr. *trouble;* refl. *take trouble 11*

benachrichtigen tr. *inform 11*

benachteiligen tr. *discriminate against, disadvantage 11*

benehmen (str. i, a, o) refl. *behave 115, 32, 11*

beneiden tr. (**um** + acc.) *envy 9, 11, 25*

benennen (mx. e, a, a) tr. *name, call 116, 11*

benötigen tr. *require 11*

benutzen tr. *use, make use of 11, 152*

beobachten tr. *observe, watch 9, 11*

beraten (str. ä, ie, a) tr. *advise 123, 11*

berechnen tr. *compute, calculate 124, 11*

berechtigen tr. *entitle, authorize 11*

bereiten tr. *prepare, get ready 9, 11*

bereuen tr. *repent, regret 11*

bergen (str. i, a, o) tr. *rescue 85*

berichten tr. (**über** + acc.) *report 9, 11*

***bersten (str. i, a, o)** intr. *burst, crack, break 85*

berufen (str. u, ie, u) tr. *appoint;* refl. (**auf** + acc.) *refer to 133, 11*

beruhigen tr. *calm;* refl. *compose oneself 11*

berühren tr. *touch, affect 11*

beschäftigen tr. *occupy;* refl. (**mit** + dat.) *be busy with 11*

bescheinigen tr. *vouch for, certify* 11

beschleunigen tr. *accelerate, hasten* 11

beschließen (str. ie, o, o) tr. *conclude* 146, 11

beschränken tr. *limit;* refl. (**auf +** acc.) *restrict yourself (to)* 11

beschreiben (str. ei, ie, ie) tr. *describe* 148, 11

beschweren tr. *load;* refl. (**bei +** dat., **über +** acc.) *complain about* 11

beseitigen tr. *remove, eliminate* 11

besetzen tr. (**mit +** dat.) *trim; occupy* 11, 152

besichtigen tr. *inspect, view* 11

besinnen (str. i, a, o) refl. (**auf +** acc., *or +* gen.) *remember* 73, 32, 11

besitzen (str. i, a, e) tr. *own, possess* 17

besorgen tr. *take care of; get, buy* 11

besprechen (str. i, a, o) tr. *discuss;* refl. (**mit +** dat.) *confer (with)* 159, 11

bessern tr. *improve;* refl. *get better* 169

bestätigen tr. *confirm* 11

bestatten tr. *bury* 9, 11

bestechen (str. i, a, o) tr. *bribe, win over* 85, 11

bestehen (str. e, a, a) tr. *endure, pass;* intr. *exist;* (**aus +** dat.) *consist of* 161, 11

bestellen tr. *order* **18**

bestimmen tr. *decide, determine* 11

bestreiten (str. ei, i, i) tr. *deny, dispute, contest* 76, 9, 11

besuchen tr. *visit, attend* **19**

betätigen tr. *set in motion* 11

betäuben tr. *stun, numb, deaden, anaesthetize* 11

beteiligen tr. (an + dat.) *give a share;* refl. (an + dat.) *take part in* 11

betrachten tr. *look at, view* 9, 11

betragen (str. ä, u, a) tr. *come to, amount to;* refl. *behave* 163, 11

betreffen (str. i, a, o) tr. *concern* 164, 11

betreten (str. i, a, e) tr. *enter* 184

betrügen (str. ü, o, o) tr. *cheat, deceive* **20**

betteln intr. (**um +** acc.) *beg, solicit* 80

beugen tr. *bend;* refl. *submit* 10

beunruhigen tr. *worry* 18

beurteilen tr. *judge, assess* 162, 11

bevölkern tr. *people, populate* 60, 11

bevorzugen tr. *favour, prefer* 11

bewachen tr. *watch over, guard* 11

bewaffnen tr. *arm* 124, 11

bewahren tr. (vor + dat.) *keep, preserve (from)* 11

bewältigen tr. *cope with, overcome* 11

bewegen tr. *move;* refl. *take exercise* **21**

beweisen (str. ei, ie, ie) tr. show, demonstrate; prove 24, 157, 11

bewerben (str. i, a, o) refl. (um + acc.) apply for 191, 32, 11

bewerten tr. assert, rate 9, 11

bewilligen tr. grant, permit 11

bewirken tr. effect, cause 11

bewirtschaften tr. manage, cultivate 9, 11

bewohnen tr. inhabit, live in 196, 11

bewölken tr./refl. cloud over 11

bewundern tr. admire 60, 11

bezahlen tr. pay (for) **22**

bezaubern tr. enchant, fascinate 60, 11

bezeichnen tr. mark, characterize, describe 124, 11

beziehen (str. ie, o, o) tr. cover; refl. (auf + acc.) refer to 199, 11

biegen (str. ie, o, o) tr./refl. bend, incline 51

bieten (str. ie, o, o) tr. offer, bid 170, 10

bilden tr. shape, educate; refl. develop 125

billigen tr. approve, grant 10

binden (str. i, a, u) tr. tie, bind 171, 10

bitten (str. i, a, e) tr./intr. (um + acc.) ask for, request **23**

blamieren refl. disgrace oneself 130

blasen (str. ä, ie, a) tr./intr. blow, play 45, 157

blättern intr. turn pages; refl. flake off 120

*bleiben (str. ei, ie, ie) intr. remain, stay **24**

bleichen tr./*intr. bleach, whiten 10

blenden tr. blind, dazzle, deceive 125

blicken intr. look, glance 10

blinzeln intr. blink, wink 80

blockieren tr. block, obstruct 130

blühen intr. bloom, flourish 10

bluten intr. bleed 9

bohren tr. drill 10

bomben tr. bomb 10

borgen tr. borrow, lend 10

boxen intr. box 152

braten str. (ä, ie, a) tr./intr. roast, fry 123

brauchen tr. need, require **25**

brauen tr. brew 10

bräunen tr./refl. tan, (go) brown 10

brausen intr. race; tr./intr. shower, rinse 157

brechen (str. i, a, o) tr./intr. break, fracture 85

bremsen tr. brake 157

brennen (mx. e, a, a) tr./intr. burn, catch fire 129

bringen (mx. i, a, a) tr./intr. bring, fetch 26

bröckeln tr./intr. crumble 80

brodeln intr. bubble, boil up 80

brüllen tr./intr. roar, yell 10

brummen tr./intr. grumble, mutter, buzz, be in prison 10

brüten tr./intr. hatch, incubate 9

buchen tr. book; enter 10

buchstabieren tr. spell 130

bücken intr./refl. *stoop, bend 10*
bügeln tr. *iron, press 15*
bummeln intr. *laze about, stroll 15*
bündeln tr. *bundle up, bunch 15*
bürgen intr. (**für** + acc.) *vouch for, guarantee 10*
bürsten tr. *brush 9*
büßen intr. *make amends for, atone for 77*

charakterisieren tr. *characterize 130*
chloren tr. *chlorinate 10*
christianisieren tr. *convert to Christianity 130*

dämmen tr. *dam, stem 10*
dämmern intr. *dawn, get light, get dark 120*
danken intr. + dat. *thank 27*
dar I legen tr. *explain, expound 100, 200*
dar I stellen tr. *describe, depict, represent 10, 200*
dar I tun (str. u, a, a) tr. *explain, demonstrate 166, 2*
datieren tr. *date 130*
dauern intr. *last, take (of time) 28*
debattieren tr./intr. *debate 130*
decken tr. *cover;* refl. *correspond 10*
definieren tr. *define 130*
degenerieren intr. *degenerate 130*
degradieren tr. *demote 130*
dehnen tr. *extend;* refl. *stretch 10*

deklamieren tr./intr. *recite 130*
deklarieren tr. *declare 130*
dekorieren tr. *decorate 130*
dementieren tr. *deny 130*
demokratisieren tr. *democratize 130*
demolieren tr. *demolish 130*
demonstrieren tr./intr. *demonstrate, show 130*
demontieren tr. *dismantle, take apart 130*
demoralisieren tr. *demoralize 130*
demütigen tr. *humble, humiliate 33*
denken (mx. e, a, a) intr./tr. *think, reflect* **29**
denunzieren tr. *denounce, inform against 130*
deponieren tr. *deposit 130*
deportieren tr. *deport 130*
deprimieren tr. *depress, deject 130*
*****desertieren** intr. *desert 130*
desinfizieren tr. *disinfect 130*
destillieren tr. *distil 130*
detaillieren tr. *detail 130*
detonieren tr. *detonate 130*
deuten tr. *interpret;* intr. (**auf** + acc.) *point to 9*
dezimieren tr. *decimate 130*
dichten tr. *seal;* intr./tr. *write (poetry) 9*
dicken tr./intr. *thicken 10*
dienen intr. + dat. *serve, assist 10*
diktieren tr. *dictate 130*
dingen (str. i, a, u) tr. *hire, engage 153*

dirigieren tr. *direct, conduct 130*

diskriminieren tr. *discriminate against 130*

diskutieren tr./intr. *discuss, debate 130*

dispensieren tr. *excuse 130*

disqualifizieren tr. *disqualify 130*

distanzieren refl. *distance oneself 130, 32*

disziplinieren tr. *discipline, train 130*

dividieren tr. *divide 130*

dokumentieren tr. *record, document 130*

dolmetschen tr./intr. *interpret 10*

dominieren intr. *dominate 130*

donnern intr. *thunder 120*

dosieren tr. *measure out a dose 130*

dozieren tr./intr. *lecture, teach 130*

drängen tr./refl. *push, urge;* intr. *be urgent 10*

drehen tr./intr. *turn, twist;* refl. *revolve 10*

dreschen tr. *thresh, thrash 10*

dressieren tr. *train, break in 130*

drillen tr. *drill, exercise 10*

*dringen (str. i, a, u) intr. *penetrate; insist 153*

drohen tr./intr. *threaten, menace 10*

dröhnen intr. *rumble, roar 10*

drosseln tr. *throttle, slow down 15*

drucken tr. *print, stamp 10*

drücken tr./intr. *press, push;* refl. *sneak away 30*

ducken tr./intr. *humiliate;* refl. *duck, humble oneself 10*

duften intr. *smell (sweet) 9*

dulden tr. *endure, tolerate 125*

düngen tr. *fertilize, manure 10*

dünsten tr. *steam, stew 9*

durch | drehen tr. *put through the mincer/grinder;* intr. *crack up, go to pieces 10, 1*

durcheinander | bringen (mx. i, a, a) tr. *mix up, confuse 26, 2*

*durch | fallen (str. ä, ie, a) intr. *fail (exam), fall through 54, 1*

durch | führen tr. *carry out, implement 64, 2*

*durch | kommen (str. o, a, o) intr. *succeed, pass (exam) 94, 1*

durch | sagen tr. *announce, broadcast 135, 2*

durch | setzen tr. *accomplish;* refl. *assert oneself, gain acceptance 152, 2*

dürfen (str. a, u, u) intr. *be permitted, allowed* **31**

dursten intr. *be thirsty 9*

duschen tr./refl. *shower 10*

duzen tr./refl. *use 'du' 152*

ebnen tr. *level, smooth 124*

ehren tr. *honour, esteem 10*

eignen refl. *be suitable* **32**

eilen *intr. *hurry; be urgent 10*

ein | bauen tr. *install, fit 10, 200*

ein | bilden refl. + dat. *imagine 125, 200*

ein | brechen (str. i, a, o) tr. *break down;* intr. (**in** + acc.) *break in 159, 2, 1* ein | bürgern tr. *naturalize;* refl. *become naturalized* 60, 200

*ein | dringen intr. **(str. i, a, u)** (**in** + acc.) *force entry* 153, 1

ein | führen tr. *introduce, import* 64, 2

ein | gliedern tr. (**in** + acc.) *incorporate, integrate;* refl. *fit in* 120, 200

ein | greifen (**str. ei, i, i**) tr. *intervene* 76, 2

ein | holen tr. *bring in, obtain* 86, 2

einigen tr. *unite;* refl. *agree* 33

ein | kaufen tr. *buy, purchase* 89, 2

ein | laden (**str. ä, u, a**) *invite* 34

ein | lassen (**str. ä, ie, a**) tr. *let in;* refl. (**auf** + acc.) *get involved in* 97, 2

ein | leiten tr. *begin, start* 9, 200

ein | lösen tr. *redeem, cash (cheque)* 200

ein | machen tr. *preserve* 107, 200

ein | nehmen (**str. i, a, o**) *capture, occupy, take* 115, 2

ein | packen tr. *pack;* intr. *give up* 10, 200

ein | richten tr. *arrange, furnish* 9, 200

ein | schätzen tr. *assess, evaluate* 152, 200

*ein | schlafen (**str. ä, ie, a**) intr. *fall asleep* 144, 1

ein | schließen (**str. ie, o, o**) tr. *comprise, include* 146, 2

ein | schränken tr. *limit;* refl. (**auf** + acc.) *restrict oneself* 10, 200

ein | sehen (**str. ie, a, e**) tr. *see into, realize* 150, 2

ein | setzen tr. *insert;* refl. (**für** + acc.) *support (a cause)* 152, 2

ein | sparen tr. *save, economize* 156, 2

*ein | springen (**str. i, a, u**) intr. (**für** + acc.) *jump in, stand in* 160, 1

ein | stecken tr. *put in, mail* 10, 200

*ein | steigen (**str. ei, ie, ie**) intr. *get in, board* 35

ein | stellen tr. *put in, recruit;* refl. (**auf** + acc.) *adjust (to)* 10, 200

ein | stufen tr. *classify* 10, 200

*ein | stürzen intr. (**auf** + acc.) *collapse* 152, 200

ein | teilen tr. *divide, classify* 162, 2

ein | tragen (**str. ä, u, a**) tr. *register;* refl. *put one's name down* 163, 2

*ein | treten (**str. i, a, e**) intr. (**in** + acc.) *enter, join* 36

*ein | wandern intr. *immigrate* 120, 200

ein | weihen tr. *consecrate, initiate* 10, 200

ein | wenden (**wk./mx. e, a, a**) tr. *oppose, object* 129, 2

ein | werfen (**str. i, a, o**) tr. *throw in, mail* 193, 2

ein | wickeln tr. *wrap up, envelop* 80, 200

ein | willigen intr. (**in** + acc.) *consent, agree to* 10, 200

ein I wirken tr. *work in;* intr. (**auf** + acc.) *influence 10, 200*

ein I ziehen (str. ie, o, o) tr. *take in, retract;* *intr. *enter 8*

eitern intr. *fester, suppurate 120*

ekeln intr. *disgust;* refl. (**vor** + dat.) *find repulsive 80*

elektrifizieren tr. *electrify 130*

*emigrieren intr. *emigrate 130*

empfangen (str. ä, i, a) tr. *receive;* intr. *conceive* **37**

empfehlen (str. ie, a, o) tr. *recommend;* refl. *take one's leave* **38**

empfinden (str. i, a, u) tr. *feel, perceive 56, 37*

empören tr. *outrage;* refl. (**über** + acc.) *be furious 11*

enden tr. *finish,* *intr. *stop, die 125*

*entarten intr. *degenerate 9, 39*

entbehren tr. *do without 39*

entdecken tr. *discover, detect 39*

enteignen tr. *dispossess 124, 39*

entern tr. *board (a ship) 60*

entfalten tr. *unfold;* refl. *develop 9, 39*

entfernen tr. *remove, eliminate;* refl. *withdraw* **39**

entführen tr. *abduct, carry off 64, 39*

entgegnen tr. *retort, reply 124, 39*

*entgehen (str. e, i, a) intr. + dat. *escape 68, 39*

entgiften tr. *decontaminate 9*

*entgleisen intr. *be derailed, commit a faux pas 127, 42*

enthalten (str. ä, ie, a) tr. *contain;* refl. + gen. *refrain from 79, 39*

enthüllen tr. *expose, reveal 39*

*entkommen (str. o, a, o) intr. (+ dat.) *escape 94, 42*

entladen (str. ä, u, a) tr. *unload;* refl. *explode 44, 39*

entlarven tr. *unmask 39*

entlassen (str. ä, ie, a) tr. *dismiss, release* **40**

entlasten tr. *unburden, ease 9, 39*

*entlaufen (str. äu, ie, au) tr. *run away 98, 42*

entrüsten tr. *irritate;* refl. *get indignant 9*

entscheiden (str. ei, ie, ie) tr./ intr. *decide;* refl. (**zu** + dat., **für** + acc.) *make up one's mind* **41**

entschließen (str. ie, o, o) refl. (**zu** + dat., **für** + acc.), *decide 146, 39*

entschlüsseln tr. *decode 15, 39*

entschuldigen tr. *excuse;* refl. *apologize 39*

entsetzen tr. *horrify;* refl. *be horrified 152, 39*

entsorgen tr. *dispose of 39*

entspannen tr./refl. *relax 39*

*entstehen (str. e, a, a) intr. (**aus** + dat.) *begin, originate* **42**

enttäuschen tr. *disappoint 39*

entwerfen (str. i, a, o) tr. *design, plan 193, 39*

entwickeln tr./refl. *develop, evolve* **43**

entzücken tr. *charm, delight 39*

erben tr. *inherit* 10

ereignen refl. *occur, happen* 125, 46

erfahren (str. ä, u, a) tr. *learn, hear, experience* 44

erfinden (str. i, a, u) tr. *invent* 56, 49

*****erfolgen** intr. *ensue, result* 39

erfreuen tr. *please;* refl. + gen. *enjoy* 62, 49

erfüllen tr. *fulfil;* refl. *happen* 49

ergänzen tr. *complete, supplement* 152, 49

ergeben (str. i, a, e) tr. *produce;* refl. (**in** + acc., dat.) *give way to* 66, 46

erhalten (str. ä, ie, a) tr. *get, receive;* refl. *survive* 45

erhöhen tr. *raise* 49

erholen refl. *get better, recover* 46

erinnern tr. (**an** + acc.) *remind;* refl. (+ gen., **an** + acc.) *remember* 47

erkennen (mx. e, a, a) tr./intr. *recognize* 48

erklären tr. *explain, declare* 49

*****erkranken** intr. (**an** + dat.) *fall ill* 49

erkundigen refl. (**nach** + dat.) *enquire about* 49

erlangen tr. *reach, obtain* 49

erlassen (str. ä, ie, a) tr. *issue, proclaim* 97, 177

erlauben tr./refl. *allow, permit* **49**

erläutern tr. *explain, annotate* 47

erleben tr. *experience, witness* 50

erlösen tr. (**von** + dat.) *save, rescue from* 157, 49

ernähren tr. *feed;* refl. (**von**) *live on* 49

ernennen (mx. e, a, a) tr. (**zu** + dat.) *appoint* 116, 49

erneuern tr. *renew* 47

ernüchtern tr. *sober up, disillusion* 47

erobern tr. *conquer, win* 47

eröffnen tr. *open, start* 124, 49

erörtern tr. *discuss* 47

erpressen tr. *extort, blackmail* 118, 49

erraten (str. ä, ie, a) tr. *guess* 123, 49

erregen tr. *arouse;* refl. *get excited* 49

erreichen tr. *reach, obtain* 49

errichten tr. *raise, put up, erect* 9, 49

*****erscheinen** (str. ei, ie, ie) intr. *appear* 139, 49

erschießen (str. ie, o, o) tr. *shoot dead* 143, 49

erschöpfen tr. *drain, exhaust* 49

erschrecken (str. i, a, o) tr. *frighten, scare;* *intr. be frightened, scared;* refl. *be startled* 49, 85

erschüttern tr. *shake* 47

ersetzen tr. *replace, compensate* 152, 49

erstatten tr. *refund, make, file (report)* 9, 49

erstaunen *intr. (**über** + acc.) *be astonished;* tr. *surprise* 49

ersticken tr. *stifle, suffocate* 49

erteilen tr. *give, grant* 162, 49

ertragen (str. ä, u, a) tr. *bear* 163, 49

*****ertrinken (str. i, a, u)** intr. *drown, be drowned* 165, 49

*****erwachen** intr. *awake, wake up* 49

erwägen (str. ä, o, o) tr. *consider* 49

erwähnen tr. *mention* 49

erwärmen tr. *heat;* refl. (**für** + acc.) *warm to* 49

erwarten tr. *expect, anticipate* 49, 189

erwecken tr. *arouse, wake* 49

erweisen (str. ei, ie, ie) tr. *prove, show, do;* refl. *turn out* 24, 157, 49

erweitern tr./refl. *widen, expand* 47

erwerben (str. i, a, o) tr. *gain, earn* 191, 49

erwidern tr. *reply, answer* 47

erwischen tr. *catch* 49

erzählen tr. *tell, narrate* 49

erzeugen tr. *breed, produce* 49

erziehen (str. ie, o, o) tr. *bring up, educate* 51

erzielen tr. *obtain, achieve* 49

essen (str. i, a, e) tr./intr. *eat* 52

evakuieren tr. *evacuate* 130

existieren intr. *be, live, exist* 130

experimentieren intr. *experiment* 130

explodieren intr. *explode* 130

fabrizieren tr. *manufacture, make* 130

fächeln tr./intr. *fan* 80

fädeln tr. *thread* 80

fahnden tr. (**nach** + dat.) *search for someone* 125

fahren (str. ä, u, a) *intr./tr. *drive, go* 53

*****fallen (str. ä, ie, a)** intr. *fall, decline* **54**

falten tr. *fold, pleat* 9

fangen (str. ä, i, a) tr. *catch;* refl. *take hold of oneself* 3

färben tr. *colour, dye;* refl. *blush* 10

fassen tr. *grasp, seize;* refl. *compose oneself* 118

fasten intr. *fast* 9

faulenzen intr. *idle, be lazy* 152

faxen tr. *fax* 152

fechten (str. i, o, o) intr. *fight, fence* 159

fegen tr. *sweep;* intr. *rush, sweep* 10

fehlen intr. *be missing, be absent* 55

feiern tr. *celebrate;* intr. *rest* 60

feilschen intr. *bargain, haggle* 10

fern | sehen (str. ie, a, e) intr. *watch television* 150, 1

fertigen tr. *finish, make* 10

fesseln tr. *chain, fasten* 15

festigen tr. *strengthen, secure* 10

fest | legen tr. *fix;* refl. *commit oneself* 100, 2

fest | stehen (str. e, a, a) intr. *be settled, be certain* 161, 2

fest | stellen tr. *establish, ascertain* 10, 200

fetten tr. *grease, oil* 9

feuern tr. *fire;* intr. *burn 60*

filmen intr./tr. *make, shoot a film 10*

filtern tr. *filter, strain 60*

finanzieren tr. *finance, support 130*

finden (str. i, a, u) tr. *find, discover;* refl. *occur* **56**

fingern tr./intr. *fumble, fiddle 60*

fischen tr./intr. *fish 10*

flackern intr. *flare, flicker 120*

flammen intr. *flame, blaze 10*

flattern intr. *flutter, hang loose 120*

flechten (str. i, o, o) tr. *plait, twist 159*

flehen tr./intr. *implore, beseech 10*

flicken tr. *mend, repair 10*

fliegen (str. ie, o, o) *intr./tr. *fly 57*

***fliehen** (str. ie, o, o) intr. *flee, escape 57*

***fließen** (str. ie, o, o) intr. *flow, run* **58**

flimmern intr. *glitter, sparkle 120*

flitzen intr. *dash, scurry 152*

florieren intr. *flourish, prosper 130*

fluchen intr. *curse, swear 10*

flüchten intr./refl. *flee, escape 9, 59*

flüstern tr./intr. *whisper 120*

fluten intr. *flood, flow 9*

folgen intr. + dat. *follow; obey 10*

folgern tr. *deduce, conclude 60*

foltern tr. *torture, torment 60*

fordern tr. *demand, ask 60*

fördern tr. *promote, advance 60*

formen tr. *mould, shape 10*

formieren tr. *form, arrange 130*

forschen tr./intr. *search, investigate; do research 10*

***fort | fahren** (str. ä, u, a) intr. *depart;* intr. (**mit** + dat.) *continue 53, 1*

fort | pflanzen refl. *reproduce, spread 152, 200*

fort | setzen tr. *carry on, continue 152, 2*

fotografieren tr./intr. *photograph 130*

fragen tr./intr. *ask, enquire* **61**

fressen (str. i, a, e) tr./intr. *feed on, consume 52*

freuen refl. (**über** + acc) *be glad;* (**auf** + acc.) *look forward to;* tr. *give pleasure to* **62**

frieren (str. ie, o, o) *intr./tr. *to be cold, freeze* **63**

frottieren tr. *rub down 130*

frühstücken intr. *have breakfast 10*

fugen tr./intr. *join, seal 10*

fügen tr. *unite;* refl. *submit 10*

fühlen refl./tr./intr. *feel 10, 32*

führen tr. *lead, guide;* refl. *behave* **64**

füllen tr. *fill 10*

funkeln intr. *sparkle, twinkle 15*

funken tr./intr. *broadcast, transmit 10*

funktionieren intr. *function, work 130*

fürchten tr./intr. *fear;* refl. (**vor** + dat.) *be afraid of 9,* **65**

füttern tr. *feed 60*

gähnen intr. *yawn, gape 10*

*****gallopieren** intr. *gallop 130*

gammeln intr. *waste time, loiter 80*

garantieren tr. *guarantee, warrant 130*

garnieren tr. *trim, garnish 130*

gebären (str. ie, a, o) tr. *bear, give birth to 12*

geben (str. i, a, e) tr. *give 66*

gebieten (str. ie, o, o) tr. + dat. *order;* intr. *govern 51, 71*

gebrauchen tr. *use, employ 25, 71*

gebühren intr. *be due 49, 71*

*****gedeihen (str. ei, ie, ie)** intr. *flourish, thrive 24, 69*

gedenken (mx. e, a, a) tr. + gen. *recall, commemorate 29, 67*

gedulden refl. *have patience 32, 125, 67*

gefährden tr. *endanger, risk 125, 67*

gefallen (str. ä, ie, a) intr. + dat. *be pleasing 67*

*****gehen (str. e, i, a)** intr. *go, walk 68*

gehorchen intr. + dat. *obey 49*

gehören intr. *belong to;* refl. *be proper 49*

geißeln tr. *castigate, scourge 15*

geizen intr. *be mean, stint 152*

*****gelangen** intr. (**zu, nach** + dat.) *reach, arrive 49*

geleiten tr. *accompany, escort 9, 49*

*****gelingen (str. i, a, u)** intr. + dat. *succeed, manage 69*

gellen intr. *sound, ring out 10*

gelten (str. i, a, o) intr. *mean, matter, be valid 70*

genehmigen tr. *approve of, grant 49*

*****genesen (str. e, a, e)** intr. *get well, recover 104, 69*

genießen (str. ie, o, o) tr. *eat or drink, enjoy 71*

genügen tr. + dat. *suffice, be enough 49*

*****geraten (str. ä, ie, a)** intr. (**in** + acc.) *get into 123, 69*

*****gerinnen (str. i, a, o)** intr. *clot, coagulate 73*

*****geschehen (str. ie, a, e)** intr. *happen 72*

gestalten tr. *form, shape 9, 67*

gestatten tr. *permit, allow 9, 67*

gewähren tr. *grant, give 49, 67*

gewinnen (str. i, a, o) tr./intr. *win, gain 73*

gewöhnen tr./refl. (**an** + acc.) *accustom, get used to 49, 67*

gießen (str. ie, o, o) tr. *pour, spill 74*

glänzen intr. *shine, gleam 152*

glätten tr. *flatten;* refl. *smooth 9*

glauben tr./intr. + dat. *believe 75*

gleichen (str. ei, i, i) intr. + dat. *match, resemble 76*

*****gleiten (str. ei, i, i)** intr. *glide, slide 76*

gliedern tr. *structure, organize;* refl. *be divided 60*

glitzern intr. *glitter, sparkle 120*

†glücken intr. + dat. *succeed 10*

glühen tr. *make red-hot*; intr. *glow* 10

gönnen tr. *allow, grant* 10

graben (str. ä, u, a) tr. *dig* 145

gratulieren (tr. + dat.) *congratulate* 130

grauen intr. + dat. *dread* 10

greifen (str. ei, i, i) intr./tr. *seize, grasp* **76**

grenzen intr. (**an** + acc.) tr. *border on, adjoin* 152

grillen tr. *grill* 10

grinsen intr. *grin, sneer* 157

grübeln intr. *brood, meditate* 80

gründen tr. *establish, set up*; refl. (**auf** + acc.) *be based on* 125

gruppieren tr. *group, classify* 130

grüßen tr./intr. *greet, salute* 77

gucken intr. *look, peep* 10

gurgeln intr. *gurgle, gargle* 80

haben tr. *have* **78**

hacken tr. *chop, mince* 10

haften intr. *stick to*; (**für** + acc.) *be liable for* 9

hageln intr. *hail* 80

haken tr. *hook* 10

halbieren tr. *halve* 130

halten (str. ä, ie, a) tr. *hold, keep*; intr. *stop* **79**

hämmern tr./intr. *hammer, forge* 60

handeln intr. *act, trade*; refl. (**um** + acc.) *deal with* **80**

hängen (str. ä, i, a) intr. *hang* 81; wk. tr. *hang* 10

harmonisieren tr. *harmonize, co-ordinate* 130

harren intr. (+ gen./**auf** + acc.) *wait for* 10

härten tr./intr. *harden, solidify* 9

hassen tr. *hate* 118

***hasten** intr. *hasten, hurry* 9

hauchen tr./intr. *breathe* 10

hauen tr. *hit, hammer* 10

häufen tr. *heap, pile*; refl. *pile up* 10

hausieren intr. *hawk, peddle* 130

heben (str. e, o, o) tr./intr./refl. *lift, raise* **82**

heften tr. *fasten, stick* 9

hegen tr. *look after, protect* 10

heilen tr. *heal, cure*; *intr. get well* **83**

heiraten tr./intr. *get married* 9

heißen (str. ei, ie, ei) tr. *be called, be named*; intr. *mean* **84**

heizen tr./intr. *heat* 152

helfen (str. i, a, o) intr. + dat. *help, assist* **85**

hemmen tr. *arrest, stem* 10

herab | setzen tr. *lower, reduce* 152, 2

heraus | finden (str. i, a, u) tr. *discover, find out* 56, 200

heraus | fordern tr. *challenge, defy* 60, 2

herbei | führen tr. *bring about, cause* 64, 2

***herein | kommen (str. o, a, o)** intr. *enter, come in* 94, 2

herrschen intr. *rule, reign; exist, prevail* 10

her | stellen tr. *establish, produce* 10, 200

hetzen tr. *hunt, pursue;* intr. *rush* 152

heucheln tr. *feign, simulate* 15

heulen intr. *howl, wail* 10

*****hinauf I klettern** intr. *climb* 120, 2

*****hinauf I steigen (str. ei, ie, ie)** intr. *climb* 35

hindern tr. *impede, obstruct* 60

hin I deuten intr. (**auf** + acc.) *point to, hint at* 9, 200

*****hinein I gehen (str. e, i, a)** intr. *enter, go in* 68, 2

hin I legen tr. *lay down;* refl. *lie down* 100, 200, 32

hinzu I fügen tr. *add* 10, 200

hobeln tr. *plane, smooth* 15

hocken intr. *crouch, squat* 10

hoffen tr./intr. *hope* 10

höhnen intr. *sneer, jeer* 10

holen tr. *fetch* **86**

holpern intr. *jolt, stumble* 60

horchen intr. (+ dat./**auf** + acc.) *listen to* 10

hören tr./intr. *hear, obey* **87**

hüllen tr. *wrap, cover* 10

humpeln intr. *limp* 80

*****hüpfen** intr. *jump, skip* 10

husten intr. *cough;* tr. (**auf** + acc.) *turn up one's nose at* 9

hüten tr. *watch;* refl. (**vor** + dat.) *be on one's guard (against)* 9

identifizieren intr. *identify* 130

ignorieren tr. *ignore, cut* 130

immobilisieren tr. *immobilize* 130

impfen tr. *innoculate, vaccinate* 10

improvisieren tr. *improvise* 130

informieren tr. *inform, brief* 130

inhaftieren tr. *arrest* 130

inhalieren tr. *inhale* 130

inne I haben tr. *occupy, possess* 78, 2

inne I halten (str. ä, ie, a) intr. *pause* 79, 2

inserieren intr. *advertise* 130

inspirieren tr. *inspire* 130

installieren tr. *install, fit* 130

inszenieren tr. *stage, produce* 130

integrieren tr. *integrate* 130

intensivieren tr. *intensify* 130

interessieren tr./intr. *interest;* refl. (**für** + acc.) *be interested in* 130

interpretieren tr. *interpret* 130

interviewen tr. *interview* 10

investieren tr. *invest* 130

irre I leiten tr. *lead astray* 9, 200

irre I machen tr. *bewilder, confuse* 107, 2

irren intr. *be mistaken;* refl. *be wrong* 10

isolieren tr. *insulate, isolate* 130

jagen tr. *hunt, chase;* *intr. *rush* 10

jammern intr. *moan, groan;* tr. *grieve* 120

jäten tr. *weed* 9

jauchzen intr. *rejoice, exult* 152

jobben intr. *do a job, do casual work* 10

joggen intr. *jog* 10

jubeln intr. *rejoice* 80

jucken refl. *scratch;* intr. *itch* 10

kacheln tr. *tile* 15

kalkulieren tr./intr. *calculate* 130

kämmen refl./tr. *comb (hair)* 10

kämpfen intr./tr. *fight, struggle* **88**

kanalisieren tr. *drain* 130

kandidieren intr. (**für** + acc.) *stand for* 130

kapieren tr/intr. *understand* 130

kapitulieren intr. *capitulate, surrender* 130

kauen tr. *chew* 10

kaputt I machen tr. *break*; refl. (**mit** + dat.) *wear oneself out* 107, 2

kassieren tr. *receive money, cash* 130

kauern intr./refl. *squat, crouch* 28

kaufen tr./intr. *buy, purchase* 89

kegeln intr. *bowl* 15

kehren tr. *turn; sweep* 10

keifen intr. *scold, nag* 10

keimen intr. *germinate, sprout* 10

kennen (mx. e, a, a) tr. *know* **90**

kentern intr. *capsize, overturn* 120

keuchen intr. *pant, gasp* 10

kippen tr. *tilt*; *intr. topple over* 10

kitzeln tr. *tickle* 80

klagen tr. *mourn*; intr. *lament* **91**

klappen tr. *fold up*; intr. *be all right* 10

klappern intr. *clatter, rattle* 120

klären tr. *clarify, resolve* 10

klatschen tr./intr. *applaud, clap* 10

klauen tr. *pinch* 10

kleben tr. *glue*; intr. *stick* 10

kleckern intr. *trickle, spill* 120

kleiden tr. *dress*; refl. *get dressed* 125

klemmen tr. *pinch*; refl. *get jammed* 10

*klettern intr. *climb* 120

klingeln intr. *ring, tinkle* 120

klingen (str. i, a, u) intr. *ring, sound* **92**

klirren intr. *clash, clatter* 10

klopfen tr./intr. *beat, knock* 10

knabbern tr./intr. *nibble, munch* 120

knacken tr./intr. *break, solve* 10

knallen intr. *burst, explode* 10

knarren tr./intr. *creak, squeak* 10

knautschen tr. *crumple, crease* 10

kneifen (str. ei, i, i) tr. *pinch, squeeze* 76

kneten tr. *knead* 9

knicken tr. *break, snap* 10

knien intr. *kneel* 10

knipsen tr. *punch, take snapshot*; intr. *click* 157

knirschen tr./intr. *crunch, creak* 10

knistern intr. *crackle, rustle* 120

knittern tr./intr. *crumple, crease* 120

knöpfen tr. *button* 10

knoten tr./intr. *knot, tie in a knot* 9

knüpfen tr.; refl. (**an** + acc.) *be connected with* 10

knurren intr. *growl, snarl 10*
knuspern tr. *nibble, crunch 60*
kochen tr./intr. *cook, boil 93*
kombinieren tr. *combine 130*
kommandieren tr./intr.
  command 130
*kommen (str. o, a, o) intr. *come,*
  arrive **94**
kommentieren tr. *comment 130*
kommunizieren intr.
  communicate 130
kompensieren tr. (**mit** + dat.)
  compensate 130
komplizieren tr. *complicate 130*
komponieren tr./intr. *compose*
  130
konjugieren tr. *conjugate 130*
konkurrieren intr. *compete 130*
können (str. a, o, o) intr. *be able*
  to; tr. *know* **95**
konservieren tr. *preserve 130*
kontrollieren tr. *control, check 130*
konzentrieren tr./refl. (**auf** +
  acc.) *concentrate 130*
köpfen tr. *behead, top 10*
kopieren tr. *copy 130*
koppeln tr. *join, couple 15*
korrigieren tr. *correct 130*
kosten tr. *taste, try; cost 9*
krabbeln intr. *crawl, creep 80*
†krachen intr. *crack, burst 10*
kräftigen tr. *strengthen 10*
krallen intr. *claw, clutch 10*
kramen intr. *rummage 10*
krampfen tr./refl. *clench, be*
  convulsed 10
kränken tr. *insult;* refl. *be hurt,*
  feel hurt 10

kratzen tr./intr. *scratch, scrape*
  152
kreischen intr. *shriek, scream 10*
kreisen intr. *move in circles 157*
kreuzen tr. *cross 152*
kreuzigen tr. *crucify 10*
*kriechen (str. ie, o, o) intr.
  creep, crawl 57
kriegen intr. *receive, get 10*
kristallisieren tr. *crystallize 130*
kritisieren tr. *criticize 130*
kritzeln tr. *scribble, scrawl 15*
krönen tr. *crown 10*
kühlen tr. *chill;* refl./intr. *grow*
  cool 10
kultivieren tr. *cultivate, till 130*
kümmern tr. *trouble;* refl. (**um** +
  acc.) *take care of, look after 60*
kündigen intr. *give notice;* tr.
  terminate 10
kurbeln intr. *crank, turn 80*
kürzen tr. *shorten, cut 10*
küssen tr./intr./refl. *kiss 118*

laben tr. *refresh;* refl. (**an** + dat.)
  refresh oneself 10
lachen intr. (**über** + acc.) *laugh*
  96
lächeln intr. *smile 80*
lackieren tr. *lacquer, varnish 130*
laden (str. ä, u, a) tr. *load,*
  charge 34
lagern intr./refl. *settle;* tr. *lay*
  down, store 120
lahmen intr. *limp 10*
lähmen tr. *cripple, paralyse 10*
lahm | legen tr. *bring to a*
  standstill 100, 200

lallen tr./intr. *stammer, babble* 10

†landen tr./intr. *land* 125

lärmen intr. *make a noise* 10

lassen (str. ä, ie, a) tr./intr./refl. *stop; leave* **97**

lasten intr. *be a burden* 9

lästern tr./intr. **(über** + acc.) *slander, defame* 60

lauern intr. **(auf** + acc.) *lie in wait for* 120

*laufen (str. äu, ie, au) intr. *run, go* **98**

lauschen intr. *listen, eavesdrop* 10

lauten intr. *sound; read* 9

läuten tr./intr. *ring, peel* 9

leben intr. *live, exist* **99**

lecken tr. *lick* 10

leeren tr./refl. *empty, clear out* 10

legen tr. *lay, put;* refl. *lie down* 100

legieren tr. *thicken* 130

lehnen tr./intr. **(an** + acc.) *lean (against), recline* 10

lehren tr. *teach, instruct* 10

leiden (str. ei, i, i) intr. **(an** + dat.) *suffer (from);* tr. *bear, tolerate* **101**

leiern intr./tr. *wind, drone (on)* 120

leihen (str. ei, ie, ie) tr./refl. *lend, borrow* **102**

leimen tr. *glue; deceive* 10

leisten tr. *do, fulfil* 9

leiten tr. *lead, guide* 9

lenken tr. *steer, guide* 10

lernen tr./intr. *learn, study* **103**

lesen (str. ie, a, e) tr./intr. *read* **104**

leuchten intr. *shine, light* 9

leugnen tr. *deny* 124

lichten tr. *clear;* refl. *get brighter* 9

lieben tr. *love;* intr. *be in love* 10

liefern tr. *deliver, supply* 60

liegen (str. ie, a, e) intr. *lie, be situated* **105**

lindern tr. *ease, relieve* 60

loben tr. *praise, commend* 10

lochen tr. *pierce, punch* 10

locken tr./intr. *lure, tempt* 10

lockern tr. *loosen;* refl. *relax* 60

lodern intr. *blaze, flare up* 60

löffeln tr./intr. *spoon up, ladle* 80

logieren intr. *lodge, dwell* 130

lohnen tr./refl. *pay, be worth* 10

löhnen tr. *pay* 10

lokalisieren tr. *locate; contain* 130

los | binden (str. i, a, u) tr. *loosen, untie* 171, 2

los | brechen (str. i, a, o) tr. *break off* 85, 2

löschen tr. *extinguish, cancel* 10

losen intr. *draw lots* 157

lösen tr. *loosen, solve;* refl. **(von** + dat.) *free oneself* 157

los | kaufen tr. *redeem, ransom* 89, 2

los | lassen (str. ä, ie, a) tr. *let go, release* 97, 2

los | legen intr./tr. *begin; set about* 100, 2

los | machen tr. *undo;* refl. *get away* 107, 2

los | schicken tr. *send off* 141, 1

los | sprechen (str. i, a, o) tr. *acquit, absolve 159, 2*

los | werden (str. i, u, o) intr. *get rid of 192, 2*

loten tr./intr. *take soundings of, plumb 9*

löten tr. *solder 9*

lüften tr. *air, ventilate 9*

lügen (str. ü, o, o) intr. *lie* **106**

lutschen intr. *suck 10*

machen tr./intr. *do, make* **107**

mähen tr. *mow, cut 10*

mahlen tr. *grind, mill 10*

mahnen tr. *remind, warn 10*

malen tr. *paint, portray 10*

mal | nehmen tr. (**mit** + dat.) *multiply (by) 115, 2*

mangeln intr. (**an** + dat.) *be lacking (in) 80*

marinieren tr. *marinade 130*

markieren tr. *mark, act 130*

*marschieren intr. *march 130*

martern tr. *torture, torment 60*

maskieren tr. *mask, disguise 130*

massieren tr. *massage 130*

mäßigen tr. *moderate 10*

maßregeln tr. (**wegen** + gen.) *reprimand 15*

mauern tr. *build 120*

meckern intr. *bleat, grumble 120*

meditieren intr. *meditate 130*

mehren tr./refl. *increase, multiply 10*

meiden (str. ei, ie, ie) tr. *avoid 138*

meinen tr./intr. *believe, think* **108**

meißeln tr. *chisel, carve 15*

meistern tr. *master, control 60*

melden tr./refl. *report* **109**

mengen tr./refl. *mix, blend 10*

merken intr. *notice, remember 110*

messen (str. i, a, e) tr./intr. *measure;* refl. (**mit** + dat.) *compete with* **111**

metallisieren tr. *metallize 130*

mieten tr. *hire, rent* **112**

mildern tr. *soften, moderate 60*

militarisieren tr. *militarize 130*

mindern tr. *diminish;* refl. *grow less 60*

mischen tr. *mix;* refl. (**in** + acc.) *interfere 10*

missbehagen intr. *displease 49*

missbilligen tr. *disapprove of 49*

missbrauchen tr. *misuse, abuse 49*

missdeuten tr. *misinterpret 55, 9, 49*

missen tr. *do without, miss 118*

missfallen (str. ä, ie, a) intr. + dat. *displease 54, 49*

missgönnen intr. *begrudge 49*

misshandeln tr. *mistreat, abuse 47*

*misslingen (str. i, a, u) intr. *fail 153, 42*

*missraten (str. ä, ie, a) intr + dat. *go wrong 123, 42*

misstrauen intr. + acc. *mistrust, suspect 49*

missverstehen (str. e, a, a) tr. *misunderstand 181, 49*

mit | arbeiten intr. *assist, cooperate 9, 2*

mit | bekommen (str. o, a, o) tr. *be given (something), (over) hear* 16, 2

mit | bestimmen intr. (**bei** + dat.) *have a say in* 10, 200

mit | bringen (mx. i, a, a) tr. *bring along* 26, 2

mit | denken (mx. e, a, a) intr. *follow a thought* 29, 2

mit | empfinden (str. i, a, u) intr. *feel for* 56, 37, 2

mit | erleben tr. *witness, experience* 50, 2

mit | essen (str. i, a, e) intr. *share a meal* 52, 2

***mit | fahren (str. ä, u, a)** intr. *take a lift* 53, 1

mit | fühlen intr. (**mit** + dat.) *sympathize, feel for* 10, 200

mit | geben (str. i, a, e) tr. *give (take along)* 66, 2

***mit | gehen (str. e, i, a)** intr. *accompany, agree* 68, 1

mit | halten (str. ä, ie, a) tr./intr. *keep up with* 79, 2

mit | helfen (str. i, a, o) *assist, help* 85, 2

mit | hören intr. *overhear, listen in* 87, 2

***mit | laufen (str. äu, ie, au)** intr. *run (with others)* 98, 1

mit | machen tr./intr. *join in, participate* 107, 2

mit | mischen intr. *take part, have one's fingers in the pie* 10, 200

mit | nehmen (str. i, a, o) tr. *take along;* intr. *exhaust* 115, 2

mit | reden intr. *have one's say* 125, 2

mit | reißen (str. ei, i, i) tr. *sweep away* 128, 2

mit | schreiben (str. ei, ie, ie) tr. *take notes* 148, 2

mit | spielen intr. *join in a game* 158, 2

mit | sprechen (str. i, a, o) intr. *contribute (to a discussion)* 159, 2

mit | teilen tr. *inform, notify* 162, 2

mit | verdienen tr. *earn as well* 173, 2

mit | wirken intr. (**bei** + dat.) *assist, take part* 10, 200

mit | zählen intr. *to be counted* 10, 200

mixen tr. *mix* 152

mobilisieren tr. *mobilize* 130

möblieren tr. *furnish* 130

modellieren tr. *model* 130

modernisieren tr. *modernize* 130

mogeln intr. *cheat* 80

mögen (str. a, o, o) tr./intr. *want, like* **113**

montieren tr. *assemble, install* 130

moralisieren intr. *moralize* 130

morden tr. *murder, kill* 125

motorisieren tr. *motorize* 130

mühen refl. *take trouble* 62

multiplizieren tr. *multiply* 130

munden intr. *taste good* 125

münden intr. (**in** + acc.) *flow, discharge* 125

murmeln tr. *murmur, mutter* 15

murren intr. *grumble, complain* 10

musizieren intr. *play music* 130

müssen intr. *have to* **114**

mustern tr. *examine, scrutinize* 60

mutmaßen tr. *presume, surmise* 118

nach | ahmen tr. *imitate, copy* 10, 200

nach | behandeln tr. *give follow-up treatment to* 15, 2

nach | bestellen tr. *reorder* 18, 2

nach | beten tr. *repeat by rote* 9, 200

nach | bezahlen tr. *pay additional fee* 22, 2

nach | bilden tr. *copy, reproduce* 125, 200

nach | blicken intr. *follow with one's eyes* 10, 200

nach | bringen (mx. i, a, a) tr. *bring later* 26, 2

nach | denken (mx. e, a, a) intr. (**über** + acc.) *ponder, reflect* 29, 2

nach | drängen tr./refl. *press, push forwards* 10, 200

nach | eifern intr. + dat. *emulate* 120, 200

nach | eilen intr. *hasten after, pursue* 10, 200

nach | empfinden (str. i, a, u) tr. *feel for, sympathize* 56, 37, 2

nach | erzählen tr. *retell* 10, 200

*****nach | fahren** (str. ä, u, a) intr. *follow* 53, 1

nach | feiern intr. *celebrate later* 28, 200

nach | folgen intr + dat. *follow, succeed* 10, 200

nach | fordern tr. *demand more* 60, 2

nach | forschen intr. *investigate* 10, 200

nach | fragen intr. *enquire* 61, 2

nach | fühlen intr. *feel for, sympathize* 10, 200

nach | füllen tr. *refill* 10, 200

nach | geben (str. i, a, e) intr. *give away, submit* 66, 2

*****nach | gehen** (str. e, i, a) intr. + dat. *follow* 68, 1

nach | gießen (str. ie, o, o) tr. *refill* 74, 2

nach | helfen (str. i, a, o) intr. + dat. *help, assist* 85, 2

nach | holen tr. *make up for* 86, 2

*****nach | jagen** intr. + dat. *pursue, hunt* 10, 200

*****nach | klingen** (str. i, a, u) intr. *resound* 92, 2

*****nach | kommen** (str. o, a, u) intr. *come later* 94, 1

nach | lassen (str. ä, ie, a) intr. *ease, decrease* 97, 2

nach | lesen (str. ie, a, e) tr. *look up* 104, 2

nach | liefern tr. *resupply* 120, 200

nach | lösen tr. *pay on the train, tram etc.* 157, 200

nach | machen tr. *copy, imitate* 107, 2

nach | messen (str. i, a, e) tr. *measure again* 111, 2

nach | prüfen tr. *check again, test* 121, 200

nach | rechnen tr. *check, audit* 124, 2

nach | reden tr. *repeat* 125, 2

nach | reifen intr. *ripen (after picking)* 10, 200

*__nach | reisen__ intr. *follow someone* 127, 1

*__nach | rennen__ (mx. e, a, a) intr. + dat. *pursue* 129, 1

*__nach | rücken__ intr. *move up* 10, 200

nach | rufen (str. u, ie, u) tr. *call after someone* 133, 2

nach | sagen tr. *repeat, speak of* 135, 2

nach | schicken tr. *forward* 141, 2

nach | schlagen (str. ä, u, a) tr. *look up* 145, 2

nach | schmeißen (str. ei, i, i) tr. *sell off cheaply* 128, 2

nach | schütten tr. *fill up again* 9, 200

nach | sinnen (str. i, a, o) intr. (**über** + acc.) *meditate, consider* 115, 2

nach | sitzen (str. i, a, e) intr. *be kept in* 154, 2

nach | spionieren intr. + dat. *spy on, investigate* 130, 200

nach | sprechen (str. i, a, o) tr. *repeat* 159, 2

nach | spüren intr. *track down, trace* 10, 200

*__nach | steigen__ (str. ei, ie, ie) intr. + dat. *pursue, try to get off with* 35

nach | stellen intr. *put back (clock)* 10, 200

nach | stoßen (str. ö, ie, o) intr. *thrust again* 84, 2

nach | tanken tr. *refill with petrol* 10, 200

nächtigen intr. *spend the night* 10

nach | tragen (str. ä, u, a) tr. *carry after* 163, 2

nach | trauern intr. + dat. *grieve after* 120, 200

nach | untersuchen tr. *do a follow-up examination* 49, 200

nach | vollziehen (str. ie, o, o) tr. *imagine, comprehend* 199, 38, 2

*__nach | wachsen__ (str. ä, u, a) intr. *grow again* 186, 2

nach | weisen (str. ei, ie, ie) tr. *prove* 24, 2

nach | werfen (str. i, a, o) tr. *insert (an additional coin)* 193, 2

nach | wirken intr. *continue to have an effect* 10, 200

nach | zahlen tr. *pay later* 10, 200

nach | zählen tr. *check, recount* 10, 200

nageln tr. *nail* 15

nagen tr. *gnaw* 10

nahen intr./refl. *come closer, approach* 10

nähen tr./intr. *sew, stitch* 10

nähern tr./refl. *approach* 60

nähren tr. *feed, nurture 156*

narren tr. *fool 10*

naschen tr./intr. *nibble 10*

nässen tr. *wet;* intr. *suppurate 118*

nationalisieren tr. *nationalize 130*

naturalisieren tr. *naturalize 130*

necken tr. *tease 10*

nehmen (str. i, a, o) tr. *take* **115**

neiden tr. + dat. *envy 125*

neigen tr./intr./refl. *tilt, bend 10*

nennen (mx. e, a, a) tr. *call, name;* refl. *call oneself* **116**

netzen tr. *wet, moisten 152*

neutralisieren tr. *neutralize 130*

nieder | beugen tr. *bend down, bow 10, 200*

nieder | brennen (mx. e, a, a) tr. *burn to the ground 129, 2*

nieder | drücken tr. *press down 30, 2*

nieder | knien intr. *kneel down 10, 200*

nieder | schreiben (str. ei, ie, ie) *write down 148, 2*

*nieder | sinken (str. i, a, u) intr. *sink, drop 153, 1*

nieder | treten (str. i, a, e) tr. *tread down 184, 2*

niesen intr. *sneeze 10*

nieten tr. *rivet 9*

nisten intr. *nest 9*

nörgeln intr. *carp, grumble 80*

normalisieren tr. *normalize 130*

nötigen tr. (**zu** + dat.) *compel, force 10*

nummerieren tr. *number 130*

nutzen tr. *use;* intr. *be of use 152*

nützen tr./intr. *use, exploit 152*

offenbaren tr. *reveal, disclose 49*

offerieren tr. *tender, bid 130*

öffnen tr. *open, unlock* **117**

oktroyieren tr. *dictate, impose 130*

ölen tr. *oil, lubricate 10*

operieren tr. *operate 130*

opfern tr./refl. *sacrifice, give up 60*

opponieren tr. *oppose 130*

optimieren tr. *optimize 130*

orakeln tr. *speak in riddles 80*

ordern tr. *order 28*

ordnen tr. *put in order, arrange 120*

organisieren tr. *organize 130*

orientieren refl. *to get one's bearings 130*

oxydieren intr. *oxidize 130*

paaren tr./refl. *pair, mate 10*

pachten tr. *lease 9*

packen tr. *pack 10*

paddeln intr. *paddle 80*

paktieren intr. *make/do a deal 130*

panieren *coat with breadcrumbs 130*

panschen tr. *adulterate;* intr. *splash 10*

panzern tr./refl. *armour, arm (oneself) 60*

paralysieren tr. *paralyse 130*

parieren intr. *obey, follow 130*

parken intr./tr. *park 10*

parodieren tr. *parody 130*
partizipieren intr. (**an** + dat.) *participate 130*
passen intr. *fit, suit* **118**
passieren tr. *pass, travel;* *intr. *happen 130*
pasteurisieren tr. *pasteurize 130*
patentieren tr. *patent 130*
peilen *take bearings, take soundings 10*
peinigen tr. *torture, torment 10*
peitschen tr. *whip, flog 10*
pellen tr. *peel 10*
***pendeln** intr. *swing, commute 80*
pennen intr. *sleep, doss down 10*
pensionieren tr. *pension off 130*
perforieren tr. *perforate 130*
†**perlen** intr. *sparkle; bubble 10*
personalisieren *personalize 130*
petzen intr. *tell tales 152*
pfählen tr. *stake, impale 10*
pfänden tr. *repossess, seize 125*
pfeffern tr. *fling; season with pepper 60*
pfeifen (str. ei, i, i) tr. *whistle, hiss 76*
pflanzen tr. *plant 152*
pflastern tr. *pave 60*
pflegen tr./refl. *tend, care for* **119**
pflücken tr. *pick, gather 10*
pflügen tr. *plough 10*
pfuschen tr. *bungle, botch 10*
phantasieren intr. *fantasize, be delirious 130*
picken tr./intr. *pick, peck 10*
piepsen intr. *chirp, squeak 118*
***pilgern** intr. *go on a pilgrimage 120*

pinseln tr./intr. *paint, brush 80*
pirschen tr. *hunt, stalk 10*
plädieren intr. (**für** + dat.) *plead 130*
plagen tr. *plague, torment 10*
planen tr. *plan, design 10*
planieren tr. *level, smooth 130*
planschen intr. *splash 10*
plappern intr. *chatter, blab 120*
plärren intr. *bawl, cry 10*
plätschern intr. *splash, patter 120*
plätten tr. *iron 9*
***platzen** intr. *burst, explode 152*
plaudern intr. *chat, gossip* **120**
plazieren tr./refl. *place 130*
plombieren tr. *fill (a tooth) 130*
plündern tr. *plunder, rob 60*
pochen tr./intr. *knock, rap 10*
pokern tr. *play poker, take a risk 60*
polarisieren tr. *polarize 130*
polieren tr. *polish 130*
politisieren intr. *talk politics;* tr. *politicize 130*
polstern tr. *stuff, upholster 60*
poltern intr. *crash, thump about 120*
porträtieren tr. *paint a portrait of 130*
postieren tr. *place; post, station 130*
potenzieren tr. *multiply, increase 130*
prägen tr. *coin, stamp; mould 10*
prahlen intr. (**mit** + dat.) *boast, show off 10*
praktizieren tr./intr. *practise 130*

*prallen intr. (**gegen, auf** + acc.) *hit, collide with* 10

prämieren tr. *award (prize) to* 130

prangen intr. *make a show, be resplendent* 10

präparieren tr. *prepare* 130

präsentieren tr. *present* 130

präsidieren intr. *preside* 130

prasseln intr. *crackle, rattle* 80

prassen intr. *revel, live extravagantly* 118

präzisieren tr./intr. *define, limit* 130

predigen tr./intr. *preach* 10

preisen (str. ei, ie, ie) tr. *praise, laud* 157

prellen tr. *bang, bruise* 10

pressen tr. *press, squeeze* 118

prickeln intr. *prickle, tingle* 80

privatisieren tr. *privatize* 130

privilegieren tr. *privilege* 130

proben tr./intr. *rehearse* 10

probieren tr./intr. *attempt, try* 130

produzieren tr. *produce;* refl. *show off* 130

profilieren tr. *define;* refl. *distinguish oneself* 130

profitieren intr. *profit, gain* 130

programmieren tr. *program, schedule* 130

proklamieren tr. *proclaim* 130

prolongieren tr. *prolong* 130

promovieren intr. *acquire a PhD* 130

propagieren tr. *propagate* 130

protestieren intr. *protest* 130

protokollieren tr. *take minutes* 130

provozieren tr. *provoke, challenge* 130

prozessieren intr. (**gegen** + acc.) *go to court* 130

prüfen tr. *examine* **121**

prügeln tr./refl. *thrash, fight* 15

prunken intr. *show off, sparkle* 10

publizieren tr. *publish* 130

pulsieren intr. *pulsate* 130

pulverisieren tr. *pulverize* 130

pumpen tr. *pump* 10

punktieren tr. *puncture, dot* 130

pürieren tr. *mash* 130

putschen intr. *attempt a coup* 10

pusten intr. *puff, blow* 9

putzen intr. *clean;* refl. *dress up* 152

quadrieren tr. *square* 130

quaken intr. *quack, croak* 10

quälen tr. *torture, maltreat* 10

qualifizieren tr. *qualify* 130

qualmen tr./intr. *steam, smoke* 10

quasseln intr. *prattle, chatter* 80

quatschen intr. *natter* 10

*quellen (str. i, o, o) intr. *gush;* tr. *soak* 115

quengeln intr. *nag, whine* 80

quetschen tr. *crush, bruise* 10

quietschen intr. *screech, squeak* 10

quittieren tr. *resign, give a receipt for* 130

rächen tr. *avenge;* refl. *take revenge 10*

***radeln** intr. *cycle 80*

radieren tr. *erase 130*

raffen tr. *snatch, grab 10*

ragen intr. *tower, project 10*

rahmen tr. *skim; frame 10*

rammen tr. *ram, drive into 10*

randalieren intr. *riot, kick up a row 130*

rangieren tr. *shunt, rank 130*

***ranken** intr. *creep, climb 10*

rappeln intr. *rattle 80*

rascheln intr. *rustle 80*

rasen *intr. *speed, race;* (with **haben**) *rage, rave 122*

rasieren tr./refl. *shave 130*

raspeln tr. *rasp, grate 15*

rasseln intr. *rattle, clatter 80*

rasten intr. *rest, halt 9*

raten (str. ä, ie, a) intr. (+ dat.) *advise;* tr. *guess 123*

ratifizieren tr. *ratify 130*

rationalisieren tr. *rationalize 130*

rationieren tr. *ration 130*

rätseln intr. *be puzzled 80*

***rattern** intr. *rattle, clatter 60*

rauben tr. *steal, rob 10*

räubern intr. *thieve 60*

rauchen tr./intr. *smoke 10*

räuchern tr. *fumigate, cure 60*

räumen tr. *clear away, vacate 10*

rauschen intr. *rush, rustle 10*

räuspern refl. *clear one's throat 60*

reagieren intr. (**auf** + acc.) *react (to) 130*

realisieren tr. *realize 130*

rebellieren intr. (**gegen** + acc.) *rebel, revolt (against) 130*

rechnen tr. *calculate;* intr. (**auf** + acc., **mit** + dat.) *count on* **124**

rechtfertigen tr./refl. *justify, vindicate 10*

reden tr./intr. *talk, speak* **125**

reduzieren tr. (**auf** + acc.) *reduce (to) 130*

referieren tr. *lecture 130*

reflektieren tr. *reflect;* intr. (**über** + acc.) *ponder (on) 130*

reformieren tr. *reform 130*

regeln tr./refl. *regulate, arrange 80*

regen tr./refl. *move, stir 10*

regieren tr./intr. *govern, rule 130*

registrieren tr. *register 130*

regnen intr. *rain 124*

regulieren tr. *regulate 130*

reiben (str. ei, ie, ie) tr./refl. *rub, grate* **126**

reichen tr./intr. *hand, reach 10*

reifen intr. *ripen 10*

reihen tr./intr./refl. *rank, arrange in a row 10*

reimen tr./intr *rhyme 10*

reinigen tr. *clean 10*

***reisen** intr. *travel 127*

reißen (str. ei, i, i) tr./intr. *tear, rip, snatch 128*

reiten (str. ei, i, i) *intr./tr. *ride 76*

reizen tr. *excite, charm, irritate 10*

reklamieren tr./intr. *complain 130*

rekrutieren tr. *recruit 130*
relativieren tr. *relativize 130*
*rennen (mx. e, a, a) intr. *run, race* **129**
renovieren tr. *renovate 130*
rentieren intr./refl. *be profitable 130*
reparieren tr. *repair, mend 130*
repatriieren tr. *repatriate 130*
repetieren tr. *repeat 130*
repräsentieren tr./intr. *represent 130*
reservieren tr. *reserve, book* **130**
residieren intr. *reside 130*
resignieren intr. *resign 130*
respektieren tr. *respect 130*
restaurieren tr. *restore 130*
resultieren intr. *result 130*
resümieren tr. *summarize 130*
retten tr./refl. *rescue, save* **131**
retuschieren tr. *retouch 130*
reuen tr. *give cause for regret 10*
revanchieren refl. *take revenge 130*
revidieren tr. *revise 130*
revoltieren intr. (**gegen** + acc.) *revolt, rebel (against) 130*
revolutionieren tr. *revolutionize 130*
rezitieren tr. *recite 130*
richten tr. *direct;* refl. (**nach** + dat.) *be guided by 9*
riechen (str. ie, o, o) tr./intr. *smell* **132**
rieseln intr. *trickle, drizzle 80*
ringen (str. i, a, u) intr. (**mit** + dat.) *struggle;* (**um** + acc.) *strive for 153*

*rinnen (str. i, a, o) intr. *flow, drip 115*
riskieren tr. *risk 130*
ritzen tr. *scratch, carve 152*
rivalisieren intr. (**mit** + dat.) *compete (with) 130*
röcheln intr. *breathe with a chest rattle 80*
rodeln *intr./tr. *toboggan 80*
roden tr./intr. *clear (land), make arable 9*
rollen tr. *roll;* *intr. *roll;* refl. *roll up 10*
romantisieren tr. *romanticize 130*
röntgen tr. *X-ray 10*
†rosten intr. *rust 9*
rösten tr. *roast, grill 10*
röten tr. *colour red 9*
rotieren intr. *rotate 130*
rucken tr./intr. *jerk 10*
rücken tr. *move along;* *intr. *proceed 10*
rückerstatten tr. *refund 49*
†rudern intr. *row 120*
rufen (str. u, ie, u) tr./intr. *call, shout* **133**
rügen tr. *reprimand 10*
ruhen intr. *rest, pause* **133**
rühmen tr. *praise;* refl. + gen. *boast of 10*
rühren tr. *stir, move;* intr. (**an** + acc.) *touch 10*
ruinieren tr. *ruin 130*
rümpfen tr. (**die Nase**) *turn up one's nose 10*
runzeln tr. *wrinkle 15*
rupfen tr. *pluck, pull up 10*

rüsten tr. *equip, prepare;* refl. *get ready* 9

*rutschen intr. *slide, skid* 10

rütteln tr./intr. *shake* 15

sabotieren tr. *sabotage* 130

säen tr./intr. *sow* 10

sagen tr./intr. *say, tell, speak* **135**

sägen tr./intr *saw* 10

säkularisieren tr. *secularize* 130

salutieren tr./intr. *salute* 130

salzen tr. *salt* 152

sammeln tr. *collect, gather;* refl. *assemble* 15

sanieren tr. *restore, renovate* 130

sanktionieren tr. *sanction* 130

satteln tr. *saddle* 80

sättigen tr. *fill;* refl. *satisfy one's hunger* 10

säubern tr. *cleanse, purge* 60

†säuern tr./intr. *turn sour, curdle* 120

saufen (str. äu, o, o) tr./intr. *drink, booze* 20

saugen (str. au, o, o) tr. *suck, absorb* 82

säumen intr. *delay, linger* 10

sausen intr. *bluster;* *intr. *dash* 10

schaben tr. *scrape, grate* 10

schaden intr. + dat. *harm, hurt* 10

schädigen tr. *harm, damage* 10

schaffen (str. a, u, a) tr. *create* 190; wk. tr. *do, manage* **136**

schälen tr./refl. *peel* 10

schallen intr. *resound, peal* 10

schalten tr./intr. *switch, connect* 9

schämen refl. (gen.) *be ashamed (of)* 10, 32

schänden tr. *violate, defile* 125

schärfen tr. *sharpen, intensify* 10

schauen tr./intr. *see, look* **137**

schaufeln tr. *shovel, dig* 15

schaukeln intr. *swing, rock* 80

schäumen intr. *foam, froth* 10

schauspielern intr. *act, pretend* 120

scheiden (str. ei, ie, ie) *intr. *depart;* tr. *separate* **138**

scheinen (str. ei, ie, ie) intr. *shine, appear* **139**

*scheitern intr. *fail, founder* 120

schellen intr. *ring, tinkle* 10

schelten (str. i, a, o) tr. *scold* 85

schenken tr. *give (as a present)* **140**

scheren (str. e, o, o) tr. *shear* 82

scherzen intr. *jest, joke* 152

scheuchen tr. *scare, frighten away* 10

scheuen tr./refl. (**vor** + dat.) *fear, dread* 10

scheuern tr. *scour, scrub* 28

schichten tr. *stack, pile up* 9

schicken tr. *send;* refl. *be fitting* **141**

schieben (str. ie, o, o) tr./refl. *push* **142**

schielen intr. *squint* 10

schießen (str. ie, o, o) intr./tr. *shoot* **143**

schikanieren tr. *vex, annoy, bully, harass* 130

schildern tr. *describe, depict* 60

schillern intr. *scintillate, shimmer* 120

†**schimmeln** intr. *grow mouldy* 80

schimmern intr. *shine, gleam* 120

schimpfen tr./intr. *scold, grumble* 10

schinden (str. i, u, u) tr. *mistreat, exploit* 125

schlachten tr./intr. *slaughter, massacre* 9

schlafen (str. ä, ie, a) intr. *sleep* **144**

schlagen (str. ä, u, a) tr./intr. *hit, strike* **145**

schlängeln tr./intr./refl. *twist, wind* 15

schlecken intr. *lick* 10

***schleichen (str. ei, i, i)** intr. *creep, sneak* 76

schleifen (str. ei, i, i) tr. *sharpen* 76; wk. tr./intr. *drag, scrape* 108

schlemmen intr. *feast* 10

schlenkern intr./tr. *dangle* 120

schleppen tr. *haul, drag, drag oneself along* 10

schleudern tr. *fling;* *intr. *skid* 60

schleusen tr. *pass through locks* 10

schlichten tr./intr. *smooth, arbitrate* 9

schließen (str. ie, o, o) tr. *shut, lock;* intr. *stop* **146**

schlingen (str. i, a, u) tr./refl. *wind, twine* 153

schlingern intr. *sway, rock* 120

***schlittern** intr. *slide, skid* 120

schlottern intr. *tremble, wobble* 120

schluchzen intr. *sob* 152

schlucken tr. *swallow, gulp down* 10

schlummern intr. *slumber* 120

***schlüpfen** intr. *slip, slide* 10

schlürfen tr./intr. *slurp* 10

schmachten intr. *pine, languish* 9

schmähen tr. *revile* 10

schmälern tr. *lessen, diminish* 28

schmarotzen intr. *sponge* 152

schmausen tr./intr. *feast* 118

schmecken tr. *taste, try;* intr. *taste good* 10

schmeicheln intr. + dat. *flatter* 120

schmeißen (str. ei, i, i) tr. *fling, hurl* 128

***schmelzen (str. i, o, o)** *intr. *melt;* tr. *smelt* 115, 152

schmerzen tr./intr. *hurt, be painful* 152

schmettern tr. *smash;* intr. *crash* 60

schmieden tr. *forge* 125

schmiegen refl. (**an** + acc.) *nestle against, snuggle up to* 10, 32

schmieren tr. *grease;* intr. *scribble* 10

schmirgeln tr. *rub, polish* 15

schmollen intr. *sulk* 10

schmoren tr. *braise, stew* 10

schmücken tr. *adorn, decorate* 10

schmuggeln tr./intr. *smuggle* 15

schmunzeln intr. *grin, look pleased* 80

schmutzen intr. *get dirty* 152

schnallen tr. *buckle, strap* 10

schnappen intr. *snap;* tr. *catch* 10

schnarchen intr. *snore* 10

schnarren intr. *rattle, rasp* 10

schnattern intr. *chatter, cackle* 120

schnauben intr. (vor + dat.) *pant, snort* 10

schnaufen intr. *breathe heavily, puff* 10

schneiden (str. ei, i, i) tr./intr. *cut, trim* **147**

schneidern intr. *make clothes, dresses* 120

schneien intr. *snow* 10

schnitzen tr./intr. *carve* 152

schnüffeln intr. *snoop, sniff* 80

schnupfen tr./intr. *sniff, take snuff* 10

schnuppern intr. *sniff, smell out* 120

schnüren tr. *tie up, constrict* 10

schnurren intr. *hum, buzz, purr* 10

schonen tr. *treat gently;* refl. *take care of oneself* 10

schöpfen tr. *scoop out, obtain* 10

schrammen tr. *scratch* 10

schrauben tr. *screw* 10

schrecken tr. *frighten, startle* 10

schreiben (str. ei, ie, ie) intr./tr. *write* **148**

schreien (str. ei, ie, ie) intr. *cry, shout* 24

schreinern intr. *do woodwork* 120

*schreiten (str. ei, i, i) intr. *stride, stalk* 76

schrubben tr. *scrub* 10

*schrumpfen intr. *shrivel, shrink* 10

schubsen tr. *push* 118

schuften intr. *toil, slave* 9

schulden tr. *owe, be indebted to someone for* 125

schulen tr. *train* 10

schultern tr. *shoulder* 60

schummeln intr. *cheat* 80

schunkeln intr. *sway to music* 80

schuppen tr./refl. *flake, scale* 10

schüren tr. *stir, rake* 10

schürfen tr. *burrow, dig* 10

schustern intr. *cobble, make a botch of* 120

schütteln tr./refl. *shake* 15

schütten tr. *pour* 9

schützen tr. *protect, shelter* 152

schwächen tr. *weaken* 10

schwafeln intr. *talk drivel* 80

†schwanken intr. *sway, waver* 10

schwänzen intr. *play truant* 152

schwappen tr./intr. *splash, slosh* 10

*schwärmen intr. *swarm;* (für + acc.) *be enthusiastic (about)* 10

schwärzen tr. *blacken, defame* 152

schwatzen intr. *gossip, chatter* 152

schweben intr. *hover* 10

*schweifen intr. *wander, roam, stray* 10

schweigen (str. ei, ie, ie) intr. *keep silent* 24

schwelgen intr. *feast, indulge 10*

*schwellen (str. i, o, o) intr. *swell, increase* 115

schwenken tr. *swing;* *intr. *swing, wheel 10*

†schwimmen (str. i, a, o) intr. *swim* **149**

schwindeln tr. *lie;* intr. + dat. *make dizzy 80*

*schwinden (str. i, a, u) intr. *fade, decline 56*

schwingen (str. i, a, u) tr. *wave;* *intr. *swing, vibrate 201*

*schwirren intr. *buzz, whizz 10*

schwitzen intr. *sweat 152*

schwören (str. ö, o, o) tr./intr. *swear, take an oath 20, 194*

†segeln intr. *sail 80*

segnen tr. *bless 124*

sehen (str. ie, a, e) tr./intr. *see, realize* **150**

sehnen refl. (nach + dat.) *long for, desire 32*

*sein intr. *be, exist 151*

senden (mx. e, a, a) tr. *dispatch, transmit, broadcast 129*

sengen tr. *singe, scorch 10*

senken tr./refl. *lower, reduce 10*

servieren tr. *serve 130*

setzen tr. *put, place;* refl. *sit down* **152**

seufzen intr. *sigh 152*

sichern tr. *secure, protect 120*

sieben tr. *sieve, sift 10*

sieden intr. *boil, simmer 125*

siegeln tr. *seal 15*

siegen intr. (über + acc.) *win, be victorious (over) 10*

siezen tr. *call 'Sie' 10*

signalisieren tr. *signal 130*

simulieren tr./intr. *simulate 130*

singen (str. i, a, u) tr./intr. *sing 153*

*sinken (str. i, a, u) intr. *sink, drop 153*

sinnen (str. i, a, o) intr. *think;* (auf + acc.) *scheme, plot 115*

sitzen (str. i, a, e) intr. *sit* **154**

skizzieren tr. *sketch 130*

solidarisieren refl. *show solidarity 130*

sollen intr. *be supposed to 155*

sondern tr. *separate 60*

sorgen refl. (um + acc.) *worry (about);* intr. (für + acc.) *provide for, take care of 10*

sortieren tr. *sort 130*

sozialisieren tr. *socialize 130*

spähen intr. *peer, peep 10*

spalten tr./refl. *split, divide 9*

spannen tr. *stretch, tighten;* refl. (über + acc.) *span across 10*

sparen tr./intr. *save* **156**

speichern tr. *store 60*

speien (str. ei, ie, ie) intr. *spit 24*

speisen intr./tr. *eat* **157**

spekulieren intr. *speculate 130*

spenden tr. *contribute, donate 125*

spendieren tr. *pay for 130*

sperren tr./intr. *bar, stop;* refl. *balk, jib 10*

spezifizieren tr. *specify 130*

spicken tr. *lard, grease 10*

spiegeln intr. *gleam, glitter;* refl. *be reflected 80*

spielen intr./tr. *play, act* **158**

spießen tr. *pierce, spear 118*

spinnen (str. i, a, o) tr./intr. *spin; be crazy 73*

spionieren intr. *spy 130*

spitzeln intr. *act as an informer 80*

spitzen tr. *sharpen;* refl. (**auf** + acc.) *count on 152*

†splittern tr./intr. *shatter, splinter 60*

spötteln intr. (**über** + acc.) *laugh at, mock gently 80*

spotten tr./intr. *mock, ridicule 9*

sprechen (str. i, a, o) tr./intr. *speak, talk* **159**

spreizen tr. *spread;* refl. (**gegen** + acc.) *resist 152*

sprengen tr. *blow up, blast 10*

***sprießen (str. ie, o, o)** intr. *sprout, bud 58*

***springen (str. i, a, u)** intr. *jump, leap* **160**

spritzen tr. *inject;* tr./intr. *splash 152*

sprossen intr. *sprout, bud 118*

†sprudeln intr. *bubble, fizz 80*

sprühen tr. *spray;* intr. *sparkle 10*

spucken intr. *spit 10*

spuken intr. *be haunted 10*

spulen tr. *wind, coil 10*

spülen tr. *rinse, wash 10*

spüren intr. *trace;* tr. *feel, notice 10*

stacheln intr. *prick, sting 15*

staffeln tr. *stagger 15*

stagnieren intr. *stagnate 130*

stählen tr. *harden, toughen 10*

stammeln tr./intr. *stammer, stutter 15*

†stampfen intr. *stamp;* tr. *tap, stamp 10*

stärken tr. *strengthen;* refl. *refresh oneself 10*

starren intr. *stare 10*

†starten intr. *start, take off 9*

stationieren intr. *station, deploy 130*

stauben intr. *raise dust 10*

stäuben tr. *powder 10*

stauchen tr. *compress, thrust 10*

stauen tr. *dam, stem;* refl. *be congested 10*

staunen intr. (**über** + acc.) *be astonished (at) 10*

stecken tr. *put, set;* intr. *remain, be stuck 10*

stehen (str. e, a, a) intr. *stand, stop* **161**

stehlen (str. ei, a, o) tr./intr. *steal, rob 12, 76*

***steigen (str. ie, ie, ie)** intr. *climb, rise 24*

steigern tr. *raise;* refl. *increase 60*

steinigen tr. *stone 10*

stellen tr. *put, place 10*

stemmen tr. *lift, brace;* refl. (**gegen** + acc.) *resist 10*

stempeln tr. *stamp;* intr. *be on the dole 15*

stenografieren tr. *write shorthand 130*

***sterben (str. i, a, o)** intr. (**an** + dat.) *die 85*

steuern tr. *steer, control 28*

sticken intr./tr. *embroider 10*

†**stieben (str. ie, o, o)** intr. *fly about, scatter 142*

***stiefeln** intr. *march, stride 80*

stieren intr. (**auf** + acc.) *stare (at) 10*

stiften tr. *endow, donate 9*

stilisieren tr. *stylize 130*

still | legen tr. *shut down 100, 2*

stillen tr. *calm, staunch, quench 10*

still | halten (str. ä, ie, a) tr./intr. *keep or stay still 79, 2*

still | schweigen (str. ei, ie, ie) intr. *be silent 24, 2*

stimmen tr. *tune*; intr. *be right 10*

stinken (str. i, a, u) intr. (**nach** + dat.) *stink (of) 165*

stöbern intr. *rummage about 120*

stochern intr. (**in** + dat.) *poke about 120*

stocken intr. *stop, come to a halt 10*

stöhnen intr. *groan, moan 10*

***stolpern** intr. (**über** + acc.) *stumble, trip (over) 120*

***stolzieren** intr. *strut 130*

stopfen tr. *stuff, darn 10*

stoppen tr./intr. *stop 10*

stören tr./intr. *interrupt, intrude 10*

stoßen (str. ö, ie, o) tr./intr. *push*; refl. *bump or knock oneself 84*

stottern intr. *stammer 120*

strafen tr. *punish 10*

straffen tr. *tighten, tauten 10*

strahlen tr. *beam, shine 10*

strampeln intr. *kick about 80*

***stranden** intr. *be stranded, fail 125*

strangulieren tr. *strangle 130*

strapazieren tr. *tire, wear out 130*

sträuben tr. *ruffle up*; refl. (**gegen** + acc.) *resist 10*

***straucheln** intr. *stumble, fail 80*

streben intr. (**nach** + dat.) *strive, aim (for) 10*

strecken tr./refl. *stretch (oneself) 10*

streicheln tr. *stroke, caress 80*

streichen (str. ei, i, i) tr. *paint; stroke; cross out 76*

streifen tr. *brush*; *intr. *roam 10*

streiken intr. *strike 10*

streiten (str. ei, i, i) intr./refl. *quarrel, fight 76*

streuen tr. *spread 10*

stricken tr. *knit 10*

striegeln tr. *comb, groom 15*

***strolchen** intr. (**in** + dat.) *stroll, wander 10*

***strömen** intr. *stream, flow 10*

strotzen intr. (**vor** + dat.) *be full (of) 152*

strudeln intr. *whirl, swirl 80*

strukturieren tr. *structure 130*

stückeln tr. *patch 15*

studieren tr./intr. *study 130*

stümpern tr./intr. *bungle, botch 60*

stunden tr. *give time to pay 125*

stürmen tr. *storm*; intr. *be stormy 10*

stürzen *intr./refl. *rush; fall, plunge 152*

stutzen intr. *stop short;* tr. *shorten* 152

stützen tr. *support;* refl. (**auf** + acc.) *rely on* 152

subtrahieren tr. *subtract* 130

subventionieren tr. *subsidize* 130

suchen tr. (**nach** + dat.) *seek, look for* 10

suggerieren tr. *suggest* 130

sühnen tr./intr. *atone for* 10

summen tr./intr. *buzz, hum* 10

summieren refl. (**auf** + acc.) *amount to, add up (to)* 130

sündigen intr. *sin* 10

surren intr. *hum, buzz* 10

suspendieren tr. *suspend* 130

süßen tr. *sweeten* 118

sympathisieren intr. *sympathize* 130

tabellieren tr. *tabulate* 130

tadeln tr. *blame, rebuke* 15

tafeln intr. *dine, feast* 80

tagen intr. *dawn, get light; be in session* 10

tanken tr./intr. *refuel* 10

†tanzen tr./intr. *dance* 152

tapezieren tr. *wallpaper* 130

*tappen intr. *grope; patter* 10

tarnen tr./refl. *disguise, camouflage* 10

tasten tr. *key in;* intr./refl. (**nach** + dat.) *feel one's way* 9

tätigen tr. *effect, carry out* 10

tätowieren tr./refl. *tattoo* 130

tätscheln tr. *pat* 15

†tauchen intr. (**in** + dat./acc.) *dive;* tr. (**in** + acc.) *immerse* 10

†tauen intr. *thaw, melt* 10

taufen tr. *baptize, christen* 10

taugen intr. *be of value, serve* 10

†taumeln intr. *stagger, reel* 80

tauschen tr./intr. *exchange, swap* 10

täuschen tr *deceive;* refl. *be mistaken* 10

taxieren tr. (**auf** + acc.) *estimate (at)* 130

technisieren tr. *mechanize* 130

teilen tr./refl. *divide, share* **162**

teil l haben intr. (**an** + dat.) *have a share (in)* 78, 2

teil l nehmen (str. i, a, o) intr. (**an** + acc.) *participate (in)* 115, 2

telefonieren tr./intr. *telephone* 130

telegrafieren tr./intr. *cable* 130

temperieren tr. *bring to the right temperature* 130

tendieren intr. (**zu** + dat.) *tend, be inclined* 130

terminieren tr. *set a date for* 130

terrorisieren tr. *terrorize* 130

thematisieren tr. *take as a theme* 130

theoretisieren intr. *theorize* 130

ticken intr. *tick* 10

tilgen tr. *pay off, delete* 10

tippen tr. *touch gently, type* 10

tischlern intr. *do carpentry* 28

titulieren tr. *address by title* 130

toben intr. *storm, rage* 10

tolerieren tr. *tolerate* 130

tollen intr. *romp, fool about* 10

tönen intr. *sound;* tr. *shade* 10

töpfern tr./intr. *make pottery* 60
*__torkeln__ intr. *stagger, reel* 80
†__tosen__ intr. *rage, roar* 12
töten tr./intr. *kill* 9
*__traben__ intr. *trot* 10
trachten intr. (**nach** + dat.) *aim, strive for* 9
tragen (str. ä, u, a) tr./intr. *carry, bear; wear* **163**
trainieren tr./intr. *train, coach* 130
trampeln intr. *trample, stamp* 80
tranchieren tr./intr. *carve, cut up* 130
tränen intr. *water* 10
tränken tr. *soak, saturate* 10
transportieren tr. *transport* 130
tratschen intr. *gossip, chatter* 10
trauen intr. + dat. *trust;* tr. *marry* 10
trauern intr. (**um, über** + acc.) *mourn (for)* 28
träufeln tr. *drip, drop* 15
traumen tr./intr. *dream* 10
treffen (str. i, a, o) tr. *hit, meet* **164**
treiben (str. ei, ie, ie) tr. *drive;* *__intr. *drift* 24
trennen tr. *separate, divide* 10
*__treten (str. i, a, e)__ intr. (**auf, in** + acc.) *tread* 184
triefen intr. *drip, trickle* 10
triezen tr. *bully, torment* 152
trillern intr. *trill, warble* 80
trimmen tr. *trim, get fit* 10
trinken (str. i, a, u) tr./intr. *drink* 165
†__trippeln__ intr. *patter, trip* 80

triumphieren intr. *triumph* 130
†__trocknen__ intr. *dry up;* tr. *dry* 124
trödeln intr. *dawdle, saunter* 80
trommeln tr./intr. *drum, beat* 15
†__tropfen__ tr./intr. *drip, drop* 158
trösten tr. *comfort* 9
trotzen intr. + dat. *defy, oppose* 152
trüben tr. *cast a cloud over;* refl. *become overcast* 10
trügen (str. ü, o, o) tr./intr. *deceive* 20
tummeln refl. *romp, hurry* 80, 32
tun (str. u, a, a) tr. *do, make;* intr. *act* 166
tunken tr. (**in** + acc.) *dip, dunk* 10
tupfen tr. *dab* 10
türmen tr. *pile up;* *__intr. *scarper* 10
turnen intr. *do gym* 10
tuscheln intr. *mutter, whisper* 80
tuten tr. *toot, honk* 9
tyrannisieren tr. *tyrannize, enslave* 130

üben tr./intr./refl. *practise* **167**
überantworten tr. *entrust, hand over* 7
überbacken tr. *grill* 10, 49
über | behalten (str. ä, ie, a) *have left over* 79, 2
über | bekommen (str. o, a, o) intr. *lose appetite, get fed up* 16, 2
überbieten (str. ie, o, o) tr. *outbid, surpass* 2, 168
*__über | bleiben (str. ei, ie, ie)__ intr. *remain, be left over* 24, 168
überblicken tr. *look out over* 49

überbringen (mx. i, a, a) tr. *deliver 26, 49*

überbrücken tr. *span, bridge 49*

überdachen tr. *roof over 49*

überdauern tr. *survive 47*

überdecken tr. *cover up 49*

überdenken (mx. e, a, a) tr. *reflect on, think over 29, 49*

übereignen tr. *transfer ownership of 32, 49*

übereilen tr./refl. *rush 49*

*überein l kommen (str. o, a, o) intr. *reach agreement 94, 1*

überein l stimmen intr. *agree, coincide 10, 200*

überfahren (str. ä, u, a) tr. *go over 44*

überfallen (str. ä, ie, a) tr. *attack, invade 54, 49*

überfliegen (str. ie, o, o) tr. *fly across; flick through 57, 49*

*über l fließen (str. ie, o, o) intr. *overflow 58, 1*

überfluten *intr. *overflow;* tr. *flood 9, 49*

überfordern (str. ie, o, o) tr. *overtax, ask too much of 47*

*überfrieren (str. ie, o, o) intr. *freeze over 63, 49*

überführen tr. + gen. *convict of 64, 49*

übergeben (str. i, a, e) tr. *deliver;* refl. *vomit 66, 49*

*über l gehen (str. e, i, a) intr. (**in** + acc.) *change to 68, 49*

übergießen (str. ie, o, o) tr. *pour over; 74, 49*

über l greifen (str. ei, i, i) intr. (**auf** + acc.) *overlap, spread to 76, 2*

über l haben tr. *have left over, be fed up with 78, 2*

über l hängen (str. ä, i, a) intr./ (wk.) tr. *hang over 81, 2*

überhäufen tr. (**mit** + dat.) *overwhelm 49*

überholen tr. *overtake, pass 86, 49*

überhören tr. *not hear 87, 49*

überkreuzen tr. *cross;* refl. *intersect 152, 49*

überkrusten tr./intr. *crust over 9, 49*

überladen (str. ä, u, a) tr. *overload 34, 49*

überlassen (str. ä, ie, a) tr. + dat. *leave to 97, 49*

überlasten tr. *overload 49*

*über l laufen (str. äu, ie, au) intr. *spill over; defect 98, 1*

überleben tr. *survive;* refl. *be out of fashion 99, 49*

überlegen tr./intr. *consider, think over* **168**

überliefern tr. *pass on, hand down 47*

über l leiten intr. (**zu** + dat.) *lead to 200*

überlisten tr. *outwit 9, 49*

übermitteln tr. *transmit, send 43*

übernachten intr. *overnight 9, 49*

übernehmen (str. i, a, o) tr. *take over 115, 49*

über l ordnen tr. *place above 124, 2*

überprüfen tr. *examine, check 168*

*über | quellen (str. i, o, o) intr. *overflow 115, 1*

überqueren tr. *cross, traverse 168*

überragen tr. *tower above 168*

überraschen tr. *surprise 168*

überreden tr. *persuade 125, 168*

überreichen tr. *hand over, present 168*

überreizen tr. *overtax, overstrain 152, 168*

überrennen (mx. e, a, a) tr. *overrun 129, 168*

überrollen tr. *overwhelm, overrun 168*

überrumpeln tr. *take by surprise 80, 168*

überrunden tr. *outstrip 125, 168*

überschatten tr. *overshadow 9, 168*

überschätzen tr./refl. *overestimate 152, 168*

überschauen tr. *overlook 168*

über | schlagen (str. ä, u, a) tr. *fold over 145, 1*

*über | schnappen intr. *go crazy 10, 200*

überschneiden (str. ei, i, i) tr./refl. (**mit** + dat.) *cross, intersect 147, 168*

überschreiben (str. ei, ie, ie) tr. *entitle 148, 168*

überschreien (str. ei, ie, ie) tr. *shout down 24, 168*

überschreiten (str. ei, i, i) tr. *step across, exceed 76, 168*

überschütten tr. *overwhelm 9, 168*

*über | schwappen intr. *splash over 10, 200*

überschwemmen tr. *flood, submerge 168*

übersehen (str. ie, a, e) tr. *overlook, miss 150, 168*

übersenden (mx. e, a, a) tr. *send, remit 116, 168*

über | setzen tr. *ferry 152, 200*

übersetzen tr. *translate 152, 168*

*über | siedeln intr. *move 80, 200*

überspannen tr. *span 168*

überspielen tr. *transfer (to tape) 158, 168*

überspitzen tr. *exaggerate 152, 168*

überspringen (str. i, a, u) tr. *skip over, omit 160, 168*

*über | sprudeln intr. *bubble over 80, 200*

überspülen tr. (**mit** + dat.) *flood, submerge 168*

überstehen (str. e, a, a) tr. *survive, get over 161, 168*

übersteigen (str. ei, ie, ie) tr. *exceed, surpass 35, 168*

übersteigern tr. *push up too far 168*

überstimmen tr. *overrule, outvote 168*

über | streifen tr. *slip on 10, 200*

*über | strömen intr. *overflow, abound 10, 200*

überstürzen tr./refl. *hurry, rush 152, 168*

übertönen tr. *be louder than 168*

übertragen (str. ä, u, a) tr. *transfer, transmit 163, 168*

übertreffen (str. i, a, o) tr. surpass, excel 164, 168

übertreiben (str. ei, ie, ie) tr. overdo; exaggerate 24, 168

übertreten (str. i, a, e) tr. contravene, violate 184

übertrumpfen tr. outdo 168

übertünchen tr. paint over, whitewash 168

übervölkern tr. overpopulate 120, 168

übervorteilen tr. take advantage of 162, 168

überwachen tr. monitor, watch, inspect 168

überwachsen (str. ä, u, a) tr. overgrow 186, 168

überwältigen tr. overcome, overpower 168

***über I wechseln** intr. change sides 80, 200

überweisen (str. ei, ie, ie) tr. transfer, remit 24, 168

über I werfen (str. i, a, o) tr. throw over 193, 200

überwiegen (str. ie, o, o) intr. predominate 194, 168

überwinden (str. i, a, u) tr. overcome 56, 168

überwintern tr./intr. (over)winter 120, 168

überwuchern tr. overgrow 120, 168

überzeugen tr./refl. convince, persuade 168

über I ziehen (str. ie, o, o) tr. slip on 199, 2

umarmen tr. embrace 10

um I bauen tr. rebuild 10, 2

umbauen tr. surround 49

um I benennen (mx. e, a, a) tr. rename 116, 2

um I bestellen tr. change booking 18, 2

um I betten tr. change beds 200

um I biegen (str. ie, o, o) tr. bend; *intr. turn back 57, 2

um I binden (str. i, a, u) tr. tie round 171, 2

um I blasen (str. ä, ie, a) tr. blow over 45, 2

um I blättern tr. turn the page 120, 200

um I blicken intr./refl. look back 10, 00

um I bringen (mx. i, a, a) tr. kill; refl. commit suicide 26, 2

um I drehen tr./refl. turn around 10, 200

***um I fallen (str. ä, ie, a)** intr. fall over 54, 1

umfangen (str. ä, i, a) tr. embrace, encircle 3, 168

umfassen tr. embrace, contain 118, 168

umfrieden tr. enclose, fence in 125, 168

umgeben (str. i, a, e) tr. surround 66, 168

umgehen (str. e, i, a) tr. avoid 68, 168

um I graben (str. ä, u, a) tr. dig over 44, 2

umgrenzen tr. encircle; delimit 152, 168

umhegen tr. *look after carefully* 168

umhin l können (str. a, o, o) intr. (**nicht**) *have no choice* 95, 2

um l hören refl. *make enquiries* 87, 2

umhüllen tr. (**mit** + dat.) *envelop, shroud* 168

umjubeln tr. *cheer* 80, 168

umkämpfen tr. *fight over* 168

*um l kehren intr. *turn back;* tr. *turn upside down* 10, 200

um l kippen tr. *tip over* 10, 200

umklammern tr. *clasp, clutch* 120, 168

um l kleiden tr./refl. *change clothes* 200

*um l kommen (str. o, a, o) intr. *perish, die* 94, 1

umkreisen tr. *revolve* 118, 168

um l krempeln tr. *turn up, roll up* 80, 200

um l legen tr. *put on (around the shoulders)* 100, 2

um l leiten tr. *divert* 200

um l lernen intr. *change one's ideas; retrain* 10, 200

um l melden tr. *re-register* 200

um l modeln tr. *re-model* 10, 200

umnebeln intr. *cloud, fog* 80, 168

um l pflanzen tr. *transplant* 152, 200

um l pflügen tr. *plough over* 10, 200

umrahmen tr. *frame, surround* 168

umranden tr. *border, edge* 125, 168

um l rechnen tr. *convert* 124, 200

umringen tr. *encircle* 168

um l rühren tr. *stir* 10, 200

umrunden tr. *orbit* 125, 168

um l satteln intr. *change profession* 80, 200

um l schauen refl. *look round* 10, 200

umschließen (str. ie, o, o) tr. *enclose, comprise* 146, 168

umschmeicheln tr. *flatter* 80, 168

um l schnallen tr. *buckle* 10, 200

um l schreiben (str. ei, ie, ie) tr. *rewrite* 148, 200

um l schulen tr. *retrain* 10, 200

um l schütten tr. *decant, spill* 200

umschwärmen tr. *swarm around* 168

*um l schwenken intr. *swing around, veer* 10, 200

umsegeln tr. *sail around* 80, 168

um l sehen (str. ie, a, e) refl. *look around* 150, 2

um l setzen tr. *transfer; sell* 152, 2

umsorgen tr. *care for* 168

umspannen tr. *clasp; encompass* 168

*um l steigen (str. ei, ie, ie) intr. *change (train, bus, etc.)* 35

um l stellen tr. *rearrange* 10, 200

um l stimmen tr. *change one's mind* 10, 200

um l stürzen tr. *overthrow; overturn* 152, 200

um I taufen tr. **(auf)** *rename 10, 200*

um I tauschen tr. *exchange 10, 200*

um I topfen tr. *repot 10, 200*

umtosen tr. *buffet 10, 168*

um I tun (str. u, a, a) refl. *look around 166, 2*

um I wandeln tr. *transform 80, 200*

um I wechseln tr. *exchange 80, 200*

um I wenden (mx. e, a, a) tr./refl. *turn around 116, 2*

umwerben (str. i, a, o) tr. *woo 191, 2*

um I werfen (str. i, a, o) tr. *knock over 193, 2*

umwickeln tr. *wrap 80, 168*

†um I ziehen (str. ie, o, o) intr./refl. *move house; change clothes 8*

umzingeln tr. *encircle, surround 80, 168*

uniformieren tr. *uniform 130*

unken intr. *prophesy doom 10*

unterbieten (str. ie, o, o) tr. *undercut 170*

unterbinden (str. i, a, u,) tr. *stop, prevent 171*

*unterbleiben (str. ei, ie, ie) intr. *be left undone 24, 168*

unterbrechen (str. i, a, o) tr. *interrupt 159, 168*

unterbreiten tr. *present, submit 9, 168*

unter I bringen tr. *put up, accommodate 26, 2*

unterdrücken tr. *suppress, oppress 168*

untergliedern tr. *subdivide 120, 168*

unter I haken tr. *take someone's arm 10, 200*

unterhalten (str. ä, ie, a) tr. *maintain, entertain;* refl. *talk, converse 79, 168*

unterhandeln intr. *negotiate 80, 168*

unterhöhlen tr. *undermine 168*

unterjochen tr. *enslave, subjugate 168*

*unter I kommen (str. o, a, o) intr. *find accommodation 94, 1*

*unter I kriechen (str. ie, o, o) intr. **(bei** + dat.) *take refuge 132, 1*

unterlassen (str. ä, ie, a) tr. *neglect 97, 168*

*unterlaufen (str. ä, ie, a) intr. *occur 98, 168*

unter I legen tr. *put underneath 100, 2*

*unterliegen (str. ie, a, e) intr. *succumb; be beaten 105, 168*

untermauern tr. *underpin 168*

unter I mengen tr. *mix in 10, 200*

unterminieren tr. *undermine 130*

unter I mischen tr. *mix in 10, 200*

unternehmen (str. i, a, o) tr. *undertake 115, 168*

unter I ordnen tr./refl. *subordinate 124, 200*

unterqueren tr. *pass under 168*

unterreden refl. *confer 125, 32, 168*

unterrichten tr. *teach, instruct 9, 168*

unter I rühren tr. *stir in 10, 200*

untersagen tr. *forbid 135, 168*

unterschätzen tr. *underestimate 152, 168*

unterscheiden (str. ei, ie, ie) tr./ refl. *differentiate 138, 168*

unterschieben (str. ie, o, o) tr. + dat. *attribute falsely to 142, 168*

unterschlagen (str. ä, u, a) tr. *embezzle 145, 168*

***unter I schlupfen** intr. *hide out 10, 200*

unterschreiben (str. ei, ie, ie) tr. *sign 148, 168*

unterspülen tr. *erode 168*

unterstehen (str. e, a, a) refl. *dare, venture 161, 168*

unterstellen tr. *place under; assume 168*

unterstreichen (str. ei, i, i) tr. *emphasize 76, 168*

unterstützen tr. *support 152, 168*

untersuchen tr. *examine, investigate 76, 168*

***unter I tauchen** intr. *dive; disappear 10, 200*

unterteilen tr. *subdivide 162, 168*

untertreiben (str. ei, ie, ie) tr. *understate 24, 168*

unterwandern tr. *infiltrate 120, 168*

unterweisen (str. ei, ie, ie) tr. (**in** + dat.) *instruct 24, 168*

unterwerfen (str. i, a, o) refl. (+ dat.) *submit 193, 168*

unterzeichnen tr. *sign 124, 168*

unterziehen (str. ie, o, o) tr. + dat. *submit to 51*

urinieren intr. *urinate 130*

urteilen intr. *judge 162, 168*

variieren tr./intr. *vary 130*

vegetieren intr. *vegetate 130*

ventilieren tr. *ventilate 130*

verabreden tr. *agree upon;* refl. *make an appointment 125, 173*

verabreichen tr. *dispense, give 173*

verabscheuen tr. *detest 173*

verabschieden refl. *take one's leave 32, 173*

verachten tr. *despise 9, 173*

veralbern tr. *mock, ridicule 169*

verallgemeinern tr./intr. *generalize 169*

***veralten** intr. *become obsolete 9, 173*

verändern tr./refl. *change, alter 169*

verängstigen tr. *scare 173*

verankern tr. *anchor 169*

veranlagen tr. *assess 173*

veranlassen tr. *cause, effect 173*

veranschaulichen tr. *illustrate 173*

veranschlagen tr. *value, rate 173*

veranstalten tr. *arrange 9, 173*

verantworten tr. *take responsibility for 7, 173*

verarbeiten tr. *process 9, 173*

verärgern tr. *annoy 169*

*verarmen intr. *become impoverished 173*

verarzten tr. *treat (an injury) 9, 173*

verätzen tr. *cauterize 152, 173*

verausgaben refl. *overspend 32, 173*

veräußern tr. *sell 169*

verbarrikadieren tr./refl. *barricade 130, 173*

verbauen tr. *obstruct 10, 173*

verbeißen (str. ei, i, i) tr. *suppress 128, 173*

verbergen (str. i, a, o) tr./refl. *hide 85, 173*

verbessern tr./refl. *improve* **169**

verbeugen refl. *bow 32, 173*

verbeulen tr. *dent 173*

verbiegen (str. ie, o, o) tr. *bend, warp 57, 173*

verbieten (str. ie, o, o) tr. *prohibit, forbid* **170**

verbilden tr. *spoil, bring up badly 125, 173*

verbilligen tr. *reduce (price) 173*

verbinden (str. i, a, u) tr. *join; refl. go into partnership; combine 171*

verbitten (str. i, a, e) refl. *refuse to tolerate 23, 173*

verbittern tr. *embitter 169*

*verblassen intr. *fade 173*

*verbleiben (str. ei, ie, ie) intr. *remain, stay 24, 173*

*verbleichen (str. ei, i, i) intr. *fade, grow pale 76, 173*

verblenden tr. *blind, dazzle 125, 173*

verblüffen tr. *bewilder, amaze 173*

*verblühen intr. *fade, wither 173*

verbrauchen tr. *consume, use up 173*

verbrechen (str. i, a, o) tr. *do wrong 159, 173*

verbreiten refl./tr. *spread, disperse 9, 173*

verbreitern tr. *broaden, widen 169*

verbrennen (mx. e, a, a) tr./refl. *burn;* *intr. *be burnt 129, 173*

verbringen (mx. i, a, a) intr. *spend (time) 26, 173*

verbrüdern refl. (**mit** + dat.) *fraternize with 32, 169*

verbrühen tr./refl. *scald 173*

verbuchen tr. *enter; credit 173*

verbummeln tr. *fritter, idle away 169*

verbürgen tr./refl. (**für** + acc.) *guarantee, vouch for 173*

verbüßen tr. *pay (penalty) 77, 173*

verdächtigen tr. + gen. *suspect 173*

verdammen tr. *condemn, damn 173*

*verdampfen intr. *evaporate 173*

verdanken tr. + dat. *be indebted to someone for 173*

verdauen tr. *digest; come to terms with 173*

verdecken tr. *cover, hide 173*

verdenken tr. + dat. *blame 29, 173*

verderben (str. i, a, o) tr. *spoil;* *intr. *go bad 172*

verdeutlichen tr. *make clear 173*

verdeutschen tr. *translate into German 173*

verdichten tr. *compress; condense,* refl. *grow, intensify 9, 173*

verdicken tr. *thicken 173*

verdienen tr. *deserve, win 173*

verdolmetschen tr. *translate, interpret 173*

verdoppeln tr./refl. *double, redouble 169*

***verdorren** intr. *dry up, wither 173*

verdrängen tr. *expel, drive out 173*

verdrehen tr. *twist 173*

verdreifachen tr. *treble, triple 173*

verdrießen (str. ie, o, o) tr. *vex, annoy 58, 173*

verdrücken tr. *devour;* refl. *slink away 173*

verdummen tr./*intr. *make/ become stupid 173*

verdunkeln tr./refl. *darken 169*

verdünnen tr. *thin, dilute 173*

***verdunsten** intr. *evaporate 9, 173*

verdüstern tr./refl. *darken 169*

***verebben** intr. *die away, subside 173*

veredeln tr. *refine, improve 169*

verehelichen refl. *get married 32, 173*

verehren tr. *revere, adore 173*

vereidigen tr. *swear in 173*

vereinbaren tr. *agree, arrange 173*

vereinen tr. *unite, merge 173*

vereinfachen tr. *simplify 173*

vereinigen tr./refl. *unite 33, 173*

***vereinsamen** intr. *grow lonely 173*

***vereisen** intr. *freeze over 157, 173*

vereiteln tr. *thwart, foil 169*

***vereitern** intr. *fester 169*

***verenden** intr. *die, perish 125, 173*

verengen tr./refl. *narrow, constrict 173*

vererben tr. *pass on, bequeath 173*

verewigen refl./tr. *immortalize 32, 173*

verfahren (str. ä, u, a) refl. *lose one's way 53, 173*

***verfallen (str. ä, ie, a)** intr. *fall into disrepair 54, 173*

verfälschen tr. *adulterate, falsify 173*

verfangen (str. ä, i, a) refl. *be caught 3, 173*

verfärben intr./refl. *discolour 32, 173*

verfassen tr. *compose, write 118, 173*

***verfaulen** intr. *decay, rot 173*

verfechten (str. i, o, o) tr. *advocate 180*

verfehlen tr. *miss 173*

verfeinden refl. **(mit** + dat.) *make an enemy of 32, 125, 173*

verfeinern tr./refl. *refine, improve 169*

verfertigen tr. *make, produce 173*

*verfetten intr. *grow fat 9, 173*
verfeuern tr. *use up, burn 169*
verfilmen tr. *film 173*
*verfilzen intr. *clog up 152, 173*
verfinstern refl. *grow dark 169*
verflachen tr. *flatten 173*
verflechten (str. i, o, o) tr./refl. *entwine, interweave 180*
*verfliegen (tr. ie, o, o) intr./refl. *evaporate 57, 173*
*verfließen (str. ie, o, o) intr. *blend 58, 173*
verfluchen tr. *curse, damn 173*
verflüchtigen tr/refl. *evaporate 173*
verflüssigen tr. *liquefy 173*
verfolgen tr. *pursue 173*
verformen tr./intr. *distort 173*
verfrachten tr. *transport, ship 9, 173*
verfrühen refl. *be too early 32, 173*
verfügen tr. *order, decree 173*
verführen tr. *tempt 64, 173*
verfüttern tr. *feed 169*
vergammeln tr. *waste, idle away 169*
vergären tr. *ferment 173*
vergasen tr. *gas; gasify 157, 173*
vergeben (str. i, a, e) tr. *forgive, give away 66, 173*
*vergehen (str. e, i, a) intr. *pass 68, 173*
vergelten (str. i, a, o) tr. *repay 70, 173*
vergessen (str. i, a, e) tr. *forget;* refl. *lose one's control* **174**

vergeuden tr. *waste, fritter away 125, 173*
vergewaltigen tr. *rape, violate 173*
vergewissern tr./refl. (+ gen.) *ascertain, make sure of 169*
vergießen (str. ie, o, o) tr. *spill 58, 173*
vergiften tr. *poison 9, 173*
vergittern tr. *put bars over 169*
verglasen tr. *glaze 118, 173*
vergleichen (str. ei, i, i) tr./refl. *compare 76, 173*
*verglimmen (str. i, o, o) intr. *burn out 180*
vergnügen tr. *amuse;* refl. *enjoy oneself 173*
vergolden tr. *gild 125, 173*
vergönnen tr. *grant, allow 173*
vergöttern tr. *deify 169*
vergraben (str. ä, u, a) tr./refl. *bury, hide 44*
vergreifen (str. ei, i, i) refl. *make the wrong choice 76, 173*
*vergreisen intr. *become senile 157, 173*
vergrößern tr. *enlarge, extend;* refl. *expand 169*
vergüten tr. *refund, compensate 9, 173*
verhaften tr. *arrest 9, 173*
verhaken tr. *hook 173*
verhalten (str. ä, ie, a) refl. *act, behave 79, 32, 173*
verhandeln intr. *negotiate 169*
verhängen tr. *cover, impose (a ban) 173*

verharren intr. *continue, persist* 173

verhärten tr./refl./intr. *harden* 9, 173

verhätscheln tr./refl. *pamper, spoil* 169

verhauen tr. *beat, thrash;* refl. *make a blunder* 173

verheben (str. e, o, o) refl. *strain oneself* 82, 32, 173

verheeren tr. *devastate* 173

verhehlen tr. *hide, conceal* 173

verheimlichen tr. *keep secret* 173

verheiraten tr./refl. *marry* 9, 173

verheißen (str. ei, ie, ei) *promise* 84, 173

verheizen tr. *burn* 152, 173

verhelfen (str. i, a, o) intr. + dat. *help* 85, 173

verherrlichen tr. *glorify* 173

verhetzen tr. *incite, stir up* 152, 173

verhexen tr. *bewitch* 173

verhindern tr. *prevent* 169

verhöhnen tr. *mock, deride* 173

verhören tr. *try, interrogate* 87, 173

verhüllen tr. *cover, up, mask* 173

*verhungern intr. *starve* 169

verhüten tr. *prevent* 9, 173

verhütten tr. *smelt* 9, 173

verinnerlichen tr. *internalize* 173

verirren refl. *lose one's way* 32, 173

verjagen tr. *dispel, chase away* 173

*verjähren intr. *lapse* 173

verjubeln tr. *squander* 169

verjüngen tr. *rejuvenate* 173

verkalkulieren refl. *calculate wrongly* 130, 173

verkaufen tr. *sell;* refl. *be bribed* 175

verkehren intr. *visit, frequent; run* 173

verkennen (mx. e, a, a) tr. *misjudge; fail to recognize* 90, 173

verklagen tr. *sue* 91, 173

verklären tr. *transfigure* 173

verkleben tr. *stick (together)* 173

verkleiden tr. *disguise;* refl. *dress up* 125, 173

verkleinern tr. *make smaller* 169

verklemmen refl. *jam* 173

verkneifen (str. ei, i, i) refl. + dat. *forgo* 76, 173

verknittern tr. *crumple, crease* 169

verknoten tr. *tie, knot* 9, 173

verknüpfen tr. *link, associate* 173

*verkochen intr./tr. *overcook, boil away* 173

*verkommen (str. o, a, o) intr. *decay, go bad* 94, 173

verkoppeln tr. *couple, join* 169

verkorken tr. *cork* 173

verkrachen refl. (**mit** + dat.) *fall out with* 32, 173

verkraften tr. *cope with* 9, 173

verkrallen refl. *hold tight, cling* 32, 173

verkriechen (str. ie, o, o) refl. *sneak off, hide* 132, 173

verkrümmen tr. *bend* 173

verkrüppeln tr. *mutilate 169*
*verkrusten intr. *crust over 9, 173*
verkühlen refl. *catch a chill 32, 173*
*verkümmern intr. *pine away, atrophy 169*
verkünden tr. *announce, proclaim 125, 173*
verkündigen tr. *foretell, preach 173*
verkuppeln tr. *pair off 169*
verkürzen tr. *shorten, reduce 152, 173*
verlachen tr. *laugh at 96, 173*
verladen (str. ä, u, a) tr. *load 34, 173*
verlagern tr./refl. *shift 169, 32*
*verlanden intr. *silt up 125, 173*
verlangen tr. *demand;* intr. (**nach** + dat.) *ask for* **176**
verlängern tr. *prolong, extend;* refl. *stretch 169*
verlangsamen tr./refl. *slow down 173*
verlassen (str. ä, ie, a) tr. *leave;* refl. (**auf** + acc.) *rely on* **177**
verlaufen (str. äu, ie, au) refl. *lose one's way 98, 173*
verleben tr. *spend 99, 173*
verlegen tr. *transfer, postpone 100, 173*
verleiden tr. *spoil 125, 173*
verleihen (str. ei, ie, ie) tr. *award 24, 173*
verleimen tr. *glue 173*
verleiten tr. *induce, entice 9, 173*
verlernen tr. *forget 103, 173*
verlesen (str. ie, a, e) tr. *read out 104, 173*

verletzen tr. *injure, hurt, offend 152, 173*
verleugnen tr. *deny 124, 173*
verleumden tr. *slander 152, 173*
verlieben refl. (**in** + acc.) *fall in love with 32, 173*
verlieren (str. ie, o, o) tr./intr. *lose 178*
verloben refl. (**mit** + dat.) *get engaged to 32, 173*
verlocken tr. *tempt 173*
verlöschen tr. *extinguish;* *intr. (str. i, o, o) *go out, expire 180*
vermachen tr. *bequeath 107, 173*
vermählen tr./refl. *marry 32, 173*
vermarkten tr. *sell, market 9, 173*
vermauern tr. *wall up 169*
vermehren tr./refl. *increase 173*
vermeiden (str. ei, ie, ie) tr. *avoid 138, 173*
vermelden tr. *report, announce 125, 173*
vermengen tr. *mix 173*
vermieten tr. *let, rent out 112, 173*
vermindern tr. *lessen, reduce 169*
vermischen tr./refl. *mix, blend 173*
vermissen tr. *miss 118, 173*
vermitteln intr. *mediate;* tr. *negotiate 169*
*vermodern intr. *mould, rot 169*
vermögen (str. a, o, o) tr. *be capable of 113, 173*
vermummen tr. *muffle up, mask 173*

vermuten tr. *suppose, suspect 9, 173*

vernachlässigen tr. *neglect 173*

*vernarben intr. *heal 173*

vernehmen (str. i, a, o) tr. *hear, question 115, 173*

verneigen refl. *bow 32, 173*

verneinen tr./intr. *deny, negate 173*

vernichten tr. *destroy 9, 173*

veröffentlichen tr. *publish 173*

verordnen tr. *order, decree 124, 173*

verpachten tr. *let, lease 9, 173*

verpacken tr. *pack, wrap 173*

verpassen tr. *miss 118, 173*

verpennen intr. *oversleep 173*

verpesten tr. *pollute 9, 173*

verpetzen tr. *tell tales about, split on 152, 173*

verpfänden tr. *pledge; mortgage; pawn 125, 173*

verpfeifen (str. ei, i, i) tr. *inform against 76, 173*

verpflanzen tr. *transplant 76, 173*

verpflegen tr. *cater for, feed 173*

verpflichten tr. *oblige, commit 9, 173*

verpfuschen tr. *bungle, botch 173*

verplappern refl. *blab 169*

verplempern tr. *fritter away 169*

verprassen tr. *waste (money) 118, 173*

verpulvern tr. *squander 169*

verquatschen refl. *blab 173*

verquicken tr. *amalgamate 173*

verquirlen tr. *mix, whisk 173*

verraten (str. ä, ie, a) *betray 123, 173*

verräuchern tr. *fill with smoke 169*

*verrauschen intr. *die away, subside 173*

*verrecken intr. *die (animals) 173*

verreiben (str. ei, ie, ie) tr. *rub in 126, 173*

*verreisen intr. *go away 127, 173*

verrenken tr./refl. + dat. *dislocate, sprain 173*

verrichten tr. *do, perform 9, 173*

verriegeln tr. *bolt, latch 169*

verringern tr./refl. *diminish 169*

*verrinnen (str. i, a, o) intr. *pass, elapse 73, 173*

*verrotten intr. *decay, rot 9, 173*

verrühren tr. *mix well 173*

versagen tr. *deny, refuse;* intr. *fail 135, 173*

versammeln tr./refl. *assemble 169*

versäumen tr. *miss, omit 173*

verschachern tr. *sell off 169*

verschaffen tr./refl. (+ dat.) *get, obtain 136, 173*

verschandeln tr. *ruin 169*

verschärfen tr./refl. *intensify, increase 32, 173*

verschätzen refl. *estimate wrongly 152, 173, 32*

*verscheiden (str. ei, ie, ie) intr. *pass away, die 138, 173*

verschenken tr. *give away 140, 173*

verscheuchen tr. *chase, scare away 173*

verscheuern tr. *sell off 169*

verschicken tr. *send away 173*

verschieben (str. ie, o, o) tr. *defer, postpone 142, 173*

verschießen (str. ie, o, o) tr. *fire off 143, 173*

verschiffen tr. *ship 173*

*verschimmeln intr. *go mouldy 169*

verschlafen (str. ä, ie, a) intr./refl. *oversleep 144, 173*

verschlechtern tr. *make worse;* refl. *deteriorate, worsen 169*

verschleiern tr. *veil, conceal 169*

verschleißen (str. ei, i, i) tr./refl. *wear out 128, 173*

verschleppen tr. *carry off, take away; delay 173*

verschleudern tr. *waste; sell at a loss 169*

verschlimmern tr. *make worse;* refl. *deteriorate, get worse 169*

verschlingen (str. i, a, u) tr. *devour 153, 173*

verschlüsseln tr. *encode 169*

*verschmachten intr. *languish, pine away 9, 173*

verschmähen tr. *spurn, reject 173*

verschmelzen (str. i, o, o) tr./refl. **(mit +** dat.) *fuse 51, 152*

verschmerzen tr. *get over a loss 152, 173*

verschmieren tr. *smear, daub 173*

verschmutzen tr. *dirty, soil;* *intr. *get dirty 152, 173*

verschnüren tr. *tie up 173*

verschonen tr. *spare, exempt 173*

verschönen tr. *beautify 173*

verschränken tr. *cross, fold 173*

verschrauben tr. *screw on 173*

verschreiben (str. ei, ie, ie) tr. *prescribe 148, 173*

*verschrumpeln intr. *shrivel up 169*

verschulden tr. *to blame for;* refl. *get into debt 125, 173*

verschweigen (str. ei, ie, ie) tr. *conceal, keep secret 24, 173*

verschweißen tr. *weld together 118, 173*

verschwenden tr. *squander 125, 173*

*verschwinden (str. i, a, u) intr. *vanish, disappear* **171**

verschwören (str. ö, o, o) refl. *conspire, plot 20*

versehen (str. ie, a, e) tr. **(mit +** dat.) *provide;* refl. *make a mistake 150, 173*

versenden (mx. e, a, a) tr. *dispatch 116, 173*

versengen tr. *singe, scorch 173*

versenken tr. **(in +** acc.) *sink;* refl. **(in +** acc.) *become engrossed in 173*

verseuchen tr. *infect, contaminate 173*

versetzen tr. *move, transfer 152, 173*

versichern tr. *assert;* refl. (+ gen.) *make sure of 179*

***versickern** intr. *seep away 169*

***versiegen** intr. *dry up 173*

***versinken (str. i, a, u)** intr. *(in) sink 165, 173*

versklaven tr. *enslave 173*

versöhnen tr. *reconcile;* refl. *become reconciled 173*

versorgen tr. *supply, provide 173*

verspäten refl. *be late 9, 32, 173*

verspielen tr. *lose, gamble away 158, 173*

verspotten tr. *mock, deride 9, 173*

versprechen (str. i, a, o) tr. *promise;* refl. *make a slip of the tongue* **180**

versprengen tr. *scatter, disperse 173*

verspüren tr. *feel, perceive 173*

verstaatlichen tr. *nationalize 173*

***verstädtern** intr. *become urbanized 169*

verständigen tr. *inform;* refl. *come to an understanding 173*

verstärken tr. *strengthen 173*

verstauchen refl. + dat. *sprain 173*

verstauen tr. *stow away 173*

verstecken tr./refl. *hide, conceal 173*

verstehen (str. e, a, a) tr./intr. *understand;* refl. *get on* **181**

versteifen tr. *stiffen 173*

versteigen (str. ei, ie, ie) refl. *go too far 35, 173*

versteigern tr. *auction 169*

verstellen tr. *obstruct;* refl. *pretend 173*

versteuern tr. *pay tax on 169*

verstimmen tr. *upset, annoy 173*

verstopfen tr. *clog, block 173*

verstören tr. *upset, distress 173*

verstoßen (str. ö, ie, o) intr. *(gegen + acc.) infringe, contravene;* tr. *disown 84, 173*

verstreichen (str. ei, i, i) *intr. *slip by;* tr. *spread 76, 173*

verstricken refl. *(in + dat.) become involved in 32, 173*

verströmen intr. *exude 173*

verstümmeln tr. *mutilate 169*

***verstummen** intr. *become silent 173*

versuchen tr. *attempt, try* **182**

versündigen refl. *(an + dat.) do wrong, sin 173*

versüßen tr. *sweeten, make more pleasant 77, 173*

vertagen tr. *adjourn 173*

verteidigen tr. *defend 173*

verteilen tr. *distribute 162, 173*

verteuern tr. *make more expensive 169*

verteufeln tr. *denigrate, defame 169*

vertiefen tr. *deepen;* refl. *(in + acc.) become engrossed in 173*

vertilgen tr. *exterminate 173*

vertonen tr. *set to music 173*

vertragen (str. ä, u, a) tr. *endure;* refl. *(mit + dat.) get on with 163, 173*

vertrauen intr. + dat. *trust, have confidence in 183*

vertreten (str. i, a, e) tr. *represent, stand in for 184*

***vertrotteln** intr. *grow forgetful, go gaga 169*

vertun (str. u, a, a) tr. *waste, squander 166, 173*

vertuschen tr. *hush up 173*

verübeln tr. *take amiss 169*

verüben tr. *commit 173*

***verunglücken** intr. *have an accident 173*

verunreinigen tr. *soil, pollute 173*

verunsichern tr. *confuse 169*

verunstalten tr. *disfigure 9, 173*

veruntreuen tr. *embezzle 173*

verunzieren tr. *spoil the look of 130, 173*

verursachen tr. *cause, bring about 173*

verurteilen tr. (**zu** + dat.) *condemn, sentence (to) 162, 173*

vervielfachen tr. *multiply 173*

vervielfältigen tr. *copy, duplicate 173*

vervollkommnen tr. *perfect 124, 173*

vervollständigen tr. *complete 173*

verwählen refl. *misdial 173, 32*

verwahren tr. *secure;* refl. (**gegen** + acc.) *protest (against) 173*

verwalten tr. *administer 9, 173*

verwandeln tr./refl. *change, transform 169*

verwässern tr. *dilute 169*

verwechseln tr. *confuse, mix up 169*

verwehren tr. *prevent, prohibit 173*

verweigern tr. *refuse 169*

verweilen intr. *stay, linger 173*

verweisen (str. ei, ie, ie) tr. *refer to, expel 24, 173*

***verwelken** intr. *wilt, wither 173*

verwenden (mx. e, a, a) tr. *use; spend 116, 173*

verwerfen (str. i, a, o) tr. *discard, reject 193, 173*

verwerten tr. *utilize, make use of 9, 173*

***verwesen** intr. *decompose 157, 173*

***verwestlichen** intr. *become westernized 173*

verwetten tr. *gamble away 9, 173*

verwickeln tr. *entangle;* refl. (**in** + acc.) *be involved with 169*

***verwildern** intr. *grow wild 169*

verwinden (str. i, a, u) tr. *get over, overcome 171*

verwirklichen tr. *realize 173*

verwirren tr. *confuse 173*

verwischen tr. *smudge, smear 173*

verwöhnen tr. *spoil, pamper 173*

verwunden tr. *wound, injure 125, 173*

verwundern tr. *surprise;* refl. (**über** + acc.) *be surprised at 169*

verwünschen tr. *curse 173*

†**verzagen** intr. *despair, lose heart 173*

verzärteln tr. *pamper, spoil 169*

verzaubern tr. *charm; cast a spell on 169*

verzehren tr. *consume, eat up 173*

verzeichnen tr. *record 124, 173*

verzeihen (str. ei, ie, ie) tr./intr. *forgive 185*

verzerren tr. *distort 173*

verzichten intr. (**auf** + acc.) *give up, forgo, renounce 9, 173*

verziehen (str. ie, o, o) tr./refl. *distort; *intr. move away 51*

verzieren tr. *adorn, decorate 173*

verzinsen tr. *pay interest on 118, 173*

verzögern tr. *delay;* refl. *be delayed 169*

verzollen tr. *pay duty on 173*

verzücken tr. *charm, enrapture 173*

†verzweifeln intr. (**an** + dat.) *despair (of) 169*

verzweigen refl. *branch out 173*

vibrieren intr. *vibrate 130*

vollenden tr. *finish, complete 10, 173*

vollstrecken tr. *carry out 10, 173*

vollziehen (str. ie, o, o) tr. *carry out 51*

voran | bringen (mx. i, a, a) tr. *advance, make progress with 26, 2*

*voran | kommen (str. o, a, o) intr. *get on 94, 1*

*voran | schreiten (str. ei, i, i) intr. *advance 76, 9, 1*

voran | treiben (str. ei, ie, ie) tr. *spur on 24, 2*

voraus | schauen intr. *look ahead 10, 200*

vor | behalten (str. ä, ie, a) tr./ refl. + dat. *reserve 79, 2*

vorbei | bringen (mx. i, a, a) tr. *drop off 26, 2*

vor | bereiten tr. *prepare 9, 200*

vor | bestellen tr. *book in advance 18, 200*

vor | beugen intr. (+ dat.) *guard against, prevent 10, 200*

vor | bringen (mx. i, a, a) tr. *express 26, 2*

vor | drängen refl. *push forward 10, 32, 200*

*vor | dringen (str. i, a, u) intr. *advance 153, 1*

vor | enthalten (str. ä, ie, a) tr. *withhold 79, 2, 173*

*vor | fallen (str. ä, ie, a) intr. *occur 54, 1*

vor | finden (str. i, a, u) tr. *find, meet 56, 2*

vor | führen tr. *demonstrate 10, 200*

vor | geben (str. i, a, e) tr. *pretend 66, 2*

*vor | gehen (str. e, i, a) intr. *proceed 68, 1*

vor | greifen (str. ei, i, i) intr. + dat. *anticipate 76, 2*

vor | haben tr. *plan, intend 78, 2*

vor | halten (str. ä, ie, a) tr. *reproach;* intr. *last 79, 2*

vor | herrschen intr. *prevent, predominate 10, 200*

*vor I kommen (str. o, a, o) intr. *take place, happen 4*

vor I laden (str. ä, u, a) tr. *summon 34*

vor I lassen (str. ä, ie, a) tr. *give precedence to; let in 97, 2*

vor I legen tr. *lay before, submit 10, 200*

vor I lesen (str. ie, a, e) tr. *read aloud 104, 2*

vor I liegen (str. ie, a, e) intr. + dat. *be in front of 105, 2*

vor I lügen tr. + dat. *lie to 10, 200*

vor I machen tr. *demonstrate, pretend 107, 2*

vor I merken tr. *make a note of 10, 200*

vor I nehmen (str. i, a, o) refl. *plan 115, 200*

vor I rechnen tr. *work out, calculate 124, 200*

*vor I rücken intr. *advance, progress 10, 200*

vor I sagen tr. *prompt 135, 2*

vor I schieben (str. ie, o, o) tr. *push forward 142, 2*

vor I schlagen (str. ä, u, a) tr. *suggest 145, 2*

vor I schreiben (str. ei, ie, ie) tr. *dictate, stipulate 148, 2*

vor I schweben intr. + dat. *have in mind 10, 200*

vor I schwindeln tr. *kid 80, 200*

vor I sehen (str. ie, a, e) tr. *provide for; refl. be careful 150, 2*

vor I singen (str. i, a, u) tr. + dat. *sing to 153, 2*

vor I sitzen (str. i, a, e) intr. + dat. *preside over 154, 2*

vor I sorgen intr. *make provision 10, 200*

vor I spiegeln tr. *deceive, delude 80, 200*

vor I spielen tr. + dat. *play to 158, 200*

vor I sprechen (str. i, a, o) tr. *pronounce;* intr. (**bei** + dat.) *call on 159, 2*

vor I stehen (str. e, a, a) intr. + dat. *be in charge of 161, 1*

vor I stellen tr. *introduce;* refl. + dat. *imagine 10, 200*

vor I strecken tr. *lend money 10, 200*

vor I täuschen tr. *simulate, feign 10, 200*

vor I tragen (str. ä, u, a) tr. *perform, present 163, 2*

*vor I treten (str. i, a, e) intr. *step forward 36*

*vorüber I gehen (str. e, i, a) intr. *pass by 68, 1*

vorweg I nehmen (str. i, a, o) tr. *forestall, anticipate 115, 2*

vor I weisen (str. ei, ie, ie) tr. *produce 24, 2*

vor I werfen (str. i, a, o) tr. *reproach, accuse of 193, 2*

vor I wiegen (str. ie, o, o) intr. *predominate 194, 2*

vor I zeigen tr. *show, display 10, 200*

vor I ziehen (str. ie, o, o) tr. *prefer, bring forward 8*

vulkanisieren tr. *vulcanize 130*

wachen intr. *be awake;* (**über +**
acc.) *keep watch over* 10

*****wachsen** (str. ä, u, a) intr. *grow,*
increase **186**

wackeln intr. *shake, wobble* 28

wagen tr./intr. *dare, risk* **187**

wägen (str. ä, o, o/wk.) tr. *weigh*
up, consider 53

wählen tr./intr. *choose, select,*
dial **188**

wähnen tr./intr. *think, imagine*
10

wahren tr. *keep, preserve* 10

währen intr. *last, hold out* 10

wahr | haben tr. *admit, accept*
78, 2

wahr | nehmen (str. i, a, o) tr.
notice, detect 115, 2

wahr | sagen tr. *prophesy* 135, 2

walten intr. (**über +** acc.) *govern,*
control, rule (*over*) 9

walzen tr. *roll out;* intr. *waltz* 152

wälzen tr. *rotate, roll over* 152

wandeln *intr. *stroll, walk;* tr./refl.
change 80

*****wandern** intr. *hike, ramble* **120**

*****wanken** intr. *stagger, hesitate*
10

wappnen refl. *forearm oneself*
124

wärmen tr. *warm, heat* 10

warnen tr. (**vor** + dat.) *warn* 10

warten intr. (**auf** + acc.) *wait*
(*for*); tr. *service* **189**

waschen (str. ä, u, a) tr./intr./refl.
wash **190**

wässern tr./intr. *water* 60

*****waten** intr. *wade* 9

weben (wk./str. e, o, o) tr./intr.
weave 82

wechseln tr./intr. *change, vary* 15

wecken tr. *wake up, rouse* 10

wedeln intr. (**mit** + dat.) *wag,*
slalom 80

weg | blasen (str. ä, ie, a) tr.
blow away 97, 2

*****weg | gehen** (str. e, i, a) intr. *go*
away 68, 2

weg | nehmen (str. i, a, o) tr.
take away 115, 2

wehen intr./tr. *blow* 10

wehren refl. *defend oneself* 10

weh | tun (str. u, a, a) intr. *hurt*
166, 2

*****weichen** (str. ei, i, i) *intr. *move,*
yield; tr. *soak* 76

weigern refl. *refuse* 60

weihen tr. *ordain, consecrate* 10

weilen intr. *stay, linger* 10

weinen intr. *weep, cry* 10

weisen (str. ei, ie, ie) tr. *show;*
intr. *point* 24

weiten tr./refl. *widen* 9

weiter | sagen tr. *pass on* 135, 2

wenden (wk./mx. e, a, a) tr./intr.
turn over, turn round 129

werben (str. i, a, o) intr. (**für** +
acc.) *advertise;* (**um** + acc.)
court; tr. *recruit, attract* **191**

*****werden** (str. i, u, o) intr.
become, get **192**

werfen (str. i, a, o) tr./intr./refl.
throw, fling **193**

werten tr. *judge, assess* 9

wetten tr./intr. *bet* 9

wickeln tr. *wind, wrap* 15

widerrufen (str. u, ie, u) tr. *retract, revoke 133, 173*

widersetzen refl. + dat. *oppose, resist 152, 173*

wider I spiegeln tr./intr. *reflect 80, 200*

widersprechen (str. i, a, o) intr. + dat. *contradict 159, 173*

widerstehen (str. e, a, a) intr. + dat. *withstand 161, 173*

widerstreben intr. + dat. *go against, oppose 49*

widmen tr. + dat./refl. *dedicate, devote (oneself) 124*

wiederholen tr./refl. *repeat (oneself) 86, 49*

wieder I käuen intr. *ruminate 10, 200*

*wieder I kehren intr. *come back, recur 10, 200*

wiegen (str. ie, o, o) tr./intr. *weigh*; **tr./refl.** *rock, cradle 194*

wiehern intr. *neigh 28*

wienern tr. *polish, shine 60*

wildern intr. *poach 120*

wimmeln intr. *swarm 80*

wimmern intr. *whimper, moan 120*

winden (str. i, a, u) tr. *wind, twist*; refl. *coil, writhe 56*

winken tr./intr. *wave, beckon 10*

winseln intr. *whine 80*

wippen intr. *bob up and down 10*

†wirbeln tr./intr. *whirl, swirl 80*

wirken tr./intr. *work, operate 10*

wirtschaften intr. *manage 9*

wischen tr. *wipe 10*

wispern intr. *whisper 120*

wissen (str. ei, u, u) tr./intr. *know* **195**

witzeln intr. *joke 80*

wohnen intr. *dwell, live* **196**

wölben tr./intr./refl. *arch, vault 10*

wollen (str. i, o, o) tr./intr. *want, wish* **197**

wühlen tr. *dig up, burrow; rummage 10*

wundern tr. *surprise*; refl. (**über** + acc.) *be surprised at 60*

wünschen tr. *wish (for)* **198**

würdigen tr. *appreciate 10*

würfeln intr./tr. *throw dice, dice 80*

würgen intr. *choke*; tr. *strangle 10*

würzen tr. *season, spice 152*

wüten intr. *rage, wreak havoc 9*

zahlen tr./intr. *pay 10, 22*

zählen tr./intr. *count, reckon 10*

zähmen tr. *tame 10*

zanken refl. (**um** + acc.) *quarrel, squabble (about) 10*

zapfen tr. *tap 10*

zappeln intr. *wriggle, fidget 80*

zaudern intr. *hesitate, delay 120*

zäumen tr. *restrain, bridle 10*

zechen intr. *drink, tipple 10*

zehren intr. (**von** + dat.) *live on 10*

zeichnen tr/intr. *draw, sketch 124*

zeigen tr. *show*; refl. *appear 10*

zeitigen tr. *produce, provoke 10*

zelebrieren tr. *celebrate 130*

zelten intr. *camp 9.*

zementieren tr. *cement 130*

zensieren tr. *censor, mark 130*

zentralisieren tr. *centralize 130*

zerbeißen (str. ei, i, i) tr. *bite through 128, 173*

***zerbersten (str. i, a, o)** intr. *burst apart 10, 85, 173*

***zerbrechen (str. i, a, o)** intr./tr. *shatter 159, 173*

zerbröckeln tr./intr. *crumble away 169*

zerdrücken tr. *crush, squash 173*

***zerfallen (str. ä, ie, a)** intr. *fall apart 54, 173*

zerfetzen tr. *tear up, shred 152, 173*

zerfleischen tr. *tear to pieces 173*

***zerfließen (str. ie, o, o)** intr *melt, dissolve 58, 173*

zerfressen (str. i, a, e) tr. *corrode 52, 173*

***zergehen (str. e, i, a)** intr. *vanish, melt 68, 173*

zergliedern tr. *dissect, analyse 169*

zerhacken tr. *chop up 173*

zerkleinern tr. *break up, grind 169*

zerknittern tr. *crease, crumple 169*

zerknüllen tr. *crumple up 173*

zerkrümeln tr./intr. *crumble up 169*

zerlassen (str. ä, ie, a) tr. *melt, dissolve 97, 173*

zerlegen tr. *dismantle 173*

zermürben tr. *wear down 173*

zerren intr. *tug, drag 10*

***zerrinnen (str. i, a, o)** intr. *melt, disappear 73*

***zerschellen (wk./str. e, o, o)** tr./intr. *shatter 82, 173*

zerschmettern tr. *smash, crush 169*

zersetzen tr./refl. *decompose, rot 152, 173*

***zerspringen (str. i, a, u)** intr. *crack, break 160, 173*

zerstören tr. *destroy, ruin 173*

zerstoßen (str. ö, ie, o) tr. *crush 84, 173*

zeugen intr. *testify;* tr. *father (a child) 10*

ziehen (str. ie, o, o) tr. *pull, tow;* *intr. *move;* refl. *stretch 199*

zielen intr. (**auf** + acc.) *aim at 10*

zimmern tr. *build, make 60*

zitieren tr. *quote, cite 130*

zittern intr. *tremble, shiver 120*

zivilisieren tr. *civilize 130*

zögern intr. *hesitate 120*

zu | bauen tr. *build up 10, 2*

zu | beißen (str. ei, i, i) intr. *snap at, bite 128, 2*

zu | bekommen (str. o, a, o) *manage to shut 16, 2*

zu | bereiten tr. *prepare 9, 200*

zu | billigen tr. *grant, allow 10, 200*

zu | bringen (mx. i, a, a) tr. *spend; manage to close 26, 2*

züchten tr. *breed, rear 9*

züchtigen tr. *punish; beat 10*

***zuckeln** intr. *dawdle, saunter 15*

zucken intr. *jerk, twitch 10*

zuckern tr. *sugar, sweeten 120*

zu | decken tr. *cover up, conceal* 10, 200

zu | drehen tr. *turn off* 10, 200

zu | eignen tr. *dedicate* 124, 200

zu | erkennen (mx. e, a, a) tr. *grant, award* 48, 2

*zu | fallen (str. ä, ie, a) intr. + dat. *fall to* 54, 1

zu | fassen intr. *make a grab* 118, 200

*zu | frieren (str. ie, o, o) intr. *freeze up* 63, 1

zu | fügen tr. *do, inflict* 10, 200

zu | führen tr. *supply with* 64, 200

zu | geben (str. i, a, e) tr. *admit* 66, 2

zu | gehören intr. + dat. *belong to* 87, 200, 73

zügeln tr. *check, curb* 15

zu | gesellen refl. + dat. *join others* 10, 200, 73

zu | gestehen (str. e, a, a) tr. *grant, admit* 161, 73

zu | greifen (str. ei, i, i) intr. *help oneself; lend a hand* 76, 2

zu | gucken intr. + dat. *watch* 10, 200

zu | halten (str. ä, ie, a) tr. *keep shut;* intr. *proceed* 79, 2

zu | hängen tr. *cover, drape* 10, 200

zu | hören intr. + dat. *listen to* 87, 200

zu | lachen intr. + dat. *smile at* 96, 200

zu | langen intr. *knuckle down* 10, 200

zu | lassen (str. ä, ie, a) tr. *allow, permit* 97, 2

zu | legen tr. *add to;* refl. *obtain* 100, 200

zu | leiten tr. *feed, supply* 200

zu | machen tr. *close* 107, 200

zu | mauern tr. *wall up* 28, 2

zu | muten tr. + dat. *expect of someone* 200

zünden tr./intr. *fire, ignite* 125

zu | nehmen (str. i, a, o) intr. *increase* 115, 2

zu | neigen intr. + dat. *incline* 10, 200

züngeln intr. *flicker, dart* 80

zu | ordnen tr. *assign, attribute* 124, 200

zu | packen intr. *knuckle down* 10, 200

zupfen tr. *pluck, pull* 10

zu | prosten intr. + dat. *drink to someone's health* 9, 200

zu | raten (str. ä, ie, a) intr. + dat. *advise* 123, 2

zu | raunen tr. *whisper* 10, 200

zu | rechnen tr. *attribute* 124, 2

zurecht | biegen (str. ie, o, o) tr. *sort out, rectify* 63, 2

zurecht | finden (str. i, a, u) refl. *find one's way* 56, 2

zurecht | weisen (str. ei, ie, ie) tr. *tell off, reprimand* 24, 2

zu | reden intr. *encourage, urge* 125, 200

zu | richten tr. *prepare* 9, 200

zürnen intr. *be angry* 10

*zurück | kehren intr. *go back* 10, 200

zurück | schicken tr. *send back* 10, 200

zu | rufen (str. u, ie, u) tr. + dat. *shout to* 6

zu | sagen tr. *promise*; intr. *accept* 135, 2

zusammen | arbeiten intr. *work together* 9, 2

zusammen | ballen refl. *mass, gather* 10, 200

zu | schauen intr. + dat. *watch* 137, 2

zu | schaufeln tr. *shovel in* 80, 200

zu | schlagen (str. ä, u, a) tr./intr. *slam, hit hard* 145, 2

zu | schneiden (str. ei, i, i) tr. *cut out* 147, 2

*zu | schneien intr. *snow up* 10, 200

zu | schnüren tr. *tie up* (*with string*) 10, 200

zu | schrauben tr. *screw down* 10, 200

zu | schütten tr. *fill in, pour on* 9, 200

zu | sehen (str. ie, a, e) intr. + dat. *watch, observe* 150, 2

zu | setzen tr. *add to*; intr. + dat. *pester* 152, 2

zu | sichern tr. *assure, promise* 179, 200

zu | spitzen tr. *sharpen; intensify* 152, 200

zu | sprechen (str. i, a, o) tr. *award*; intr. *address* 159, 2

zu | stehen (str. e, a, a) intr. + dat. *be entitled to* 161, 2

*zu | steigen (str. ei, ie, ie) intr. *board* 35

zu | stellen tr. *barricade; deliver to* 10, 200

*zu | steuern intr. (**auf** + acc.) *head for* 28, 200

zu | stimmen intr. + dat. *agree to* 10, 200

*zu | stoßen (str. ö, ie, o) intr. + dat. *happen to* 84, 1

zu | teilen tr. *allot, assign* 162, 200

zu | tragen (str. ä, u, a) tr. *bring*; refl. *happen, occur* 163, 2

zu | trauen tr. *give credit for* 10, 200

*zu | treffen (str. i, a, o) intr. *be correct, be justified* 164, 1

zu | trinken (str. i, a, u) intr. + dat. *drink to* 165, 2

zu | tun (str. u, a, a) tr. *close* 166, 2

*zuvor | kommen (str. o, a, o) intr. + dat. *anticipate, forestall* 4

*zu | wachsen (str. ä, u, a) intr. *heal* 186, 1

*zu | wandern intr. *immigrate* 60, 200

zu | weisen (str. ei, ie, ie) tr. *assign* 102, 2

zu | wenden (wk./mx. e, a, a) tr. *turn to*; refl. + dat. *devote oneself* 116, 2

zu | ziehen (str. ie, o, o) tr. *pull shut*; *intr. *to move into*; refl. *catch* (*disease*) 8, 32

zwängen refl. *force, squeeze* 32

zweckentfremden tr. *use for another purpose* 125, 173

zweifeln intr. (**an** + dat.)
  doubt 80
zwicken tr./intr. *pinch, nip* 10
zwingen (str. i, a, u) tr./refl. (**zu** +
  dat.) *force, compel* (*oneself*) 201

zwinkern intr. *wink, blink* 120
***zwischen | landen** intr. *make a
  stopover* 125, 200
zwitschern tr./intr. *twitter,
  chirp* 120

English–German verb list

The following glossary will help you to find some of the most common German verbs, using English as your starting point. It is not intended to be a comprehensive list, so sometimes you will need to refer to a dictionary. If the German verb you want is also listed in the main section of the book, it is a good idea to check there on how it is used.

| indicates that the verb is separable.

* indicates that the verb uses **sein** to form the compound tenses (such as the perfect tense).

† indicates that the verb may use **sein** or **haben** to form the compound tenses.

accept **an | nehmen** 5
achieve **leisten** 9; **erreichen** (*a goal*) 49
add **hinzu | fügen** 10, 200; **addieren** (*add up*) 130
advise **raten** (+ dat.) 123
agree **überein | stimmen** (**mit** + dat.) 10, 200; **einverstanden sein** (**mit** + dat.) (*be in agreement*) 151
allow **erlauben** 49, **zu | lassen** 97, 2
annoy **ärgern** 28
answer **antworten** (**auf** + acc.) 7; **beantworten** (*a question, letter*) 7, 11; **erwidern** (*retort*) 47
apologize **sich entschuldigen** 39, 32

appear **scheinen** (*seem*) 139; ***erscheinen** 139, 49
arrive ***an | kommen** 4
ask **bitten** (**um** + acc.) (*make request*) 23; **fragen** (*enquire, question*) 61
avoid **meiden** (*keep away from*) 138; **vermeiden** (*refrain from*) 138, 173

bath **ein Bad nehmen** 115
be ***sein** 151
become ***werden** 192
begin **beginnen** 73, 11, **an | fangen** 3
believe **glauben** 75
borrow **borgen** 10
break **brechen** 85

bring **bringen 26**
build **bauen 10**
buy **kaufen 89**

call **rufen 133**; be called **heißen
84**
can **können 95**
carry **tragen 163**
catch **fangen** (ball) 3;
 erwischen (bus, train) 49;
 sich (+ dat.) **zu | ziehen**
 (disease) 8, 32
celebrate **feiern 60**
change **wechseln 60** (exchange)
 15; **ändern** (alter) 28; **um |
 steigen** (bus, train) 35
check **kontrollieren 130, nach |
 prüfen** 121, 200
choose **wählen 188**
clean **sauber machen 107,
 putzen** (house, shoes) 152;
 reinigen (clothing, furniture) 10
climb *(hinauf |) **steigen 35,
 *(hinauf |) **klettern** 120 (, 2)
close **schließen 146, zu |
 machen** 107, 200
come *kommen 94
complain **sich beschweren**
 32, 11, **sich beklagen über**
 (+ acc.) 91, 11
cook **kochen 93**
cost **kosten 9**
count **zählen 10**
create **schaffen 136**;
 verursachen (chaos) 173
cry **weinen** (weep) 10; **schreien**
 (shout) 24
cut **schneiden 147**

dance **tanzen** 152
decide **(sich) entscheiden** 41, 32
destroy **zerstören 173,
 vernichten** 9, 173
die *sterben 85
direct **leiten 9**
disagree *anderer Meinung sein
 151, nicht überein | stimmen
 10, 200
discover **entdecken 39, heraus |
 finden** 56, 200
discuss **besprechen** (talk about)
 159, 11; **diskutieren über**
 (+ acc.) (debate) 130
do **tun 166; machen 107**
draw **ziehen** (pull) 199; **zeichnen**
 (a picture) 124
dream **träumen 10**
dress **(sich) anziehen** 8, 32
drink **trinken 165**
drive †fahren 53
drop **fallen lassen 97**

earn **verdienen 173**
eat **essen 52**
enjoy **genießen 71**
enter *herein | kommen 94, 2;
 *hinein | gehen 68, 2; *ein |
 treten 36
excuse **entschuldigen 39**
expect **erwarten** 9, 39, **rechnen
 mit** (+ dat.) **124**

fall *fallen 54
fear **Angst haben vor**
 (+ dat.) 78, **sich fürchten vor**
 (+ dat.) 65, 32; **(be) fürchten
 65** (, 11)

feel **sich fühlen** (*angry, pleased*)
  32; **das Gefühl haben, dass ...**
  78; **befühlen** *18*
find **finden 56**
finish **beenden** *125, 18*; **enden**
  125
fly **†fliegen 57**
follow ***folgen** (+ dat.) *10*
forbid **verbieten 170**
forget **vergessen 174**
forgive **vergeben** *66, 173*

give **geben 66**
get **kriegen** (*obtain*) *10*; **holen**
  (*fetch*) *86*; **bekommen**
  (*receive*) *16*
get up ***auf | stehen** *161, 2*
go ***gehen 68**
go away ***weg | gehen** *68, 2*
greet **begrüßen** *77, 11*
grow ***wachsen** (*increase*) **186**;
  anbauen (*plants*) *10, 200*;
  ***werden** (*become*) **192**
guess **raten** *123*; **an | nehmen**
  (*assume*) *5*

happen ***geschehen 72**,
  ***passieren** *130*
hate **hassen** *118*
have **haben 78**
have to **müssen 114**
have breakfast **frühstücken** *10*
have lunch **zu Mittag essen** *52*
have supper **zu Abend**
  essen *52*
hear **hören 87**
help **helfen** (+ dat.) **85**
hire **mieten** *112*; **vermieten**
  (*hire out*) *9, 173*

hit **schlagen** (*beat*) **145**; **treffen**
  (*target*) **164**
hold **halten 79**
hope **hoffen 10**
hurry **sich beeilen** *32, 11*
hurt **verletzen** (*injure*) *152, 173*;
  wehtun (*feel pain*) **166**, *2*

imagine **sich vor | stellen** (*picture
  to oneself*) *10, 200, 32*; **sich ein
  | bilden** (*delude oneself*) *125,
  32, 200*
improve **sich verbessern** **169**, *32*;
  ***besser werden 192**
insult **beleidigen** *11*
interest **interessieren** *130*; be
  interested in **sich interessieren
  für** (+ acc.) *130, 32*
invent **erfinden** *56, 49*
invite **ein | laden 34**

join **verbinden** (*connect*) **171**;
  ***ein | treten in** (+ acc.) (*become
  a member of*) *36*.
joke **scherzen** *152*
jump ***springen 160**

keep **bewahren** *11*, **auf | heben**
  (*retain*) *82, 200*; **erhalten**
  (*maintain*) *45*; **behalten** (*not
  give back*) *45*
kill **töten** *9*, **um | bringen** *26, 2*
kiss **küssen** *118*
know **wissen** (*fact*) **195**, **kennen**
  (*person/place*) **90**

lack: be lacking **fehlen an** (+ dat.)
  55
last **dauern 28**

laugh **lachen** 96
lead **führen** 64
learn **lernen** 103
leave **lassen** (*leave [alone]*) 97;
   verlassen (*leave behind*) 177;
   ***ab | fahren** (*depart*) 1
let **vermieten** (*lease*) 9, 173;
   lassen (*allow*) 97
lend **leihen** 102
lie **lügen** 106
lie down **sich (hin |) legen** 100,
   200, 32
lift **heben** 82
like **mögen** 113; **gefallen** (+ dat.)
   (*be pleasing*) 67
listen **zu | hören** 87, 200
live **leben** 99; **wohnen** (*dwell*) 196
look **(zu |) schauen** (*look at, watch*)
   137; **scheinen** (*seem*) 139
look after **sich kümmern um**
   (*attend to*) 60, 32; **sorgen für**
   (*care for*) 10
look for **suchen** 10
lose **verlieren** 178
love **lieben** 10

make **machen** 107
mean **bedeuten** (*signify*) 9, 11;
   meinen (*intend*) 108
meet ***begegnen** (+ dat.)
   (*encounter*) 14; **treffen** 164
mend **reparieren** 130
mind **etwas dagegen haben**
   (*object to*) 78; **sich kümmern**
   um (+ acc.) (*look after*) 60, 32
miss **versäumen** 173, **verpassen**
   (*fail to catch*) 118, 173;
   vermissen (*feel the absence of*)
   118, 173

mix **(ver)mischen** 10 (, 173)

need **brauchen** 25
need to **sollen** 155

offer **an | bieten** 2
open **(sich) öffnen** 117 (, 32);
   auf | machen 107, 200
organize **organisieren** 130
order **bestellen** 18
ought to **sollen** 155
owe **schulden** 125
own **besitzen** 17

pay **(be)zahlen** 10 (, 22)
phone **an | rufen** 6, **telefonieren**
   130
pick up **ab | holen** (*collect*) 86,
   200; **(in die Hand)**
   nehmen 115
plan **planen** 10
play **spielen** 158
please **gefallen** (+ dat.) 67
practise **üben** 167
prefer **vor | ziehen** (*like better*) 8;
   bevorzugen (*favour*) 11
pretend **vor | geben** 66, 2; **tun,**
   als ob 166
prevent **verhindern** 169; **vor |**
   beugen (+ dat.) 10, 200
promise **versprechen** 180
pull **ziehen** 199
push **drücken** 30
put **legen** (*lay*) 100; **stellen**
   (*stand*) 10

read **lesen** 104
receive **bekommen** 16,
   erhalten 45

recognize **erkennen** *48;* **ein |
  sehen** *(acknowledge) 150, 2*
recommend **empfehlen** *38*
record **auf | zeichnen** *124, 200,*
  auf | nehmen *(music, speech)*
  115, 2; **dokumentieren** *130*
remember **sich erinnern an**
  (+ acc.) 47, 32
remind **erinnern** *47*
remove **entfernen** *39,* **weg |
  nehmen** *(take away) 115, 2;*
  aus | ziehen *(extract) 199, 2, 1*
rent **mieten** *112;* **vermieten**
  (rent out) 112, 173
reserve **reservieren** *130*
respect **respektieren** *130;* **(be)
  achten** *(pay attention to) 9 (, 11)*
rest **sich aus | ruhen** *(relax) 134,*
  200, 32
return ***zurück | kehren** *(go back)*
  10, 200; **zurück | schicken**
  (send back) 10, 200
ride ***fahren** *(in a vehicle) 53;*
  †reiten *(a horse) 76*
rise ***auf | stehen** *(get up) 161, 2;*
  *auf | gehen *(sun, moon)*
  68, 2
run ***laufen** *98*

save **auf | heben** *(keep)* **82***, 200,*
  sparen *(money)* **156***;* **retten**
  (rescue) **131**
say **sagen** *135*
say goodbye **Abschied nehmen**
  (take leave) **115**
see **sehen** *150*
seem **(*er)scheinen** *139 (, 49);*
  *vor | kommen *4*

sell **verkaufen** *175*
send **schicken** *141,* **senden** *129*
serve **dienen** *(+ dat.) 11;*
  bedienen *11*
share **teilen** *162*
shout **schreien** *24*
show **zeigen** *10;* **beweisen**
  (prove) 24, 11
shower **sich duschen** *10, 32*
sing **singen** *153*
sit down **sich setzen** *152, 32*
sleep **schlafen** *144;* ***ein |
  schlafen** *(fall asleep) 144, 1*
smell **riechen** *132*
smoke **rauchen** *10*
speak **sprechen** *159,* **reden** *125*
spend **aus | geben** *(money) 66, 2;*
  verbringen *(time) 26, 173*
stand (up) ***(auf |) stehen** *161 (, 2)*
start **an | fangen** *3,* **beginnen**
  73, 11; **sich auf den Weg
  machen** *(journey) 107*
stay ***(bleiben)** *(remain)* **24***;* **sich
  auf | halten** *(reside temporarily)*
  79
stop **auf | hören** *(finish) 87, 200;*
  halten *(cease motion) 79;* **ab |
  halten von** *(+ dat.) (prevent) 79, 2*
study **studieren** *130;* **lernen** *103*
suggest **vor | schlagen** *145, 2*
suspect **verdächtigen** *(have
  suspicions about) 173;*
  vermuten *(imagine) 9, 173*
swim **†schwimmen** *149*

take **nehmen** *115;* **dauern**
  (last) 28
talk **reden** *125*

teach **lehren** 10

tell **sagen** 135; **erzählen**
  (a story) 49

thank **danken** (+ dat.) **27; sich**
  bedanken (say thank you) 27,
  11, 32

think **denken** 29; **glauben**
  (believe) 75; **meinen** (have an
  opinion) **108**

throw **werfen 193**

touch **(be)rühren** 10 (, 11)

travel ***reisen 127**

try **versuchen** (attempt) **182;**
  probieren (taste, attempt) 130;
  an | probieren (try on) 130, 200

turn **drehen** (make a turn) 10;
  wenden (turn over) 129; **sich**
  drehen (revolve) 10, 32

turn off **ab | schalten** 200; **ab |**
  stellen (water, gas) 10, 200; **zu |**
  drehen (tap) 10, 200

turn on **an | schalten** 200; **auf |**
  drehen (tap, gas) 10, 200

understand **verstehen 181,**
  begreifen 76, 11

use **(be)nutzen** (employ) 152
  (, 11); **(ge)brauchen** (make
  use of) 25, (, 71)

visit **besuchen 19**

wait **warten 189**

wake **wecken**
  (wake somebody up) 10;
  ***auf | wachen** (cease sleeping)
  10, 200

walk ***gehen** 68; ***zu Fuß**
  gehen 68

want **wollen 197**

wash **(sich) waschen 190** (, 32)

watch **zu | schauen** 137, 2;
  beobachten (observe) 9, 11

wear **tragen 163**

win **gewinnen** 73; **siegen**
  (in battle) 10

work **arbeiten** 9; **funktionieren**
  (function) 130

worry **beunruhigen** 18; **sich**
  Sorgen machen 107

write **schreiben 148**

Credits

Front cover: © Oxford Illustrators